KiWi Paperback

KiWi 586

Über das Buch

Die zweite Schuld hat die politische Kultur der Bundesrepublik bis auf den heutigen Tag wesentlich mitgeprägt. Ihr Kern ist die kalte Amnestie für jede Art von Naziverbrechern, darunter hohe Repräsentanten des NS-Vernichtungsapparats: Blutrichter und -staatsanwälte, Militärs, Diplomaten, Wirtschaftsführer – die Funktionselite des »Dritten Reichs«, die bis 1958 nahezu lückenlos wieder in die Nachkriegsgesellschaft eingegliedert war. Ralph Giordano nennt das den »großen Frieden mit den Tätern«, für ihn ein Fundament der bundesdeutschen Staatsexistenz. Das Hauptthema Giordanos sind die Folgen der moralischen Katastrophe, die eintrat, weil das Bekenntnis zur Kollektivschuld ausblieb. Das Buch ist eine gnadenlose Abrechnung mit zahlreichen Einzelposten einer langen politischen Mängelliste bundesdeutscher Wirklichkeit. Es wurde – mit Zorn, Trauer und Hoffnung – geschrieben, damit sich nicht wiederholt, was schon einmal in Verfolgung und Krieg mündete.

Der Autor

Ralph Giordano wurde 1923 in Hamburg geboren. Weil seine Mutter Jüdin war, fiel die Familie unter die NS-Rassengesetze. Es folgten Flucht in die Illegalität und Befreiung durch die Briten am 4. Mai 1945 in Hamburg. Danach arbeitete Giordano als Journalist, Fernsehdokumentarist und Schriftsteller.

Weitere Titel bei K&W

Israel, um Himmels willen, Israel, 1991. *Wird Deutschland wieder gefährlich?* 1993. *Ostpreußen ade,* 1994. *Mein irisches Tagebuch,* 1996. *Der Wombat,* 1997. *Deutschlandreise,* 1998. *Wenn Hitler den Krieg gewonnen hätte,* KiWi 587, 2000. *Morris. Geschichte einer Freundschaft,* KiWi 588, 2000

Ralph Giordano

Die zweite Schuld
oder
Von der Last Deutscher zu sein

Kiepenheuer & Witsch

Den schuldlos beladenen
Söhnen, Töchtern, Enkelinnen und Enkeln

2. Auflage 2008

Umschlaggestaltung Philipp Starke, Hamburg
Umschlagfoto Brigitte Friedrich
Gesamtherstellung CPI – Clausen & Bosse, Leck
ISBN 978-3-462-02943-7

Inhalt

Vorwort zur Neuausgabe 9

Die zweite Schuld? 15
Zur Einführung

»Die anderen haben auch Verbrechen begangen« 35
Vom Verlust der humanen Orientierung

Absage an das Deutsche Reich 1871–1945 47
Zur Geschichte des Verlustes der humanen Orientierung

Vom Widerstand und seinen Widersachern 73
Die mißbrauchte Minderheit

Das Fundament: der große Frieden mit den Tätern 87
Die Mörder blieben unter uns
Von der Entnazifizierung bis Globke 88
NS-Prozesse, erste und zweite Welle 115
Bundesjustiz – NS-Justiz: die untilgbare Schmach 146
Der unsterbliche Konservatismus 158

Wehrmacht und Krieg – die heiligen Kühe 165
Über das Hauptverbrechen Hitlerdeutschlands

Der perverse Antikommunismus 199
Heillos verstrickt in der NS-Vergangenheit

Der verordnete Antifaschismus 209
Ein Wort zum Thema »NS-Erbe und DDR«

Heil! Heil! Heil! 219
Schamzentrum: die Liebe zum »Führer«

FJS und die Zwangsdemokraten 233
Über die verbliebene Sehnsucht nach dem starken Mann

Kollektivschuld? Kollektivunschuld? Kollektivscham? 245
Von der Verantwortung des nationalen Kollektivs ehemaliger Hitleranhänger

Apropos »Charta der deutschen Heimatvertriebenen« 267
Überfälliges Nachwort zu einem verkannten Dokument

Gegenradikalismus plus Terrorismus – die Hauptgefahr 293
Plädoyer für eine wehrhafte Demokratie

Vom Versuch, einen Schlußstrich zu ziehen 305
Die Dauerverdrängung eines Zeitalters
Der sinnlose Totentempel 306
Das falsche Museum 318
Ist Auschwitz vergleichbar? 326

Von der Last, Deutscher zu sein 337
Ein Nachwort

Anhang:
Briefe an den Autor 347

Literatur 371

Personenverzeichnis 372

»Ich weiß, daß ich eine der deutschesten Bestien bin, ich weiß nur zu gut, daß mir das Deutsche das ist, was dem Fische das Wasser ist, daß ich aus diesem Lebenselement nicht heraus kann, und daß ich – um das Fischgleichniß beyzubehalten – zum Stockfisch vertrocknen muß, wenn ich – um das wäßrige Gleichniß beyzubehalten – aus dem Wasser des deutschthümlichen herausspringe. Ich liebe sogar im Grunde das Deutsche mehr als alles auf der Welt, ich habe meine Lust und Freude dran, und meine Brust ist ein Archiv deutschen Gefühls.«

Heinrich Heine

Vorwort zur Neuausgabe

Das Buch »Die zweite Schuld oder Von der Last Deutscher zu sein«, 1987 herausgekommen, hat dreizehn Jahre später nichts von seiner Aktualität eingebüßt, im Gegenteil. Überall zwischen Rhein und Oder flammen mit bestürzender Kontinuität Warnzeichen auf, daß Rassismus und Antisemitismus nach wie vor wirksam sind, brachial auftreten und sich unter Ausnutzung moderner Kommunikationstechnik immer effektiver organisieren. Und das mit Emblemen, die keinen Zweifel daran lassen, welche Ziehväter hier Pate stehen. Ergänzt und zusätzlich belastet wird die Szene noch durch das Erbe des zweiten Gewaltregimes, das in diesem Jahrhundert auf deutschem Boden untergegangen ist, mit politischen und sozialen Verwerfungen, deren Ausmaß und Dauerhaftigkeit niemand in der Euphorie der Wiedervereinigung erwartet hatte.

Und dennoch gibt es heute einen gravierenden Unterschied zu der Zeit der Erstausgabe, eine Differenz, die nicht hoch genug veranschlagt werden kann, nämlich die ganz andere Dimension des öffentlichen Bewußtseins für die Problematik der zweiten Schuld, also der Verdrängung und Verleugnung der ersten unter Hitler nach 1945 bzw. 1949, samt ihren Folgen bis in unsere Gegenwart.

Das hat sich nur noch einmal bestätigt durch die flächendeckende Debatte um Daniel Jonah Goldhagens Buch »Hitlers willige Vollstrecker. Ganz gewöhnliche Deutsche und der Holocaust« und das alle Erwartungen der Veranstalter weit übertreffende Interesse der Öffentlichkeit an der Ausstellung »Vernichtungskrieg – Verbrechen der Wehrmacht 1941–44«.

Ohne Indifferenz und Gegenkraft unterschätzen zu wollen – zu keiner Zeit hat es in Deutschland regere Anteilnahme an der Geschichte des Nationalsozialismus und seiner Hypothek gegeben als heute, gegen Ende dieses fürchterlichsten und erstaunlichsten Jahrhunderts der Menschheitsgeschichte.

Erst heute dringen Einzelheiten dessen, was ich »die zweite Schuld« genannt habe, in den Sichtkreis einer breiteren Öffentlichkeit, namentlich jüngerer Menschen – wird von ihnen fassungslos zur Kenntnis genommen, daß die nahezu kollektive Entstrafung selbst höchstrangiger NS-Täter mit nationalem Konsens der bundesdeutschen Nachkriegsgesellschaft irreparable Fakten geschaffen hat.

Ohne in den Verdacht der Unbescheidenheit geraten zu wollen, darf doch wohl gesagt werden, daß das Buch »Die zweite Schuld oder Von der Last Deutscher zu sein« dabei Pionierarbeit geleistet und seinen Teil zu dem neuen Bewußtseinsstand beigetragen hat. Das Kapitel »Wehrmacht und Krieg – die heiligen Kühe«, die Skandale der »Renazifizierung statt Entnazifizierung«, die »untilgbare Schmach Bundesjustiz – NS-Justiz«, das »Schamzentrum: die Liebe zum ›Führer‹« oder die »verbliebene Sehnsucht nach dem starken Mann« – vorweggenommen wurden schon damals manche Themen, die in öffentlichen Debatten wie in forschungswissenschaftlichen Arbeiten seither stetig an Gewicht gewonnen haben.
Dabei sind Begriffe geprägt worden, quasi Codewörter mit dem intellektuellen »copyright« des Autors, die inzwischen Eingang in die Alltagssprache der politischen Beschäftigung mit dem Nationalsozialismus gefunden haben. So etwa »der große Frieden mit den Tätern«, »der Verlust der humanen Orientierung«, »der verordnete Antifaschismus«, »der Zwangsdemokrat«, vor allem aber das Wort von der »zweiten Schuld« selbst.
Seine Wirkung war so stark, daß eine Art Gegenliteratur entstand, darunter die von Manfred Kittel direkt als Anti-Giordano-Buch konzipierte »Legende von der ›Zweiten Schuld‹«. Das Charakteristische an diesem Buch, wie auch an allen anderen mir vor Augen gekommenen Reaktionen mit direktem Bezug auf die »Zweite Schuld«, bestand darin, daß die konkreten Fakten meines Buches, sein Inhalt und seine Analysen, notorisch ausgeblendet blieben. Eine nachhaltige Wirkung hat diese Kampagne von seiten der »neuen Rechten« dann auch nicht gehabt. Vielmehr gab es gewisse Parallelen zum sogenannten »Historikerstreit« Mitte der achtziger Jahre, deren konservativ-revisionistische Auslöser einen Gegengeist beschworen, der schließlich die Oberhand behielt.
In diesem Fall sind die Verneiner einer »zweiten Schuld« zur Zielscheibe fundierter Untersuchungen renommierter Politikwissenschaftler und Zeithistoriker geworden, die die eingespielten Rituale der Verdrängung unwiderlegbar dokumentiert haben. Darin wird die »zweite Schuld« umfassend bestätigt als ein öffentliches Bewußtsein, das die Verbrechen des Nationalsozialismus an eine kleine Gruppe von »Nazis« delegierte, »dem Volk« in seiner Gesamtheit aber die Rolle politisch Verführter zuerkannte, die letztlich auch *Opfer* gewesen seien – die Machtperiode des Nationalsozialismus wurde verfälscht in einen Betriebsunfall der nationalen Geschichte, seine Herrscher extraterrestrische Dämonen, die von irgendwoher aus dem All zufällig auf Deutschland herabgeregnet waren.

Diese ahistorische Zweiteilung »Hie die Nazis – hie die Deutschen« entspricht genau der Befindlichkeit der unter schwerem, aber uneingestandenem Schulddruck stehenden Bevölkerungsmehrheit der Nachkriegszeit – mentaler Status und Humus der »zweiten Schuld«.
Ursache und Ergebnis des »großen Friedens mit den Tätern« war der fast unbegrenzte Wille nach Anklageverschonung oder Amnestie Zehntausender von NS-Tätern zum Zwecke der Selbstsexkulpierung von Millionen Mitläufern – das unfreiwillige Eingeständnis gesamtgesellschaftlicher Verstrickung in den Nationalsozialismus. Bezeichnenderweise hat niemand heftiger gegen die These von der Kollektivschuld gewettert als das »nationale Kollektiv ehemaliger Hitleranhänger« (Margarete und Alexander Mitscherlich).

Es hat auf das Buch Hunderte und Aberhunderte von Rezensionen gegeben, eine immense Aufmerksamkeit aller Medien; es war, als sei in ein Wespennest gestochen worden. Dabei habe ich Widerspruch und Zuspruch nicht ohne Genugtuung registriert – beides kam aus der richtigen Ecke.
Doch die Zustimmung zu dem Buch überwog bei weitem. Sie war elementar und dauert eigentlich, wie sich für den Autor immer wieder erweist, bis heute an.
Dabei kam der Erfolg angesichts des allen Erfahrungen nach höchst unpopulären Themas völlig überraschend und darf als überwältigend bezeichnet werden: »Die zweite Schuld oder Von der Last Deutscher zu sein« behauptete sich fast ein halbes Jahr auf der Bestsellerliste des »Spiegels« und auf anderen Foren deutschen Leserinteresses. Dazu kam eine Flut von Briefen, die quantitativ alle mir bisher bekannten Dimensionen sprengte: weit über tausend – ihres erschreckenden Grundtenors wegen hielt sich jedoch die Freude darüber in Grenzen.
Denn nun blätterte sich Zeile um Zeile auf, was die systematische, streng durchgehaltene Verdrängung, das Schweigen der Eltern und Großeltern über die Zeit der nationalsozialistischen Herrschaft und die eigene Rolle darin, in der nachgewachsenen Generation angerichtet hatte. Die über Monate hin abgelieferte Post war eine Lektüre erschütternder Auseinandersetzungen, familiärer Konflikte, verzweifelter Zusammenstöße, ja, persönlicher Tragödien – sehr selten begleitet von Bekenntnis, Ausgleich und Versöhnung durch Ehrlichkeit.
In den Medien fortwährend mit den Verbrechen der Nazizeit konfrontiert, stießen Söhne und Töchter zu Hause meist auf blanke Verweigerung, mußten nach über vierzig Jahren noch Enkel und Enkelinnen erkennen, daß Eltern und Großeltern um der Aufrechterhaltung eines

falschen Selbstbildnisses willen den eigenen Kindern und Kindeskindern die politische und historische Klarsicht verstellt hatten. Generationen, die de jure, de facto, politisch und historisch, einfach schon von ihrem Lebensalter her, nur völlig schuldlos sein konnten, wurde so die Bürde unaufgearbeiteter Vergangenheit zugeschoben und die Kronzeugenschaft gerade von denen verweigert, die ihnen am nahesten standen, und so das Rüstzeug im Kampf gegen Neonazismus und Wiederholungsverfahren versagt.

In den Briefen kam aber auch zum Ausdruck, daß ein Teil der Nachkriegsgeneration sich politisch selbständig gemacht hatte und daß der Ursprung der 68er-Revolte unschwer hier, in diesem Generationskonflikt zu erkennen war – als Empörung gegen die in ihren Lebenslügen total verkrustete »Wir sind wieder wer«-Verdrängergesellschaft der Adenauer-Ära, als vehemente Auflehnung gegen die inzwischen voll entfaltete »zweite Schuld«. Aus diesen bewegenden Bekundungen ist damals eine typische Auswahl von etwa hundert Briefen getroffen und 1990 in dem Bändchen »Wie kann diese Generation eigentlich noch atmen? Briefe zu dem Buch ›Die zweite Schuld oder Von der Last Deutscher zu sein‹« veröffentlicht worden.

Um den direkten Bezug zwischen dem Buch und seiner Wirkung herzustellen, werden nun einige dieser Briefe am Ende dieser Ausgabe übernommen.

Änderungen gegenüber dem Original wurden nur an zwei Stellen nötig, und zwar beide bedingt durch den 9. November 1989 und seine Folgen. So konnte, erstens, der Schluß des Kapitels »Absage an das Deutsche Reich 1871–1945. Zur Geschichte des Verlustes der humanen Orientierung« gestrichen werden, weil darin ausgegangen worden war von meiner inzwischen geschichtskorrigierten Fehleinschätzung einer bleibenden deutschen Teilung (ein Irrtum, den sich der Autor bis zur Wende wohl mit dem Rest der Welt geteilt haben dürfte und dessen unwiderrufliche Aufhebung er seither mit anhaltender Zustimmung begrüßt).

Die zweite Änderung ergab sich durch die notwendig gewordene Aktualisierung des Kapitels »Der verordnete Antifaschismus. Ein Wort zum Thema ›NS-Erbe und DDR‹«. 1987, noch während der Ära des real existierenden SED-Sozialismus beschrieben, war er durch die veränderten Machtverhältnisse zu einem historischen Anachronismus geworden, ohne daß deshalb die geschichtliche Bedeutung des von oben »verordneten Antifaschismus« und seine bereits sichtbar gewordenen Folgeschäden unerwähnt bleiben dürften.

Deshalb wird hier nun jene Neufassung des besagten Kapitels gedruckt, die schon in die Lizenzausgabe meines Buches beim Ostberliner »Verlag Volk und Welt« von 1990 eingebracht worden war.

Schließlich noch eine Anmerkung.
Wer die Widmung der Originalausgabe – »Den schuldlos beladenen Söhnen, Töchtern und Enkeln« – mit der jetzigen vergleicht, wird feststellen, daß es sich um eine ergänzte Fassung handelt – sind darin nun doch auch die »Enkelinnen« einbegriffen.
Mit dem Eingeständnis, daß ich traurigerweise von Leserinnen auf das Versäumnis aufmerksam gemacht werden mußte, danke ich dem Verlag für die Neuausgabe auch deshalb, weil bei dieser angenehmen Gelegenheit die Unterlassung, wenn auch zu spät, doch noch korrigiert werden konnte.

Köln, im Juli 2000 Ralph Giordano

Die zweite Schuld?

Zur Einführung

1.

Hamburg, Oktober 1945.
Auf der Grindelallee, wenige Schritte vor mir, geht ein hochgewachsener Mann mittleren Alters in Begleitung zweier Frauen, denen er plötzlich gestikulierend laut zuruft: »Die Juden, die Juden sind an allem schuld!« Das allerdings bereut er schon in der nächsten Sekunde, denn ich schieße ihm von hinten mit meinen Schultern im Hechtsprung gegen die Kniekehlen, was ihn zu Boden wirft, und bearbeite den Kerl, der mindestens doppelt soviel wiegt wie ich, so lange mit Fäusten, Zähnen und Nägeln, bis er ohne Rücksicht auf seine Begleiterinnen mit langen Sätzen das Weite sucht – eigentlich, ohne sich wirklich gewehrt zu haben.
Es war ein epochales Ereignis für mich, die Geburtsstunde der Idee zu diesem Buch.
Bis zum September 1945 noch hätte es in Deutschland kein Antisemit gewagt, sich öffentlich so laut zu bekennen, wie es hier soeben geschehen war. Das »nationale Kollektiv der Hitleranhänger« (Alexander und Margarete Mitscherlich in ihrem Buch »Die Unfähigkeit zu trauern«) hatte sich nämlich im Mai jenes Jahres, als Hitlerdeutschland kapitulierte, mit dem Schrei »Wir sind nie Nazis gewesen!« in Luft aufgelöst. Die kollektive Lüge quer durch die ganze Nation war so überwältigend offenbar, so unübertrefflich schäbig, so grauenhaft einhellig, daß sich dieser Eindruck sogar den vergeßlichsten Naturen für immer eingeprägt hätte. Für eine kurze Weile wollten die damaligen Deutschen aus lauter Hitlergegnern bestehen – aus Angst. Die Logik des schlechten Gewissens konnte gar nicht anders, als die eigene enthumanisierte Mentalität auf den siegreichen Gegner zu projizieren: Auge um Auge, Zahn um Zahn?
Für mich liegen die moralisch niederschmetterndsten Erfahrungen mit meiner deutschen Umgebung nicht in der Zeit bis zur Befreiung, sondern in den Monaten unmittelbar danach, angesichts solcher Unwahrhaftigkeit, Feigheit und Heuchelei. Die Generationen der Söhne, Töchter und Enkel sollten wissen, wie sie sich damals aufgeführt haben, all diese ehemaligen Anhänger, Befürworter, Großsprecher, Nutznießer und Mitläufer des Dritten Reiches – es hat in der Geschichte der Menschheit kein Beispiel so widerwärtiger Selbstcharakteristik gegeben wie dieses vom Frühling bis in den Herbstbeginn 1945.
Dann jedoch hatten die mit dem Nationalsozialismus eng verbundenen Massen, die unter schwerer Vergeltungsfurcht standen, herausgefunden, daß ihre alttestamentarischen Racheängste vor allem in ihrer

Phantasie bestanden. Das gilt ganz gewiß für die drei westlichen Besatzungszonen, das spätere Territorium der Bundesrepublik Deutschland, das von Engländern, Amerikanern und Franzosen okkupiert war. Womit nicht gesagt sein soll, daß bei allem Entsetzlichen, was in ihrer Zone geschehen ist, die östliche Besatzungsmacht etwa nach dem Vorbild der deutschen Eindringlinge in die Sowjetunion von 1941 bis 1944 das Motto »Auge um Auge, Zahn um Zahn« angewandt hätte – wehe, wenn es so gewesen wäre!
In jenem Oktober 1945 war es soweit. Die Reaktion auf den ungerechtfertigten Vergeltungsschock machte sich wütend Luft! Zwar, der Hamburger Antisemit hatte sich durch den Zufall meiner Nachbarschaft verschätzt, die Regel jedoch wird mein Verhalten auf ein offenes Nazibekenntnis gewiß nicht gewesen sein. Es war ein schlimmes Signal da auf der Grindelallee: Wohl war Hitler militärisch, nicht aber ideologisch geschlagen.
Die zweite Schuld hatte sich vorgestellt.

2.

Jede zweite Schuld setzt eine *erste* voraus – hier: die Schuld der Deutschen unter Hitler. Die *zweite* Schuld: die Verdrängung und Verleugnung der ersten nach 1945. Sie hat die politische Kultur der Bundesrepublik Deutschland bis auf den heutigen Tag wesentlich mitgeprägt, eine Hypothek, an der noch lange zu tragen sein wird.
Denn es handelt sich nicht um einen bloß rhetorischen Prozeß, nicht um einen Ablauf im stillen Kämmerlein. Die zweite Schuld hat sich vielmehr tief eingefressen in den Gesellschaftskörper der zweiten deutschen Demokratie. Kern ist das, was in diesem Buch der »große Frieden mit den Tätern« genannt wird – ihre kalte Amnestierung durch Bundesgesetze und durch die nahezu restlose soziale, politische und wirtschaftliche Eingliederung während der ersten zehn Jahre der neuen Staatsgeschichte. Das zweite Codewort, gleichsam der rote Faden von der ersten bis zur letzten Seite, ist der »Verlust der humanen Orientierung«, ein tief aus der Geschichte des Deutschen Reiches bis hinein in unsere Gegenwart wirkendes Defizit. Beide Codewörter – der große Frieden mit den Tätern und der Verlust der humanen Orientierung – korrespondieren miteinander und bilden meine Betrachtungsgrundlage.
Hauptschauplatz ist die Bundesrepublik Deutschland, obwohl sich bestimmte Abläufe der zweiten Schuld auch auf die Deutsche Demo-

kratische Republik übertragen ließen. Davon wird in einem Kapitel die Rede sein.
Hauptthema ist die historische Fehlentscheidung einer Mehrheit der heute älteren und alten Generationen, sich mit der nationalsozialistischen Vergangenheit und der eigenen Rolle in ihr nicht ehrlich auseinanderzusetzen, belastende Erinnerungen abzuwerfen und sich aus einem kompromittierenden Abschnitt selbsterlebter und mitgestalteter Nationalgeschichte herauszustehlen. Dies in Mittäterschaft einer Vielzahl bundesdeutscher Politiker aller Parteien, die um der Wählerstimmen willen dem nationalen Kollektiv der Hitleranhänger bei Verdrängung und Verleugnung weit entgegengekommen sind und damit ihren Anteil zur zweiten Schuld beigetragen haben.
Gleich eingangs also entschiedener Gebrauch eines hierzulande so verpönten Reizwortes wie *Schuld*. Das ist gegen das feingesponnene Netz der Nachsicht, das die Verdränger – und die auf ihre Stimmen erpichten Politiker – über nunmehr fast vierzig Jahre gewoben haben, und paßt deshalb nicht in den ungeschriebenen bundesdeutschen Polit-Knigge. Der Leser soll daran früh erkennen, wie wenig Rücksicht auf solche schlechten Gewohnheiten genommen wird.
Wenn der Einwurf käme: hier werde also *angeklagt*, so widerspräche ich nicht. Das täte ich erst, wenn behauptet würde, *ich* erhöbe Anklage. Denn die wohnt dem Thema selbst ganz natürlich inne, geht es doch nicht etwa um moralische Kategorien allein, sondern auch um einen blutig-realen Hintergrund von nie dagewesenen Dimensionen – um Auschwitz und um alles, was dieser Name symbolisiert und materialisiert. Jeder persönliche Zusatz wäre nicht nur überflüssig, er wäre auch vermessen. Der einzelne kann dem Urteil der Geschichte nichts mehr hinzufügen, es ist gefällt.
Bei uns hat sich eingebürgert, jede Thematisierung von Schuld in Zusammenhang mit der Nazizeit als Selbstanmaßung, als politisches Pharisäertum zu verdächtigen. Hinter dieser bezeichnenden Allergie gegen *Anklage* steckt die Absicht, publizistische Bearbeitungen der Schuldfrage überhaupt zu verunglimpfen. Die Schuldangst, die das öffentliche Bewußtsein der bundesdeutschen Gesellschaft so lange panisch bestimmt hat und, wenn auch abgeschwächt, heute noch bestimmt, hat damit ein sehr erfolgreiches Abschreckungsrezept gefunden. Um so wichtiger, dem Widerstand zu leisten und zu fragen: Wann werden die Generationen der Eltern und Großeltern endlich aufhören, die eigenen Söhne, Töchter und Enkel mit ihren Rechtfertigungszwängen zu belasten? Erst wenn auch das biologische Ende dieser Generationen gekommen ist? Das kann noch gut zwanzig Jahre dauern. Es ist

den schuldlos beladenen Nachkommen jedoch schon genug an historischer, politischer und moralischer Klarsicht verstellt worden.
Anklage – Selbstanmaßung – Pharisäertum? Ich will nichts als mein Lichtmolekül in jene Finsternis tragen, in die die hartnäckige Verdrängungsleistung der heute Alten und Älteren ihr eigen Fleisch und Blut gestürzt hat. Es lohnt nicht mehr, den noch lebenden Rest der Jasager und Versager anzuklagen. Schuld*behandlung* als Schuld*aufklärung* – das ist der Tenor dieses Buches. Es gibt dankbarere Beschäftigungen, wichtigere kaum.
Von der Last, Deutscher zu sein.
Wenngleich Unbelehrbarkeit, Verdrängung und Verleugnung bald weniger primitive Ausdrucksformen fanden als in jenem Oktober 1945 dort auf der Hamburger Grindelallee und sich verdeckter, taktischer gaben – die zweite Schuld setzte unmittelbar nach der ersten ein. Heute, mit der riesigen Erfahrung von vier Jahrzehnten, kann gesagt werden, daß die hartnäckige Verweigerung aus Angst vor Selbstentblößung eine Mehrheit der alten und älteren Generationen nach dem Zweiten Weltkrieg weit stärker motiviert hat als das Wohl ihrer Kinder. Natürlich ist sie nicht bereit, ihre historische Fehlentscheidung mit dieser Konsequenz zu koppeln, aber, unabhängig von der subjektiven Bewußtlosigkeit gegenüber den Folgen der Verweigerung, war dies ihr objektives Resultat.
Zu diesem Zweck haben sich die Eltern und Großeltern mit erstaunlicher Ausdauer vors Gesicht gehalten, was hier die »Maske« genannt werden soll. Sichtbar wurde dahinter nur *der* Teil, den der Selbstschutz zu lüften gestattete, und das war wenig genug. Der andere, größere Teil wurde seit 1945 vor Kindern und Kindeskindern fintenreich – und oft genug wohl auch qualvoll – verdeckt gehalten. Die Maske ist inzwischen von Millionen und Abermillionen ihrer Träger mit ins Grab genommen worden.
Unter Hitler lag das Antlitz offen zutage, spiegelte sich in ihm, was damals von einer Mehrheit wirklich gedacht und gefühlt wurde. Gibt es doch überaus eindrucksvolle Foto- und Filmdokumente, die die ungestellte, geradezu hysterische Verlorenheit der Massen an Adolf Hitler auf das verräterischste demonstrieren. Das spätere Bekenntnis der Zujubler jedoch zu Ursache, Wesen und Inhalt solch wollüstiger Hingabe fehlt fast vollständig. Dabei hätte niemand den Erfolg des Nationalsozialismus und seiner Wahnideen im Körper eines großen Volkes bis in die allerfeinsten Verästelungen genauer, umfassender und tiefgründiger enttarnen können als eben das riesige Kollektiv der ehemaligen Hitleranhänger selbst – wenn es geständig gewesen wäre. Aber es war

nicht geständig, und es verpaßte so die einmalige Chance, zum eigenen, aber auch zum Wohl der Nachkommen, Herkunft und Beschaffenheit der deutschen Anfälligkeit für den Nationalsozialismus zu ergründen.
Am 17. Juli 1944 trug Thomas Mann an seinem kalifornischen Wohnsitz Pacific Palisades in sein Tagebuch ein:

»Man soll nicht vergessen und sich nicht ausreden lassen, daß der Nationalsozialismus eine enthusiastische, funkensprühende Revolution, eine deutsche Volksbewegung mit einer ungeheuren seelischen Investierung von Glauben und Begeisterung war.«

Das ist die Wahrheit, und alles andere, sage ich als Augenzeuge, ist Lüge. Die Verschmelzung war, bis auf Reste, total, und es gibt in der Geschichte der Deutschen kein Beispiel, das an diese Amalgamierung von Führung und Volk auch nur entfernt heranreichen könnte. Das war nur möglich durch einen ungeheuren Verlust der humanen Orientierung.
Die Hitlergenerationen, also jene, die von ihrem Lebensalter her für das Dritte Reich verantwortlich sind, aber auch die »Pimpf«- und Hitlerjugend-Jahrgänge, die zwar nicht in diesem Sinne verantwortlich, wohl jedoch vom Dritten Reich geprägt worden sind wie niemand sonst – sie alle werden eines Tages ausgestorben sein. Es ist jedoch der leugnenden und verdrängenden Mehrheit gelungen, mit ihrer großen Lebenslüge einen Teil der nachgewachsenen bundesdeutschen Gesellschaft zu beeinflussen. Der Schoß ist fruchtbar noch, aus dem das kroch...
Es muß gelingen, zu erforschen, was zwischen der Naziführung und der damaligen deutschen Nation so trefflich korrespondierte. Wir müssen ergründen, warum für die Mehrheit diese Ära »so schön«, »so begeisternd« war (Originalton Stammtisch via Bildschirm), während gleichzeitig doch alle bürgerlichen Freiheiten und Menschenrechte aufgehoben waren und Menschen ihrer politischen Überzeugung oder ihrer Rasse wegen verfolgt und schließlich zu Millionen wie Ungeziefer ausgerottet worden sind.
Wir müssen herauskriegen, warum sich die damaligen Deutschen dennoch die Kehle mit ihren »Heil! Heil!«-Rufen heiser gebrüllt haben und die ungeheuerlichsten Anstrengungen und Opfer erbrachten. Kurz, wir müssen in Erfahrung bringen, wie es zu diesem Verlust der humanen Orientierung kommen und weshalb er sich mit der zweiten Schuld so epidemisch bis in unsere Tage gegen Ende des Jahrhunderts fortsetzen konnte. Da die Umstände keineswegs »schön« und »begei-

sternd« waren (wie sich viel später wohl mancher selbst eingestand), muß es an der Beschaffenheit der damaligen Deutschen gelegen haben, daß sie so empfanden. Es kann jedoch keine Erkenntnisse der geschichtlichen Realität des Dritten Reiches geben, ohne daß die innere Verstrickung zwischen dem staatlich institutionalisierten Nationalsozialismus und ebendieser Beschaffenheit aufgedeckt wird, so schmerzlich, enthüllend und erniedrigend es für die Beteiligten und ihre Nachkommen auch sein mag.
Ein Mittel dazu ist die Analyse der zweiten Schuld. Es muß dem Verhalten von Menschen nachgegangen werden, die nach 1945 immer behaupteten, sie hätten in der Nazizeit »unter Druck« gehandelt. Gleichzeitig aber offenbarte sich nach deren Untergang durch das eigene Verhalten, wie tief die Bindewirkung der Naziepoche war, ohne daß sich nun jemand auf »Druck« berufen konnte. Etwas Unverbergbares trat da auf – Opportunismus, Verantwortungsabstinenz, Unfähigkeit, sich betroffen zu fühlen, lauter Eigenschaften, die mit erklären können, wieso es zu 1933 und dem frenetischen Triumph Hitlers kommen konnte – die zweite Schuld wird zum Spiegelbild der ersten!
Denn ganz gleich, welche Bedingungen herrschen – die vom Dritten Reich und seiner Vorgeschichte geprägten Generationen verhalten sich auch im demokratischen Nachfolgestaat nach dem gleichen Muster.

3.

Nach so langer Beobachtungszeit setzt sich die Erkenntnis durch, daß die Hoffnungen auf eine elementare moralische Regeneration einer Mehrheit jener Jahrgänge eine Verkennung der Wirklichkeit, eine falsche Erwartung waren. Sie hatte sich zu tief eingelassen mit dem Nationalsozialismus, war von ihm, weil sie sich mit ihm identifiziert hatte, zu gründlich in ihrem humanen Kern zerstört worden, um je damit fertig werden zu können. Die Erfahrungen lehren, daß sie nicht die Kraft fand, gegenüber sich selbst und anderen, auch und erst recht gegenüber ihren Nächsten nicht, aufrichtig zu sein.

Das heißt jedoch nicht, daß die Verdrängung nach 1945 undifferenziert verlaufen wäre. Sie reicht von der unsicheren Beharrung auf den alten NS-Wahnideen und von der Schwäche, Einsichten nicht aussprechen und mitteilen zu können, über bewußt andauerndes Komplizentum und organisierte Unbußfertigkeit bis zu schweren und schwersten Depressionen. Natürlich haben im Laufe der Zeit ehemalige Nationalsozialisten dazugelernt und unter ihrer Verführbarkeit und den daraus hervorgegangenen Handlungen gelitten. Aber was auch immer die ehemaligen Hitleranhänger verhaltensmäßig unterscheiden mag, das Schweigen über die von ihnen intensiv mitgelebten zwölf Nazijahre ist ihrer Mehrheit gemeinsam und eine streng und konsequent behauptete Kollektivhaltung von höchster Negativwirkung bis in unsere Tage.

Es wäre völlig absurd, sich die Träger der zweiten Schuld als fanatische NS-Propagandisten mit ständigem Agitationsschaum vor dem Mund vorzustellen. Die gibt es zwar immer noch, aber sie sind nicht typisch für die Masse derer, von denen hier die Rede ist. Die meisten sind brave Wähler der Land- und Bundestage, und sie werden von sich, nicht zu Unrecht, behaupten, daß Politik eine verhältnismäßig geringe Rolle in ihrem Leben spiele. Sosehr das zutrifft, über eine lange Strecke der Nachkriegszeit waren es – und sind es, soweit sie noch leben, immer noch – dieselben Leute, die sich unter dem Hakenkreuz auf eine in unserer Geschichte bisher beispiellose Weise politisch mobilisieren ließen. Das Erschreckende am »gewöhnlichen Nationalsozialismus« war eben die Normalität seiner Anhänger.

Hinter dem Selbstschutzschild *der* Generationen, die die ersten Jahrzehnte der Bundesrepublik geprägt haben – und die immer noch von Einfluß sind –, hat sich inzwischen ein völlig versteinertes System von NS-Vergangenheitsabwehr aufgebaut. Neben vielem anderen Bedenklichen, was es hervorgebracht hat, ist ihm eine Generation jugend-

licher Nazinachahmer entsprungen, die ihre Respektlosigkeit gegenüber der parlamentarischen Demokratie aus ihrer De-jure- und De-facto-Schuldlosigkeit am Nationalsozialismus und seinen Verbrechen bezieht. Diese Gruppe ist bisher nicht stark, gibt sich aber, ohne alle historischen Kenntnisse über ihr Vorbild, weit radikaler und risikofreudiger als die taktierenden Alt-Neonazis des rechtsextremistischen Spektrums.
Im allgemeinen weichen die Träger der zweiten Schuld davor aus, ernsthaft über das verdrängte und verleugnete Thema zu sprechen, sobald ihnen energisch Paroli geboten wird. Ihre Haltung hängt allerdings von den Umständen ab. Läuft einem irgendwann einmal solch ein Unentwegter allein in die Arme, so kann man eine interessante Feststellung machen. Als einzelner nämlich entpuppt er sich keineswegs als unerschütterbar, sondern eher als ein schlechter Verfechter seiner Sache. Ich habe selbst in manchen Gesprächen mit »Ehemaligen« und auch mit jugendlichen Neonazis unter den Bedingungen einer Zweierdiskussion eine große Schwäche angetroffen, den eingenommenen Standort zu begründen. Das ändert sich sofort unter Gleichgesinnten. Je mehr es sind, desto kühner gibt sich der einzelne. Isoliert ist er nicht nur schwach, sondern sogar einsichtsfähig. Im Rudel aber taucht er im Imponiergehabe aller unter und fühlt sich geschützt – wahrscheinlich eines der kläglichen Geheimnisse des Stammtisch-Schwadronierers.
Es gibt in der Bundesrepublik zwei deutlich voneinander geschiedene Wege bei der Behandlung des NS-Erbes – eben den »Stammtisch«, als Teil, als Sprachrohr der öffentlichen Meinung, und die veröffentlichte Meinung, also die Zeitungen, Zeitschriften, Rundfunk und Fernsehen. Der Gegensatz zwischen den beiden Meinungsebenen ist auffallend. Während die Medien sich ununterbrochen mit Nazizeit und NS-Erbe beschäftigen, und zwar in der Regel antinazistisch oder doch jedenfalls nicht pro-, bleibt ein wesentlicher Teil der öffentlichen Meinung eher taub und unberührt. Ausnahmen, wie die Wirkung der vierteiligen TV-Serie »Holocaust«, bestätigen eher die Beobachtung, daß sich der Pegel, der Schmerz, Anteilnahme, Trauer, Mitleiden anzeigt, in der Bundesrepublik nur selten bewegt. Daß der Zugang zu einem ansonsten pauschalen Verfolgtenschicksal durch Individualisierung leichter wird, leuchtet wohl ein. Dennoch bleibt die verbreitete Unempfindlichkeit gegenüber den Schrecken filmischer Dokumentationen, die die Wirklichkeit sichtbar machen, rätselhaft.
In allen politischen und ethischen Grundfragen, die die Nazizeit betreffen, klaffen zwischen veröffentlichter Meinung und »Volkes

Stimme« oft Abgründe. Dabei ist das Gefälle zwischen den Generationen zuungunsten der Älteren notorisch.
Innerhalb der Druckmedien gibt es eine Rubrik, die sich über die Jahrzehnte hin als eine Art Schauplatz der schlimmsten rückwärtsgewandten Ansichten erwiesen hat – die »Leserbriefe«. Dabei wird nur die Spitze des Eisberges sichtbar. Das meiste bleibt ungedruckt – aus Scham und Ekel der verantwortlichen Redakteure, aber auch wegen des Grundsatzes, Anonymes nicht zu veröffentlichen. Bedenklicherweise zeigt sich seit einiger Zeit, daß die Zahl solcher anonymen Zuschriften abnimmt und immer häufiger Namen und Adressen voll ausgeschrieben werden. Offensichtlich glaubt die eingeborene Feigheit, daß damit seit der »Wende« keine Risiken mehr verbunden sind. (Was natürlich auch vorher nicht der Fall war. Nur entzieht sich das bezeichnenderweise dem Demokratieverständnis des »neuen Muts«.)
Diese angesichts unserer Verfassung unzeitgemäß anmutende Sicht der eigenen Gefährdung bestätigt ein vordemokratisches Verhältnis des betreffenden Individuums zum Staat. Ein aus der Nazizeit weitertransportierter innerer Alarm blieb auch unter den völlig anderen gesellschaftlichen Bedingungen der zweiten deutschen Republik am Leben.
Eine Mißtrauensdistanz zur Demokratie äußern viel breitere Kreise als der Zirkel der unentwegt Braunen. Sie empfinden den Parlamentarismus immer noch als fremd und haben ihn keineswegs in das eigene Daseinsgefühl einbezogen. Bei ihnen konservieren sich NS-Ideen jedoch durchaus nicht plakativ oder aggressiv, sondern werden eher, wenn überhaupt, verhalten vorgetragen, in gewisser Weise zweifelnd. Was man da mit sich herumträgt, so wird gespürt, sollte in der Öffentlichkeit besser nicht laut ausgesprochen werden – man ist mit sich nicht im reinen.
Von der Last, Deutscher zu sein.

4.

Ohne ihre Verantwortung außer acht zu lassen, befaßt sich das Buch weniger mit den großen Dienern und Handlangern des Dritten Reiches – den Industriellen, Bankherren, Militärs, Diplomaten, Wehrwirtschafts- und Parteiführern. Es befaßt sich vielmehr mit den sogenannten »kleinen Leuten«, dem »einfachen Mann« und der »einfachen Frau«, ohne die der »Führer« nichts, aber auch gar nichts geworden und gewesen wäre – mit den Millionen, die die Massen eines Volkes ausmachen. Von ihrer Haltung *vor,* besonders aber *nach* 1945 wird hier die Rede sein.

Um der Gerechtigkeit willen muß jedoch gesagt werden, daß sie selbst auch einmal Söhne, Töchter und Enkel waren, an denen sich die Eltern und Großeltern versündigten – aus der Tiefe der deutschen Reichsgeschichte heraus, aus deren Gestein lange vor 1933 Stufen geschlagen wurden, die Hitler außerordentlich zustatten kamen. Jene Generationen, die hier im Mittelpunkt der Betrachtungen stehen, waren ja bereits nationalistisch vorverseucht, auf eine Weise, die heute kaum mehr vorstellbar ist. Das Kollektiv derer, die von ihrem Lebensalter her für das Dritte Reich mitverantwortlich waren, ist von der Geschichte unseres Jahrhunderts strapaziert und überfordert worden wie keine Generation sonst.

Mancher aus diesem riesigen Personenkreis hat zu seinen Lebzeiten fünf verschiedene Staatsformen kennengelernt: das Kaiserreich, die Weimarer Republik, das Dritte Reich und – meist in der Himmelsrichtung von Ost nach West – die Bundesrepublik Deutschland und die Deutsche Demokratische Republik.

Ja, sie haben Hiebe ausgeteilt, die Generationen der Eltern und Großeltern, fürchterliche Hiebe und nach allen Seiten. Aber sie haben auch Hiebe empfangen, sind schwer gebeutelt und von vielfältigen und sehr dauerhaften Niederlagen heimgesucht worden. Und das so sehr, daß sich bei der Beschäftigung mit ihren Biographien unweigerlich Mitempfinden einschleicht, Anteilnahme, manchmal auch Bewunderung und Verwunderung für unerhört Ausgehaltenes, ob man es nun will oder nicht. Die überwältigende Masse derer, auf die der Begriff der zweiten Schuld zutrifft, besteht ja nicht aus simplen Bösewichtern, sondern aus Menschen, die eine Art inneren Kompaß verloren haben.

An dieser Stelle ein Wort zur Verhältnismäßigkeit des Themas. Es ist keines der Stoffe, die der Menschheit auf den Nägeln brennen, wie Welthunger und Weltarmut oder die hochexplosive Rivalität der beiden Supermächte USA und Sowjetunion, wie die hirnverbrannte

Hochrüstung und die Furcht vor der nuklearen Apokalypse eines dritten und allerletzten Weltkrieges. Das Thema der zweiten Schuld steht auch nicht so dräuend über unserer Epoche wie die Giftwolke von Tschernobyl, die symbolisierte, daß das Überleben der Erdbevölkerung ökologisch immer fragwürdiger erscheint. Es hat weder die Gewalt noch die Größenordnung der bedrohlichen Bevölkerungsvermehrung in Asien, Afrika und Lateinamerika oder der Verstädterung dort durch Landflucht mit den sich stetig erweiternden Jahresringen der wachsenden Slumregionen um die immer eingeschnürteren Ballungsräume der Metropolen.
Aber auch einheimische Probleme sind dem Bundesbürger näher, wie die soziale Katastrophe einer Massenarbeitslosigkeit mit dem erschreckenden Dauerbestand von über zwei Millionen und eher düsterer Perspektive. Oder wie Aids, diese moderne Pest, die die beiden lebenserhaltenden Haupttriebe des Menschen, den der Selbsterhaltung und den des Geschlechts, auf unvorhergesehene Weise miteinander in Konflikt bringt und sehr bald zum Hauptproblem überhaupt werden könnte.
All das mag im öffentlichen Bewußtsein vor der Beschäftigung mit der zweiten Schuld rangieren. Dennoch hat sie mit den zitierten Problemen zweierlei gemeinsam: ihren Langzeitcharakter und das internationale Interesse an ihren Äußerungen.
Wann und wo immer etwas von dem verdeckt gehaltenen Teil der NS-Vergangenheit zum Vorschein kommt – ob in Form einer Lokalnachricht oder des Bitburg-Debakels Ronald Reagan–Helmut Kohl –, rührt sich ringsum eine Sensibilität von schlafloser Wachsamkeit. Und das nicht nur im Osten, sondern auch und kaum geringer in Nord, Süd und West. Wann immer aus einem Ereignis geschlossen werden kann, daß Hitler wohl militärisch, jedoch nicht ideologisch geschlagen worden ist, werden Schwingungen in Gang gesetzt, die bestätigen, unter welch dünnem Firn das europäische und internationale Erinnerungsvermögen schwelt.
Das ist begreifbar, ja zu begrüßen, hat aber trotzdem manchmal auch eine groteske Note.
Die zweite Schuld ist nach meiner festen Überzeugung Teil eines riesigen Rückzugsprozesses. Sie vollzieht sich unter Bedingungen, die sich gänzlich unterscheiden von der historischen Phase der ersten Schuld. Nationalsozialismus und Faschismus waren große, bestimmende Kräfte während der ersten Hälfte unseres Jahrhunderts. Der Sieg der Anti-Hitler-Koalition des Zweiten Weltkrieges und ihr rascher Zerfall danach haben ganz neue Verhältnisse geschaffen. Zwar hat das ehe-

malige nationale Kollektiv der Hitleranhänger von der Rivalität der Supermächte, die Deutschland zerschneidet, kräftig profitiert. Aber im alten Sinne stellt es kein Weltproblem mehr dar.
Es geht bei der Erörterung der zweiten Schuld nicht um die Frage, ob der Bundesrepublik ein zweiter 30. Januar 1933, eine zweite Etablierung des Nationalsozialismus, droht. Es geht vielmehr um ein schweres Vergehen schuldig gewordener Älterer an den schuldlos beladenen Söhnen, Töchtern und Enkeln – sie sind die eigentlichen Opfer der zweiten Schuld, denn was die Großeltern und Eltern nicht abgetragen haben, kommt auf sie über.
Die zweite Schuld ist ein Problem der nationalen Hygiene, die von ihr bis zur Unkenntlichkeit versehrt worden ist.

5.

Ich möchte jetzt vor dem Leser den eigenen Standort bekunden und meine Motivationen, dieses Buch zu schreiben.
Ich hatte es zwischen 1933 und 1945 schwerer gehabt als die meisten Deutschen – ich fiel meiner jüdischen Mutter wegen unter die Nürnberger Rassengesetze, mit Leiden für mich und meine Familie, die mich befähigten, den Hamburger Verfolgtenroman »Die Bertinis« zu schreiben, eine Arbeit von vierzig Jahren.
Nach 1945 habe ich es dagegen leichter gehabt als die meisten anderen – ich gehörte zu den überlebenden Opfern. Niemand klagte mich an, im Gegenteil – die Vergangenheit verschaffte mir moralisch einen privilegierten Platz. Ich hatte der Mehrheit aber noch etwas voraus: Der Zufall meiner Geburt, die rassische Diskriminierung hatten es mir auch leichtgemacht, den Nationalsozialismus als das zu erkennen, was er war, und von Anfang an sein geschworener Feind zu sein.
Entgegen dem festen Willen, nach allen Erlebnissen Deutschland im Falle der Befreiung zu verlassen, blieb ich hier, als sie eingetreten war. Gefragt, warum ich geblieben sei, entgegnete ich stets wieder: weil die Bindungen an das Land meiner Herkunft stärker waren als die Schäden, die die Verfolgungen, die ständige Furcht vor dem Gewalttod, vor Folter und Zwangsarbeit und das Entsetzen des illegalen Daseins in mir angerichtet hatten. Und daran gemessen, müssen es sehr dauerhafte Bindungen gewesen sein. Die Entscheidung gilt bis heute und ist nie zurückgenommen worden, muß aber ergänzt werden durch das Geständnis, daß die Konfrontation mit der zweiten Schuld sie auch zu einer schweren Bürde gemacht hat.

Dabei vertrete ich die Ansicht, daß die Voraussetzung dafür, ein Buch wie dieses zu schreiben, keineswegs darin bestehen muß, zu den Verfolgten des Naziregimes gehört zu haben. Es hätte ebensogut geschrieben werden können von einem Autor mit einem ganz anderen Lebenslauf – wie ja auch häufig Bücher über diese Fragen erschienen sind. Nicht eigene Erlebnisse, die oft genug schon vom Lebensalter her gar nicht möglich waren, sondern Humanität und Moralität haben vielen Schriftstellern die Feder geführt, als sie sich an die Auseinandersetzung mit dem Nationalsozialismus und seinem Erbe machten.

Ich beziehe meine Motivation aus dem oben kurz skizzierten Lebensabschnitt, das heißt *eine* Motivation. Denn es gibt noch eine weitere. Schuld und Schuldgefühle aus politischen Gründen sind mir keineswegs unbekannt, wenngleich unter einem anderen Vorzeichen als dem des Hakenkreuzes – nämlich unter dem von Hammer und Sichel. Weil ich glaubte, die Feinde meiner Feinde müßten naturgemäß meine Freunde sein – also die nach den Juden von den Nationalsozialisten am meisten gehaßten und verfolgten Kommunisten –, trat ich bald nach der Befreiung in Hamburg der KPD bei. Elf Jahre später, 1957, verließ ich sie wieder, aus denselben Gründen, aus denen ich mich ihr angeschlossen hatte: um meinen Teil dazu beizutragen, die Erde für die Menschheit bewohnbarer zu machen. Aus der Tiefe meiner antifaschistischen Biographie heraus und wegen meiner starken Engagementfähigkeit bedurfte es der 132 Monate, um die Lüge als Lüge, die Unmenschlichkeit als Unmenschlichkeit zu erkennen und dem Fehlverhalten die Konsequenz folgen zu lassen – die Trennung.

Das war wie ein individueller Weltuntergang, zugleich aber auch, nach der Befreiung durch äußere Kräfte im Mai 1945, die ganz neue Erfahrung der Selbstbefreiung. Voraussetzung war das Eingeständnis des eigenen Irrtums. Ich hatte, als Publizist und als Parteiarbeiter, mein Atom Verantwortung an der Stalin- und der ersten Nach-Stalin-Ära zu tragen. Damit wollte, damit mußte ich nun fertig werden. Das geschah zunächst in Form eines Buches, das ich mir bis 1961 von der Seele geschrieben hatte, mit dem symbolisch-ironischen Titel »Die Partei hat immer recht«, einem Zitat aus der bekannten gleichnamigen SED-Kantate. Nicht als Autobiographie eines enttäuschten Kommunisten, sondern als ein Beitrag zur Anatomie des Stalinismus – wie es ihm gelang, Menschen zu gewinnen, sie politisch auszubeuten, eine Zeitlang zu halten, und wie er sie dann durch die inneren Widersprüche zwischen Propaganda und Wirklichkeit wieder verlor. Die Arbeit konnte keinen anderen Sinn haben, als Menschen vor einem ähnlichen Irrtum zu bewahren.

Genauso wichtig aber war das Bekenntnis dieses Irrtums, der Verantwortung und der Schuld vor mir selbst. Alles andere hätte meine Person und mein Leben verkrüppelt, jede individuelle Weiterentwicklung zerstört. Zu leugnen, abzuwehren, zu schweigen – all das hätte unweigerlich zur intellektuellen Auflösung geführt, die zukünftigen Wege blockiert, jede Kreativität erstickt und – vor allem – die Wiedergewinnung humaner Maßstäbe verhindert.

Gerade auf letzteres möchte ich näher eingehen, denn dabei tauchen plötzlich zwei beklemmende Parallelen auf zwischen mir und dem Personenkreis, den ich in diesem Buch aufs Korn genommen habe.

Die erste Parallele besteht in der *kritiklosen Gläubigkeit an einen Übervater.* Denn ich war durchaus vertraut mit der Hingabe an einen Polit-Gott, der in meinem Fall den Namen *Stalin* trug, und mit allen Phasen eines später als blödsinnig, lächerlich und höchst mörderisch erkannten Personenkults um ihn.

Die zweite Parallele besteht in der *Teilung der Humanitas* aus ideologischen Gründen, in der Leugnung von Unmenschlichkeiten im »eigenen Lager« bei äußerster Scharfsichtigkeit jenseits davon. Trotz der ständigen Hinweise auf den Archipel Gulag und sein riesiges Repressionssystem bin ich ihnen allzulange nicht gefolgt, sondern habe die Berichte abgetan als kranke Ausgeburten des »Klassenfeindes« und mich jenem »guten Glauben« hingegeben, den auch meine erklärten Gegner für sich in Anspruch nahmen. Ich kenne also aus eigenem Erleben nur zu gut die Blindheit der Ideologien und ihren Mechanismus, Realität je nach Bedarf zu entwirklichen. Ich kenne auch die falschen Hoch- und Überlegenheitsgefühle des politischen Radikalismus.

Nun sind mir alle Argumente gegen solchen Parallelismus bekannt, wie: daß damit eigentlich Unvergleichbares aneinandergehalten werde, da man nicht aus denselben Gründen Kommunist werde wie Nazi; daß es gänzlich verschiedene Motive seien, die den einen nach da, den anderen nach dort trieben. Nie habe es den Eintritt in eine Naziorganisation aus humaner Absicht gegeben noch geben können. Das aber sei doch gerade das Kriterium bei nahezu jedem freiwilligen Beitritt in eine kommunistische Partei. Und schließlich befinde sich der Irrende nach seinem Bruch in bester Gesellschaft, wofür große Namen aufgeführt werden könnten.

Ich spreche einer primitiven Nivellierung nicht das Wort. Es leuchtet mir auch ein, daß der Bezug eines in der Bundesrepublik agierenden KPD-Mitglieds von 1946 bis 1957 zu dem von ihm mitzuverantwortenden Geschehen innerhalb des sowjetischen Machtbereiches nicht

das gleiche ist wie die nationale Eingebundenheit des Durchschnittsdeutschen unter Hitler in ein Staatswesen, das er mit dem Vaterland identifizierte und das die ungeheuerlichsten Verbrechen der Weltgeschichte beging.
Aber der Streit, ob bestimmte Parallelen zwischen ansonsten völlig verschiedenen Überzeugungen nun berechtigt seien oder nicht, hebt sich angesichts der viel wichtigeren Frage auf, welche Konsequenzen aus einem politischen Irrtum gezogen werden sollten: nämlich ihn zu überwinden durch Erkenntnis und Bekenntnis, auch wenn sie schmerzen, oder auf ihm durch Verdrängung oder Verleugnung zu beharren.
Genau das aber ist das Wesen der zweiten Schuld.
Mit ihrer publizistischen Behandlung verlasse ich die sanften Triften jener sicheren öffentlichen Anteilnahme, die mir meine Hamburger Verfolgtensaga »Die Bertinis« in so hohem Maße beschert hat, und begebe mich auf die hohe See der Schuldforschung und ihrer widrigen Gegenwinde: Wie kam es zu der Massenverfolgung und -vernichtung? Wer waren die Verfolger, und wer half ihnen dabei? Vor allem aber: Was geschah mit den Verfolgern, mit den Tätern *danach*? Mit den Antwortversuchen auf solche Fragen macht man sich bei uns nicht beliebt.

6.

Zum Schluß der Einführung noch etwas zu den zwangsläufigen Gefahren, die in der Verengung der stets komplexen Wirklichkeit durch das unvermeidlich Ausschnitthafte jeder speziellen Fragestellung liegen.
Natürlich besteht die Bevölkerung der Bundesrepublik Deutschland keineswegs bloß aus alten, neuen oder verhinderten Nazis. Nachdem zahlreiche Angehörige der von ihrem Lebensalter her für das Dritte Reich verantwortlichen Generationen seit 1945 ihr natürliches biologisches Ende gefunden haben, sieht die Gegenwart eine Mehrheit von Bürgern, die entweder in der NS-Zeit ihrer Jugend wegen keine Verantwortung haben konnten oder die erst nach Beendigung des Zweiten Weltkrieges geboren worden sind.
Niemand kann in der zweiten deutschen Republik kraftvolle Demokratisierungsprozesse übersehen, und die Probleme, die von der NS-Vergangenheit aufgeworfen werden, vereinen eine große Gemeinschaft von Menschen, die in vielen anderen Fragen völlig unterschiedlicher Meinung sein können. Ganz allgemein trägt die Bundesrepublik nach außen ein Gesicht, das es etwa den Millionen von Ausländern, die sie jedes Jahr besuchen, schwermacht, mit dem Thema dieses Buches in eine direkte, dingliche Beziehung zu kommen.
Dies ist ein bemerkenswertes Land! Ob Bundesbürger oder Fremder, jedermann erlebt die Bundesrepublik in der zweiten Hälfte der achtziger Jahre als eine interessante, hochmobile Gesellschaft sondergleichen. Es herrschen Buntheit und Freiheit, die beispiellos sein dürften in der deutschen Geschichte, und die Grenzen der Reisemöglichkeiten werden nur gezogen durch die Beschränktheit der finanziellen Mittel und des Urlaubs. Das Spektrum der verschiedensten Meinungen bietet sich an jedem Kiosk, in jeder Buchhandlung geradezu überquellend dar, und auch vom Bildschirm flimmert, allen Unkenrufen zum Trotz, allwöchentlich immer noch manche beträchtliche Leistung.
Das Land hat große Naturschönheiten, so dicht besiedelt, ja zersiedelt es in seiner handtuchschmalen Ost-West-Ausdehnung auch ist. Der Kultur- und Kunstdenkmale sind Legion. Den zivilisatorischen Stand, den es hat, weiß *der* um so höher zu schätzen, der dessen Annehmlichkeiten anderswo auf der Erde vermissen mußte. Und die Menschen dieses Landes? Sie sind so unkriegerisch, wie es sich nur denken läßt. Mehr, ihre Liebe zum Frieden ist, wie das ihrer Landsleute in der DDR, womöglich noch ausgeprägter, eingewachsener, selbstverständlicher als in anderen Regionen, schon weil sich hier, im Herzen

Europas, auf deutschem Boden, die größte Vernichtungskapazität auf kleinstem Raum drängt.
Unschwer läßt sich eine starke Hilfsbereitschaft erkennen. Die Millionenspenden, die wieder und wieder, wenn auch kampagnenhaft, für die Opfer von Hunger, Natur- und Kriegskatastrophen zusammenkommen, dürften keineswegs allein dem schlechten Gewissen des Wohlstandes zu verdanken sein. Das ist vielleicht ein, jedoch nicht das einzige Motiv. Trotz optischer Inflationierung durch das Fernsehen, die Not anderer findet immer noch den Weg zu den Deutschen von heute.
Aber – die Bundesrepublik hat einen Januskopf, ein Doppelantlitz. Denn gleichzeitig zeigen sich Ausländerfeindlichkeit, Politextremismus von rechts und links, Terrorismus von rechts und links sowie ein tief institutionalisierter Gegenradikalismus, der allein auf den Linksterrorismus reagiert. Dies ist ein Staat, der seine ihm von außen geschenkte Demokratie ständig nach allen Seiten verteidigen muß, besonders aber gegen Kräfte und Denkweisen, deren Ursprünge weit zurückreichen und die von den Alten und Älteren auf Teile der mittleren und jungen Generationen übertragen worden sind. Die zweite deutsche Demokratie und ihre Freiheiten sind keine Selbstverständlichkeiten von 1949 an bis in alle Ewigkeit, sondern eine fortwährend bedrohte Kostbarkeit.
Obwohl sich vieles geändert hat, obwohl Jahrgänge mit einem weit unbefangeneren Lebensgefühl herangewachsen sind, die schon von ihrem legeren Äußeren her einen wohltuenden Gegensatz zu ihren oft gravitätischen Altvorderen bilden – obwohl all das so ist, hat die Bundesrepublik dennoch die größten Schwierigkeiten, mit einer Vergangenheit fertig zu werden, aus der sie am liebsten immer wieder ausgestiegen wäre. Aber:

»Die Hoffnung, die Nachkriegszeit sei abgeschlossen, was wiederholt von führenden deutschen Politikern geäußert worden ist, muß sich als Irrtum erweisen, weil nicht wir allein bestimmen, wenn es genug ist, Folgerungen aus einer Vergangenheit zu ziehen, die das Leben und das Glück einer so großen Zahl von Menschen vernichtet hat.«

Das schrieben Alexander und Margarete Mitscherlich in ihrem 1967 erschienenen Buch »Die Unfähigkeit zu trauern«, dieser ebenso klassischen wie bitteren Charakteristik des Durchschnittsdeutschen unter Hitler und in den ersten zwanzig Jahren nach 1945 (ein Werk, aus dem noch häufig zitiert werden wird).

Mag die Nachkriegszeit in den seither abermals verflossenen zwei Dezennien endgültig abgeschlossen worden sein, die Versuche, sich am Erbe des Nationalsozialismus vorbeizumogeln, sind es nicht. Im Gegenteil, nach den lange eher plebejischen Artikulationen der Schuldverdrängung und -leugnung üben sich heute mit beträchtlichem Stimmaufwand akademisch-intellektuelle Debattierer, die NS-Epoche zu relativieren und zu bagatellisieren (wovon noch die Rede sein wird).

Und doch werden alle diese Anstrengungen vergebens sein, definitiv umsonst, denn das Wort vom »Tausendjährigen Reich« wird sich, wenn auch nicht im Sinne seiner Schöpfer, insofern bewahrheiten, als sich die Menschheit noch in fernsten Zeiten mit ihm beschäftigen wird. So zahlreich sie schon sein mögen, alle bisherigen publizistischen Bemühungen sind erst ein Anfang, wie »Die zweite Schuld oder Von der Last Deutscher zu sein« – geschrieben in Zorn, in Trauer und in Hoffnung.

Hamburg, August 1987 Ralph Giordano

»Die anderen haben auch Verbrechen begangen«

Vom Verlust der humanen Orientierung

Der Untergang des Dritten Reiches, so schreiben die Mitscherlichs in »Die Unfähigkeit zu trauern«, sei ein katastrophales Ereignis gewesen, auf das selbst bei zunehmend als widersprüchlich empfundenen Vorstellungen die große Mehrheit der Deutschen nicht vorbereitet war. Sie sei aufgrund ihrer Allmachtsphantasien keiner wirklichkeitsgerechten Vorschau in die Zukunft fähig gewesen. Die Auseinandersetzung mit der Einsicht, daß die gewaltigen Kriegsanstrengungen wie die ungeheuerlichen Verbrechen einer wahnhaften Aufblähung des Selbstgefühls, einer ins Groteske gesteigerten Selbstliebe dienten, hätte zur völligen Entwertung des Selbstgefühls führen und Melancholie auslösen müssen, wenn diese Gefahr nicht durch Verleugnungsarbeit schon im Keime abgefangen worden wäre.
Das ist die exakte Schilderung des Kollektivverhaltens während der ersten zwanzig Jahre im Nachkriegsdeutschland, an dem sich, was die noch lebenden Angesprochenen betrifft, auch in den seither noch einmal verstrichenen zwei Jahrzehnten kaum etwas geändert haben dürfte.
Die Verleugnungsarbeit setzte 1945 sofort ein und trat überall mit den gleichen Artikulationen auf. Millionen, die sich nie begegnet waren und einander nicht kennen konnten, Menschen zwischen Flensburg und München, Köln und Berlin, fanden bis auf den Buchstaben genau die gleichen Entlastungsformulierungen. Sie waren so elementar, daß sie sich damals nicht nur epidemisch verbreiteten, sondern sich bis in unsere Zeit so gut wie unversehrt erhalten haben.
Ich habe das »kollektive Affekte« genannt. »Kollektiv«, weil die Uniformität dieser Affekte einem massenhaften, ja nationalen Grundgefühl entsprach, dem dann auch sogleich die historische Fehlentscheidung entwuchs, nicht aufzuarbeiten, sondern zu verdrängen. »Affekt«, weil es sich um eine jähe, unreflektierte und die erste Schreckstunde nicht überwindende Reaktion handelte. Wie die Schuldabwehr selbst, so mögen auch ihre kollektiven Affekte zunächst von *Scham* gezeugt worden sein, jedenfalls bei einer großen Zahl ehemaliger Hitleranhänger. Das wäre eine *moralische* Rückwirkung, der Hinweis auf einen humanen Funken, der von der Asche der zwölf Nazijahre nicht ganz erstickt werden konnte. Soviel aber war von vornherein klar: Würde es bei diesem Ur-, diesem Erststadium der Auseinandersetzung mit jenem Abschnitt selbsterlebter und mitgestalteter Geschichte bleiben, wäre unweigerlich eine innere Versteinerung die Folge – wie es dann auch tatsächlich allzu häufig der Fall war.
Die kollektiven Affekte sind der unverfälschte Ausdruck eines Verlustes an humaner Orientierung, wie ihn in solch inflationärem Ausmaß

kein anderes Volk je erlitten hat. Älteren wird der Wortlaut der Affekte nur zu bekannt sein, dem jugendlichen Leser aber sei wiederholt, daß sich die Artikulationen rhetorischer Schuldabwehr seit vierzig Jahren nicht geändert haben.
Ohne Anspruch auf Vollständigkeit sollen nun acht von ihnen genannt, analysiert und auf ihren Humanitätsverlust untersucht werden.

Kollektiver Affekt 1:
»Es waren ja gar nicht *sechs* Millionen Juden, die umgebracht worden sind, sondern ...«

Meist folgen dann Zahlenangaben, die von fünf Millionen auf einige Hunderttausende herabsinken – von der Null-Opfer-These der Verfechter der »Auschwitz-Lüge« gar nicht zu reden.
In der Vorstellungswelt, der dieser Affekt entstammt, wird der Völkermord an den Juden im deutsch besetzten Europa während des Zweiten Weltkrieges zu einer bloßen Frage von Ziffern, von Quantität. Die Logik des Affektes: Je niedriger die Zahl der ermordeten Juden gedrückt werden kann, desto beruhigter fühlt man sich. Die Vernichtung selbst löst kein Entsetzen aus, weil es keinerlei innere Beziehung zur Welt der Naziopfer gibt. Wenn Betroffenheit eintritt, dann ausschließlich im Zusammenhang mit der eigenen Person über die Anschuldigung, einem System, das solche Massenverbrechen begangen hat, gedient, angehangen, zugejubelt zu haben (wo nicht mehr im Spiele war). Die Ermordung großer nichtjüdischer Opfergruppen, wie sowjetischer Kriegs- und Zivilgefangener oder der Sinti und Roma, ist dem Bewußtsein der bundesdeutschen Öffentlichkeit bis heute so gut wie unbekannt geblieben.
Die Minimalisierer des kollektiven Affektes 1 erweisen sich an anderer Stelle jedoch als ausgesprochene Maximalisierer von Opferziffern, aber stets nur, wenn es Deutsche betraf, zum Beispiel die Toten des alliierten Luftkrieges, und darunter wieder besonders die Dresdens.
Die Zweifler an der Mordbilanz der »Endlösung« nennen im Zusammenhang mit dem Untergang Dresdens am 13. und 14. Februar 1945 gewöhnlich Zahlen zwischen 120 000 und 200 000 Getöteten, während eine amtliche Liste 35 000 aufführt. Was immer an dem einen oder dem anderen stimmen mag oder nicht – ein Bevölkerungsteil, der sich gegenüber den NS-Verbrechen vollkommen versteinert gibt und deren Ziffern nicht weit genug herunterspielen kann, ganze Generationen, deren Lebensgefühl auf der Verniedlichung, der Bagatellisierung, ja der Leugnung von NS-Opfern überhaupt basiert – sie werden

plötzlich fuchsteufelswild, wenn sie meinen, daß die Zahlen deutscher Opfer zu tief angesetzt werden. Selbstverständlich bestand keinerlei militärische Notwendigkeit, Dresden so kurz vor dem unbezweifelbaren Ausgang des Zweiten Weltkrieges zu bombardieren und auszuglühen.
Das eigentliche Elend der Anhänger des kollektiven Affektes 1 aber, um deren Beschaffenheit es geht, besteht in einer Gesinnung, die auf weniger als sechs Millionen ermordeten Juden, jedoch auf mehr als 35 000 umgekommenen Dresdnern verharrt.

Kollektiver Affekt 2:
»Aber wir haben doch von nichts gewußt!«

Was ist damit gemeint, worauf bezieht sich das »...von nichts gewußt«? Es bezieht sich auf Auschwitz und auf alles, was dieser Name symbolisiert und materialisiert, das heißt auf den Serien-, Massen- und Völkermord der Jahre 1941 bis 1945. Aber der kriminelle Charakter des Nationalsozialismus begann nicht mit seinem Vernichtungsapparat! Das Verbrechen begann bereits mit den Maßnahmen, die die demokratischen Freiheiten aufhoben, die erste Republik zerstörten, und es setzte sich fort über die Verhaftungen, Folterungen und Ermordungen politischer Gegner von gestern, die Errichtung von Konzentrationslagern, die Bücherverbrennungen, den Boykott jüdischer Geschäfte schon im April 1933, alles Geschehnisse, von denen jedermann in Deutschland gewußt hat. Und zwar so gut gewußt, daß schon sehr bald nach dem 30. Januar 1933 der »deutsche Blick« aufkam: Wenn zwei sich trafen, die sich nicht kannten, schätzten sie sich erst mal ab, ob der eine den anderen ins »Konzertlager« bringen könnte... Jedermann wußte von der Proklamation der Nürnberger Rassengesetze; von der viehischen Brutalität, mit der Hitler seinen Rivalen Ernst Röhm und dessen Anhang umbringen ließ; von der sogenannten »Reichskristallnacht« im November 1938, dem bis dahin schrecklichsten Pogrom gegen die Juden im Reich. Und jedermann wußte von der Deportation dieser Juden ab 1940/41, denn das geschah unter freiem Himmel, am hellichten Tag und über ganz Deutschland verstreut.
Der kollektive Affekt »Aber wir haben doch von nichts gewußt!« schafft von der »Machtergreifung« bis zur Errichtung des Vernichtungsapparates unter dem Dach des Reichssicherheitshauptamtes und dem Beginn seiner Mordpraktiken im Großformat, also von 1933 bis 1941, eine quasiverbrechensfreie Strecke. Er nivelliert das Dritte Reich bis dahin mit anderen zeitgenössischen Gesellschaften diktatorischen

Zuschnitts, ja baut geradezu eine Zone bürgerlicher Gesittung auf, gegen die anzugehen und Widerstand zu leisten jegliches Motiv entfiel. Der Versuch, die kriminelle Gesamtheit des NS-Staates auf einen Teilsektor oder eine bestimmte Phase seiner Herrschaft zu reduzieren, dauert bis in unsere Tage an. Der Affekt signalisiert das immer noch fehlende Bewußtsein, daß der Nationalsozialismus durch und durch verbrecherisch war, von seiner Peripherie bis zu seinem Zentrum. Die neun Jahre zwischen dem 30. Januar 1933 und der Wannseekonferenz am 20. Januar 1942, auf der die »Endlösung der Judenfrage« in Europa beschlossen wurde, waren keineswegs relativ, sie waren absolut verbrecherisch: als der Schoß, aus dem dann die höchste Institutionalisierung des NS-Staates kroch, die Mordmaschinerie der Einsatzgruppen und des Holocaust. Der Vernichtungsapparat war die Spitze einer Staatsstruktur, die voll in seinem Dienste stand.
Dem kollektiven Affekt »Aber wir haben doch von nichts gewußt!« folgt übrigens meistens eine Zwillingsbeteuerung, sozusagen ein Unteraffekt, der lautet: »Wir konnten doch nichts dagegen machen!«
Da sei doch in aller Unschuld gefragt: *Wogegen* denn? Gegen das, was man »nicht gewußt« hat?
Instabilitäten wie diese wohnen dem gesamten Bau der Schuldabwehr inne.

Kollektiver Affekt 3:
»Konzentrationslager waren gar keine deutsche Erfindung, sondern eine britische – im Kampf gegen die Buren, damals, in Südafrika...«

Also vorgegebene Kenntnis weit zurückliegender Ereignisse in einem fremden Land und in zehntausend Kilometer Entfernung bei gleichzeitiger Beharrung auf der Unkenntnis gegenüber Ereignissen im eigenen Land, in nächster Umgebung und in nationaler Verantwortung.

Kollektiver Affekt 4:
»Hitler hat nicht nur Schlechtes, er hat auch Gutes geschaffen, zum Beispiel die Autobahnen...«

Dieser Affekt wird sehr häufig angeführt: Auch nach vierzig Jahren absoluter Informationsfreiheit über Hitlerdeutschland wird immer noch geteilt in einen »guten« und einen »schlechten Führer«, als hätte es deren zwei gegeben; wird immer auch noch geteilt in einen Nationalsozialismus von Auschwitz und in einen anderen der Autobahnen. Was nicht nur das fehlende Bewußtsein dafür anzeigt, daß der Autobahnbau ein Teil des NS-Rüstungs- und Kriegsvorbereitungsprogramms war (ebenso wie die vom kollektiven Affekt 4 oft zitierten »Kraft durch Freude«-Urlauberschiffe, die schnell in Truppentransporter umgebaut werden konnten). Es fehlt auch das Empfinden für die Unzulässigkeit der Aufrechnungsmethode. Hier klingt ihre innere Variante an, sie hat auch eine äußere.

Kollektiver Affekt 5:
»Die anderen haben auch Verbrechen begangen, nicht nur wir Deutschen!«

Das ist eine ebenso unbezweifelbare wie niederschmetternde Wahrheit. Dennoch kann ihr nicht applaudiert werden, da die Motivation des kollektiven Affektes 5 nicht zustimmungswürdig ist. Ihm liegt nämlich nicht das Erbarmen mit *allen* Opfern zugrunde, sondern eben das Prinzip der Aufrechnung, der Kompensation. Opfer, die deutschen übrigens eingeschlossen, werden zu bloßen Verrechnungsobjekten des eigenen Entschuldungsbedürfnisses, sehen sich zu willkommenen Einheiten einer entseelten Totenarithmetik deklassiert. Das Entlastungsbedürfnis geht bis in die totale Inhumanität. Massaker, anderswo begangen, entsetzen nicht mehr, sie trösten. Der Verlust der humanen Orientierung erreicht hier einen gewissen Gipfel. Aber auch die noch folgenden kollektiven Affekte sind nicht weit darunter angesiedelt.

Kollektiver Affekt 6:
»Schluß mit den Anklagen gegen NS-Täter, Schluß mit den NS-Prozessen vor deutschen Gerichten – wer soll das bezahlen?«

Hier schlägt das Bedürfnis nach persönlicher Entlastung großkalibrig zu. Wenn strafrechtliche Täter Absolution erhielten, von der Justiz verbrieft und bescheinigt, wie erlöst dürfte man sich dann erst selbst fühlen, als ehemaliger Mitläufer, Kleinparteigenosse oder auch Unorganisierter, der wohl »Heil!« gerufen, sich jedoch die Hände nicht mit Blut befleckt hat? Also: Straffreiheit für Totschläger und Mörder, um strafrechtlich geringer oder gar nicht Betroffenen ein besseres Gewissen zu verschaffen.
Die zweite Schuld tastet das gesamte Mordgeschehen des Dritten Reiches ausschließlich unter dem Gesichtspunkt der eigenen Entlastungsmöglichkeiten ab.
Der Ruf nach Straffreiheit beschränkt sich nur auf NS-Täter. Anderen Tätergruppen gegenüber sind die Anhänger des kollektiven Affektes 6

nicht nur auf Bestrafung aus, sondern für diese fordern sie sogar die Einführung der Todesstrafe. Zum Beispiel für Taxifahrermörder, Sittlichkeitstäter, Kindesentführer und – natürlich – Terroristen.
Auf die Frage »Todesstrafe – auch für Naziverbrecher?« malt sich nach meinen eigenen Erfahrungen die ganze Skala von Begriffslosigkeit bis hin zu Erschrecken auf den Mienen ab. Beim Ruf nach Wiedereinführung der Todesstrafe ist diese Tätergruppe völlig ausgeklammert. An sie hatte man mit keinem Gedanken gedacht.

Kollektiver Affekt 7:
»Unter Hitler hat es noch Zucht und Ordnung gegeben. Da konnte man nachts unbehelligt auf der Straße gehen. Aber heute...«

Die Begriffslosigkeit ist vollständig. Kein Gedanke daran, daß damals der Mord staatlich institutionalisiert war und daß an einem einzigen Tag, ja in einer einzigen Stunde in Hitlerdeutschland mehr Menschen aus politischen Gründen oder rassistischen Motiven umgebracht worden sind, als in der Bundesrepublik seit ihrer Gründung Morde ausgeführt wurden (ganz abgesehen von deren nichtstaatlichem Charakter) – dieser Gedanke wird überhaupt nicht gedacht. Die Wertvorstellungen aus der Zeit vor vierzig Jahren haben sich bis heute unversehrt erhalten. Die KZ- und Vernichtungswirklichkeit ist in solcher Vorstellung immer noch ausgesondert. Die Summierung der kollektiven Affekte macht in mancher Hinsicht klar, welchen Haltungen Hitler damals seinen Triumph zu verdanken hatte – sie haben sich bis in unsere Gegenwart konserviert.
Darin besteht auch das Wesen des letzten der hier aufgezählten kollektiven Affekte.

Kollektiver Affekt 8:
»Es muß doch endlich einmal vergessen, es muß doch endlich einmal Schluß gemacht werden...«

Abgesehen davon, daß ich diese Forderung mit eigenen Ohren schon im Jahre 1945 gehört habe – gerade die Verfechter des kollektiven Affektes 8 erweisen sich als wahre Erinnerungsgiganten. Ausgezeichnetes Gedächtnis auf allen Sektoren des privaten Lebens und des politischen Daseins zwischen 1933 und Kriegsende, wo nichts Belastendes vermutet wird. Gedächtnisversagen gegenüber allen Ereignissen, die mit Unlust, Scham und Schuldgefühlen besetzt sein könnten. Es wird also genau sortiert, was vergessen werden soll – und was nicht.

KZ und Holocaust – vergessen. Nicht vergessen: Gewalttaten an Deutschen und Luftkrieg. Wenn es gar nicht anders geht, das Aufrechnungsprinzip hervorholen: Vertreibung gegen Auschwitz.

Die kollektiven Affekte sind der greifbarste Ausdruck des Verlustes der humanen Orientierung, aber dieser erschöpft sich nicht in ihnen.
Die Abwehr gegen Leid, das als fremd empfunden wird, die lange Abtötung von menschlichen Reaktionen, um diese Abwehr aufrechtzuerhalten, fordern ihren Preis. Sie greifen über auf die Welt der eigenen, der deutschen Opfer, denn die innere Beziehungslosigkeit zur Welt der Naziopfer bedeutet Beziehungslosigkeit zu Opfern überhaupt, eingeschlossen die vielbeschworenen der Bomben und des Phosphors sowie die Gefallenen an den Fronten. Die Mitscherlichs schreiben dazu:

»Obgleich sie ein ehrendes Andenken finden, bleiben auch die Toten der Schlachtfelder und unserer gegen Ende des Krieges in Schutt und Asche versinkenden Städte hinter diesem Schleier des Unwirklichen, der De-Realisation. Für Kriegstote, so hat man den Eindruck, wird die Erinnerung bei uns oft weniger aus Pietät denn aus der Absicht, Schuld aufzurechnen, wachgehalten. So achten wir auf lebhaftere Gefühle für die vermeidbare Zerstörung deutscher Städte durch Achtlosigkeit oder Destruktion der Alliierten als für die gleichen Taten unserer Seite, etwa gegen die zügellose Drohung, die Städte unserer Feinde ›auszuradieren‹. Dieses isolierte Bedauern einer Zerstörung an der eigenen Substanz ist wiederum die charakteristische Wirkungsweise eines Selbstschutzes durch Abwehr. Die eigenen Leiden werden aus dem Zusammenhang von Ursache und Wirkung isoliert. Mögen dies unbezweifelbar Unrechtstaten sein, der Selbstbetrug besteht darin, daß gemeint wird, sie widerführen einem unverdient.«

In den sechziger Jahren geschrieben, hat diese bestechend treffsichere Analyse immer noch Gültigkeit.
Die kollektiven Affekte der Schuldabwehr offenbaren in ihrer Zählebigkeit die tiefe Verstrickung der betroffenen Generationen in die Ära vor 1945. Noch einmal: Es sind Reaktionen ein und derselben Haltung unter ganz verschiedenen staatlichen und gesellschaftlichen Bedingungen. Das nationale Kollektiv der Hitleranhänger von gestern verhält sich in der Demokratie so, wie es seiner nazistischen Vorformung entspricht. Aus ihr erwachsen die kollektiven Affekte, die zweite Schuld, die in ihrer entwaffnend zur Schau getragenen Inhumanität wiederum begreiflich macht, warum der Nationalsozialismus zuvor so

erfolgreich sein konnte. Bei der Verdrängung und Verleugnung ging und geht es nicht in erster Linie um die Verteidigung des Dritten Reiches und seines »Führers«, sondern um das eigene Ich, das weder vor sich selbst noch vor anderen Schuld eingestehen will. Der Verlust der humanen Orientierung durch die tiefe Identifizierung mit den Wahnideen Hitlers setzte sich weit über dessen physisches Ende hinaus fort. Dieser Verlust hat sich als das hartnäckigste Erbe entpuppt, das der NS-Staat und – wie wir noch sehen werden – sein historisches Vorfeld hinterlassen haben.

Die Betroffenen sind gekennzeichnet durch eine deutliche innere Spaltung, und zwar in eine privat human gebliebene, politisch aber antihumane Hälfte. Menschen, denen Hilfe für den Nächsten, für Verwandte, Nachbarn, Kranke ebenso selbstverständlich war wie Mitleid, Fürsorge, Liebe – dieselben Menschen bekannten sich zur selben Zeit fanatisch zu politischen Gewaltideen, wie sie es in dieser Konsequenz zuvor nie gegeben hatte. Die Schuldabwehr nach 1945, wie sie sich in den kollektiven Affekten ausdrückt, hat diese Persönlichkeitsspaltung konserviert und damit auch den Verlust der humanen Orientierung. Dazu Alexander und Margarete Mitscherlich:

»Die große Mehrheit unseres Volkes hat sich als ›nicht betroffen‹ erklärt. Schmerzliche Erfahrungen und Schuld bringen in dem Ich nicht Reifungsfortschritte in Gang, mobilisieren nicht die Fähigkeit, unter Schulddruck weiterzudenken, Enttäuschungen über das eigene Verhalten ertragen zu können und ähnliches. Die Energie des Ichs verzehrt sich statt dessen in der Abwehr der Wiederkehr des Verdrängten. Das Ich schützt die Erinnerungslücken und bleibt grosso modo, wie es war. Damit wird es rückständig. Es verliert die Fähigkeit, sich unbehelligt der Vergangenheit zuzuwenden.«

Und empfängt dafür die Unfähigkeit zu trauern. Dies ist die ebenso poetische wie realistisch zutreffende Umschreibung des Verlustes der humanen Orientierung.

Gerade die Einfalt, ja Primitivität der kollektiven Affekte, ihre scharfe, spürbare Unempfindlichkeit lassen bei Gesprächen mit ihren Verfechtern wie von selbst den Eindruck entstehen, daß man es eigentlich nicht mit Erwachsenen zu tun hat, sondern mit kindlichen Verhaltensformen. Die betreffenden Personen bewegen sich nicht auf der Höhe ihres sonstigen Intellekts, sondern bekunden Verweigerung und Trotz. Der Gegensatz zwischen Lebensalter und Reaktionsweise offenbart einen gefährlichen Trugschluß. Die Abwehr von Schuld und Trauer durch das Gros der Deutschen nach 1945 war zwar ein Akt infantilen Selbstschutzes, aber die Schuldkulisse trug keineswegs kindlichen, sondern realen Charakter von blutiger Unbarmherzigkeit.

»Die Anwendung kindlicher Entlastungstechnik auf die Konsequenzen aus gescheiterten, gewaltigen Eroberungszügen und Ausrottungsprogrammen, die ohne den begeisterten Einsatz dieses Kollektivs gar nicht hätten begonnen werden können, muß erschrecken. Die Versuche, auf diese Weise der Vergangenheit Herr zu werden, wirken auf den distanzierten Beobachter grotesk. Trotz Überempfindlichkeit solcher Beobachter für deutschnationale Töne muß ein wenig durchdachtes kindliches Verhalten verständlicherweise die Angst aufrechterhalten, daß eine Überraschung nicht unmöglich ist und daß noch einmal Gehorsamsakte, welche die individuelle Verantwortung auslöschen, zu deutscher Politik werden können.«

So die Mitscherlichs. Die Kluft zwischen Schuldgeschehen und Schuldverarbeitung ist deprimierend – und gefährlich. Man braucht kein studierter Psychologe zu sein, um zu erkennen, daß eine solcherart vollzogene Verdrängung und Verleugnung eine freie, unbefangene Entfaltung der Persönlichkeit schwer beeinträchtigen, wenn nicht gar unmöglich machen müssen. Die Annahme einer kollektiven seelischen Verkrüppelung liegt nahe. Eine ununterbrochene öffentliche Beschäftigung mit dem Nationalsozialismus als dem alles bestimmenden Katastrophenhöhepunkt nationaler und internationaler Geschichte, die fortwährende, offenbar unstoppbare Auseinandersetzung mit seiner Wirklichkeit, seinen Folgen, seiner Hypothek – all das zwingt und zwang Millionen Deutsche gegen ihren erklärten Willen, sich ständig mit etwas zu befassen, womit sie sich eigentlich gar nicht befassen wollen. Diesem Verlangen nach Erlösung wird jedoch nicht entsprochen, die Übermacht der Vergangenheit zeigt sich davon unberührt. Allmählich wird das Bedürfnis, sich der drängenden Bürde zu entziehen, zu einer Lebenssehnsucht, die jedoch kaum auf Erfüllung hoffen darf. Der Weg des angeblich geringsten Widerstandes erweist sich als der schmerzensreichste. Die Alternative jedoch, bekennen oder leugnen, steht schon lange nicht mehr – die Entscheidung, zu verdrängen, war eine endgültige. Und hat, für unzählige Deutsche, in eine aussichtslose Situation geführt. Der Verlust der humanen Orientierung bleibt der Begleiter fürs ganze Leben. Das Aufrechnungsprinzip verliert nichts von seinem Trostcharakter und seinem Automatismus:

Untaten und Massaker anderswo werden in Beziehung gesetzt zu den deutschen Verbrechen unter Hitler. Und da sich jeden Tag neue Entsetzlichkeiten zutragen und optisch übermittelt werden, wird der erwünschte Effekt um so vollständiger erreicht: die immer höher anwachsende Überlagerung des deutschen Staatsverbrechens und Verwaltungsmassenmords durch die Gewaltinflation einer auch nach Hitler friedlos gebliebenen Welt.

Aber alle Erleichterungen sind nur scheinbare. Der Verlust der humanen Orientierung hat seine eigenen Gesetze, seine bloß verschleppten inneren Nöte, die oft genug in Tragödien münden. Doch es gibt auch die Gegenbeispiele. Es gibt Selbstbefreiung durch Ehrlichkeit; Vermeidung des nur angeblich weniger schmerzhaften Weges; Wahl des konfliktbeladenen Selbstgeständnisses und seine Ausweitung auf die eigenen Kinder; Demontage einer auf Vergangenheitsabwehr errichteten Autoritätsposition. Und all dies verbunden mit dem unersetzbaren Erlebnis einer neu gewonnenen, solideren, freies Gespräch und freie Gedanken ermöglichenden Identität.

Zuweilen kommt Erlösung unvermutet. Dann birst der Damm, und eine jahre-, ja jahrzehntelang aufgestaute Qual bricht sich eruptiv Bahn. Etwa durch einen kaskadenhaften Redefluß gegenüber einem überlebenden Opfer der NS-Verfolgung, ohne dabei auf Absolution zu sinnen, einfach aus zufälligen Umständen heraus. Ich habe so etwas mehrfach erlebt. Das Ungespielte, die stoßatmige Entkrampfung, die fassungslose Überraschung vor sich selbst und die Dankbarkeit für Verständnis – all das hat dabei zu wechselseitiger Bereicherung geführt. Es gibt nach der Befreiung wenig in meinem Leben, was mich mehr erschüttert und mir mehr bedeutet hätte als diese unorganisierten, nicht geplanten, durch den Zufall der Begegnung geborenen Bekenntnisse von Menschen, deren Grundproblem ihr Schuldgefühl war.

Der Verlust der humanen Orientierung ist korrigierbar, auch wenn er eine mächtige Tradition hat. Und die begann nicht erst 1933.

Absage an das Deutsche Reich 1871–1945

Zur Geschichte des Verlustes der humanen Orientierung

Der Verlust der humanen Orientierung kommt aus der Tiefe der deutschen Reichsgründung von 1871. Ohne Kenntnis seiner Voretappen kann es keine gerechte Beurteilung der für das Dritte Reich verantwortlichen Generationen geben, waren sie doch bereits Fortsetzung, nicht Anfang einer systematischen Enthumanisierung.
Sowohl beim Aufstieg zur Macht wie auch nach ihrer Erringung konnte der Nationalsozialismus auf tradierte Verhaltensweisen zurückgreifen, wie die Gewöhnung an Befehl und Gehorsam, Untertanengeist und Obrigkeitshörigkeit, Pflichtauffassungen mit weitgehendem Selbstzweckcharakter, kurz, auf eine hierarchische Vorgeschichte, deren autoritäre Ordnung sich in den exemplarischen Herrschaftsverhältnissen der deutschen Durchschnittsfamilie mit dem notorischen Übergewicht des Mannes, der Vaterfigur, getreulich kopiert sah. Diese und ähnliche Faktoren haben dem Nationalsozialismus zweifellos zugearbeitet.
Nichts jedoch hat ihn so gefördert wie der Verlust der humanen Orientierung durch die kollektive Aneignung nationalistischer Interpretationen vom Verlauf der deutschen Reichsgeschichte auf 1914 zu und nach 1918. In ihnen finden sich schon alle Elemente jener fatalen Mischung aus nationalem Größenwahn und weinerlichen Minderwertigkeitskomplexen, die den niederschmetternden Geschichtsverlauf, bar jeder realistischen Einsichtsfähigkeit, allein dem Neid und der Mißgunst der Gegner zuschrieb (übrigens Töne, die bis auf den heutigen Tag nicht völlig verstummt sind).
Die Wurzeln des Verlustes der humanen Orientierung liegen in der Identifikation breiter Volksmassen mit einer Reichspolitik, die etwa ab Mitte der neunziger Jahre des vorigen Jahrhunderts einen Anlauf zur Umwälzung der bestehenden Weltkräfteverhältnisse zugunsten Deutschlands mit Waffengewalt ins Auge faßte. Der verständliche Wunsch der Deutschen, wie ihre Nachbarn in einem einheitlichen Nationalstaat zu leben, pervertierte zwischen 1914 und 1918 in eine nationale und internationale Kriegskatastrophe von bis dahin unbekannten Ausmaßen – ehe dann Hitlerdeutschland, kaum eine Generation später, zu einem weit wilderen Versuch ansetzte.
Wären nicht die Opfer, die das Deutsche Reich von anderen Nationen gefordert hat und die viel höher waren als die eigenen, so könnte man von der Reichsgeschichte als einer klassischen Selbstbestrafung sprechen. Es sind diese unter astronomischen Blutziffern gescheiterten Weltvorherrschaftsbestrebungen eines einheitlichen und zentral gelenkten Deutschlands, die nicht nur dem Reich den historischen Hauptstempel aufprägten, sondern das Weltbewußtsein von heute und

morgen so äußerst empfindlich auf alle Arten von deutschen Wiedervereinigungsforderungen reagieren lassen.
Nicht erst die Übernahme nationalsozialistischer, sondern schon die nationalistischer Geschichtsauffassungen aus den Voretappen von 1933 haben nicht ohne Folgerichtigkeit zu jenen verheerenden Konsequenzen geführt, die das Thema dieses Buches sind. Bereits die Identifizierung mit pränationalsozialistischen, deutschnationalen Interpretationen der preußischen, kaiserlich-vordemokratischen Etappen des Reiches sowie mit den antidemokratischen Hauptströmen während der Weimarer Republik mußte von enorm enthumanisierender Massenwirkung gewesen sein.
Von dieser fundamentalen Phase auf dem langen Wege des Verlustes der humanen Orientierung zur zweiten Schuld soll im folgenden nun die Rede sein: als ein Appell an die Generationen der Söhne, Töchter und Enkel von heute, sich zu dem blutigen Irrweg des einheitlichen deutschen Nationalstaates von 1871 bis 1945 mit seinen monarchischen und nationalsozialistischen Hauptepochen ein gänzlich anderes Verhältnis als das ihrer Großeltern und Eltern zu verschaffen.

Zeitlich fallen Reichsgründung und Verlust der humanen Orientierung nicht unmittelbar zusammen, auch wenn die Reichseinheit – die »kleindeutsche« Lösung ohne Österreich – nicht durch eine revolutionäre Bürgerbewegung von unten zustande kam, sondern als das Resultat dreier siegreicher Kriege: 1864 gegen Dänemark, 1866 gegen Österreich und 1870/71 gegen Frankreich. Danach war die Diplomatie des Reichsgründers Fürst Otto von Bismarck sichtlich bestimmt von dem Wunsch, das Errungene nicht wieder durch bewaffnete Auseinandersetzungen mit den europäischen Großmächten, womöglich an zwei oder noch mehr Fronten, zu gefährden. Mag der des Pazifismus gewiß unverdächtige »Eiserne Kanzler« langfristig einen solchen Zusammenstoß für möglich gehalten haben – an seiner maßvollen Außen- und Bündnispolitik lassen sich solche Visionen jedenfalls nicht ablesen.
Wohl aber war noch zu Bismarcks Amtszeiten, nach einer gewissen Einschmelzung der preußischen Hegemonialstellung in die Reichseinheit, ein überhitzter, nichts Gutes verheißender Chauvinismus sichtbar geworden. Durch den Mangel an organisch gewachsener Identität der »verspäteten Nation« wirkte er einerseits gekünstelt und unsicher, andererseits jedoch bezog er seine handfesten Inspirationen aus einer machtpolitischen Explosion ohnegleichen. Innerhalb von wenig mehr als zwanzig Jahren nach der Kaiserkrönung in Versailles

war unter dem neuen Reichsdach in der Mitte des alten Kontinents ein wirtschaftlicher und militärischer Kraftprotz mit vulkanischen Energien entstanden!
Ein derartiges Gravitationsfeld im Herzen Europas hatte es seit den großen Kaiserreichen des Mittel- und Hochmittelalters nicht mehr gegeben. Doch fand dieses Deutsche Reich eine ganz andere Situation vor als die Riesengestalten der Karolinger, der Ottonen, der Salier und der Hohenstaufer. Denn als sich Deutschland nun seiner stählernen Muskeln bewußt wurde, entdeckte es die Welt schon so gut wie aufgeteilt unter früher gekommene, erfolgreichere Nachbarn, allen voran England und Frankreich – seit Jahrhunderten national geeinte, zentral regierte Staaten mit flottengeschützten Überseebesitzungen. Weiterer potentieller Gegner war ein zaristisches Rußland, das sich mit den endlosen Weiten Sibiriens im Osten nicht begnügen wollte, sondern hartnäckig panslawistische Gelüste auf territoriale Expansionen in Richtung Balkan, Schwarzes und Mittelmeer signalisierte. Womit es im Westen und Südwesten an die Interessensphären der dem Deutschen Reich nahestehenden Habsburger Monarchie stieß. Der kommende Gigant jenseits des Atlantiks zeichnete sich zwar erst in Konturen ab und stellte Europa als Machtmittelpunkt der Weltpolitik noch nicht in Frage. Aber mit dem Herr-im-Hause-Standpunkt der Monroe-Doktrin gegen europäische Einmischung auf dem amerikanischen Doppelkontinent, der Annexion der südostasiatischen Philippinen (1898) sowie dem Sieg von »Teddy« Roosevelts Rangern über die spanischen Kolonialreste in der Karibik hatten die Vereinigten Staaten von Nordamerika immerhin schon interkontinentale Imponiergesten demonstriert.
Das war die globale Grundbefindlichkeit, in die sich das Deutsche Reich gestellt sah. Wenn die aristokratisch-großbürgerlichen Führungsschichten den weltpolitischen Status quo zu ihren Gunsten verändern wollten, so konnte das nur heißen: Was andere Großmächte an technisch unterlegenen farbigen Völkern in fernen Erdteilen schon vielfach praktiziert hatten – die gewaltsame Unterwerfung –, das müßte dieses Deutschland nun gegen weiße, technisch gleichwertige oder in Allianzen gar überlegene Staaten Europas versuchen. Was unvermeidlicherweise einen Vielfronten-, einen Weltkrieg bedeutete, Bismarcks großen Alptraum.
Ironischerweise war es dieser eingefleischte Kontinentalpolitiker selbst gewesen, der, wenngleich kaum in Kenntnis der ausufernden Folgen, den europäischen Rahmen der deutschen Reichspolitik gesprengt hatte: zuerst auf dem Berliner Kongreß vom Juni/Juli 1878, als er sich,

zusammen mit dem britischen Premier Benjamin Disraeli, zugunsten des schon in voller Auflösung befindlichen Osmanenreiches gegen Rußlands Griff nach Konstantinopel und den Dardanellen entschied. Womit er, als der Selbstherrscher aller Reußen in Petersburg klein beigab, Deutschland zum erstenmal wirklich in den Rang einer europäischen Großmacht erhob. Und dann auf der ebenfalls in Berlin stattfindenden Kongokonferenz vom Dezember 1884 bis Februar 1885, als Bismarck, weit über die Ergebnisse von 1878 hinaus, persönlich jedoch nur halben Herzens, das Deutsche Reich bei der Reißbrettaufteilung Afrikas in imperialistische Interessenzonen in die Reihe der Kolonialmächte katapultierte.
Die neue Großmachtstellung beließ den schon etablierten Staaten wohl immer noch ein erhebliches Übergewicht, aber seither hatte der ungeliebte, wenngleich offenbar unvermeidliche Neuling das, was man den »Anschluß an die Weltpolitik« nennen konnte.

Zunächst entwickelte die Führung des Deutschen Reiches Pläne, nach denen es eine Art halbhegemonialen Kern im Herzen Europas bilden sollte, Zentrum eines Großwirtschaftsraumes in Form eines in alle Himmelsrichtungen ausstrahlenden Zoll- und Handelsbundes. Dies schon mit deutlich erkennbarer Orientierung gegen Rußland und England, aber mit einer vagen, wenngleich bereits ziemlich realitätsfernen Hoffnung, Frankreich in diese deutsch beherrschte mitteleuropäische »Völkerkoalition« einbeziehen zu können.
Solche immerhin noch begrenzten Pläne erheblicher Umwälzungen wurden jedoch bald zugunsten großräumigerer und nun tatsächlich weltweiter Ambitionen aufgegeben, was nach dem Gesetz des Imperialismus, unter das sich das Deutsche Reich gestellt hatte, nur konsequent war. Die Beharrung auf einer Hegemonialstufe, dem Rang einer Kontinentalmacht, hätte den Verzicht auf Deutschlands Weltmachtstellung bedeutet. Und zu solcher Stellung – wie bald auch dazu, sie nötigenfalls mit Waffengewalt erzwingen zu können – fühlte sich die jüngste Großmacht Europas dank ihres Wirtschafts-, Industrie- und Menschenpotentials an der Wende vom 19. zum 20. Jahrhundert durchaus fähig.
Ein überzeugender Ausdruck dafür war der sogenannte Tirpitz-Plan (nach Großadmiral Alfred von Tirpitz, Stabschef des Oberkommandos der Marine ab 1892, Staatssekretär des Reichsmarineamtes ab 1897). Danach sollte eine Kriegsflotte aufgebaut werden, deren Tonnage und Bestückung sich mit jener Englands, der damals stärksten Seemacht, nicht nur messen konnte, sondern die im Falle eines großen See-

krieges auch eine deutsche Überlegenheit zu garantieren hatte. Jetzt wird das sichtbar, was oft der »deutsche Sonderweg« genannt worden ist, die Abspaltung von den traditionellen und konventionellen Formen nationaler und internationaler Politik durch ein machtpolitisches Ziel, das mit ihnen nicht zu erreichen gewesen wäre und dessen Maßlosigkeit nun auch die Radikalisierung des ideellen Überbaues entsprechen wird – das Zwei-Phasen-Konzept »Erst Europa, dann die Welt«.
Hier beginnen die Quellen des Verlustes an humaner Orientierung zu sprudeln durch die Identifizierung der überwältigenden Mehrheit der damaligen Deutschen mit den herrschenden Ideen ihrer nationalen Epoche, also den Ideen der Herrschenden. Diese Übernahme erfaßte alle Schichten, wenngleich sie sich im Bürgertum, vom Adel ganz abgesehen, stärker verankerte und reflektierte als in der Arbeiterschaft. Weitgehend unabhängig von sozialer Zugehörigkeit aber waren auch die ständig erhobenen und außerordentlich scharf argumentierenden Gegenstimmen einer nicht unerheblichen oppositionellen Minderheit. Es wird das Schicksal Deutschlands werden, nicht auf sie gehört zu haben, weder damals noch später.
Jetzt schossen im kaiserlichen Deutschland chauvinistische Organisationen wie Pilze aus der Erde: so der Wehrverein, der Alldeutsche Verband und der Flottenverein (dem der Tirpitz-Plan nicht umfassend genug war!). Dazu gesellten sich militaristische Gruppen jeder Art, darunter eine, die allen Ernstes den Staatsstreich plante: zur Beseitigung einer Reichsverfassung, die nach Auffassung der – allerdings nicht zum Zuge kommenden – Verschwörer dem »inneren Feind«, also vor allem Sozialdemokraten und Liberalen, »unerträgliche Freiheiten« beließ.
Die Forderung, die europäischen und globalen Kräfte- und Besitzverhältnisse zugunsten Deutschlands durch Gewalt zu verändern, wurde übrigens in völliger Offenheit und Öffentlichkeit gestellt, wie sich auch die sogenannten Kolonialskandale unter aller Augen abspielten. Als Gipfel kann die 1913 millionenfach gedruckte Schrift Friedrich von Bernardis »Deutschland und der nächste Krieg« gelten. Ihr Inhalt, in die Nußschale seiner griffigsten Definition gefaßt: Weltmacht oder Untergang!
Es kann keinen Zweifel geben, daß sie einer Massenpsychose entsprach.

Ich bin ein Anhänger der Historikerschule Fritz Fischers und seines Standardwerks »Griff nach der Weltmacht – Die Kriegszielpolitik des kaiserlichen Deutschland 1914/18«. Aber selbst wenn man nicht meint, die Reichspolitik habe mit allen Mitteln auf den Krieg zugetrieben: Von allen Kriegsmotiven jener Ära vielfacher imperialistischer Rivalitäten bleibt das tiefste und überzeugendste die Tatsache, daß keine Großmacht an der Veränderung der bestehenden Machtverhältnisse interessierter sein konnte als das der Geschichte »nachhinkende«, sich zu kurz gekommen fühlende Deutsche Reich. Für keine andere Großmacht bestand ein so dringendes Bedürfnis nach solchem Wechsel wie für die deutsche – die ihn wollte, aber nur durch Waffengewalt herbeizwingen konnte. Das sind einleuchtende Gründe, wenn nicht für die Allein-, so doch für die Hauptverantwortung Deutschlands am Ausbruch des Ersten Weltkrieges, auch wenn er durch den habsburgisch-serbischen Lokalkonflikt ausgelöst wurde. Man muß einmal bei Fritz Fischer nachlesen, mit welchem Entsetzen in Berlin gefürchtet wurde, der österreichische Bundesgenosse könnte im letzten Moment doch noch weich werden ...

Jedermann kennt die Jubelbilder vom August 1914. Aber markanter noch als in der frenetischen Begeisterung der von keiner Wirklichkeitsvorstellung des modernen Maschinenkrieges beleckten Volksmassen offenbarte sich die überwältigende Zustimmung der Nation zur Kriegspolitik der Reichsspitze in der Kapitulation der Sozialdemokratischen Partei Deutschlands vor dem Ansturm des Chauvinismus. Wie die Bruderparteien im gegnerischen Lager auch, brach die größte Sektion der Sozialistischen Internationale sofort zusammen und verriet damit alle noch kurz zuvor auf dem berühmten Baseler Kongreß abgelegten Solidarisierungsschwüre gegen den Krieg. Nun stimmte, mit Ausnahme Karl Liebknechts, auch die Reichstagsfraktion der SPD den Kriegskrediten zu, nun rief auch diese Partei die bisher von ihr antiimperialistisch agitierten Volksmassen zu den kaiserlichen Fahnen, statt weiter den Wahnsinn des Krieges anzuprangern. Eines Krieges, in dem sich abermals Mehrheiten, die keinerlei wirkliche Interessengegensätze hatten, für die Machtpolitik rivalisierender Minderheiten gegenseitig zu Millionen abschlachteten. Dafür sind sie umgekommen, nicht für das »Vaterland« oder die »nationale Ehre« oder was an Glorifizierungen der wahren Kriegsgründe durch alle Zeiten von den Profiteuren, die es besser wußten, den Opfern vorgegaukelt worden ist – *umgebracht*, nicht *gefallen*.

Die deutschen Kriegszielpläne, aufgestellt von einer Führung, die nicht ahnte, daß ihre Ausbrütungen eines Tages unter ganz veränderten Bedingungen genauestens unter die Weltlupe genommen werden würden, sind eine aufschlußreiche Lektüre. Die Annexionen von Luxemburg, von großen Teilen Belgiens und Nordfrankreichs zählen noch zu den harmloseren Forderungen des erstrebten Siegfriedens – nachzulesen im sogenannten Septemberprogramm des Reichskanzlers Theobald von Bethmann Hollweg von 1914. Es sah einen mitteleuropäischen Wirtschaftsverband vor mit gemeinsamen Zollabmachungen, die einen gewaltigen Teil Europas umfassen sollten: Frankreich, Belgien, die Niederlande, Dänemark, Schweden, Norwegen und Polen – neben dem Großstaat der Habsburger Monarchie natürlich. Zwar war äußere Gleichberechtigung proklamiert, faktisch jedoch hätte der Block unter deutscher Führung gestanden. Weiter ging die Kriegszieldenkschrift der Alldeutschen vom Dezember 1914, deren Veröffentlichung Bethmann Hollweg zunächst verhinderte, die dann aber nach einem Machtwort der 3. Obersten Heeresleitung (Ludendorff) im Frühjahr 1918 doch herauskam. Danach war vor allem Rußland das Hauptbeuteobjekt. Im Falle des deutschen Siegfriedens sollte es territorial in die Grenzen vor der Zeit Peters des Großen verwiesen und in dauernder Abhängigkeit von Deutschland gehalten werden – die sogenannte »Ostlösung«. Um das weitverstreute Deutschtum im Osten, zusammen mit Rückkehrern aus Übersee, in den eroberten Gebieten anzusiedeln, waren in großem Stil Vertreibungen der einheimischen Bevölkerung vorgesehen. Diesem »mitteleuropäischen Block« sollte übrigens das französische Toulon als deutscher Mittelmeerhafen zugeschlagen werden.

Die Kriegszielpläne lassen deutlich erkennen, daß die Reichsführung des kaiserlichen Deutschlands gegenüber dem russischen Vielvölkerstaat erheblich rigorosere Annexions- und Ausbeutungspläne formuliert hatte als gegenüber den westlichen Nachbarn. Schon damals war jene völkisch-biologische Verachtung der Slawen deutscherseits zu beobachten, vor allem der Russen und der Polen, die dann beim zweiten deutschen Anlauf auf die Weltherrschaft so furchtbare Folgen haben wird.

Im Gegensatz zu den Kriegszielplänen im Westen blieben die im Osten nicht nur Theorie, sondern schienen nach dem Sturz des Zarismus im Februar 1917 in dem von Bürgerkrieg und ausländischer Intervention zerrissenen Riesenreich durchsetzbar. Die deutschen Truppen erreichten unter Ausnutzung dieser Schwäche eine Linie, die von der finnischen Grenze im Norden über den Lauf des Dnjepr an den Don stieß, die Krim einschloß und bis in den Kaukasus führte.

Mit dieser gewaltigen Landnahme konkretisierte sich nun die große Kontinuität der deutschen Reichsgeschichte, das Zwei-Phasen-Konzept »Erst Europa, dann die Welt«. Angesichts starker Siegeshoffnungen auch im Westen durch die zunächst erfolgreiche März-Großoffensive 1918 zeichnete sich die Vorstellung einer deutsch beherrschten Kontinentalfestung ab, die durch die Eroberungen im Osten ernährungsmäßig ebenso autark sein würde wie militärisch und wehrwirtschaftlich unbezwingbar: durch die Vereinigung des deutschen Rüstungs- und Industriepotentials mit dem der bald besiegten Landmächte im Westen, erste Phase und das Ziel des ersten Krieges, Basis, Absprungbrett für den zweiten, größeren, endgültigen Waffengang mit den angloamerikanischen Seemächten, mit England und den USA.

Doch die Verhältnisse, sie waren nicht so...
Entgegen der späteren Dolchstoßlegende – nach der in der Heimat linksrevolutionäre Kräfte dem »im Felde unbesiegten« Heer den Todesstreich versetzt hätten – war der Chef des Deutschen Generalstabs, Erich von Falkenhayn, schon am 18. November 1914 zu der Überzeugung gelangt, daß Deutschland der gegnerischen Allianz Frankreich-England-Rußland keinen militärischen Sieg, sondern höchstens einen Vergleichsfrieden werde abringen können. Diese realistische Einschätzung wurde von anderen Generalstäblern und von der Reichsführung offiziell nicht geteilt, inoffiziell aber durchaus für möglich gehalten. Bekanntlich wurde dennoch vier Jahre weitergekämpft.
Doch auch Falkenhayns Erkenntnis bedeutete damals keineswegs das Ende des Zwei-Phasen-Konzepts, da Berlin auch bei einem Remis-Frieden mit erheblichen territorialen Annexionen in Mittel-, West- und Osteuropa rechnete, also der Erfüllung der ersten Phase des Konzepts, wenngleich nicht in der ursprünglich angestrebten Ausdehnung. Kein deutscher Militär, selbst der kritischste nicht, hätte sich schon 1914 eine Niederlage wie die vom November 1918 auch nur entfernt ausmalen können. Das hat offenbar auch Erich von Ludendorff noch nicht vermocht, als er am 28. September 1918, anderthalb Monate nach dem »schwarzen Tag« der deutschen Armee an der Westfront (8. August 1918), eingestand, daß Deutschland den Krieg militärisch verloren habe, und er bei der Reichsregierung um ein sofortiges Friedens- und Waffenstillstandsangebot einkam. Was die Anhänger der Dolchstoßlegende genauso souverän ignorierten wie das viel frühere Eingeständnis Falkenhayns.
Die Entscheidung über den militärischen Ausgang des Ersten Weltkrieges war jedoch schon nach dem Scheitern der am 21. März 1918 eröffneten deutschen Großoffensive im Westen gefallen.

Die Mehrheit der damaligen Deutschen hat die Niederlage nie verarbeiten können. Die Unfähigkeit, die eigenen realitätsgestörten Siegesillusionen anhand der Wirklichkeit zu korrigieren, die tiefe ethische Schwäche, aus der heraus nicht sein konnte, was nicht sein durfte, waren der allerbeste Nährboden für nationalistisch-nationalsozialistische Geschichtslügen – und für die Konservierung eines bestürzenden Verlustes an humaner Orientierung weit über die Zeit des Ersten Weltkrieges hinaus.

Jeder Krieg hat unweigerlich enthumanisierende Folgen. Das gilt ganz gewiß auch, in einem oft widerlichen Ausmaß, für die Gegner des Deutschen Reiches von 1914 bis 1918. Der Verlust an humaner Orientierung im kaiserlichen Deutschland hatte jedoch zwei Besonderheiten: seine Zeugung schon im trügerisch »Frieden« genannten Vorfeld des Krieges und seine von der Maßlosigkeit der politischen Zielsetzung bestimmte und nirgends sonst erreichte Tiefe und Dauer. Auch die schamlosesten Siegpläne der imperialistischen Kriegsgegner Deutschlands sahen sich von diesen Vorstellungen noch weit abgeschlagen.

Es gibt verräterische Dokumente, die zeigen, wie sich der Verlust der humanen Orientierung nach Ausbruch des Krieges sowohl in Deutschland als auch in Österreich förmlich explosionsartig steigerte. Sie sind geeignet, die Enthumanisierung des »kleinen Mannes«, wenn nicht zu entschuldigen, so doch jedenfalls zu relativieren – konnte er sich doch auf manch großes Vorbild berufen!

Was da, mehr oder weniger wohlformuliert, aus berühmten Federn floß, geifert vor Haß, watet rhetorisch bis zum Hals in Blut und verherrlicht den Krieg auf die wollüstigste Weise – signiert von so erlauchten Namen wie Rainer Maria Rilke, Hugo von Hofmannsthal, Carl Zuckmayer, Gerhart Hauptmann oder Thomas Mann (der sich dann ja noch in den »Betrachtungen eines Unpolitischen« zusätzlich an der Unmöglichkeit versuchte, einem überholten Konservatismus durch hohe Sprachkraft Leben einzuflößen, was er später mäßig verschämt bereute). Wie sehr dabei das Oberste zuunterst geriet, zeigte sich an manch überraschendem Beispiel, etwa an Carl Sternheim, der bis dahin mit seinem Satyrstift kein gutes Haar an preußisch-deutscher Zucht gelassen hatte, nun aber plötzlich in nationalistischen Diskant ausbrach. Der »Zeitgeist« riß übrigens auch jüdische Mitbürger, bisher humanen Traditionen verpflichtet, geradezu besinnungslos hin, so Alfred Kerr und Ernst Lissauer, der den »Haßgesang auf England« verbrach. Beiden hat das konvertitisch verherrlichte Vaterland später keinen Dank gewußt. Lissauer versank nach 1933 in die braune Vergessenheit, indes der Churchill-Schmäher Kerr von 1914 – »Hunde dringen ein ins Haus/Peitscht sie raus!« – als Emigrant aus Hitler-

deutschland just in dem von ihm seinerzeit so unqualifiziert attackierten Großbritannien Zuflucht suchte.
Dehmel, Binding, Wildgans, Bahr – die Liste der Literaten, die »in der Stunde der Not« mit aufgerissenen Mündern jene Kaiserfahne anhimmelten, die ihnen zuvor das Symbol der Engstirnigkeit, der Knechtung und der Dummheit bedeutet hatte, könnte noch lange fortgesetzt werden. Dagegen stand nur ein kleines Häuflein Unerschütterlicher: der felsenfeste Heinrich Mann, der ebenfalls nie wankend gewordene Hermann Hesse – »Nicht diese Töne, Freunde!« –, ferner Karl Kraus, Alfred Polgar, René Schickele, Stefan Zweig – dieser nach rasch berichtigter, wesensfremder Verwirrung. Daneben gab es, bar jeder Intellektualität, einen ganz unelitären Sektor patriotischer Raserei – die vaterländische Bildpostkarte in Deutschland und in Österreich!
Im Jahr 1869 erfunden, hatte sie schon im Deutsch-Französischen Krieg häßliche Urständ gefeiert. Wie weit der Verlust an humaner Orientierung aber in den seither vergangenen 45 Jahren fortgeschritten war, bewiesen Postkartenschöpfungen bei Ausbruch des Krieges 1914 und während seiner gesamten Dauer.
Es gibt ein entlarvendes Exemplar: Ein Rekrut krault seinem Hund das Köpfchen – Überschrift: »Na – ich bin doch kein Barbar«. Offenbar gab es ein verbreitetes Bedürfnis, sich gegen solchenVorwurf zu wehren. Nur war die vaterländische Bildpostkarte das letzte, was dazu imstande und berechtigt gewesen wäre, entlarvte sie doch Gesinnungen, die an Barbarei nicht mehr zu unterbieten waren.
Da war »Das Aufgebot unserer Feinde zur Rettung europäischer Kultur« – es hätte 20, 25 Jahre später stilecht in Julius Streichers antisemitische Schmutzschrift »Der Stürmer« gepaßt: die gleichen karikierenden Striche und Überzeichnungen, der gleiche Haßduktus, die gleichen Fressen und Visagen jüdischer Untermenschen.
Das wiederholt sich in der Gesinnung immer und immer wieder: »Österreichisch-deutsche Küche. Gerollte Nudeln 1. Güte«. Die von knorrigen Fäusten geführte Rolle hat die Körperpartien von Serben, Russen und anderem slawischen Gelichter bereits bis zu den noch schreienden Köpfen plattgewalzt. Nicht viel anders geht es auf der »Wochen-Speisekarte 1914« zu, wo sich ein deutscher Rekrut von Montag bis Sonnabend an allerlei Kannibalischem gütlich tut: an russischen Eiern mit Kosakenfleisch; an englischem Beefsteak mit Bombeneinlage – in Form eines auf einen Teller beförderten Engländers, der durch die Explosion der an ihm befestigten Bombe verzehrbereit gemacht werden soll. Es geht weiter mit »Ostender Austern in Tunke«, einer dampfenden Sauce, aus der nur die Köpfe der ansonsten ver-

brühten belgischen Soldaten ragen. Nicht anders beim »Serbischen Reisfleisch«, in dessen Hitze drei ohnehin lebensunwerte Balkanbewohner frisch gegart werden, indes der hungrige deutsche Rekrut am Freitag sein Messer zum Zwecke des Tranchierens in das schon saftig geröstete Hinterteil eines eßgerecht servierten Feindes gerammt hat, an dessen Nationalität die Unterschrift keinen Zweifel läßt: »Montenegrinischer Hammelbraten«. Und zum Abschluß, am Sonnabend, gibt es Geflügel – in Gestalt eines aufgespießten Japaners, nachdem dessen Regierung den Mittelmächten den Krieg erklärt hatte. Das könnte lange fortgesetzt werden – mit aufgehängten oder wie Insekten vom eisernen Besen des deutschen Michel in die Gosse gekehrten, zerschmetterten oder ertrinkenden Feinden (»Serbien muß sterbien«) oder von österreichischen und deutschen Goliaths durch die Luft geschleuderten Liliputanern, die auch durch Dreschflegel dezimiert werden können.
Neben all diesen Unsäglichkeiten die unvermeidliche Schwester der Grausamkeit – die Sentimentalität, natürlich in schwülstigster Form. Der Kaiser selbst, der einem Landser auf Krücken das Eiserne Kreuz an die Brust heftet; ein Adler, der die Auszeichnung, vom nebelumwallten Brandenburger Tor her, einem Sterbenden zielsicher im Schnabel zuträgt.
Da darf auch Christus nicht fehlen, von dem ohnehin die deutsche Seite gesegnet wird und an dem nun die Soldaten der gerechten Sache, teils verwundet niederkniend, teils sieghaft winkend, vorüberziehen: »Mit Gott für Kaiser und Reich«. Da ist auch das traute Pärchen, der Fronturlauber und sein Lieb, auf einer Bank, mit dem Rücken zum Betrachter, in eine weite Landschaft des heimatlichen Friedens schauend, wozu er skandiert:

> »Ach, Liebchen, was sollen drei Finger!
> Die andern, die reichen weitaus,
> zu streicheln von deinem Gesichtchen
> die Sorgenfalten hinaus«

– gedichtet von einem Karl Pfeifer (Vorläufer der Schnulze aus dem Zweiten Weltkrieg »Wovon kann der Landser denn schon träumen?«). Selbstverständlich ist auch der Klapperstorch mit von der Partie: »Rekrutentransport« – der Adebar segelt durch die Lüfte mit einem Korb frischgeborener kleiner Deutscher, denen die Reichsfahne siegreich voranflattert... Der Zeitplan stimmte sogar, 20, 25 Jahre später wurden sie auf den Schlachtfeldern Hitlers ihrer »Bestimmung« zugeführt.

Es wimmelt von hehrem Raubgeflügel, ehernen Jung-Siegfrieds, von Weihnachtsbäumen, von imitierten Anzeigen wie »Feuerbestattungsunternehmen Krupp und Skoda« und – immer wieder – von Kindern. Eines davon sitzt auf einem Nachttopf mit der Aufschrift »Antwerpen« und ruft: »Besetzt!« Ein anderes, ein Junge, zieht in einer Karre Spielzeugsoldaten hinter sich her und beantwortet die Frage seiner Freundin: »Hansi – wohin so eilig?« lustig mit: »Zum Kaiser – er braucht Soldaten.« Ein als Rekrut verkleideter Winzling stemmt eine große Dose hoch mit der Aufschrift »Hindenburg-Wichse – Gerbt das Leder sehr stark – Made in Germany«. Ein viertes Kind, fremd und undeutsch, ist in Windeln gewickelt, hat zwischen den Lippen einen Schnuller, auf dem Kopf eine Soldatenmütze und in der Rechten ein Gewehr: »Frankreichs jüngstes Aufgebot« – Charakteristik der angeblichen Feindsituation im Westen.
Was da an Haß, Blutrünstigkeit und Geschmacklosigkeit, an unverstelltem Kriechertum, verkrampftem Höherwertigkeitsempfinden, opportunistischer Anbiederei auf einem Haufen zusammenkommt, ist so überdreht, so pervers, daß unwillkürlich der Eindruck einer Selbstpersiflage entstehen könnte – wenn all das nicht so banal ehrlich wäre. Hier wird nicht simuliert – was gezeigt, gesagt, geschrieben wird, das ist auch so gemeint.
Mich tröstet es nicht, daß die Gegner Deutschlands ähnliches produzierten. Denn diese vaterländische Bildpostkarte und ihre Mentalität waren, wie wir Nachgeborenen und Überlebenden wissen, nur Vorläufer. Ein historischer Lidschlag weiter – und sie sind gegenüber der Wirklichkeit nichts als eine stümperhafte Lappalie.

Ich entnehme die obigen Informationen dem Buch »Jeder Schuss ein Russ, jeder Stoss ein Franzos. Literarische und graphische Kriegspropaganda in Deutschland und Österreich 1914–1918« des verdienstvollen Autoren- und Herausgeberteams Hans Weigel, Walter Lukan und Max D. Peyfuss.
Die Behauptung, daß es zwischen der pränationalsozialistischen Epoche und dem Dritten Reich keinerlei Verbindungen gegeben habe und daß die These, bestimmte Vorphasen der deutschen Reichsgeschichte hätten für Hitler tüchtige Aufbereitungsarbeit geleistet, nichts anderes sei als die Ausgeburt deutschfeindlicher Hirne – diese Behauptung sieht sich von der Haß- und Schmähflut brüllend davongetragen. Die vaterländische Bildpostkarte führt den Nachweis, daß es, neben der militärstrategischen Kontinuität des Zwei-Phasen-Konzeptes »Erst Europa, dann die Welt«, auch die ihm entsprechende ideologische

Stetigkeit zwischen kaiserlicher und NS-Epoche gegeben hat, ohne damit etwa einer Gleichsetzung beider das Wort zu reden – darüber später mehr.
Es war Willy Haas, der große alte Mann des deutschen Feuilletons nach 1945, der in seiner Charakteristik der Bildpostkarte im Kaiserreich angewidert schrieb: »Durch die Kriegspostkarten des Wilhelminismus hindurch ahnt man zuweilen schon die trüben Umrisse Adolf Hitlers.«
Das ist angemessen kommentiert.

Die Unfähigkeit, sich die militärische Niederlage im Ersten Weltkrieg einzugestehen und sie zu akzeptieren, zog eine andere Unfähigkeit nach sich – den eigenen Anteil an der Katastrophe zu erkennen. Die Mehrheit ging damals ohne jeden Begriff dafür in die Epoche der ersten deutschen Demokratie – ein entscheidendes Stabilisierungselement für die Konservierung alter Ordnungen und Anschauungen. Nach kurzer Turbulenz sind die Machtverhältnisse in der Weimarer Republik geklärt. Zwar war die Monarchie als Staatsform gefallen, aber »der Kaiser ging, die Generäle blieben«. Mit ihnen blieben die alte Staatsbürokratie, die Justiz, die Polizei und, nahezu unangetastet, die Eigentumsverhältnisse aus der Vorkriegszeit. Eiserner Bewahrer deutscher Gestrigkeit und eines ihrer Traditionszentren – die Reichswehr. Bei äußerlich erstaunlicher Loyalität gegenüber der Republik völlige innere Demokratie-Abstinenz. Die Beschränkung des deutschen Nachkriegsheeres auf 100 000 Mann wurde als einer der ehrenrührigsten Paragraphen des Versailler Vertrages empfunden.
Dieses vom deutschen Nationalismus – der im Falle seines Sieges für die geschlagenen Gegner bekanntlich die übelsten Pläne hegte – meist nur »Schandvertrag« genannte Werk ist immer wieder, bis auf den heutigen Tag, als Hauptgeburtshelfer des Nationalsozialismus bezeichnet worden. Das ist eine weitverbreitete Vorstellung.
Wer ihr anhängt, verkennt das Wesen von Nationalismus und Nationalsozialismus grundsätzlich.
Beide wären ohne Versailles genauso aggressiv, demagogisch und verlogen gewesen, wie die Geschichte sie ausweist. Beide haben nie etwas anderes getan, als sich dieses Vertrages für ihre Zwecke zu bedienen.
Geburt, vorstaatliche Etappe des Nationalsozialismus und sein schließlicher Sieg haben andere, viel tiefere Wurzeln als den Vertrag mit dem Signatardatum vom 28. Juni 1919.
Grundgedanke von Versailles war, Deutschland als Großmacht ein für allemal auszuschalten und unter dauernde oder doch sehr lang anhal-

tende Kontrolle zu stellen. Die Mittel dafür, in Hunderte von Paragraphen gefaßt: Demontagen, Reparationszahlungen, territoriale Abtretungen von rund 70 000 Quadratkilometern (Elsaß-Lothringen, das Saargebiet, der polnische Korridor, Teile Oberschlesiens und kleinere Verluste an Belgien). Jedoch Totalverlust der Kolonien, denen man nun, nach den Verwünschungen und Skandalen der Vorkriegszeit, nachtrauerte und mit sentimentalen Legenden eine geschichtsferne Aura andichtete. Versailles versagte Deutschland und Österreich jede Form der Vereinigung, obwohl sich die Nationalversammlungen beider Länder 1918/19 einstimmig dafür ausgesprochen hatten.

In diesem Vertragswerk vereinigten sich begreifliche und unaufrichtig motivierte Repressionen. Der Schock der gegnerischen Allianz – zu der 1917 noch die USA hinzugekommen waren – angesichts der ungeheuren Anstrengung, mit der das kaiserliche Deutschland die Weltkräfteverhältnisse der Vorkriegszeit grundlegend zu verändern gesucht hatte, war tief. Die Wildheit, Ausdauer und Leidensfähigkeit, mit denen um dieses Ziel gekämpft worden war, hatte international Schrecken ausgelöst. Und natürlich waren den Alliierten auch die Nachkriegspläne im Falle eines deutschen Triumphes bis ins letzte bekannt geworden.

Aus all diesen Erfahrungen war die Furcht vor einer Wiederholung des gigantischen Kraftaktes weit verbreitet – und nur allzu berechtigt, wie sich kaum eine Generation später zeigen wird. So weit hat der Versailler Vertrag ohne Zweifel historische Berechtigung und befand sich in Übereinstimmung mit der Weltmeinung.

Gleichzeitig aber fand eine Selbstdegradierung der verständlichen Repressionsmotive dadurch statt, daß die Gewinner nun auch die wirtschaftlichen Früchte ihres hart errungenen Sieges einheimsen und sich einen gewichtigen Konkurrenten auf dem Weltmarkt vom Halse schaffen wollten. Was übrigens niemanden überraschen kann, da der Erste Weltkrieg, jedenfalls was die beteiligten Großmächte angeht, ein Kampf zwischen ausnahmslos imperialistischen Staaten war, wie weit auch immer das Gewicht der Hauptverantwortung für seine Ursachen und Auslösung die deutsche Waagschale niederdrückte.

Die ökonomische Ausschaltung Deutschlands aber war keineswegs der alleinige Sinn von Versailles, wie die Agitation des deutschen Nationalismus, und bald des Nationalsozialismus, ständig behauptete, wenngleich sicherlich auch nicht sein geringster Grund. Insgesamt stellt der Vertrag seinen Vätern Woodrow Wilson (USA), Lloyd George (Großbritannien) und Georges Benjamin Clemenceau (Frankreich) nicht gerade ein Reifezeugnis weitsichtiger politischer Vernunft aus.

Bei seiner Einhaltung wären die letzten Reparationszahlungen an die ehemaligen Feindmächte in unserer Zeit, den achtziger Jahren, zu begleichen gewesen!
Seine zentrale Absicht, das erklärte Kriegsziel der gegnerischen Koalition, Deutschland auf Dauer als Großmacht auszuschalten, hat er nicht erreicht. Angesichts der wilhelminischen Kriegszielpläne bleibt es außerordentlich fraglich, ob ein deutscher Sieg den Besiegten je eine solche Möglichkeit eingeräumt hätte.
Die Versuche von Reichsregierungen, Deutschland wieder eine Großmachtstellung zu verschaffen, setzten unmittelbar nach Unterzeichnung des Versailler Vertrages ein. Die Voraussetzungen dafür fußten auf zwei Fundamenten. Einmal hatte das Reich durch die Demontagen, die Reparationen und die Gebietsverluste wohl große Einbußen an Menschen und Material erlitten, aber doch nicht so weitgehende, daß ein Wiederaufstieg zur Großmacht aus eigener Kraft gänzlich illusorisch war. Und dann, zweitens, versetzte ein sofort aufgebrochener internationaler Gegensatz das geschlagene Deutschland in den Rang eines potentiellen Bundesgenossen – die seither weltgeschichtliche Konfrontation zwischen den westlichen Demokratien und der über alle ihre inneren und äußeren Feinde Anfang der zwanziger Jahre siegreich gebliebenen Sowjetmacht.
Wie nach dem Zweiten Weltkrieg auch, liebäugelten die Sieger des Ersten unter den veränderten Bedingungen mit der Bundesgenossenschaft des gerade Unterlegenen, in diesem Falle also der Westen mit dem damals ungeteilten Deutschland als Gegenkraft zu Moskau. Berlin hatte allerdings seinerseits – siehe Rapallovertrag vom April 1922 und Liaison zwischen Reichswehr und Roter Armee – nicht ganz erfolglos eigene Interessen in umgekehrter Richtung signalisiert, eine Nuance deutscher Unberechenbarkeit für den Westen, die bis zum Abschluß des Hitler-Stalin-Paktes vom August 1939 reichte. Die Reichspolitik erhielt dadurch, jedenfalls streckenweise, eine gewisse Möglichkeit, einen gegen den anderen auszuspielen, was Erpressung zu nennen überdramatisiert wäre, da die Option für den Westen ernstlich nie in Frage stand. Dennoch haben die deutschen Revisionsbestrebungen gegenüber dem Versailler Vertrag von diesem Ost-West-Gegensatz profitiert, wie auch das Dritte Reich in der zweiten Hälfte der dreißiger Jahre, als die Beschwichtigungspolitik der Westmächte von der Hoffnung beflügelt wurde, nach München die Expansionsenergien Hitlerdeutschlands allein gegen den Osten lenken zu können.
Bis 1926 hatte Deutschland vor allem gegenüber Frankreich bereits unumkehrbare Erfolge bei der Revision von Versailles zu verzeichnen –

durch die vorläufige Regelung der Reparationsfrage auf der Londoner Konferenz und durch den Eintritt Deutschlands in den Völkerbund, den Vorläufer der UNO. Damit hatte das Reich eine Selbständigkeit wiedergewonnen, die vielen deutschen Demokraten angesichts der tatsächlichen Machtverhältnisse hinter der parlamentarischen Fassade nur zu unheimlich war. Dies besonders angesichts von Militärs, die sich nicht geschlagen geben wollten und auf Revanche sannen.
Die Reichswehrführung verfolgte zwei Nahziele und ein Fernziel. Die Nahziele: Beseitigung der militärischen Beschränkungen des Versailler Vertrages als wichtigste Forderungen der Reichsregierung bei Revisionsverhandlungen und Wiedereinverleibung der abgetrennten Gebiete, da es ohne sie keine volle Entfaltung der deutschen Wirtschaftskraft geben könne. Wobei der Gedanke naheliegt, daß die Militärs nicht zuletzt an Rüstungspotentiale dachten.
Das Fernziel hat Joachim von Stülpnagel, ironischerweise Leiter der Abrüstungsabteilung im Reichswehrministerium, am 6. März 1926 unverblümt, wenn auch im trauten Kreise, beim Namen genannt: Es sei klar, »daß es sich für Deutschland in den nächsten Stadien seiner politischen Entwicklung nur um die Wiedergewinnung seiner europäischen Stellung handeln könne und viel später erst um das Wiedererkämpfen seiner Weltstellung«.
Hier scheint wieder das Zwei-Phasen-Konzept »Erst Europa, dann die Welt« auf. Die sozialen Führungsschichten des Deutschen Reiches und ihr militärischer Arm bewahrten seine Kontinuität auch in der Weimarer Republik.

Neben der Berufung auf Versailles als Hauptursache für Hitlers Aufstieg gibt es bekanntlich eine zweite Vernebelungsthese: die Weltwirtschaftskrise von 1929 und ihre Auswirkungen auf Deutschland in den darauffolgenden Jahren. Auch darin liegt, da die Krise von den USA ausging, eine Tendenz, die nationale Verantwortung an fremde Mächte zu delegieren, wie bei Versailles – beide Thesen sehen sich dann auch fest im Argumentationsprogramm der zweiten Schuld eingebaut. Wahr ist, daß das Ende der ersten deutschen Republik umwölkt war von einer schauerlichen Not, deren Hauptlast bis zu sechs Millionen Arbeitslose zu tragen hatten. Ich weiß, wovon die Rede ist, da mein Vater damals über fünf Jahre erwerbslos war. Ebenso wahr ist, daß die Massennot Hitler und seine Partei begünstigt hat, kein Zweifel. Viel bestimmender für den Erfolg des Nationalsozialismus vor und nach 1933 aber müssen andere – zum Teil schon genannte, zum Teil noch auszuführende – Antriebe gewesen sein, da die zeitliche Begrenzung

der Wirtschaftskrise, ihr Episodencharakter, nicht erklären könnte, warum sich noch nach fünfzig Jahren, gegen Ende des Jahrhunderts, Ideologien der zwanziger, dreißiger und vierziger Jahre bewußt oder unbewußt in den Köpfen so vieler Deutscher hartnäckig zu halten vermögen.
Eine weitere beliebte Zurechtlegung, um die eigentlichen innenpolitischen Wegbereiter des Nationalsozialismus zu exkulpieren, lautet: Der »Bruderkampf« zwischen Sozialdemokraten und Kommunisten, die Zerrissenheit der Linken, habe zuallerobérst die Nazidiktatur in den Sattel gehoben. Kommt dieses Argument, wie so häufig, noch aus konservativem Mund, so dürfte damit der Gipfel der politischen Unaufrichtigkeit erklommen sein. Abgesehen davon, daß die Rechte der Weimarer Republik die Spaltung der verhaßten Linken von ganzem Herzen begrüßt hat, da sie von ihr nur profitieren konnte; abgesehen davon, daß sie sich skrupellos der Sozialdemokratie bedient hatte, als es galt, den von eben dieser Rechten in die Kriegskatastrophe gefahrenen Karren aus dem Dreck von 1918 zu ziehen, um die SPD danach wieder ganz nach Vorkriegsmanier zum »inneren Feind« zu stempeln (eine Ansicht, der auch heute noch bestimmte Kreise nicht fernstehen); auch abgesehen davon, daß die Demokratiefeindlichkeit der deutschen Rechten in nichts geringer war als die der moskauhörigen KPD, die für die SPD kein akzeptabler Partner sein konnte und auch nicht sein wollte: Niemand ist so tief verstrickt in die Geburt, die vorstaatliche Etappe und den Triumph des Nationalsozialismus wie der deutsche Konservatismus! Ausnahmen bestätigen nur die Regel.

Niemand hat die Verhältnisse in der Weimarer Republik so gestochen scharf, so bitter verwundet – und so liebevoll aufgezeichnet wie Kurt Tucholsky, namentlich in der entlarvenden Bild-Text-Kombination seines »Deutschland, Deutschland über alles«. Sozialer Kampf, politischer Krampf, die freche Macht der Gestrigen, die braune Drohung der Zukunft – von geradezu erleuchteter Prophetie seine »Richter von 1940«. Glanz und Wucher der Epoche, ihr martialischer Militärcharakter neben den unentwegten Versuchen von Demokraten, diese schillernde, von kulturellen Hochleistungen zuweilen wie schwebende, in sich tief gespaltene Republik gegen den vielfachen Ansturm ihrer Feinde zu stabilisieren. Schließlich »Tuchos« bewegender Appell, Begriffe wie »Heimat« und »Vaterland« nicht dem chauvinistischen Falschanspruch zu überlassen, sondern ihnen zu Ehrlichkeit, Innigkeit und Brauchbarkeit ohne Überhebung zu verhelfen – das alles ist auf diesen über 200 Seiten stetig durchweht von der Ahnung der Aus-

sichtslosigkeit. Und dies, in der Tat, zu Recht – die Gegenkräfte waren stärker.
Der Weg vom Sturz der Monarchie 1918 bis zum »Tag von Potsdam«, dem 21. März 1933, an dem der greise Ersatzkaiser der Deutschen, der ehemalige Feldmarschall und damalige Reichspräsident Paul von Hindenburg, dem Kanzler Adolf Hitler nun auch symbolisch die Macht übertrug, die er faktisch längst hatte – an ihm war in erster Linie ein zielstrebiger Konservatismus beteiligt. Er wurde gewiesen von den sozialen Führungsschichten des Reiches, ihren Parteien, ihren Verbänden, ihren Geheimorganisationen, ihrem militärischen Arm, in mehr oder weniger offener Gesinnungsbrüderschaft mit dem Terror der Nationalsozialisten und gegen den Geist der republikanischen Verfassung, gegen das Wesen der parlamentarischen Demokratie. Nicht zuletzt die ungeheuren publizistischen Beeinflussungsmöglichkeiten, die dieser ungebrochenen Rechten über immer technisiertere Medien der Massenpropaganda zur Verfügung standen, haben jede tiefer gehende Korrektur reaktionärer Geschichtsauffassungen zunichte gemacht. Sie haben Unbelehrbarkeit gezüchtet, die Dolchstoßlegende vitalisiert, sozialistische und liberale Traditionen öffentlicher Verachtung preisgegeben, hemmungslos dem Antisemitismus gehuldigt, alle humanen Traditionen mit Hohn überhäuft – und so erheblich zu jener Wirklichkeitsentfremdung beigetragen, die es dann bald schon dem »Führer« so leicht machen sollte, seine eigenen Wahnideen unters Volk zu bringen. Der deutsche Kleinbürger, der wildgewordene Spießer, hatte seinen Mann gefunden!
Wenn es stimmt, daß der Versailler Vertrag ihn gefördert hat – vor allem jedoch hat er Hitler nicht verhindert. Dieses »Siegerdiktat« war unfähig, seine eigene Aufhebung durch den Besiegten zu vermeiden. Versailles hatte eben nicht die ihm von seinen Feinden angedichtete Stärke, nicht die bösartige Ausdauer, nicht die zerstörerische Energie, mit denen in Deutschland immer wieder seine Abscheulichkeit beschworen wurde, auch und erst recht dann noch, als seine Schwäche offenbar war.
Auch ohne Versailles wäre die militärische Niederlage Deutschlands im Ersten Weltkrieg von der Mehrheit nie anerkannt worden; auch ohne die törichten und niederträchtigen, aber keineswegs konsequent im antideutschen Sinne gehandhabten Paragraphen dieses Vertragswerkes wären die nationalistische und die nationalsozialistische Agitation nicht gesitteter ausgefallen, als sie es waren. Was immer die notorisch zerstrittene Rechte während der Weimarer Republik trennte, wie heftig auch andere politische Gruppierungen und Parteien, die

demokratischen eingeschlossen, sich in den Haaren lagen: Versailles war der große Einheitsnenner, auf den man sich »national« berief. Nichts hat die Pläne des zweiten deutschen Anlaufs auf die Weltvorherrschaft so vernebelt wie die Berufung auf diesen Vertrag als die Wurzel allen Übels – der dann die noch größere Katastrophe, gegen seinen eigentlichen Sinn, doch nicht verhindern konnte. Versailles hat Deutschland nicht nur gedemütigt, es hat die Feinde der Republik auch für eine gewisse Dauer domestiziert. Der zweite deutsche Anlauf auf die Weltvorherrschaft wäre auch ohne diesen Vertrag unternommen worden – nur früher.

Die Deutschen dieser tragischen Vorära von 1933 befanden sich in einer äußerst, ja wahrscheinlich unvergleichbar mißlichen Lage. Sie hätten um ihrer selbst willen gegen das sein sollen, was die Geschichte der Reichsperiode bisher ausgemacht hatte. Es wäre besser und weniger opfervoll gewesen, wenn sie verdammt hätten, was sie – und andere Nationen – soviel Blut gekostet hatte. Wenn der Hang zu weinerlicher Selbstbemitleidung (deren höchstes Lustobjekt der Versailler Vertrag war) und grimmiger Höherwertigkeitspose aus Minderwertigkeitsgefühlen überwunden worden wäre. Wenn sie sich dem Neuen, der Demokratie, so schwächlich, schäbig und oft korrupt sie sich auch gab, mit größerer Mühe zugewandt hätten – ohne später die Erfahrung machen zu müssen, daß auch die schlechteste deutsche Republik immer noch unbeschreiblich erträglicher und risikoloser gewesen wäre als ihre »heroische« Hakenkreuz-Ablösung.

Die Gegenstimmen waren bis zuletzt laut vernehmbar. Beide bisherigen Epochen der Reichsgeschichte, die monarchische und die parlamentarische, waren übersät von jener widerstandsfähigen Kritik, die unermüdlich gegen das Verhängnis ankämpfte. Die Mehrheit folgte ihr nicht. Sie ist schmeichelnden Lügen, groben Versprechungen und der eigenen Unfähigkeit gefolgt, die Verfehlungen und Tragödien der Nationalgeschichte als selbstverschuldet zu erkennen. Sie hatte dafür bis zum Ende der ersten deutschen Republik bereits mit einem hohen Verlust an humaner Orientierung bezahlen müssen, bevor jene Etappe der Reichsgeschichte begann, in der vom Verlust *der* humanen Orientierung gesprochen werden kann.

Da dieser Verlust zwischen 1933 und heute das Grundthema des ganzen Buches ist, brauchen wir seine Geschichte während der zwölf NS-Jahre hier nicht eingehend auszuführen. Wenn die verhängnisvollste Periode im Rahmen dieses Kapitels dennoch skizziert wird, so, um dem Leser die Kontinuität des Zwei-Phasen-Konzeptes »Erst Europa, dann die Welt« bis in das Endstadium des Deutschen Reiches vor Augen zu führen.

Es geht ein törichter Streit darum, ob es in einem Nazilied hieß »Heute *hört* uns Deutschland – und morgen die ganze Welt« oder »Heute *gehört* uns Deutschland...«. Was wollen jene, die auf »*hört*« schwören, uns eigentlich sagen?
Wie die wilhelminischen, so gingen auch die Eroberungspläne der nationalsozialistischen Reichsführung aus von einem militärisch siegreichen Deutschland als kontinentalem Kraftzentrum, das von den großen Seemächten nicht mehr besiegt werden konnte – Ausgangsbasis für die zweite, die letzte Phase des Ansturms auf die Weltvorherrschaft: den Sieg über England und die USA!
Der Verlauf des von Hitler am 1. September 1939 vom Zaun gebrochenen, sich dann ab 1941 zum Zweiten Weltkrieg ausweitenden gigantischen Ringens über den ganzen Erdball schien die Vollendung der ersten Phase erfolgreich zu garantieren. In einer Folge rascher Siege oder ohne große Gegenwehr hingenommener, stets überfallartiger Besetzungen hatte die deutsche Wehrmacht mit jeweils hochüberlegenen Kräften Polen, Belgien, Holland, Luxemburg, Frankreich, Dänemark, Norwegen, Jugoslawien und – als dies den Italienern nicht gelang – auch Griechenland niedergeworfen. Im Sommer 1941 dann, nach den vergeblichen Versuchen, England auf die Knie zu zwingen, waren die deutschen Armeen, ebenfalls überfallartig, in eine unbegreiflicherweise ahnungslose Sowjetunion eingefallen, die unter den gewaltigen Schlägen des Aggressors nach bewährtem »Blitzsieg«-Muster rasch zusammenzubrechen schien. Die von Hitler entworfenen Pläne aus dem Jahre 1940, einen europäischen Großwirtschaftsraum mit Hunderten von Millionen versklavter Menschen unter deutscher Führung zu schaffen, erste Phase des Welteroberungskonzeptes, erfüllten sich schneller als erwartet.
Das Startzeichen für die zweite Phase hatte Hitler, der Verwirklichung der ersten offenbar völlig sicher, bereits am 27. Januar 1939 gegeben: mit dem Befehl an die Marineführung, den sogenannten »Z«-Plan umzusetzen – Aufbau einer mächtigen Überwasserflotte, die mit Vorrang vor allen Projekten des Heeres und der Luftwaffe bis 1944 vom Stapel gelaufen sein sollte.
Doch die Verhältnisse, sie waren auch diesmal nicht so.
In Gestalt der Sowjetarmee war die deutsche Wehrmacht endlich auf einen Gegner gestoßen, der sich nicht nur als ebenbürtig, sondern als hochüberlegen erwies. Nach zwei deutschen Offensiven, 1941 und 1942, rollte ab Juli 1943 die ausgedehnteste Front der Kriegsgeschichte mit den größten Schlachten aller Zeiten unaufhaltsam nach Westen.
Wie die kaiserliche Heeresleitung schon kurz nach Ausbruch des Ersten

Weltkrieges erkennen mußte, daß der Kampf militärisch nicht nach Plan zu gewinnen war, so klagte auch der oberste Feldherr Adolf Hitler nach dem Zusammenbruch der deutschen Offensive im Winter 1941 vor Moskau und Leningrad, »daß die beiden Feindgruppen sich nicht vernichten könnten, was zu einem Verhandlungsfrieden führen müsse« (Tagebuch des Generalobersts Franz Halder, Generalstabschef des deutschen Heeres 1938–42).

Doch auch in diesem Punkte irrte der »Führer«. Die Anti-Hitler-Koalition des Zweiten Weltkrieges, mit den beiden prinzipiell zwar divergierenden, durch die ungeheure gemeinsame Bedrohung jedoch auf Zeit zusammengeschweißten Hauptmächten USA und UdSSR, zeigte sich durchaus imstande, den zweiten Griff Deutschlands nach der Weltvorherrschaft mit dessen totaler Niederlage zu besiegeln.

Alle drei Etappen der deutschen Reichsgeschichte – Monarchie, Weimar, Nationalsozialismus – sind unauflösbar in ihrem Katastrophenablauf verwoben. Das mißglückte Interregnum des Parlamentarismus zwischen Wilhelminismus und Drittem Reich war nichts als eine Brücke, die nach 15 Jahren unter dem Druck vieler korrespondierender Traditionen von Vor- und Nachetappe zusammenbrach. Alexander und Margarete Mitscherlich schreiben, was die Überzeugungskraft der nationalsozialistischen Ideologie gerade so siegreich gemacht habe, seien die vielen Anknüpfungsmöglichkeiten an die Vorgeschichte gewesen, zum Beispiel bezüglich der Gehorsamspflicht gegenüber vorher geformten Ich-Idealen.

Tatsächlich blieben Befehl und Gehorsam auch in der Republik Leitlinien der Gesellschaft. Die gesamte Reichsgeschichte ist geprägt von der Ausbeutung des Gehorsams in vielerlei Sozialbeziehungen zwischen Ausbeutern und Ausgebeuteten. Gerade weil die Sehnsucht großer Massen nach Unterordnung und Vaterautorität von den Verhältnissen in der Weimarer Demokratie nicht so erfüllt wurde, wie sie es verlangten, hielt man Ausschau nach einer neuen, befehlsmächtigeren Autorität, nach dem »starken Mann«. Genau das war die Sehnsucht sehr vieler Deutscher von damals, und Hitler hat ihr wie niemand vorher und nachher entsprochen. Die in der Bundesrepublik so oft gelobten vordemokratischen Traditionen – geradezu inflationär bei den nicht abreißenden Versuchen einer verkrampften Preußen-Renaissance – sind äußerst problematisch im Hinblick auf ihren historisch-pädagogischen Nutzwert.

Dennoch wäre es völlig verfehlt, Wilhelminismus und Nationalsozialismus gleichzusetzen, nicht zuletzt deshalb, weil diese Unzulässigkeit Entsprechungen, wo sie in der Tat vorhanden sind, nur verdecken könnte. Die Gleichsetzung beider liefe auf eine Verteufelung des Kaiserreiches und auf eine Verniedlichung Hitlerdeutschlands hinaus.

Die letzte deutsche Monarchie war konstitutionell, mit sozialen Elementen, die zum Teil ihrer Zeit weit vorausliefen. Sie hatte einen gewissen Freiraum für Opposition, der es der sozialdemokratischen Partei immerhin möglich machte, bis 1912 zur stärksten Fraktion des Reichstages zu werden. Kulturell war dieses Vorkriegsdeutschland für die europäischen Nachbarn ein Magnet sondergleichen, der eine schier unübersehbare Liga großer Namen und großer Werke hervorgebracht hat. Dies nicht *gegen* die bereits erwähnten Entsprechungen und verbindenden Traditionen gesetzt, sondern der historischen Wahrheit wegen angemerkt, wenn Wilhelminismus und Nationalsozialismus aneinandergehalten werden. Wenn die Distanz zwischen dem SS-Staat und allen anderen Gesellschaften in Vergangenheit und Gegenwart nicht meßbar ist, weil die Weltgeschichte in ihm ein Monster ohnegleichen kreiert hat, so gilt das auch gegenüber dem deutschen Kaiserreich.

Aber die Tatsache, daß sich Gleichsetzung verbietet, ändert nichts an der »Verwertbarkeit« des Wilhelminismus für den Nationalsozialismus. Dazu ein Wort über den Antisemitismus im kaiserlichen Deutschland.

Auf dem Territorium, das hundert Jahre zuvor das Ursprungsland für die jüdische Emanzipationsbewegung geworden war, gab es zu Beginn der achtziger Jahre des vergangenen Jahrhunderts die ersten internationalen »Antisemitenkongresse«, nahm der moderne Antisemitismus Gestalt an – der nicht mehr nur religiös motivierte Judenhaß, sondern dessen um soziale und biologische Elemente erweiterte Fortsetzung. Der Reichstag von 1893 sah 16 Abgeordnete antisemitischer Parteien auf seinen Bänken. Einflußreiche Verbände, wie der Bund der Landwirte oder der deutschnationale Handlungsgehilfenverband, schlossen »Juden und nachweislich von Juden abstammende Personen« von der Mitgliedschaft aus. Selbstverständlich waren die imperialistischen und nationalistischen Großorganisationen wie der Alldeutsche Verband durch und durch antisemitisch. Ohne mit so ordinären Bevölkerungsschichten, wie in den Bauern- und Angestelltenverbänden zusammengefaßt, in einem Atemzug genannt werden zu wollen, verweigerten auch zahlreiche Korporationen jüdischen Studenten die Mitgliedschaft.

Während sich die antisemitischen Parteien bis 1914 nicht auf der Höhe ihrer Erfolge um die Jahrhundertwende halten konnten, war ein überparteilicher, sozusagen »gesellschaftlicher« Antisemitismus um so erfolgreicher. In diesen Jahrzehnten wurde das antisemitische Vorurteil eine Art Allgemeingut, das alle sozialen Schichten, wenngleich die Arbeiterschaft am geringsten, durchdrang. In diesem Prozeß wurden die biologistischen Rassenvorstellungen für die ideologische Stabilisierung des modernen Antisemitismus immer wichtiger. Der Hamburger Historiker Werner Jochmann schreibt dazu in einer Abhandlung unter dem Titel »Emanzipation und Antisemitismus: Historische Verbindungslinien« in dem Unterkapitel »Die antisemitische ›Judenfrage‹ im Deutschen Kaiserreich« folgendes:

»Gerade der Niedergang der antisemitischen Parteien könnte dazu beigetragen haben, daß der rassistische Antisemitismus in den kleinen Sekten und Zirkeln der radikalen Antisemiten immer schärfer ausgebildet wurde. In diesen Klein- und Kleinstgruppen wurden Vorstellungen antisemitischer Politik entwickelt, an die die Nationalsozialisten ohne weiteres anknüpfen konnten. Der verbreitete ›gesellschaftliche‹ Antisemitismus hatte mit solchen Vorstellungen wenig zu tun, aber er schuf eine soziale Grundeinstellung, durch die die Widerstandskraft gegen eine verbrecherische Politik, die antisemitisch begründet wurde, in der Weimarer Republik und im ›Dritten Reich‹ entscheidend geschwächt wurde.«

Die Herrschaft des Nationalsozialismus war kein als Zufall erklärbarer Betriebsunfall der deutschen Geschichte. Die Vorarbeit des Kaiserreiches für ihn ergab sich nicht aus einer Gleichheit der Systeme. Sie bestand darin, daß zahlreiche ideelle und materielle Elemente übernommen werden konnten, darunter das Großziel der deutschen Weltvorherrschaft. Seine nationalsozialistische Steigerung mag die Vorstellungskraft vorangegangener Epochen überfordert haben – ohne Vorprägung aber wäre diese Steigerung nicht möglich gewesen.
In seinem Buch »Die gescheiterte Großmacht. Eine Skizze des Deutschen Reiches 1871–1945« schreibt der Historiker Andreas Hillgruber:

»Je weiter wir uns von der weltgeschichtlichen Zäsur des Jahres 1945 entfernen, die den Untergang der Großmacht Deutsches Reich markiert, um so stärker erscheint dem Historiker das Dreivierteljahrhundert ihrer Geschichte als eine in sich geschlossene Einheit. Die durchgängigen Linien, die verbindenden Elemente über die Epocheneinschnitte hinweg, welche Bismarck-Zeit, Wilhelminische Ära, Erster Weltkrieg, Weimarer Republik, schließlich Drittes Reich und Zweiten Weltkrieg voneinander trennen, treten viel deutlicher heraus, als es den meisten

Zeitgenossen bewußt war, die, namentlich in Deutschland selbst, gerade die vielen auch zu verzeichnenden Brüche und Neuansätze als das Charakteristische der jüngsten deutschen Geschichte ansehen.«

Das ist ein klares Konzentrat. (Wir werden später, dann allerdings in einem beklemmenden Zusammenhang, auf Andreas Hillgruber zurückkommen.)

Die Generationen der Söhne, Töchter und Enkel von heute sollten die Kühnheit und Unabhängigkeit aufbringen, die Geschichte des Deutschen Reiches von 1871 bis 1945 als verfehlt zu erkennen, eingeschlossen die schwächlich-halbherzigen fast 15 Jahre der Weimarer Republik. Sie sollten sich nachhaltig von Geschichtsauffassungen befreien, die, mit lippenbekenntnishafter Pflichtdistanzierung vom Nationalsozialismus, im wesentlichen aus nichts anderem als der Rechtfertigung der 74jährigen Gesamtepoche bestehen. Niemand muß die Geschichte der eigenen Nation verteidigen oder beschönigen, weil ihn der Zufall der Geburt in sie verschlagen hat. Nationale Zugehörigkeit kann und darf nicht länger die Maßstäbe stellen, nach denen Geschichte beurteilt werden soll. Man kann seiner Heimat, seinem Land tief verbunden sein und sich dennoch zur Unteilbarkeit von Bewertungskriterien bekennen, die keineswegs nur auf andere Nationen, sondern vor allem auf die eigene angewandt werden müssen.

Ganz zweifellos erklomm der Verlust der humanen Orientierung seinen Höhepunkt im Dritten Reich – das Ausmaß der Humanitätseinbuße wurde bestimmt von der Maßlosigkeit des Nationalsozialismus. Aber die zweite Schuld hat diesen Verlust bis in unsere Gegenwart weitertransportiert – und argumentiert von dem damals gewonnenen Standort aus. Der Verlust der humanen Orientierung bleibt, und das wahrscheinlich noch für lange, eine der beunruhigendsten Hinterlassenschaften aus dem Geschichtserbe des Deutschen Reiches von 1871 bis 1945.

Vom Widerstand und seinen Widersachern

Die mißbrauchte Minderheit

Hier soll nicht die Geschichte des deutschen Widerstandes von 1933 bis 1945 behandelt, sondern sein politisches Umfeld abgesteckt werden – Ruhm und Größe dieses Widerstandes werden ja am leuchtendsten charakterisiert von seinem Gegenpol, von seiner Inselexistenz im Meer der braunen Zustimmung: Er war der atypische Mikrokosmos im Makrokosmos der Volksbegeisterung *für* den Nationalsozialismus!
Wenn man sich auf Prädikate einlassen will, so gebührt dem deutschen Widerstand ein Sonderrang, wenn nicht die Palme: Er war der zeitlich längste und – der einsamste im Resistenzspektrum der Gesamtepoche. Er wurde von der Nation nicht getragen.
Was bei uns niemanden daran hindert, den Widerstand zu mißbrauchen – als Alibi, als bloßen Feiertagsdekor, strapaziert von den unpassendsten Rednern zu den unpassendsten Gelegenheiten. Kennzeichnend für die offizielle, sozusagen staatliche Interpretation des deutschen Widerstandes gegen Hitler ist seine Verengung auf bestimmte Ausschnitte, besonders auf jenen des 20. Juli 1944, von dem noch zu sprechen sein wird. Es wirft ein grelles Licht auf die Unwahrhaftigkeit, mit der das Thema in der Bundesrepublik behandelt wird, daß ein gewisser Widerstand nie »gesellschaftsfähig« geworden ist und deshalb in der Regel quer durch die Parteienskala von der konservativen Rechten bis zur Sozialdemokratie schlicht unterschlagen wird: nämlich der Widerstand links von der SPD, vor allem der der Kommunisten. Von den politischen Gegnern des Nationalsozialismus haben sie den höchsten Blutzoll bezahlen müssen.
Die Aussparung wird begründet mit dem Argument, die Kommunisten wollten selbst eine Diktatur errichten. Ja, gewiß – und die haben sie dann auch dank der Tatsache, daß der Überfall auf die Sowjetunion diese ins Herz Europas hineinprovoziert hat, in einem Teil Deutschlands etabliert. Und deshalb dürfen historische Tatsachen, wie der Widerstand deutscher Kommunisten, minimalisiert oder gar völlig geleugnet werden? Wie ungefestigt, wie schwach muß eine Gesellschaft sein, die sich solchem Opportunismus verschreibt? Aber dahinter lauert noch etwas anderes, nämlich die verbreitete These, daß Hitler »in diesem Punkt«, in seinem Antikommunismus, »jedenfalls recht gehabt hat«. Wir sehen, mit wem wir es zu tun haben: mit dem nichtdemokratisch, nichthumanitär motivierten, mit dem aus der Nazizeit überkommenen Antikommunismus, der in der Bundesrepublik immer noch, und das bis in die höchsten Ränge, exemplarisch ist und der sich im Streit mit seinen stalinistischen und nachstalinistischen Kontrahenten nur noch einmal ausweist als das Kampfgetue zwischen Brüdern im Ungeist totalitärer Rivalitäten – und der so gewichtig ist im Rahmen

der zweiten Schuld, daß ihm in diesem Buch ein eigenes Kapitel gewidmet ist.

Immer wieder wird eingewandt: Keine Bevölkerung bestehe nur aus Helden, wenn Widerstand risikoreich sei. Das ist wohl richtig, lenkt hier aber auf eine falsche Spur. Denn das Ausmaß des Widerstandes gegen den Nationalsozialismus wurde nicht von dem Umstand bestimmt, daß die damaligen Deutschen natürlicherweise keineswegs aus lauter Helden bestanden, sondern daß sich ihre Mehrheit mit dem Nationalsozialismus verbunden fühlte – diese Entscheidung war es, die dem deutschen Widerstand die Massenbasis versagte!

Dennoch vereinigte er Angehörige aller sozialen Schichten in seinen Reihen. Als definierte politische Haltung aber war er zweifellos am ausgeprägtesten in der Arbeiterschaft verankert, wenn auch mit schwindender Tendenz. Vor den Vertretern eines antinazistischen Christentums, also des politischen Katholizismus und der Bekennenden Kirche, waren die bevorzugten Opfer des Dritten Reiches Linke. Beschränkt hat sich der Widerstand jedoch nie auf sie allein. Angehörige des Mittelstandes, der Klein- und Großbourgeoisie, des Militärs und des Adels, oft beide in Personalunion, haben ebenfalls ihren Blutzoll entrichtet.

Die innere Vielfalt des deutschen Widerstandes befand sich im Widerspruch zu seinem Umfang. Es handelte sich bei ihm stets um eine kleine Minderheit, nicht nur, was den *aktiven* Widerstand betrifft. Als sich gegen Ende der Epoche, gegen 1945 zu, die Katastrophe abzeichnete, die Niederlage offenbar wurde, gab es so etwas wie eine vermehrte Unruhe. Eine echte Expansion des Widerstandes jedoch, im Sinne seiner qualitativen und quantitativen Ausweitung, hat nicht stattgefunden.

Der Widerstand gegen den Nationalsozialismus schrumpfte bald nach der sogenannten Machtergreifung Hitlers – aus mehreren Gründen. Einmal durch die Vervollkommnung des nazistischen Repressionsapparats, dann aber auch, weil größere Teile der Bevölkerung, die ursprünglich gegen das Hakenkreuz waren, sich im Laufe der Zeit doch als empfänglich für Hitlers wahnhafte Ideen zeigten und – wie vor ihnen schon Millionen andere – entweder zu Mitläufern oder begeisterten Anhängern wurden. Die Größenverhältnisse waren eindeutig und haben sich bis zum Untergang des Dritten Reiches nicht geändert.

Natürlich war die Zahl derer, die *passive* Resistenz übten, weit höher als die der Aktivisten. Jene sicherlich nicht geringe Zahl von passiven Resistenzlern, die Hitler entweder die ganze Nazizeit über ablehnten oder in ihrem Verlauf dazu kamen, können mit vollem Recht behaupten, Nazigegner gewesen zu sein, auch wenn sie die Schwelle vom passiven zum aktiven Widerstand nicht überwinden konnten und wollten. Nach meinen eigenen Erfahrungen kam passive Resistenz häufig eher »aus dem Bauch«, nicht vom Kopfe her. Sie war oft kein bewußt reflektierter oder gar analysierter Zustand, sondern ergab sich aus *humaner Unverführbarkeit.* Je tiefer die Abwehr von Chauvinismus und Nationalsozialismus in das Vorfeld des Jahres 1933 reichte, desto fester war man gefeit gegen die Versuchungen und die Sirenentöne der NS-Propaganda.

Ein anderer wesentlicher Grund für die Schwierigkeiten des Widerstandes lag darin, daß es mächtige deutsche Traditionen gab, die jedes Aufbegehren gegen den *Staat* gleichsam zur Gotteslästerung, zu einem Kapitalverbrechen machten – vorausgesetzt allerdings, dieser Staat war autoritär oder totalitär. Der Demokratie gegenüber war das ganz anders. Die erste deutsche Republik von Weimar bildete bekanntlich die Ausnahme von der Regel. Nach 1918 fühlten sich gerade jene Traditionalisten, für die Widerstand gegen den Staat undenkbar war, dazu verpflichtet, die parlamentarische Ordnung zu bekämpfen, obwohl sie doch nun den Staat repräsentierte. Es war schon immer so: Der deutsche Konservatismus schaut sich genau an, wem gegenüber er loyal ist – oder nicht.

Der deutsche Widerstand gegen den Nationalsozialismus war selbstverständlich auch ein Widerstand gegen den Staat. Wie auf vielen anderen Gebieten, die von der Geschichte günstig für ihn vorgeformt waren, profitierte der Nationalsozialismus auch hierbei von einer Obrigkeitshörigkeit, die durchaus spezifische Züge trug und deren Produkt jener Untertan war, den Heinrich Mann so klassisch in der Figur des Diederich Heßling nachgezeichnet hat.

Zu den stabilen Einzelelementen, die sich vom Wilhelminismus über die Weimarer Republik in die NS-Zeit integrierten, gehörte in erster Linie die Identifikation von Staat und Vaterland, von Herrschaft und Vaterland. Sie traf in der öffentlichen Auffassung sowohl auf die Reichsepoche von 1871 bis 1918 als auch auf die Jahre zwischen 1933 und 1945 zu. Bezeichnenderweise jedoch für Millionen und Abermillionen von Deutschen *nicht* auf die anderthalb Jahrzehnte der Weimarer Demokratie.

Aus der Gleichsetzung von Herrschaftssystem und Vaterland, wie sie in jenen zitierten Perioden ganz selbstverständlich zum Lebensgefühl der Nation zählte, ergibt sich zwangsläufig der Trugschluß, daß Widerstand gegen den Staat dann auch Widerstand gegen das Vaterland sei. Zusammengefaßt: Die Selbstverständlichkeit, mit der in der kurzen

Einheitsgeschichte Deutschlands während der wilhelminischen und der nationalsozialistischen Phase Staat und Vaterland von Mehrheiten miteinander identifiziert wurden, ist die unmittelbare historische Kulisse, vor der sich nach 1933 die Tragödie des deutschen Widerstandes abspielte.

Ohne die Kenntnis solcher Grundtatsachen wäre sein relativ geringes Ausmaß gar nicht zu erklären. Es war eben nicht so, wie später häufig vorgegeben: daß die Deutschen zähneknirschend erduldet hätten, was der Nationalsozialismus von ihnen forderte. Diese Schutzbehauptung leugnet die Tatsache, daß die unermeßlichen Anstrengungen, die die NS-Führung vom deutschen Volk in jenen Jahren verlangte, ohne aktive, ja begeisterte Beteiligung einer großen Mehrheit niemals hätten so erbracht werden können, wie es geschah. Die Gleichsetzung von NS-Herrschaftssystem und Vaterland war so vollständig, daß die meisten der damaligen Bürger einen Begriff wie »Naziregime« überhaupt nicht kannten – er war ein verbales Kennzeichen von Nazigegnern.

Ein weiteres Indiz für die Gleichsetzung Nationalsozialismus – Deutschland war die Uminterpretation des von Hitler ausgelösten Angriffskrieges auf Europa und die Welt in einen vaterländischen Verteidigungskrieg oder einen »Krieg wie alle anderen auch«. Solche Überwindung der historischen Wahrheit ist bis heute unvermindert in Kraft.

Obwohl diesem Thema später ein eigenes Kapitel gewidmet wird, soviel hier vorweg: Gerade die Umkehrung des Kriegscharakters bestätigt, wie weit die Identifizierung von NS-Staat und Vaterland ging. Ich selbst habe staunend erlebt, wie sogar mancher, der Hitler bis zum 1. September 1939, dem Tag des Kriegsausbruches, abgelehnt hatte, nun erklärte: Der Zwist müsse beendet werden, denn jetzt gehe es um das Vaterland.

Sonderbare Logik! In dem Moment, da Hitler das größte Unglück der bisherigen Menschheitsgeschichte vom Zaune bricht, in dem Augenblick, da er sein kriminelles Regime mit Hilfe von Waffen über die deutschen Grenzen katapultiert, also andere Völker durch militärische Eroberungen unterjocht – in dem Moment geht es »um das Vaterland«. Wenn solche Argumentationen bis an die Ränder der passiven Resistenz gingen, was konnte dann von denen erwartet werden, die Hitler indifferent gegenüberstanden oder ihm gar zustimmten?

Mit anderen Worten: Im Krieg hatte es der deutsche Widerstand gegen den Nationalsozialismus moralisch noch einmal so schwer wie vorher schon. Wer NS-Staat und Vaterland miteinander gleichsetzte, für den war natürlich Widerstand Hoch- oder Landesverrat. Kann vor allem der jüngere Leser, dem eigene Erlebnisse von damals fehlen, ermessen, welche Wände sich ringsum um einen Deutschen erhoben, der der Meinung war, daß eben Hitlers Krieg die Krönung des nationalsozialistischen Verbrechens gegen die Menschheit sei? – Das eigene Volk eingeschlossen, auch wenn es seinem Henker zujubelte? Kann man sich einen isolierteren Widerstand vorstellen als den deutschen? Keine andere europäische Widerstandsbewegung während der deutschen Besetzung hatte mit ähnlichen Schwierigkeiten zu kämpfen. Angesichts des äußeren Feindes, des fremden Eroberers, waren die Freund- und Feind-Verhältnisse unangezweifelt, auch und erst recht, was die Kollaborateure anbetraf.

Es gab allerdings einen deutschen Widerstand, der tragischerweise lange die These vertrat, auch Deutschland sei von den Nazis »besetzt« worden – in der Emigration. Es gehört zu den erschütternden Wahrheiten der damaligen Epoche, daß erklärte Nazigegner, aus der Heimat vertrieben, diese Meinung vertraten – sei es aus gutem Glauben, sei es aus Selbsterhaltungstrieb, um in der Fremde nicht ins Bodenlose abzusinken. Eines der großen Beispiele dafür war der 1978 verstorbene Schriftsteller und Hüter der deutschen Exilliteratur Alfred Kantorowicz. Dieser Mann, der nach fast dreißigjähriger Mitgliedschaft in der KPD/SED 1957 mit der Partei brach, hatte 1935 aus dem Pariser Notsitz geschrieben:

»Die Feinde meines Vaterlandes, das sind die braunen Besatzungsarmeen auf deutschem Boden.«

Hitler und Deutschland, das schien Alfred Kantorowicz damals ganz unvereinbar: »Verwechselt die Deutschen nicht mit den Nazis!« lautete sein ständig wiederholter Appell, den er mit in die Emigration nahm, erst nach Frankreich, dann in die USA, und den er immer dringender verfocht, je verfemter Deutschland im Laufe der Zeit draußen wurde.
Erst nach seiner Rückkehr, zunächst in die DDR, dann in die Bundesrepublik, wird er belehrt, was es mit den »braunen Besatzungsarmeen auf deutschem Boden« auf sich hatte. Mitte der sechziger Jahre, in Hamburg, kommt es im »Deutschen Tagebuch« zum Eingeständnis seines Lebensirrtums, der patriotischen Illusion des nun fast Siebzigjährigen:

»Am Ende des zweiten Drittels unseres Jahrhunderts hat sich nun nach Tausenden von Erfahrungen bei mir die Erkenntnis durchgesetzt,

daß die große Mehrheit der älteren Generation der Deutschen das Hitlerreich mit Deutschland gleichsetzte, sich mit ihm identifizierte und alle, die sich dieser ›Volksgemeinschaft‹ entzogen oder von ihr ausgeschlossen waren, nur mit Vorbehalt integriert. Dieses lang verdrängte Bewußtsein, daß Hitler so undeutsch nicht war, wie wir Exilierten behauptet hatten, das machte sich in meinen spärlich gewordenen Veröffentlichungen des letzten Jahrfünfts geltend. Ich muß eingestehen, daß die Außerkraftsetzung der einst verbürgten Menschenrechte kein unseliger Zufall war, sondern ein Element der deutschen Geschichte des 20. Jahrhunderts. Mein Vertrauen in die Deutschen war blind, mein Zugehörigkeitsgefühl unerschütterlich. Oft habe ich mich in diesen Jahren an das berühmte Hölderlin-Zitat aus ›Hyperion‹ erinnert: ›So kam ich unter die Deutschen. Ich forderte nicht viel und war gefaßt, noch weniger zu finden. Demütig kam ich, wie der blinde Ödipus am Tore von Athen ...‹
Die Demut ist mir jetzt vergangen!«

Der deutsche Widerstand gegen den Nationalsozialismus war und ist kein populäres Thema – damals nicht und heute nicht. Seine Kraft reichte nie aus, um die Naziherrschaft von innen her zu stürzen, ausgenommen vielleicht jene Versuche, die sich Hitlers Tod zum Ziel gesetzt hatten. Im Falle des Gelingens aber wäre die Haltung der Bevölkerung ungewiß gewesen, sowohl vor dem Krieg als auch erst recht nach seinem Ausbruch. Es ist sehr fraglich, wie sich die Mehrheit verhalten hätte, wenn etwa die frühen Attentatsversuche hoher Militärs – oder der Anschlag im Bürgerbräu-Keller von 1939 – erfolgreich gewesen wären. Spätere Bekenntnisse dürften wohl sehr häufig auf Selbsttäuschung, auf postumes Wunsch- und Rechtfertigungsdenken zurückzuführen und mit der wahren Biographie nicht in Übereinstimmung zu bringen sein. Sogar ein anderer Ausgang des 20. Juli 1944 – der Fall, die Bombe hätte Hitler zerrissen – hätte keineswegs unbedingt den Sturz der NS-Herrschaft zur Folge haben müssen. Und damals konnte es am Ausgang des Zweiten Weltkrieges bereits keinerlei Zweifel mehr geben. Wie fraglich wird in diesem Lichte dann alles, was vorher hätte geschehen können?
Ich spreche hier eine Hypothese aus, die nicht bewiesen werden kann, wohl aber das Ergebnis von fast fünfzig Jahren ununterbrochener Beschäftigung mit dem Verhalten der von ihrem Lebensalter her für das Dritte Reich verantwortlichen Generationen vor und nach 1945 ist: Mindestens seit den Olympischen Spielen von 1936 war der nationalsozialistische Repressionsapparat überbesetzt, wenn nicht gar über-

flüssig – legt man seiner Notwendigkeit vom Regimestandpunkt her die politische Gesinnung der Bevölkerungsmehrheit zugrunde. Gemessen am Grad der pronazistischen Zustimmung, an der Identifizierung von NS-Staat und Vaterland, besaß das KZ-System ein geradezu lächerliches Übergewicht.

Natürlich, das ist der Konjunktiv der Geschichte, der Indikativ war, daß das Dritte Reich ohne seinen Repressionsapparat, ohne seine Mordmaschinerie gar nicht denkbar wäre. Aber es geht bei meiner Hypothese allein um die Demonstration der Einbrüche und Überwältigungen, die den Nazis innerhalb weniger Jahre nach Etablierung ihrer Herrschaft gelungen waren. Für den aktiven deutschen Widerstand, nicht zuletzt den jener Militärkreise, die sich die Gefangennahme oder Tötung Hitlers zum Ziel gesetzt hatten, war die Kenntnis der kollektiven Zustimmung zu ihm, ja einer gewissen Verfallenheit an den »Führer« die Quelle allergrößter Besorgnisse, was im Falle eines erfolgreichen Attentats werden würde.

In diesem Zusammenhang einige Ausführungen zu dem ambivalenten Verhältnis der offiziellen Bundesrepublik zum 20. Juli 1944, zum Gegensatz zwischen den ritualisierten öffentlichen Ehrungen und einer Gerichtspraxis, die damit in keiner Weise übereinstimmt.

Zunächst – durch ihre organisierte Überbewertung und Zentralisierung im Spektrum des deutschen Gesamtwiderstandes sind die Männer und Frauen des 20. Juli zu einer Art Galionsfiguren geworden. Das hat bei vielen Nachgeborenen den Eindruck hergestellt, es habe außer ihnen kaum Widerstand gegeben – was sie zur Legende macht. Legenden aber legen nur Schleier über die Wirklichkeit. Dazu gehört, Claus Graf Schenk von Stauffenberg, die charismatische Hauptperson des Attentäterkreises, zu einem Hitlergegner von Anfang an hochzustilisieren – was nicht den Tatsachen entspricht. Vielmehr hat Stauffenberg lange Jahre nach 1933 an jener Unerträglichkeit mitgewirkt, der er später dann auch um den Preis des eigenen Lebens ein Ende bereiten wollte: Stauffenberg selbst war bereit gewesen, neben und mit Hitler von der Bombe zerfetzt zu werden, was seine Mitverschwörer ihm jedoch wegen seiner persönlichen Bedeutung im Falle des Gelingens ausreden konnten.

Unter den Frauen und Männern des 20. Juli 1944 hat es Nazigegner von allem Anfang an gegeben, kompromißlos und ohne die geringste Anfälligkeit für das Dritte Reich. Auf die Symbolfigur des fehlgeschlagenen Attentats – von Stauffenberg – trifft das nicht zu. Sein Verdienst wird dadurch eher erhöht als geschmälert. Es wäre gut gewesen, wenn mehr Menschen eine Entwicklung von einstigen Anhängern zu so

erbitterten Gegnern des Nationalsozialismus genommen hätten wie dieser Sproß eines alten Geschlechts, dessen Moral so lange in dienendem Staatsgehorsam bestanden hatte.
Ungeachtet der Tatsache, daß ein beträchtlicher Teil der Bundesdeutschen über Jahrzehnte hin, wenn nicht gar bis in unsere Tage, die Verschwörer für simple Hoch- und Landesverräter hielt und hält, die dem Vaterland in der Stunde höchster Gefahr in den Rücken gefallen seien, ist der 20. Juli 1944 offiziell fast in den Rang eines nationalen Gedenktages erhoben worden. Dabei sind die falschen Töne durch die Repräsentanten einer Bundesrepublik der zweiten Schuld notorisch – was völlig ihrer inneren Beziehungslosigkeit zur Welt der Naziopfer entspricht. Mit am ärgsten hat es dabei Theodor Heuss getrieben, der erste Bundespräsident, als er am 19. Juli 1954, zum 10. Jahrestag des Attentats, in der Freien Universität Berlin ausrief:

»Die deutsche Seele ist bewegt, bekennen zu dürfen und danken zu können. Dank für ein Vermächtnis, das durch das stolze Sterben dem Leben der Nation geschenkt wurde.«

Könnte man es ärger treiben? Gibt es eine unwahrhaftigere Variante des alten lateinischen »Süß und ehrenvoll ist es, für das Vaterland zu sterben«, zu dem die Römer sich noch in weltgeschichtlicher Unschuld bekannt haben mochten? Da drängt sich doch, endlich, wie von selbst die Frage auf: Und wie ist man mit den Henkern der Opfer vom 20. Juli 1944 verfahren?
Ihr wollen wir uns jetzt zuwenden – mit dem Fall Huppenkothen, wie der gründliche Jörg Friedrich ihn in seinem Buch »Die kalte Amnestie. NS-Täter in der Bundesrepublik« recherchiert hat.
Walter Huppenkothen hatte in der »Sonderkommission 20. Juli« die Fälle des Generals Hans Oster, des Reichsgerichtsrates Hans von Dohnanyi und des Admirals Wilhelm Canaris übernommen. Nachdem das Gebäude des Reichssicherheitshauptamtes in Berlin im Februar 1945 durch Bomben schwer getroffen worden war, kam von Dohnanyi ins Polizeikrankenhaus der Hauptstadt, die anderen Genannten in die Konzentrationslager Sachsenhausen-Oranienburg und Flossenbürg. Ernst Kaltenbrunner, Chef des Reichssicherheitshauptamtes, beauftragte Huppenkothen als Anklagevertreter, dort Standgerichte abzuhalten, die auch über die Widerstandskämpfer Dietrich Bonhoeffer, Gehre und Dr. Sack urteilen sollten. Standgerichtsvorsitzender in Flossenbürg war der Chefrichter des SS- und Polizeigerichts München, Dr. Otto Thorbeck, während in beiden Lagern die KZ-Komman-

danten als »beisitzende Richter« fungierten. Alle Angeklagten wurden zum Tode verurteilt – von Dohnanyi in Sachsenhausen auf einer Bahre liegend.

Walter Huppenkothen, der Anklagevertreter, hatte in jedem Fall die Todesstrafe gefordert.

Im Dezember 1949, unmittelbar nachdem er aus amerikanischer Haft entlassen worden war, wurde der damals Zweiundvierzigjährige von der Münchener Staatsanwaltschaft verhaftet und vor dem Landgericht München I des Mordes angeklagt. Sechs Jahre nach den Hinrichtungen vom 9. April 1945 in Sachsenhausen und Flossenbürg sprachen die Münchener Richter Huppenkothen vom Mordvorwurf frei, und zwar mit der unfaßbaren Begründung: Nach damaligem Recht hätten sich die hingerichteten Widerstandskämpfer des Hoch- und Landesverrats schuldig gemacht.

Dennoch kam Huppenkothen nicht ungestraft davon. War er als Ankläger der »Sonderkommission 20. Juli« freigesprochen worden, so wurde er als Beamter des Reichssicherheitshauptamtes zu 3 1/2 Jahren Zuchthaus verurteilt. Die Urteilsbegründung, die auf geradezu unheimliche Weise aufscheinen läßt, wie formaljuristisch bundesdeutsche Schwurgerichte die Hypothek des NS-Staatsverbrechens angegangen sind: Hans von Dohnanyi sei noch nicht völlig gesundet gewesen, als er, auf der Bahre liegend, zum Tode verurteilt worden sei. Dies aber sei, so erkannte das Münchener Gericht gegen Walter Huppenkothen, dessen Dienststelle Dohnanyi »anvertraut« gewesen sei, »Körperverletzung im Amt« gewesen.

Dieser Auffassung wollte sich jedoch der Bundesgerichtshof nicht anschließen. In seinem Revisionsurteil vom 12. Februar 1952 hieß es, das Münchener Schwurgericht habe »nicht die Möglichkeit ausgeräumt, daß die angeblichen Urteile der Standgerichte in Wahrheit nur in Urteilsformen gekleidete, willkürliche Machtansprüche waren, die dem Wunsch oder dem Befehl eines Auftraggebers nachkamen«, was vollständig mit der erkennbaren Wirklichkeit von damals übereinstimmte.

In einem zweiten Verfahren vor dem Münchener Landgericht I, in das nun auch der Standgerichtsvorsitzende in Flossenbürg, SS- und Polizeirichter Dr. Otto Thorbeck, einbezogen war, kam das Schwurgericht wiederum zu dem Schluß, daß es weder in Sachsenhausen noch in Flossenbürg zu Gesetzesverstößen gekommen sei: Den Widerstandskämpfern seien rechtliches Gehör und ein Schlußwort gewährt worden; die Verhandlung habe vor drei militärischen Richtern stattgefunden; das Urteil sei mit Stimmenmehrheit gefaßt, schriftlich abgesetzt und mit Gründen versehen worden.

Dies nur *ein* Beispiel für die Unfähigkeit bundesdeutscher Juristen, »vom Opfer her« zu denken, während gleichzeitig eine tiefe innere Bindung an die Welt der NS-Täter sichtbar wird – worauf ich in einem späteren Kapitel noch ausführlich eingehen werde.
Huppenkothen und Thorbeck wurden am 5. November 1952 von der Mordanklage freigesprochen. Huppenkothen nahm im Lichthof des Münchener Landgerichts den Jubel seiner Bewunderer entgegen. Aber das Urteil wurde vom Bundesgerichtshof wegen »mangelnder Sachaufklärung« kassiert und der Fall dem Landgericht Augsburg übertragen.
Was dem Bundesgerichtshof nicht behagte, war die täterbegünstigende Konstruktion für den Freispruch der beiden Angeklagten: Möglicherweise sei unabhängig von dem Standgerichtsverfahren ein Hinrichtungsbefehl des Reichssicherheitshauptamtes ergangen. In diesem Fall sei das Todesurteil für die Vollstreckung gar nicht ursächlich gewesen, sondern der Befehl aus Berlin.
Auch das Landgericht Augsburg sah die Ereignisse vom 9. April 1945 ganz anders als die Kollegen in München. In seinem Urteil vom 15. Oktober 1955 hieß es unmißverständlich: Hitler, Himmler und Kaltenbrunner hätten in maßlosem Vernichtungswillen die Widerstandskämpfer in ihren eigenen Untergang hineingerissen. Der alleinige Zweck der Standgerichtsverfahren sei die Vernichtung von Gegnern gewesen, was jeder Rechtmäßigkeit entbehre. Dann wörtlich:

»Auf die Einhaltung formeller Vorschriften hat es hiernach ebensowenig anzukommen wie darauf, ob an sich aufgrund der damals vorhandenen Gesetzesvorschriften sachlich auf die Todesstrafe wegen Hoch- oder Kriegsverrats oder anderer Straftaten erkannt werden konnte... Das angeordnete Verfahren hatte, den beiden Angeklagten erkennbar und von ihnen auch erkannt, den Zweck, für diese Beseitigung den Schein der Berechtigung, nämlich die nun einmal erforderlichen Aktenvorgänge zu schaffen.«

Aufgrund dieser klaren, völlig mit der Realität übereinstimmenden Interpretation der Ereignisse, die der Gegenstand des Verfahrens waren, lautete das Urteil des Augsburger Landgerichts: sieben Jahre Zuchthaus für Huppenkothen, vier Jahre für Thorbeck – ein immer noch eher milder Spruch.
Die Verurteilten legten Revision ein, und das Verfahren, nun im siebten Jahr, kam zum drittenmal vor den Bundesgerichtshof. Dort beklagten sich beide Angeklagten über die »Befangenheit« des Augsburger

Richters, der seinerzeit ein rassisch und politisch Verfolgter gewesen sei und einen »fanatischen und abgrundtiefen Haß gegen den Nationalsozialismus« gehegt habe – was Huppenkothen und Thorbeck offenbar auch elf Jahre nach 1945 als abwegig und unverständlich empfanden.
Damit stießen sie diesmal beim Bundesgerichtshof auf offenere Ohren als bisher, denn dem stand als Präsident nun Hermann Weinkauff vor, der von 1937 bis 1945 dem NS-Reichsgericht angehört hatte. Der Fall erreicht seinen Höhepunkt.
In der Urteilsbegründung des Ersten Senats am Bundesgerichtshof vom 25. Mai 1956 hieß es:

»Einem Richter, der damals einen Widerstandskämpfer wegen seiner Tätigkeit in der Widerstandsbewegung abzuurteilen hatte und ihn in einem einwandfreien Verfahren für überführt erachtete, kann heute in strafrechtlicher Hinsicht kein Vorwurf gemacht werden, wenn er angesichts seiner Unterworfenheit unter die damaligen Gesetze nicht der Frage nachging, ob dem Widerstandskämpfer etwa der Rechtfertigungsgrund des übergesetzlichen Notstandes unter dem Gesichtspunkt eines höheren, den Strafdrohungen des staatlichen Gesetzes vorausliegenden Widerstandsrechts zur Seite stehe, sondern glaubte, ihn des Hoch- und Landesverrats bzw. des Kriegsverrats schuldig erkennen und deswegen zum Tode verurteilen zu müssen.«

Die Windungen bundesdeutscher Richterhirne offenbaren sich im Falle Weinkauff und in manchen anderen nur allzu deutlich wohl zur eigenen Exkulpierung – noch unverblümter in folgendem Absatz der Urteilsbegründung durch den Ersten Senat des Bundesgerichtshofes:

»Für die Frage, ob sich Dr. Thorbeck durch die Teilnahme als Vorsitzender an den Standgerichtsverhandlungen in Flossenbürg der Beihilfe zum Mord schuldig gemacht hat, ist nicht entscheidend, wie sich die Ereignisse vom April 1945 nach heutiger Sicht darstellen. Eine solche rückschauende Wertung würde dem Angeklagten nicht gerecht werden. Bei der Beurteilung der strafrechtlichen Schuld des Beschwerdeführers ist vielmehr ins Auge zu fassen, wie sich seine Aufgabe nach der Gesetzeslage und den sonstigen Gegebenheiten zur Tatzeit darstellte, mit der Unerbittlichkeit der damaligen Gesetze, denen er unterworfen war und gegen die die in Flossenbürg vor das Standgericht gestellten Widerstandskämpfer sich aufgelehnt hatten. Ausgangspunkt ist dabei das Recht des Staates auf Selbstbehauptung.«

So gesprochen von der höchsten Justiz nach Heuss' Dank »für ein Vermächtnis, das durch das stolze Sterben dem Leben der Nation geschenkt wurde« ...
Thorbeck wurde freigesprochen, Huppenkothen aber seltsamerweise zu sechs Jahren Zuchthaus verurteilt, trotz des Weinkauffschen Plädoyers für das Recht des NS-Staates auf Selbstbehauptung gegen die Widerstandskämpfer, hier die des 20. Juli 1944, dessen Opfer nun, 1956, in der Bundesrepublik Deutschland offiziell zum siebtenmal öffentlich geehrt und beschworen wurden. Die Begründung für die Verurteilung Huppenkothens läßt abermalig einen tiefen Einblick in bundesdeutsche Richterseelen zu: Er habe vergessen, von Kaltenbrunner, dem Chef des Reichssicherheitshauptamtes, die Urteilsbestätigung einzuholen. Insofern hätten die Hinrichtungen eine Widerrechtlichkeit dargestellt, die aus diesem Grunde zu verhindern Huppenkothen als Staatsanwalt verpflichtet gewesen sei. Kernsatz:

»Das Fehlen der Urteilsbestätigung machte die Tötung der Widerstandskämpfer schlechthin rechtswidrig.«

Mit anderen Worten: Wenn der Chef der Mordzentrale Reichssicherheitshauptamt, Ernst Kaltenbrunner, diese Bestätigung gegeben hätte, so wäre nach Auffassung des höchsten bundesdeutschen Gerichtes alles in Ordnung gewesen, als die Widerstandskämpfer des 20. Juli 1944 an jenem Aprilmorgen des Jahres 1945 in Sachsenhausen und Flossenbürg den Henkern übergeben und hingerichtet wurden ...

Huppenkothens Verzicht auf die Kaltenbrunnersche Urteilsbestätigung blieb die einzige beanstandete Vernichtungshandlung im Amt. Ein im Jahre 1965 in Berlin eingeleitetes Ermittlungsverfahren zur Untersuchung von »Verfolgung, Verurteilung und Hinrichtung von Personen, die an den Ereignissen des 20. Juli teilgenommen haben«, kam im Einstellungsbescheid vom 12. März 1971 zu dem Schluß, daß Hoch- und Landesverrat »nicht spezifisch nationalsozialistische Regelungen waren«:

»Man kann deshalb nicht ohne weiteres davon ausgehen, daß mit den Verurteilungen der Widerstandskämpfer ein gewisser Kernbereich des Rechts betroffen wäre (gemeint waren die Verhandlungen gegen Goerdeler, von Hassell, von Witzleben und andere Verschwörer des 20. Juli 1944; Anm. d. Verf.). Nach alledem läßt sich nicht mit der nötigen Sicherheit nachweisen, daß die hingerichteten Widerstandskämpfer des 20. Juli 1944 unter Außerachtlassung der mindesten verfahrensrechtlichen Anforderungen, mithin auf Grund eines Scheinverfahrens, zum Tode verurteilt, ermordet worden sind.«

Als diese Begründung des Einstellungsbescheides verfaßt wurde, waren der Öffentlichkeit längst jene Filmsequenzen und Protokolle zugänglich gemacht worden, in denen Roland Freisler, der Präsident des »Volksgerichtshofes«, die Männer des 20. Juli beschimpfte als »pervers«, »Schlappschwanz von Defätist«, »schmutziger alter Mann«, »Schweinehund«, »dreckiger Schurke« oder »kleiner Haufen Dreck«. All das konnte die Juristen des Berliner Ermittlungsverfahrens nicht davon abbringen, daß ihrer Meinung nach bei den Verfahren gegen die Widerstandskämpfer »mindestrechtliche Anforderungen« gegeben gewesen seien.
Man setze gegen diese Juristenpraxis die öffentliche Beweihräucherung der von der bundesdeutschen Rechtsprechung verratenen und geschmähten Opfer jenes historischen Datums, um ihren notorischen Mißbrauch durch die offizielle Bundesrepublik zu konstatieren!
Sowenig, wie die zweite deutsche Demokratie ihr Verhältnis zum Nationalsozialismus geordnet hat, sowenig ist sie mit dem Widerstand gegen ihn im reinen. Der 20. Juli 1944 und die Art und Weise, wie mit seinem Erbe umgegangen wird, bringt es nur besonders deutlich an den Tag.
In seinem Buch zieht Jörg Friedrich dieses Fazit:

»Die Verarbeitung des Nationalsozialismus wurde in der Bundesrepublik nie frontal betrieben. Es wurde nicht frontal gesäubert, aber auch nicht frontal rehabilitiert, nicht frontal strafverfolgt, nicht frontal amnestiert. Der Widerstand wurde nicht frontal integriert, und seine Henker wurden nicht frontal verurteilt. Die Hitlersche Rechtsordnung wurde nicht frontal annulliert, ebensowenig anerkannt ... Die Bundesrepublik war ein Gebilde unter dem Zwang, es allen recht zu machen. Sie war das Vaterland der Volksgenossen und der Volksfeinde, der Gestempelten und der Neutralen, der Verfolger und der Verfolgten. Diesen Riß im Material ist sie nicht losgeworden.«

Eine bessere Definition der *zweiten Schuld* kann es kaum geben.

Das Fundament: der große Frieden mit den Tätern

Die Mörder blieben unter uns

»Im Jahre 1945 gab es keine Autorität in der deutschen Öffentlichkeit, die nicht kompromittiert gewesen wäre... Außer einer vagen Hoffnung auf europäische Integration war auch kein Rückgriff auf ein politisches Konzept möglich, das aus einer Widerstandsbewegung gegen den Nazismus hervorgegangen wäre. Die Rückerinnerung mußte weiter ausgreifen, auf einen Mann, der seine Prägung in der längst vergangenen Staatsform des kaiserlichen Deutschland erhalten hatte. Die Herrschaft einer uralten Vaterautorität begann; und ihr blieb es überlassen, ›Staat‹ zu repräsentieren, während sich die libidinöse Energie im Wirtschaftsbereich sammelte.«

Alexander und Margarete Mitscherlich

Von der Entnazifizierung bis Globke

Die Ära Konrad Adenauers ist die Ära der bundesdeutschen Restauration, also der Bewahrung überkommener gesellschaftlicher Zustände, nicht ihrer Wiederherstellung, denn sie sind niemals grundlegend verändert worden. Was die Eigentumsverhältnisse anbetrifft, gab es keinen Bruch zwischen denen der Weimarer Republik und denen des Dritten Reiches, ausgenommen den staatlichen Raub an der jüdischen Minderheit. Aber es gab auch keinen wirklichen Wechsel von der Nazizeit zur Bundesrepublik, der geplant und organisiert gewesen wäre. Wenn es »Enteignungen« gab, dann da, wo die Kriegsfurie blind zugeschlagen hatte.
Die bundesdeutsche Restauration hat zwei Seiten, die beide Entsprechungen ein und derselben Geschichtsmedaille sind: eine psychologische und eine materielle. Über die psychologische Seite ist bereits im Zusammenhang mit den kollektiven Affekten und manchen anderen Haltungen, die schon beschrieben worden sind oder noch beschrieben werden, gesprochen worden.
Das Kapitel »Das Fundament: der große Frieden mit den Tätern« wird sich nun in drei Unterkapiteln mit der materiellen Seite der Restauration und ihren Nachwehen bis in unsere Gegenwart befassen. Basis war das erste Jahrzehnt nach 1945, was bedeutet, daß die Restauration bereits vor Gründung der Bundesrepublik Deutschland im September 1949 durch nationale und internationale Triebkräfte aufbereitet worden ist.
Die *Entnazifizierung*, dieser bisher einmalige Versuch, nahezu ein ganzes Volk seiner politischen Haltung und der daraus entstandenen Folgen wegen einer nationalen Säuberung zu unterziehen, ging zurück auf Beschlüsse, die die Alliierten in Jalta und Potsdam gefaßt hatten. Hier soll zunächst die Rede sein von den Maßnahmen, die in der britischen, der amerikanischen und der französischen Besatzungszone, dem späteren Territorium der Bundesrepublik Deutschland, getroffen wurden.
Das Schema der Entnazifizierung sah fünf Kategorien vor: Hauptschuldige (womit Kriegsverbrecher gemeint waren), Belastete, Minderbelastete, Mitläufer und Entlastete. Bei dieser Gelegenheit sei eingeschoben, daß die Entnazifizierung am schärfsten in der amerikanischen Zone gehandhabt worden ist und daß es offenbar zu den unaus-

rottbaren linken Legenden gehört, die US-Kontrollbehörden seien von vornherein darauf aus gewesen, Schuldige glimpflich zu behandeln oder gar straffrei davonkommen zu lassen. Aber auch die mit der Säuberung beauftragten Briten und Franzosen, zum Teil Angehörige der kämpfenden Truppe, standen noch lange unter dem Schock der Horrorszenen, die ihnen die befreiten Konzentrationslager geboten hatten.

Anklage wurde erhoben von öffentlichen Klägern vor sogenannten *Spruchkammern*, die differenzierte Sühnemaßnahmen aussprechen konnten, zum Beispiel Internierung oder auch Gefängnis (bis zu zehn Jahren), Einziehung des Vermögens, Verlust des Amtes, des Berufes, der Pension, ferner Geldbußen und Aberkennung des Wahlrechts. Zweite Instanz waren die *Berufungskammern.*

In der griechischen Mythologie sollte Herakles bekanntlich die völlig verschmutzten Ställe des Königs Augias in *einem* Tag säubern. Und tatsächlich schaffte er das Unmögliche – indem er einen reißenden Strom durch die Ställe leitete.

Im Nachkriegsdeutschland gab es weder einen Herakles noch ein solches kraftvolles Gewässer.

Dabei suchten die Alliierten zunächst durchaus ernsthaft nach Sühne und Gerechtigkeit. Allerdings waren sie angewiesen auf Fragebogen, von denen sich allein in den Amtsstuben der US-Militärbehörden Ende 1945 zwölf Millionen stapelten. Was bedeutete: Ohne deutsche Hilfe ging es nicht. So verabschiedeten die Ministerpräsidenten der drei westlichen Besatzungszonen im März 1946 das »Ländergesetz zur Befreiung von Nationalsozialismus und Militarismus« – die Entnazifizierung war, wenn auch weiter unter alliierter Kontrolle, in deutsche Hände gegeben.

Von einem Mitarbeiter Lucius D. Clays, Militärgouverneur der amerikanischen Besatzungszone und treibende Kraft der Entnazifizierung, stammen zwei interessante Notizen aus jenen Tagen: erstens, daß die deutschen Ministerpräsidenten jeglichen Willen vermissen ließen, ein energisches Säuberungsprogramm aufzustellen, und zweitens, daß die deutschen Führungspolitiker zugäben, eine derzeit abgehaltene freie Wahl würde eine modifizierte Naziregierung an die Macht tragen. Dieses unheimliche Bekenntnis wurde bestätigt durch Massentests, nach denen die meisten glaubten, der Nationalsozialismus sei eine gute Sache gewesen, wenngleich »schlecht durchgeführt«. Damit hatten die »Männer der ersten Stunde«, auch Lizenzpolitiker genannt, weil die Voraussetzung für ihre öffentliche Tätigkeit die Erlaubnis der Alliier-

ten war, ein Signal erhalten, das sie sehr wohl verstanden und auf das wir später noch zurückkommen – nämlich wes Ungeistes Kind jedenfalls ein erheblicher Teil ihrer potentiellen Wählerschaft war. Die Weltgeschichte hatte unter unendlichen Schmerzen gekreißt, aber in der Vorstellung weiter Bevölkerungskreise der damaligen deutschen Nation hatte sich unversehrt ein wohlwollendes Bild des Nationalsozialismus erhalten.
Dazu warf dieser Versuch einer politischen Säuberung eine ganze Reihe von Fragen auf, deren Problematik offenkundig war: Wer urteilte hier eigentlich über wen? Welches Potential von Unbelasteten, von Nazigegnern, stand in diesem Deutschland der unübersehbaren Masse von ehemaligen Hitleranhängern gegenüber? Waren nicht unweigerlich Zustände geschaffen worden, unter denen einmal, im besten Falle, Schuldlose über Schuldigere, dann aber auch weniger Schuldige über Schuldigere und schließlich Schuldigere über weniger Schuldige zu befinden hatten? Dazu kamen die äußeren Umstände, die Folgen von Krieg, Luftangriffen, Demontagen, Gebietsverlusten – also Hunger, Kälte, Ungewißheit über vermißte Angehörige, über gefangene Verwandte, also Mangel an allem, an Ruhe, an Nahrung, Brennmaterial, Unterkunft. Die Not der Millionen, die ihre Heimat im Osten verlassen hatten oder sie verlassen mußten, Massen, die keineswegs, wie spätere Sonntagsreden von Vertriebenenfunktionären es darzulegen beliebten, überall mit offenen Armen in die »Solidargemeinschaft der Niederlage« aufgenommen worden sind, sondern sich mit Polizei und Gerichten und dann und wann sogar mit der Drohung, von der Schußwaffe Gebrauch zu machen, Zutritt unter einem Dache verschaffen mußten.
Vor allem aber entfalteten sich vor den Spruchkammern der Entnazifizierung zwei ungeheure Gegensätze zu voller Größe: nämlich zwischen dem Riesenfresko der Naziverbrechen, das als unsichtbare Kulisse immer mit anwesend war, einerseits – und dem vereinzelten »Ehemaligen« andererseits, der da vor der Kammer stand, und zwar in schäbigem Zivil, nicht in der Uniform von gestern. Ich habe zwischen 1946 und 1949 in Hamburg als Beobachter mehreren solcher Spruchkammersitzungen beigewohnt. Aber obschon noch so nah an den Schrecken der persönlichen Verfolgung, war es mir unmöglich, angesichts dieser Szenerie Gefühle von Mitleid, spontaner Zuwendung, Suche nach Milderungsgründen und den Wunsch nach glimpflichem Ausgang in mir zu unterdrücken. Da stand er, der Parteigenosse von gestern, demütig geschrumpft auf kaum die Hälfte seines gerade verblichenen Herrenmenschentums, in Würstchenpose, die politische

Harmlosigkeit und Verführbarkeit aus »gutem Glauben« in Person, ein Individuum, das sich verhielt, wie sich jeder Angeklagte bis dahin verhalten hatte und zu allen Zeiten verhalten wird: Es beschwor seine Unschuld! Es war nichts als ein winziges Rädchen jenes Systems, das nun nicht mehr existierte und das sich nun auch als ganz unrekonstruierbar erwies – der Beklagte jedenfalls beteuerte, zu Aufdeckung und eigener Beteiligung an ihm nichts beitragen zu können. Wie alle anderen vor ihm und nach ihm, so wollte auch er Hitler nie zugejubelt haben, und außerdem könne ein jeder am Ort seine Judenfreundschaft bezeugen, auch die jüdischen Freunde selbst, wenn sie noch dagewesen wären... Für manchen erfahrenen Antifaschisten einer lokalen oder regionalen Spruchkammer, mit gutem Erinnerungsvermögen und unvergessenen Einsichten in die nachbarliche Psyche von gestern, haben sich in der Entnazifizierungsepisode zwischen 1946 und 1952 wunderliche Bilder aufgetan. Denn auch die strammsten Nazis von einst bemühten sich nun mit größerem oder kleinerem schauspielerischem Können, jedenfalls nach außen eine möglichst große Distanz zwischen ihr früheres und ihr jetziges Ich zu legen.
Die Entnazifizierung produzierte die scham- und hemmungsloseste Massenlüge, die es je in der deutschen Geschichte gegeben hat, aufgesplittert in lauter einzelne Schwindler, kecke oder auch gewissensbelastete, die später, als sie ihre Fragebogen- und anderen Unwahrheiten risikolos gestehen konnten, auf Notwehr plädierten. Dennoch ist wohl so manchem Bundesbürger die Lüge als biographisches Unterpfand für Gegenwart und Zukunft, die Verleugnung einer Vergangenheit, der man nur zu oft zustimmend, ja begeistert angehangen hatte, nicht gerade bekommen. Zur Stärkung des Nationalcharakters jedenfalls haben die kollektiven Manipulationen und Selbstverletzungen damals kaum beitragen können. Bald, schon 1947, stellte es sich heraus, daß die schwerfällige Säuberungsmaschinerie dank eines offenbar geheimnisvollen Mechanismus, dem niemand auf die Spur kommen konnte, gerade das Gegenteil von dem hervorbrachte, was mit ihrer Hilfe entstehen sollte: nämlich *Rehabilitierung* statt Haftbarmachung politischer Verantwortlichkeit! Offensichtlicher waren dann schon die sogenannten »Persilscheine«, die den Spruchkammern gleich tonnenweise zugeschickt wurden, Bestätigungen politisch unbedenklichen Verhaltens während des »Tausendjährigen Reiches«, oft genug dem einen »Ehemaligen« vom anderen ausgestellt – Hauptsache, die Quantität imponierte. Hinter dieser unübersehbaren Stapelware standen regelrechte »Entlastungsfabriken«, nicht zuletzt die der Kirchen: Beträchtliche Teile kompensierten ihren fehlenden Widerstand gegen

den Nationalsozialismus damit, daß die Episkopate beider Konfessionen unter der Losung, sich diesen Vorwurf nicht zum zweitenmal einhandeln zu wollen, nun energisch gegen die »neue Verfolgung« protestierten – was um so leichter war, als die Bischöfe mit diesem Protest unter den veränderten Bedingungen keinerlei Risiken eingingen.

Dieses Spiel wurde deutscherseits so weit getrieben, daß Lucius D. Clay auf der 14. Tagung des Länderrats der Kragen platzte und er, unter Hinweis darauf, daß die Entnazifizierungsgesetze unverhüllt dazu mißbraucht würden, Belastete in ihre ehemaligen Stellungen zurückzuführen, statt sie zu bestrafen, lospolterte: »Ich muß Ihnen jedoch sagen, daß die Militärregierung nicht guten Gewissens dem deutschen Volk die Selbstverantwortung für seine Regierung zurückgeben kann, wenn es nicht gezeigt hat, daß es bereit ist, sein öffentliches Leben zu entnazifizieren.«

Und dann schlug Clay mit der Faust auf den Tisch und schrie: »Let's have no misunderstanding – denacification is a *must!*«

Hier irrte der General! Die Entnazifizierung war keineswegs ein Muß. An der Spruchkammerpraxis, belastete Nazis massenhaft als »Mitläufer« oder »Entlastete« einzustufen, änderte sich nichts, auch nicht durch Clays Drohung, er werde, ohne Rücksicht auf die wirtschaftlichen Folgen und den dann erforderlichen Zeitraum, die Entnazifizierung wieder in alliierte Hände übertragen. In manchen Zweigen des öffentlichen Dienstes gab es bereits mehr Mitglieder der NSDAP als selbst im Dritten Reich. Von den etwa sechs Millionen Entnazifizierungsfällen in den drei Westzonen endete ein halbes Prozent mit den Einstufungen der Betroffenen als »Hauptschuldige« und »Schuldige«. In Bayern erreichte die Rate der als »Mitläufer« und »Entlastete« Kategorisierten mit 94 Prozent den höchsten Stand.

Die eigentlichen Verlierer der Entnazifizierungsära waren die Mitglieder der Spruchkammern, eine zunehmend diskreditierte Gruppe, die sich immer eindeutiger aus Gewerkschaftern und Mitgliedern der SPD zusammensetzte, nachdem niemand sonst mehr zur »Partei der Entnazifizierer« gehören wollte. Dabei befand sich die Sozialdemokratische Partei Deutschlands in einer Zwittersituation, einer Zwangslage zwischen den Forderungen ihrer oft NS-verfolgten Mitglieder und der Konkurrenz zu den bürgerlichen Parteien, die sich Schritt um Schritt aus den Spruchkammern zurückgezogen hatten.

Es waren also heillose Bedingungen, unter denen sich der politische Säuberungsversuch vollzog, und sie führten zu einem völligen Fiasko. In seinem Buch »Die kalte Amnestie. NS-Täter in der Bundesrepublik«, auf dessen Dokumentation sich alle Teile dieses Kapitels stützen, schreibt Jörg Friedrich über die Entnazifizierung und ihre Zeit:

»Was immer jedoch unternommen wurde, von Amerikanern wie von Deutschen, eine ernstliche Haftung für den Nationalsozialismus durchzusetzen, es diente dem Bolschewismus, traf genau die Falschen, verprellte die Gutwilligen, diskreditierte die Demokratie, förderte den Antisemitismus, war Wasser auf die Mühlen der Nazis, ruinierte den Mittelstand, trieb die Führungsschicht in Depression und Selbstmord, reizte zu Denunziation und Mißtrauen, zerrüttete die Familien, zerrüttete die Wirtschaft, zerstörte Gottesglauben und Barmherzigkeit, verhinderte jegliche Einsicht und verführte zu Verstocktheit, höhlte die Rechtsstaatlichkeit aus, bedrohte die Völkerverständigung, trieb die Richtigen in die Arme der Falschen, reizte die Falschen zu Aufstand und Rebellion, verhinderte einen echten Neubeginn. Wann in der Geschichte lagen äußerste Brutalität und äußerste Wehleidigkeit so dicht beieinander?«

Diese farbig-drastische Katalogisierung des nationalen Spektrums während der Entnazifizierung kann einen verläßlichen Eindruck vermitteln von dem Gesamtchaos, in dem sie sich abspielte. Die Erwachsenen eines Volkes, die sich mehrheitlich schuldig, tief schuldig fühlten, ohne die Kraft des Bekenntnisses dazu zu besitzen, sollten sich selbst bestrafen. Das mußte mißlingen. Was sich bestätigte, war, daß es für die ausgebliebene Revolution gegen den Nationalsozialismus, für einen siegreichen Widerstand keinen Ersatz gab.
Aber neben der nationalen Triebkraft, die die politische Säuberung in eine Farce, bis zur Umkehrung der ursprünglichen Absicht, verwandelt hat, war eine internationale Situation entstanden, die die Deutschen nicht gerade dazu anstacheln konnte, sich über ihre Vergangenheit herzumachen: nämlich der Zerfall der Anti-Hitler-Koalition des Zweiten Weltkrieges in die beiden rivalisierenden Machtblöcke unter der Vorherrschaft der USA und der Sowjetunion, der »kalte Krieg«, der die Verbündeten von gestern in Feinde und die Feinde von einst in Verbündete von heute verwandelte. In kürzester Frist verlagerte sich das Feindbild im Westen vom geschlagenen Nationalsozialismus auf die sehr lebendige Hauptmacht des Kommunismus. Es war der Mentor der westdeutschen Entnazifizierung selbst, Lucius D. Clay, dem die neue Konstellation eine zunächst schier unlösbare Aufgabe zuweisen sollte: zwischen Juni 1948 und Mai 1949 die Mittel gegen den Stalinschen Versuch zu finden, ›die Berliner Westsektoren zu blockieren, ohne daß es zu einer kriegerischen Auseinandersetzung kam, die der Kremlchef offenbar einkalkuliert hatte, obschon sich die Sowjetunion damals nicht im Besitz der Atombombe befand. Clay erfand die »Luftbrücke«.

Der General ist nie wieder öffentlich auf das Thema der Entnazifizierung zurückgekommen, obwohl sie in seinen Augen und tatsächlich ein totaler Fehlschlag war. Ihre Durchführung war verdrängerisch, augenzwinkernd, komplizenhaft – und dies konform zu einer sich rasch wandelnden Weltlage, angesichts deren der Westen keinen Wert mehr darauf legte, einen potentiellen Bündnispartner mit der unpopulären Aufgabe der Vergangenheitsaufarbeitung zu vergraulen.
Der Prozeß der Integration des westdeutschen Teilstaates in das atlantische Bündnis, ja sein Vorstadium bereits, soviel Gründe für seine Unvermeidlichkeit auch angeführt werden könnten, sie hatten verheerende Folgen für die Selbstsäuberung und die Rehumanisierung der damaligen Nation, da die Entwicklung einem bestimmten, sehr wesentlichen Teil der Naziideologie ungemein förderlich war. Ich spreche von jenem nichtdemokratisch und nichthuman motivierten Antikommunismus, der den verbrecherischen Angriffskrieg Hitlerdeutschlands gegen die Sowjetunion samt dem Völker-, Massen- und Serienmord im Zeichen des Hakenkreuzes auf ihrem Territorium unter Hinweis auf die Sowjetdiktatur und ihren Archipel Gulag für gerechtfertigt erklärt und der nicht müde wird, sich als Bannerträger der Demokratie anzupreisen, während er in Wahrheit nie etwas anderes war, ist und sein wird als der feindliche Bruder seines angeblichen Extremgegners.
Es soll und kann nicht bestritten werden, daß die Entnazifizierung überflüssiges Leid, ja eklatantes Unrecht mit sich gebracht hat, auch im Stile der alten Regel »Die Kleinen werden gehängt, die Großen läßt man laufen«. Nur die Argumente, die ihre Verweigerung aus der damaligen Situation heraus erklären sollen, wie sie auch weiter oben beschrieben worden ist – Hunger, Wohnungsnot, Flüchtlingselend, Kälte und Hoffnungslosigkeit –, sie halten schließlich rückblickend einer kritischen Untersuchung nicht stand. Denn als der beschworene Mangel vom Wohlstand, ja vom Überfluß abgelöst worden war, zeigten dieselben Generationen keinerlei Bereitschaft, sich nun mit ihrer Vergangenheit auseinanderzusetzen. Dies nährt den Verdacht, daß hier eine Haltung vorherrscht, die unbeeindruckt bleibt von äußeren Lebensumständen und die es unter keinen Umständen erlaubt hätte, anders zu verfahren, als es geschah. Das ist der Stoff, aus dem Lebenslügen gezimmert worden sind, die bis in unsere Tage reichen.
Man kann die Haltung der Nachkriegsdeutschen, die personell eine lange Zeit identisch waren mit der Bevölkerung Hitlerdeutschlands, in dem Satz zusammenfassen: Nachdem sie zur nationalsozialistischen Apokalypse, zu deren Triumph und Ausdehnung über die nationalen Grenzen hinaus und zum schauerlichen Ende für das eigene Volk bei-

getragen, ja, sie überhaupt erst ermöglicht hatten, wollten sie in Ruhe gelassen werden. Die ausgezogen waren, die Welt zu bestrafen, weil sie sich den deutschen Machtansprüchen verweigert hatte, forderten nun, nach soviel Gemetzel geschlagen, Liebe.
Innenpolitisch hatte die Ära der Entnazifizierung, diese sechs Jahre zwischen 1946 und 1952, einen exemplarischen, einen Generalzustand offenbart: die Abneigung, sich mit der Vergangenheit auseinanderzusetzen oder gar für sie zu büßen! Das unübersehbare Rot auf der Straße der neugegründeten deutschen Parteien war grell aufgeleuchtet.

Sehr viele Politiker der »ersten Stunde« standen in der Tradition der Weimarer Republik. Die Parteien, die sie repräsentierten, waren nicht die Frucht einer erfolgreichen nationalen Erhebung gegen den Verbrecherstaat, sondern das Ergebnis eines von außen gegen erbittertsten deutschen Widerstand erzwungenen Parlamentarismus. Vor- und antidemokratische Strömungen waren mächtig, ja, ein Teil der als demokratisch ausgerufenen Parteien verkörperte sie geradezu, mehr oder weniger offen, und zwar bis gegen Ende der fünfziger Jahre. Wundern durfte das niemanden, denn die zweite deutsche Republik hatte sich *vor* einer gründlichen Korrektur des nationalen Geschichtsbewußtseins etabliert. Das hat Strategie und Taktik der Parteien wesentlich geprägt – und bestimmt sie, wie die Ereignisse anläßlich der vierzigsten Wiederkehr der Kapitulation Hitlerdeutschlands vom 8. Mai 1945 nur zu deutlich erkennen ließen, in Übereinstimmung mit beträchtlichen Teilen des bundesdeutschen Wahlvolks immer noch.
Es wäre töricht zu leugnen, daß die christlichen Unionsparteien und ihre Koalitionspartner die überwältigenden Wahlerfolge während der fünfziger Jahre der Tatsache zu verdanken hatten, daß sie vor- und antidemokratischen Denk- und Verhaltensweisen entgegenkamen – allerdings mit der Interpretation, dieses vergangenheitsorientierte Potential aufgesogen, integriert, unschädlich gemacht zu haben. Tatsächlich ist die Politik der Unionsparteien in der Adenauerära jedoch deutlich von diesem Entgegenkommen bestimmt gewesen. Aber auch andere Parteien, die SPD eingeschlossen, sind die Aufgabe nicht ehrlich angegangen. Das Bewußtsein, daß es unpopulär war, sich mit den zwölf Nazijahren auseinanderzusetzen, und daß es unpopulär bleiben würde – diese unverdeckte Verweigerung beträchtlicher Wählermassen ist von allen Parteien der Bundesrepublik als feststehende Größe in ihr wahlpropagandistisches Kalkül einbezogen worden. Im allgemeinen wurde die nationale Verantwortung für die zwölf Jahre methodisch verkleinert und einer winzigen Führungselite angelastet, und daran hat sich

bis heute wenig geändert. Statt die verstockten Massen zu einer ehrlichen, wenn auch schmerzhaften Auseinandersetzung mit sich selbst aufzurufen, buhlten die »politischen Willensträger« von vornherein schamlos mit großzügiger Exkulpierung um Stimmen. Alle bundesdeutschen Parteien haben den Wählern Wahlhonig ums noch lange braungefärbte Mundwerk geschmiert, und dies mit katastrophalen Folgen für politische Orientierung, moralische Renaissance, historische Klarsicht und Rehumanisierung.
Die Ursachen für dieses Parteienverhalten liegen in der Natur des demokratischen Systems selbst – in der Abhängigkeit vom Wähler. Wer einem Nazi, der am liebsten nichts lernen wollte, sagte, daß er Nazi sei, der würde von diesem Nazi nicht gewählt werden – das war das Verhaltensmuster erheblicher Wählermassen während der ersten Legislaturperioden der Bundesrepublik Deutschland. So sehen Demokratien ohne gewachsene Demokratiegeschichte eben aus. Die zweite deutsche Republik war die Nachfolgerin eines Gewaltstaates ohnegleichen, und sie war es über eine lange Phase der Nachkriegsgeschichte, das sei wiederholt, mit derselben Bevölkerung wie vor 1945. Nun können wohl die Führer einer bestimmten Geschichtsepoche verjagt werden, aber nicht das Volk, das sie hervorbrachte. Mit ihm muß der demokratische Nachfolger nolens volens rechnen, an ihm kommt er nicht vorbei. Offensichtlich liegt eine gewisse Gesetzmäßigkeit darin, daß Demokratien mit dem Erbe diktatorischer Vorläufer nicht fertig werden. Stets heißt es dabei, eine Abrechnung gefährde die zarte Pflanze der Demokratie, ihr Wachstum könne dadurch schwer beeinträchtigt, möglicherweise gar zerstört werden. Dieses Argument, dessen sich die Täter natürlich nur allzugern bemächtigen, beschränkt sich keineswegs auf die deutsche Geschichte. Ohne Hitlerdeutschland seiner Einzigartigkeit zu entkleiden oder es mit fremden Gewaltregimen gleichsetzen zu wollen – für solche Rücksichtnahme auf die Täter, die moralischen und die strafrechtlichen, im Namen der ansonsten gefährdeten Demokratie gibt es eine geradezu deprimierende Fülle von Beispielen: Italien nach Mussolini; Japan nach der Herrschaftsepoche seines imperialistischen Militarismus; Spanien nach Franco; Portugal nach Salazar; Griechenland nach den Obristen. Gar nicht zu sprechen von den demokratischen Nachfolgern mancher asiatischen und lateinamerikanischen Diktatoren, von denen übrigens keiner bisher so nachdrücklich besiegt wurde, daß die Demokraten ihrerseits vor späterer Abrechnung sicher sein könnten...
Um aber alles noch komplizierter zu machen: Die Sorge um die Demokratie braucht keineswegs immer ein Vorwand zu sein, um Straffrei-

heit oder Strafbegrenzung für die Täter zu erwirken, es können durchaus auch echte Befürchtungen im Spiele sein. So die grimmige Erkenntnis, daß es, angesichts der inflationären Verstrickung weitester Bevölkerungskreise mit dem verflossenen Gewaltregime, keine vertretbare Alternative gibt als die des Kompromisses, oft genug schauerlicher Kompromisse, wenn man sieht, wie stark so viele mit der politischen und juristischen Kriminalität der abgelösten Diktatur verbunden waren. In dieser Verstrickung liegt der Nährboden für die untergründige Forderung nach Straffreiheit selbst für herausgehobene Täter, da mit deren Absolution auch die eigene erfolgen soll.
Unabweisbar aber hat sich diese furchtbare Wahrheit unseres Jahrhunderts wieder und wieder dokumentiert: Wird ein Gewaltregime von einem demokratischen Nachfolgesystem abgelöst, so gehen Täter und Nutznießer nahezu straffrei aus! In dieser traurigen Bilanz stellt der Fall der Bundesrepublik Deutschland so etwas wie einen Höhepunkt dar.
Als sie 1949 gegründet wurde, war ein wesentlicher Bestandteil ihres Fundaments, die fehlgeleitete Selbstsäuberung, bereits gelegt worden. Aber das war erst der Anfang. Ihn charakterisierte der demokratische Sozialist Kurt Schumacher auf dem Hannoveraner Parteitag der SPD 1948 so:

»Die Nazis von gestern konnten bleiben, wer sie waren, und brauchten sich nicht entscheidend zu ändern. Sie sind jetzt in der Lage, die Formen der Demokratie zu handhaben, ohne ein positives Verhältnis zu ihrem Inhalt zu gewinnen. Das gilt besonders von beträchtlichen Teilen des Beamtentums, die stärker vom Nazismus als von der Weimarer Republik geformt sind.«

Dieses Grundmuster des Adenauerstaates wurde ergänzt und vervollständigt bis in die Mitte der fünfziger Jahre hinein, bis zum Sieg der »Fachleute«! Das waren jene, die nun wieder aufbauen durften, was vorher zu zerstören sie so entscheidenden Anteil gehabt hatten – nur daß ihnen das nicht mehr übelgenommen wurde.

Die Hunderteinunddreißiger

Der Name rührt her vom Artikel 131 des Bonner Grundgesetzes, der den Staatsdienern Hitlerdeutschlands eine Fürsorgeregelung in Aussicht stellte – ihnen und keiner anderen Gruppe, als Verfassungsauftrag. Die Verfolgten und Opfer des Naziregimes erwähnt die Charta der zweiten deutschen Demokratie in diesem Zusammenhang nicht.

Dieser Artikel führte zur Übernahme fast des gesamten nationalsozialistischen Beamtenapparates in die Staatsdienste der Bundesrepublik Deutschland.
Dabei bestand zunächst offenbar tatsächlich nur die Absicht, eine Fürsorgeregelung zu treffen. Das geht hervor aus einem Entwurf des Parlamentarischen Rates, der von den elf westdeutschen Landtagen gewählten Verfassunggebenden Versammlung:

»Wer sich am 8. Mai 1945 im Öffentlichen Dienst in einem Beamten- und Arbeitsverhältnis befunden hat, kann kein Recht auf Wiedereinstellung herleiten.«

Gerade darum jedoch, und nicht nur um ihre Pensionen, ging es den Beamten, die den Treueid auf Hitler geleistet hatten. Auf dem Wege dahin waren sie vor den Gerichten so erfolgreich, daß Thomas Dehler, später Justizminister im Kabinett Adenauer, sich 1948 besorgte:

»Eine solche Entwicklung der Rechtsprechung muß abgebremst werden. Niemand, der am 8. Mai 1945 Beamter und am Ende Hitlers Beamter war, hat einen Anspruch auf das Amt. Aber seine vermögensrechtlichen Ansprüche sollen irgendwie geregelt werden.«

Mit anderen Worten: An dem Verfassungsauftrag der Väter des Grundgesetzes, Artikel 131, kam man hinsichtlich einer Fürsorgeregelung nicht vorbei. Woran man vorbeikommen wollte, jedenfalls ein Teil der damaligen politischen Führungsriege, war die Wiederverwendung der NS-Beamtenschaft, von der angesichts drohender Massenklagen der nordrhein-westfälische Innenminister Menzel diese Horrorszene an die Wand malte:

»Man würde wahrscheinlich in Nordrhein-Westfalen die gesamte jetzige Polizei entlassen und die früher im SD und unter Himmler eingestellte Polizei wieder übernehmen müssen, wenn wir den Leuten den Rechtsanspruch auf ein aktives Amt belassen würden. Was das innenpolitisch und finanzpolitisch bedeuten würde, das scheint man sich zum Teil noch nicht klar gemacht zu haben.«

Der hessische Justizminister Georg August Zinn ergänzte:

»Es muß verhindert werden, daß die neue Verwaltung gezwungen werden kann, die ausgeschiedenen Personen wieder zu übernehmen...

darunter fällt auch die Wehrmacht, denn das war öffentlicher Dienst, sogar die Waffen-SS.«

Auslegung und Text des Artikels 131 lagen beim Deutschen Bundestag und seiner konservativen Mehrheit, die dem Verfassungsauftrag am 11. Mai 1951 nachkam. Dieses sogenannte 131er-Gesetz schaffte keine grundsätzliche Klärung, wies aber bereits die große Richtung. Von allen Ansprüchen ausgeschlossen waren jene, die unter die Entnazifizierungskategorien I und II gefallen waren, also Hauptschuldige und Belastete – was nahezu ausschließlich auf ehemalige Angehörige der Geheimen Staatspolizei zutraf. Alle anderen ehemaligen Beamten, die nicht wieder eingestellt worden waren, galten nun als Anspruchsberechtigte im Sinne der Fürsorgeregelung, ohne daß das 131er-Gesetz schon genau Art und Umfang des Anspruchs definierte. Prompt riefen 34 »Ehemalige« das Bundesverfassungsgericht an mit der Klage, daß ihre Beamten- und Versorgungsrechte den Zusammenbruch des Deutschen Reiches unversehrt überstanden hätten.
In dieser Sache fällte die Bundesjustiz zwei Urteile.
Das erste erging am 17. Dezember 1953. In ihm lehnte der Erste Senat des Verfassungsgerichtes die Klagen ab. Die Staatsgewalt des Dritten Reiches sei in erster Linie von Beamten repräsentiert worden. Seine Rechtsverhältnisse hätten wahrscheinlich nicht überdauert, die Treue der Beamten zum »Führer« jedoch könne bestimmt nicht die Quelle fortwirkender Ansprüche sein. Solche Rechtsverhältnisse seien für die »politischen Soldaten Hitlers« mit dem 8. Mai 1945 erloschen.
Diesem Urteil widersprach das zweite, ergangen am 20. Mai 1954 vom Großen Zivilsenat des Bundesgerichtshofes unter seinem Präsidenten Hermann Weinkauff, unter Hitler, wie gesagt, Mitglied des NS-Reichsgerichts. Darin hieß es: Nach Auffassung des Großen Senats könne dem historischen Werturteil des Bundesverfassungsgerichtes nicht beigepflichtet werden, weil es dem Wunschbild erlegen sei, das die nationalsozialistischen Machthaber vom deutschen Beamten gehabt hätten. Sein Schwur auf Hitler habe nicht diesem gegolten, sondern dem von ihm personifizierten Staatsorgan. Als sich die verbrecherischen Ziele und Methoden des Nationalsozialismus immer mehr enthüllten, sei diese aufgezwungene Bindung überwiegend nur unwillig, unter scharfer innerer Ablehnung und unter schärfstem Terror ertragen worden. Kürzung von Versorgungsrechten, wie es das 131er-Gesetz aus Ersparnisgründen betreibe, könne im konkreten Fall eine verfassungswidrige entschädigungslose Enteignung herbeiführen. Das Eigentum jedoch sei nach Artikel 14 des Grundgesetzes geschützt. Auch der de-

mokratische Staat schulde seinen früheren Beamten lebenslange Treue und die lebenslange Gewährung ausreichenden Unterhalts für ihn und seine Familie.
Bevor wir zu den Folgen dieses zweiten Urteils zum 131er-Gesetz kommen, das die NS-Berufsbeamtenschaft den Verfolgten und Opfern zuschlug, sei eine andere Beurteilung dieses Standes während der Hitlerzeit eingeschoben. Entnommen einem Urteil des Ersten Senats des Bundesverfassungsgerichtes, das mit den wahren Verhältnissen, Zuständen und Gehorsamstraditionen der NS-Beamtenschaft abrechnet, wie es in keinem anderen Verfahren der bundesdeutschen Justiz je wieder erfolgte. Anlaß war die Klage eines ehemaligen Angehörigen der Gestapo auf Versorgung und Unterbringung im öffentlichen Dienst. Der Tenor des Urteils bezog sich auf die fortwährende Rechtsschelte von Kritikern, die Sprüche zuungunsten ehemaliger NS-Beamten zur »klassenkämpferischen Beseitigung des Beamtentums« erklärt hatten, allen voran der Geheimrat Fischbach. Dieser hatte 1937 als Kommentator des »Deutschen Beamtengesetzes« geschrieben, daß »die sogenannten Grundrechte ihre Geltung verloren haben« und daß künftig nur die »Gesinnungspflicht« gelte. Sie verwandle den deutschen Beamten in den »Vollstrecker des Führerwillens«. Nun jedoch, in der Auseinandersetzung um das 131er-Gesetz, erklärte Fischbach: Auf die »nationalsozialistischen Zierate« sei es damals im Dienstrecht nie angekommen; die Pflicht zum Hitlergruß und das Hissen der Hakenkreuzfahne habe die »Sachlichkeit der Arbeit« überhaupt nicht beeinträchtigen können.
Daran anknüpfend, listete der Erste Senat des Bundesverfassungsgerichtes nun diesen Sündenkatalog der NS-Beamtenschaft auf:

Habe das Schulwesen nicht »unter dem Leitgedanken einer Politisierung des gesamten Unterrichts gestanden, bei besonderer Berücksichtigung der nationalsozialistischen Rassenlehre«? Sei es nicht nach dem Amtsblatt des Erziehungsministeriums schon 1935 die Pflicht der Lehrerschaft gewesen, »daß sie den Rassesinn und das Rassegefühl trieb- und verstandesgemäß in Herz und Gehirn der ihr anvertrauten Jugend hineinbrennt«? Hätte eine Weigerung nicht disziplinarische Maßnahmen zur Folge gehabt? Hätten sich die Lehrer nicht dazu hergegeben, »jüdische Schüler unter Mißachtung des Gerechtigkeitsprinzips von Schulpreisen, von Schulgeldermäßigungen, von Erziehungsbeihilfen, von Schulspeisungen auszuschließen, sie ohne gesetzliche Grundlage von der Schule zu verweisen«?
Hätten die Staatsanwälte nicht im gesamten Deutschen Reich nach

einer Besprechung des Justizministers mit den Generalstaatsanwälten am 1. 2. 1939 es unterlassen, die in der »Reichskristallnacht« begangenen Straftaten zu verfolgen? Hätten die Richter nicht seit 1941 »den sogenannten fremdvölkischen Angeklagten der Gestapo ausgeliefert, statt gegen ihn das Strafverfahren durchzuführen«?
Hätten nicht die Arbeitsverwaltungen nach Verordnung vom 31. 10. 1941 Juden zur Zwangsarbeit eingeteilt und ihnen bei Arbeitslosigkeit nur »das zum Lebensunterhalt unerläßlich Notwendige gewährt«?
Hätten nicht die Gewerbeaufsichtsbeamten die Juden nach der Verordnung vom 12. 12. 1939 von den Bestimmungen zum Arbeitsschutz ausgeschlossen?
Hätten nicht die Behörden der Wirtschafts- und Ernährungsverwaltung den Juden seit Februar 1940 keine Bezugsscheine für Schuhe, Sohlen und Spinnstoffe erteilt, die Krankenhäuser nicht Juden bei gekürzten Lebensmittelrationen behandelt, die Fürsorgebehörden den Juden nicht seit Dezember 1942 die Unterstützung entzogen, die Verkehrspolizisten nicht Blindenabzeichen an Juden nur bei »schärfster Prüfung« ausgegeben, die Finanzbeamten Juden und Polen nicht einer gesonderten Steuerberechnung unterzogen, die Zollbeamten den Ernährungsämtern nicht wöchentlich Mitteilung über Auslandspakete gemacht, »bei denen vermutet wurde, daß der Empfänger Jude sei«?
Seien dies »Zierate« gewesen? Solche endlos zu erweiternden Beispiele zeigten, daß es in der Praxis für die einzelnen Beamten gar keine Trennung zwischen sachlich-normaler Tätigkeit und der »Mitwirkung in der für nationalsozialistische Zwecke pervertierten Verwaltung« habe geben können. Ob das Deutsche Reich untergegangen sei oder nicht, spiele keine Rolle. Allein der Inhalt seines Wirkens zwischen 1933 und 1945 verbiete dem Beamtentum die Berufung auf seine althergebrachten Rechte. Es habe sich ja auch nicht an seine althergebrachten Pflichten gehalten. Diejenigen, die sich mit oder ohne innere Überzeugung »zum Beamtendienst im nationalsozialistischen Staat bereit fanden und dadurch ihre wirtschaftliche Existenzgrundlage für die Dauer des ›Dritten Reiches‹ sicherten, müssen die Folgen ihrer eigenen Entscheidung grundsätzlich selber tragen«.

Diese vernichtende Widerlegung des Großen Zivilsenats und seines Urteils vom 20. Mai 1954 erfolgte im Jahre 1957, also drei Jahre nachdem der Spruch des Bundesgerichtshofes unter dem ehemaligen Mitglied des NS-Reichsgerichtes und nunmehrigen Präsidenten Hermann Weinkauff den Hitlerbeamten endgültig Tür und Tor für ihre Wiedereinstellung in den Staats- und Verwaltungsapparat der zweiten deut-

schen Demokratie geöffnet hatte, durch höchstrichterlichen Spruch rechtlich abgesegnet. Um den gesamten vom Fiskus konfiszierten Beamtenbesitz auszuzahlen, bedurfte es allerdings noch vier Novellierungen des 131er-Gesetzes. Diese Ergänzungen wurden zufälligerweise bis 1965 stets wenige Wochen vor Bundestagswahlen verabschiedet.
Besagter Gestapobeamte, der die geharnischte Urteils-Philippika des Ersten Senats des Bundesverfassungsgerichts über die tatsächliche Haltung und Praxis der NS-Beamtenschaft ausgelöst hatte, kam übrigens mit seiner Klage nicht durch. Die Richter bescheinigten ihm, daß er keineswegs, wie von ihm behauptet, seiner Abstammung, seiner Rasse oder seiner politischen Anschauung wegen benachteiligt werde, sondern weil die Aufgabe seiner Dienststelle »schließlich die Ausrottung des Judentums und die weitgehende Vernichtung anderer fremder Volksgruppen und politisch mißliebiger Personen« gewesen sei. Er gehöre nicht zu den Antragsberechtigten.
Dazu schreibt Jörg Friedrich in seinem Buch »Die kalte Amnestie«, das diesen Fall ausführlich behandelt:

»Das war auch nicht nötig. Das 131er-Gesetz untersagte dem Dienstherrn ja nicht, auch solche Personen einzustellen, die keine Rechte darauf besaßen. Als H. den verfassungsrichterlichen Bescheid entgegennahm, hatte er längst einen Dienstherrn gefunden, die Deutsche Bundespost. Für ein Bruttogehalt von DM 305,09 einschließlich Kindergeld verwaltete er nicht weit von seinem alten Dienstbezirk die Poststelle im württembergischen Rangendingen.«

Wie bei der Entnazifizierung – Rehabilitierung statt Sühne –, so war auch beim 131er-Gesetz etwas ganz anderes herausgekommen als ursprünglich beabsichtigt: nämlich statt bloßer Versorgung (deren Anspruch politisch und moralisch ebenfalls außerordentlich zweifelhaft war) – Wiedereinstellung.
Bis zu diesem Zeitpunkt, etwa Mitte der fünfziger Jahre, war fast die gesamte Funktionselite des Dritten Reiches wieder in gleichwertigen oder gar höheren Stellungen als in der Nazizeit. Am größten war die personelle Übereinstimmung zwischen Dienstträgern für Hitler und solchen für die Bundesrepublik im diplomatischen Dienst, in der Führung der inzwischen aufgebauten Bundeswehr und bei den älteren Jahrgängen der Beamtenschaft. Das heißt, im demokratischen Staats- und Verwaltungsapparat war nun jener Berufsstand integriert, der nach den wissenschaftlichen Untersuchungen bundesdeutscher Historiker die entscheidende Rolle gespielt hatte bei der Verwirklichung

der Führungsplanung auf allen Ebenen der Unterdrückungs-, Gewalt- und Tötungsmaßnahmen. Voraussetzung war das reibungslose Funktionieren des ganz gewöhnlichen, mausgrauen NS-Beamtenapparats. Mit seiner Hilfe gelang es, zum Beispiel, einer Behörde wie der Reichsbahn, mitten im Kriege die Todestransporte der Sternträger aus allen Teilen des deutsch besetzten Europas nach Auschwitz und zu den anderen Vernichtungslagern rollen zu lassen, ohne daß je nennenswerte Stockungen eingetreten wären.

Entnazifizierung und 131er-Gesetz hatten den Sinn, eine nach wie vor vergangenheitsverhaftete Mehrheit des bundesdeutschen Wählerpotentials günstig zu stimmen, wobei die »politischen Willensträger« mehr Opportunismus als Sorge um die Demokratie zeigten. Im Rückblick steigt ein schwerer, kaum zu unterdrückender Verdacht auf. Als sei die Adenauerära bis hinein in die sechziger Jahre so etwas gewesen wie eine gigantische Korrumpierungsofferte der konservativen Herrschaft an ein mehrheitlich auseinandersetzungsunwilliges Wahlvolk, eine Art Stillhalteangebot, das sich teils wortlos aus der allgemein konspirativen Atmosphäre ergab, teils aber auch kräftig organisiert war. Diese Offerte lautete: Für die kollektiven Wiedereinstellungen selbst schwerstbelasteter Berufsgruppen, für Pensionskontinuität, großzügige Sozialregelungen auf dem während der NS-Zeit erreichten Standard, für die Exkulpierungsagitation – für all das: *demokatisches Wohlverhalten!*

Diese Offerte ist akzeptiert worden – der große Frieden mit den Tätern. Er ist das historische Fundament, auf dem die Bundesrepublik Deutschland steht, und das wird in keinem Geschichtsbuch für Schüler und Studenten erwähnt. Dem großen Frieden mit den Tätern, der im folgenden noch ausführlich behandelt wird, verdankt die zweite deutsche Republik ihren märchenhaften materiellen Aufschwung der zwanzig Nachkriegsjahre, das »Wirtschaftswunder« und seine trügerische Ruhe bis 1968. Er hat die Bundesrepublik nicht nur einen moralischen, sondern auch einen materiellen Preis gekostet, gegen dessen Milliarden und Abermilliarden sich die Gesamtsumme der sogenannten Wiedergutmachung ausmacht wie ein Maulwurfshügel gegen das Matterhorn. Ich kann mich überdies des Gedankens nicht erwehren, als wenn die Zahlungen an die überlebenden Opfer und den Staat Israel von den Planern und Gesetzgebern her auch ein Element jenes kühl berechnenden Gleichgewichtsdenkens waren, das *alle* bedachte, alle zu korrumpieren versuchte, Opfer und Täter, und von dem dann doch die »Ehemaligen« materiell und ideell den größeren Vorteil ziehen konnten.

Auf diesen Seiten soll auf die Materialisierung eines so trügerischen Begriffes wie *Wiedergutmachung* nicht näher eingegangen werden. Schon das Prinzip ist zweifelhaft: für vergossenes Blut – Geld, und dies an Überlebende, denn die Toten können es ja nicht mehr in Empfang nehmen. Da muß, unvermeidlich, auf seiten der Geber Gewissensbeschwichtigung im Spiele sein – und auf seiten der Empfänger moralischer Zweifel. Es geht nicht anders, es liegt im Wesen der Sache. Dabei soll gar nicht geleugnet werden, daß dabei manch guter Wille offenbar wurde, sogar der Versuch, Gerechtigkeit zu üben gegen das Paragraphengestrüpp eines nahezu undurchschaubaren Gesetzeswerks. Natürlich war auch das Gegenteil zu beobachten, Schlimmes, Unerträgliches: organisierte Verhinderung, individuelle Animositäten gegen Empfänger und Empfängergruppen, heimlicher Haß, der sich hinter Buchstaben, hinter Auslegungen versteckte. Aber was da bewegt wurde, war riesig, und es gab und gibt kaum eine Gelegenheit, die ausgelassen wurde und wird, dies zu rühmen.
Das könnte den Blick dafür trüben, was bisher an Wiedergutmachung unterlassen wurde. Und dieses Defizit gewinnt Interesse angesichts der ungeheuren Energien, der umfassenden Planungen, des mit einigem Aufwand erzeugten allgemeinen Konsensus, die den großen Frieden mit den Tätern schufen.
Dabei soll hier nur die Rede sein von *einer* Gruppe der von der Wiedergutmachung Vergessenen: den *sozial Verfolgten* der Hitlerzeit, den Ermordeten und Überlebenden der verschiedenen sozialpolitischen Vernichtungsprogramme. Ihnen fielen Hunderttausende von »Nichtgemeinschaftsfähigen«, »Nichtproduktiven« zum Opfer: Alkoholiker, Prostituierte, geistig Behinderte (zusätzlich zu den Massenmorden der sogenannten Euthanasie), rebellierende Jugendliche, psychisch Kranke. Das Ziel der Tötungsmaßnahmen waren randständige Gruppen, meist aus der Unterschicht, die einer »Endlösung der sozialen Frage« zugeführt wurden – von der nach 1945 niemand sprach. Erst in letzter Zeit gibt es schüchterne und deshalb um so anerkennenswertere Versuche, Aufklärung zu bringen und mit dem Licht öffentlicher Anteilnahme in die Düsternis einer Gruppenverlassenheit zu leuchten, die bereits mehr als vier Jahrzehnte andauert. Es handelt sich dabei um etwa eine Million Menschen, darunter geistig Behinderte, körperlich Mißgebildete, Kriminelle und Homosexuelle, nach Auffassung der Nazizeit »Menschenkehricht«, dem gegenüber sich die gesellschaftliche Haltung bis heute jedoch kaum geändert hat und der rechtlich und moralisch allein gelassen worden ist.
Einen wesentlichen Anteil der sozial Verfolgten stellte die Gruppe der

psychisch Erkrankten. In ihren Leidensweg war zwar auch die SS verstrickt, vor allem aber waren es die »normalen« Instanzen, die sich um die »Schlechtangepaßten« zu kümmern hatten: Sozial-, Gesundheits-, Arbeits-, Wohnungs- und Polizeibehörden, also Ordnungsämter. Keine Statistik hat festgehalten, wie groß die Zahl dieser in der Naziterminologie Unverbesserlichen, Minderwertigen, Arbeitsscheuen, Ballastexistenzen, Antisozialen und Dauerarbeitslosen war – die wortschöpferische Phantasie des Verbrecherstaates erwies sich als uferlos.
Die Ziffer von einer Million nennt Professor Dr. Klaus Dörner, Psychiater am Westfälischen Landeskrankenhaus in Gütersloh, der sich verdienterweise um Schicksal und Geschichte der sozial Verfolgten bis in unsere Tage bemüht.
Die Zahl der Zwangssterilisierten kann ziemlich genau mit 400 000 angegeben werden. 150 000 Menschen sind dem sogenannten therapeutischen Töten zum Opfer gefallen, darin eingeschlossen die Ermordeten der bis Mitte 1941 praktizierten Euthanasie. Wesentlichen Anteil an den Tötungsursachen hatten: Nahrungsentzug, Spritzen und Experimente an Menschen von 1941 bis 1945. Nach den Forschungen von Klaus Dörner ist die Gruppe der sozial Verfolgten jedoch nicht nur durch diese Methoden dezimiert worden, sondern auch mittels Vernichtung durch Arbeit in den Konzentrationslagern, den Bewahranstalten und den Industriekomplexen des Sklavenimperiums großer Firmen. Direkt oder indirekt sind dabei etwa 450 000 Personen entweder umgekommen oder mit bleibenden Schäden zurückgelassen worden. So addiert sich die Gesamtzahl der sozial Verfolgten auf die genannte etwa eine Million.
Das Leid, das hinter der Zahl steckt, vervielfältigt sich durch die betroffenen Familienangehörigen und Hinterbliebenen – von denen niemand spricht. Dabei kann den Überlebenden nicht vorgeworfen werden, sie hätten nicht um ihr Recht gekämpft. Sie haben es, sind aber von Behörden und Gerichten der Bundesrepublik bis in die oberen Instanzen abgeschmettert worden.
Wie so vieles andere aus der NS-Zeit gilt das sogenannte Erbgesundheitsgesetz bis heute. Als es bei der Beratung des Bundesentschädigungsgesetzes um die Frage ging, ob das Erbgesundheitsgesetz Unrecht sei oder nicht, wurden dieselben »Experten« aus Psychiatrie, Justiz und Verwaltung angehört, die die Zwangssterilisierung während der Nazizeit betrieben oder befürwortet hatten.
Es gibt keine Entschädigung für die sozial Verfolgten, die überlebten. Wie Professor Dörner erschütternderweise berichtet, erkennen viele von ihnen in der grundsätzlichen Haltung von heutigen Ärzten,

Behörden und Gerichten und denen der Nazizeit keinen Unterschied. So sind sie im Laufe der Jahrzehnte nicht nur immer erbitterter, isolierter, sprach- und hoffnungsloser geworden, sondern kommen oft sogar zu dem erschreckenden Schluß: »Wenn die Bundesrepublik uns genauso sieht wie der NS-Staat, dann muß an unserer Minderwertigkeit ja wohl etwas dran sein.«

Es können einem die kalten Schauer den Rücken herunterlaufen, wenn man dergleichen liest oder hört – und wenn man sich demgegenüber einmal vergegenwärtigt, welche Kraft für den großen Frieden mit den Tätern mobil gemacht werden konnte und welche Täterlobby unermüdlich am Werke war. Gleichzeitig gingen die in des Wortes buchstäblicher Bedeutung schwächsten Opfer leer aus – die Lahmen und die Blinden, die körperlichen und seelischen Krüppel, die ihrer Sexualität, ihres Geschlechts und ihrer individuellen Identität Beraubten.

Auch danach würden die Generationen der Söhne, Töchter und Enkel von heute vergeblich in den offiziellen Annalen der Bundesrepublik Deutschland suchen. Wie nach dem ganzen Skandal des großen Friedens mit den Tätern – er taucht im Bewußtsein der Offiziellen überhaupt nicht auf!

Wir aber wollen seine Chronik jetzt fortsetzen.

Hans Globke – oder von der These ». . . um Schlimmeres zu verhüten«

Die bundesdeutsche Restauration, dieser Triumph der Beharrungskräfte gegenüber allem, was nach 1945 an Erwartung, Hoffnung und Licht aufgebrochen war, hat ihr manisches Symbol gefunden, ihre unwiderlegbare Personifikation: Dr. Hans Globke, Staatssekretär Konrad Adenauers, Schöpfer des Bundeskanzleramtes, graue Eminenz der bundesdeutschen Frühepoche und Kommentator der nationalsozialistischen Rassengesetze von Nürnberg aus dem Jahre 1935!

Von den 131ern, die aus der Tiefe der Entnazifizierung zu Ministerialräten, Abteilungsleitern in Ministerien oder zu Präsidenten von Verwaltungsbezirken wurden, hat es keiner so weit gebracht wie der große Schatten im Rücken des Alten von Rhöndorf. Dr. Hans Globke war das Denkmal negativer Traditionskontinuität und unverwüstlicher Dienstbereitschaft unter wechselnden Staats- und Gesellschaftsformen, sei es Diktatur, sei es Demokratie.

Hans Globke. Wer war das?

Über dieses »Wahrzeichen des CDU-Staats« gibt es eine Charakteristik, die der später in Nürnberg hingerichtete Reichsinnenminister Wilhelm Frick im April 1938 für Hitlers Stellvertreter Rudolf Heß entwarf:

»Oberregierungsrat Dr. Globke gehört unzweifelhaft zu den befähigsten und tüchtigsten Beamten meines Ministeriums... In ganz hervorragendem Maße ist er an dem Zustandekommen der nachstehend genannten Gesetze beteiligt gewesen:
a) Des Gesetzes zum Schutze des deutschen Blutes und der deutschen Ehre vom 15. September 1935
b) des Gesetzes zum Schutze der Erbgesundheit des deutschen Volkes vom 18. 10. 1935
c) des Personengesetzes vom 3. 11. 1937
d) des Gesetzes zur Änderung von Familiennamen und Vornamen.«

Ein Kommentar Globkes zu diesem letztgenannten Gesetz lautete unter Ziffer IV seiner »Richtlinien zu den Rassengesetzen«:

»Der Standpunkt, daß es einer Persönlichkeit jüdischer Herkunft zur Unehre gereiche, einen jüdischen Namen zu führen, kann nicht gebilligt werden. Bestrebungen jüdischer Personen, ihre jüdische Abkunft durch Ablegung oder Änderung ihrer jüdischen Namen zu verschleiern, können nicht unterstützt werden. Der Übertritt zum Christentum bildet keinen Grund, den Namen zu ändern. Ebensowenig kann die Namensänderung mit dem Hinweis auf antisemitische Strömungen begründet werden.«

Hans Globke fand außer Wilhelm Frick noch einen anderen markanten Belobiger – »...ob der Gediegenheit der Kommentierung der Gesetze und zugehörigen Verordnungen. Man hat alles, was man in der Praxis benötigt.« Der das schrieb, war Roland Freisler, der spätere Präsident des NS-Volksgerichtshofes.
Globkes Kommentar zum »Blutschutzgesetz«, das »Eheschließungen zwischen Juden und Staatsangehörigen deutschen Blutes« behandelte, hat einen Umfang von 300 Seiten. Darin sind die Großgruppen, die später dem Massen-, Serien- und Völkermord zum Opfer fielen, exakt definiert.

»Artfremdes Blut ist alles Blut, das nicht deutsches Blut noch dem deutschen Blut verwandt ist. Artfremden Blutes sind in Europa regelmässig nur Juden und Zigeuner.«

Ich bin oft dem Einwand begegnet, Globke habe damals, Mitte der dreißiger Jahre, als er seinen Rassenkommentar abfaßte, den Holocaust, den millionenfachen Mord an den Juden im deutsch besetzten Europa, nicht vorausahnen können. Dieser Einwand paßt zu jenem kollektiven Affekt der Schuldabweisung, der da lautet: »Aber wir haben doch von nichts gewußt!« – womit dann, wie schon aufgeführt, Auschwitz gemeint ist und alles, was dieser Name symbolisiert und materialisiert. Als hätte die Kriminalität des Nationalsozialismus erst bei seinem Vernichtungsapparat begonnen, als wären nicht vorher bereits alle Freiheiten und Menschenrechte aufgehoben und eine blutige Diktatur errichtet worden – Hitlerdeutschland war schon *vor* 1941 ein Verbrecherstaat!

Und dies nicht zuletzt wegen seiner Rassenpolitik. Globkes Kommentar wäre schon an sich und ohne die späteren historischen Folgen ein Dokument höchster intellektueller Verwerflichkeit und abschreckender Inhumanität, selbst wenn der Diskriminierung nicht die Ausrottung gefolgt wäre. Selbstverständlich aber kann sein 300-Seiten-Opus nur im Zusammenhang mit dem tatsächlichen Ablauf der Geschichte gesehen werden. In ihm sind die ursächlichen Bindungen zwischen Rassengesetzen und physischer Vernichtung offensichtlich und unbezweifelbar, die verschiedenen Stufen ein und derselben Treppe in das Inferno der Gaskammern.

Dieser Mann hat als Personalchef des Bundeskanzlers Adenauer das Auswärtige Amt – wie ein Bundestagsausschuß ermittelte – zu zwei Dritteln mit ehemaligen NS-Diplomaten besetzt. Konrad Adenauer erklärte er dazu: »Man kann doch ein Auswärtiges Amt nicht aufbauen, wenn man nicht wenigstens zunächst an den leitenden Stellen Leute hat, die von der Geschichte von früher etwas verstehen.«

Naivität oder Abgebrühtheit?

Alle Anklagen und Proteste gegen Hans Globke haben bekanntlich nichts genutzt – Adenauer hielt unbeirrt an seinem Intimus fest. Oder genauer: Die politische Übermacht, die er damals repräsentierte, der bundesdeutsche Konservatismus, beließ ihn in Amt und Würden. Er ist der Spiritus rector des großen Friedens mit den Tätern.

Dennoch gab es damals möglicherweise eine Kraft, von der Globke hätte gestürzt werden können – die überlebenden Juden in der Bundesrepublik im Verein mit Israel und der ultimativen Forderung ihrer Repräsentanten: »Entweder geht Globke, oder wir verweigern die Zusammenarbeit mit einer Regierung, die ihn hält.«

Es ist heute noch meine feste Überzeugung, daß dies, koste es, was es

wolle, die einzige Politik für Juden gegenüber der Regierung hätte sein dürfen. Keine Verbindung mit einem Regierungschef, der diesen Schreibtischtäter des staatlich angeordneten Antisemitismus und damit direkt Mitverantwortlichen an den Sofortmaßnahmen gegen deutsche Juden nach den Nürnberger Gesetzen zu seinem engsten Vertrauten gemacht hatte! Die Hauptverantwortung trug Adenauer, aber auch die jüdischen Reaktionen auf die Ungeheuerlichkeit Globke waren zweifelhaft. Ich habe ihre Nöte und Gewissensqualen aus nächster Nähe miterlebt – durch meine Freundschaft zu Karl Marx, dem Herausgeber der »Allgemeinen Wochenzeitung der Juden in Deutschland«, und zu Hendrik G. van Dam, dem ersten Generalsekretär des Zentralrates der Juden in Deutschland. Ich habe beide stets die »Oberjuden« genannt, weil sie tatsächlich, jeder auf seine Weise, so etwas wie die Führungsfiguren der jüdischen Gemeinschaft in der Bundesrepublik waren. Karl Marx als Integrationspersönlichkeit von hohen Graden, Hendrik van Dam mit der Schärfe seines Verstandes und der Unbestechlichkeit seiner Moral, gleichermaßen herausgehoben als Jurist und Publizist. Beneidet habe ich beide nicht, in beider Haut habe ich nie stecken mögen. Denn natürlich mußten sie taktieren, Kompromisse machen, wie jeder, der Macht ausübt oder sich mit der Macht einläßt. Eine leichte Aufgabe war das nicht. Im übrigen halte ich nichts von Puristen, die nie der Belastung jener ausgesetzt waren, gegen die sich ihr Purismus richtet. Dennoch hätte es gegenüber Hans Globke nur *eine* jüdische Meinung und ihre praktische Konsequenz geben dürfen.
An der Primärverantwortung der Regierung, Globke so hoch aufsteigen zu lassen und ihn dann gegen alle Proteste zu halten, ändert die innerjüdische Fragestellung gar nichts.

Bekanntlich wollte Globke, jedenfalls nach eigener Bekundung und ohne Zeugen, beim Schwur auf den »Führer« hinter eine Säule getreten sein, ohne die Hand erhoben zu haben, so daß er sich, wie seine Interpretation lautete, innerlich nicht an den Eid gebunden fühlte. Man weiß nicht, was man mehr bewundern soll – das Vertrauen in die Gläubigkeit der Umwelt, der man dergleichen zumutete, oder das Prophetentum, das da zum Vorschein kommt. Scheint Hans Globke doch – und wahrlich nicht als einziger Erzähler solcher oder ähnlicher Geschichten – den Untergang Hitlerdeutschlands vom Jahre 1945 schon ganz am Anfang vorausgesehen und danach seine Handlungen bestimmt zu haben zwecks späterer Rechtfertigung vor einem demokratischen Tribunal. Die Wahrheit hat wohl weit eher darin bestanden, daß

Globke und seinesgleichen das »Tausendjährige Reich« durchaus als historisch dauerhafte Erscheinung betrachteten.
Weit zwielichtiger und problematischer noch ist die auch von Hans Globke strapazierte These, dabeigewesen zu sein, »um Schlimmeres zu verhüten«. Diese These ist es wert, daß man sich näher mit ihr beschäftigt, da sie weit verbreitet ist und bei der Schuldabwehr eine bedeutende Rolle gespielt hat.
Globke hat in diesem Zusammenhang erklärt, er habe, in Übereinstimmung mit dem Staatssekretär Wilhelm Stuckart, die Frage der sogenannten jüdischen »Mischlinge 1. Grades«, im Nazijargon »Halbjuden« genannt, zugunsten der Betroffenen interpretiert. Bernhard Lösener, Referent für die Judengesetzgebung im NS-Innenministerium und ab 1931 Mitglied der NSDAP, aber um Abschwächung der Diskriminierungsmaßnahmen bemüht, bestätigte später, daß Globke zum Kreis derer zählte, die »Volljuden« und »Halbjuden« im Gesetz nicht gleichgestellt sehen wollten. Hitler habe den in der Gesetzesvorlage stehenden Satz in letzter Minute gestrichen, das regierungsoffizielle Bulletin jedoch sei schon der Presse zugesandt gewesen – und darin habe der Satz über die unterschiedliche Stellung von »Volljuden« und »Mischlingen 1. Grades« unversehrt gestanden. Hitler, so Lösener, habe kein Dementi verlangt, da es seiner Meinung nach ohnehin unerheblich war, was in der Presse stand.
In den Wochen nach dem sogenannten Nürnberger Reichsparteitag vom September 1935 muß es um die Durchführungsbestimmungen des »Blutschutzgesetzes« zwischen um letzte Reste von »Gesetzlichkeit« bemühten Beamten des Innenministeriums und den rigorosen Antisemiten innerhalb und außerhalb dieser Reichsbehörde tatsächlich zu Auseinandersetzungen gekommen sein. Als diese Bestimmungen dann am 14. November 1935 veröffentlicht wurden, war der bis dahin willkürlich manipulierte Status der »Mischlinge 1. Grades« halbwegs klar definiert: Weder die »Halbjuden« (zwei jüdische Großelternteile) noch die »Mischlinge 2. Grades« (ein jüdischer Großelternteil) waren den »Volljuden« gleichgestellt. Dem Buchstaben nach wurde daran bis zum unfreiwilligen Ende des Dritten Reiches nichts geändert, wenngleich der Sonderstatus für »Mischlinge« in den zehn Jahren nach Verkündung der Nürnberger Rassengesetze immer wieder aufs höchste gefährdet war. Noch auf der Wannseekonferenz war es abermals zu scharfen Angriffen gegen die »privilegierten Mischlinge 1. Grades« gekommen. Für Eichmann und Heydrich, die beide die Deportierung auch dieser Gruppe erwogen, gab es zwischen den »privilegierten Mischlingen« und den »Volljuden« ohnehin keinen anderen Unter-

schied als den späteren Gaskammertermin. Heute kann es nicht mehr bezweifelt werden, daß das Ziel der NS-Führung darin bestand, auch die »Mischlinge« auszurotten, wie die vorbereitenden Maßnahmen für ihre Zusammenfassung in Lagern ab Mitte 1944 offen erkennen ließen. Das gleiche galt für die mit »Ariern« verheirateten jüdischen Partner und letztlich auch für die »jüdisch versippten Arier«. Für diese Gruppen von insgesamt etwa 50 000 Menschen gab es in des Wortes buchstäblicher Bedeutung einen Wettlauf zwischen der »Endlösung« der Nazis und dem Endsieg der Alliierten. Die Weltgeschichte hat Hitlerdeutschland einfach nicht mehr Zeit gelassen, seine Ausrottungspraxis fortzuführen.
Auf dem Titelblatt des Kommentars zu den Nürnberger Rassengesetzen steht neben dem Namen des Staatssekretärs Wilhelm Stuckart (der die zwangsweise Sterilisierung der »Mischlinge« wollte, was ihm eine Anklage vor dem Nürnberger Tribunal einbrachte) auch der des damaligen Oberregierungsrates Hans Globke, eines brillanten Aufsteigers, dem später mancher bezeugte, kein Gesinnungsnazi gewesen zu sein. Aber wenn es wirklich seine Absicht gewesen war, die Gesetze der Rassenfanatiker zugunsten bestimmter Gruppen von Betroffenen abzumildern, so war das Werk selbst doch von eben diesen Fanatikern angeordnet worden. In ihm blieben andere, größere Gruppen der Verfolgten ohne jeden Schutz, und an deren Schicksal hat der Rassengesetzekommentator Hans Globke ebenfalls mitgewirkt.

Die These, dabeigewesen zu sein, »um Schlimmeres zu verhüten«, hatte schon in einem der Nürnberger Nachfolgeprozesse des großen Hauptverfahrens ihre klassische Widerlegung erfahren, im sogenannten »Wilhelmstraßenprozeß«. Einer der Hauptangeklagten war der Diplomat Baron Ernst von Weizsäcker, der Vater des Bundespräsidenten Richard von Weizsäcker. Aus dem Munde dieses Mannes klang die These, dabeigewesen oder -geblieben zu sein, »um Schlimmeres zu verhüten«, nicht einmal unglaubhaft. Auch das amerikanische Gericht war davon überzeugt, daß Ernst von Weizsäcker kein Nazi im ideologischen Sinne gewesen ist. Ebenso glaubte es ihm, nach Hitlers Machtantritt nicht ins Privatleben zurückgekehrt zu sein, weil dies bedeutet hätte, »den Widerstand in einer Schlüsselposition aus eigensüchtigen Motiven aufzugeben – damit hätte das alte Auswärtige Amt kapituliert«, so Baron Ernst von Weizsäcker. Und weiter: »Die Annahme des Postens hieß, in Kauf zu nehmen, was immer damit verbunden sei. Verfolgung und Unmenschlichkeit waren vom Auswärtigen Amt aus nicht frontal zu bekämpfen. Man konnte nur von Fall zu Fall dagegen

angehen.« Zur Erhärtung der These, dabeigeblieben zu sein, »um Schlimmeres zu verhüten«, legte von Weizsäckers Verteidigung einen Schutzbrief von ihm vor, der 1943 SS und Polizei daran gehindert hatte, 185 Juden aus einem Kloster Roms, das ihnen als Versteck diente, herauszuholen, um sie zu deportieren. 1007 Juden der italienischen Hauptstadt waren von diesem Schicksal, dessen Endstation Auschwitz hieß, nicht verschont geblieben. Ernst von Weizsäcker war damals deutscher Botschafter beim Vatikan.
In seinem Urteil erkannte das US-Gericht von Weizsäckers antinazistische Haltung strafmildernd an. Aber es verwahrte sich scharf gegen die These des Diplomaten, dabeigewesen zu sein, »um Schlimmeres zu verhüten«, indem es deren inneren Widerspruch schonungslos aufdeckte:

»Der Angeklagte von Weizsäcker verteidigt sich damit, daß er zwar scheinbar mitgemacht, jedoch ständig Sabotage betrieben habe und ein aktives Mitglied der Widerstandsbewegung gewesen sei. Sich auf den Unterschied zwischen Sein und Schein zu berufen, zu behaupten, daß man Lippendienst geleistet habe, jedoch insgeheim Sabotage betrieben, daß man ›ja‹ gesagt und ›nein‹ gemeint habe, eine solche Verteidigungsmethode steht auch dem größten Verbrecher zu Gebote und ist weder in den Nürnberger Prozessen noch in anderen Verfahren etwas Neues. Wir weisen diese Auffassung zurück, daß eine gute Absicht eine sonst strafbare Handlung rechtfertigt, und daß jemand straflos schwere Verbrechen begehen könne, wenn er dadurch andere Verbrechen verhindern zu können hofft. Oder daß ein im Allgemeinen wohlwollendes Verhalten gegenüber Einzelpersonen ein Deckmantel oder eine Rechtfertigung sei für die an der anonymen Masse begangenen Verbrechen.«

Zuvor hatte der Ankläger den Kern des Konfliktes, das Wesen des inneren Widerspruchs der These, dabeigewesen zu sein, »um Schlimmeres zu verhüten«, mit unabweisbarer Dialektik so enthüllt:

»Nur derjenige, der Tausende hinaustrieb, konnte einige retten. Ein anderer hatte gar keine Gelegenheit dazu.«

Das war es: Die Voraussetzung dafür, Schlimmeres verhüten zu wollen oder zu können, bestand in der eigenen Beteiligung am Schlimmsten! So sah es die bundesdeutsche Justiz allerdings nicht. Sie institutionalisierte besagte These vielmehr rechtlich, wie ich in einem späteren Kapitel noch ausführlich schildern werde.

In einem Koblenzer Verfahren ging es um einen Angeklagten, der Transporte von Geisteskranken in die Vernichtungszentren weiterleitete, indem er Listen aufstellte, aus denen er Namen streichen konnte – ihre Inhaber gingen nicht, oder noch nicht, in den Tod, wohl aber jene, die nicht gestrichen waren. Das Gericht sprach den Angeklagten mit folgender Begründung frei:

»Wenn man davon ausgeht, daß etwa 1000 Menschen mit Wissen des Angeklagten in den Tod gegangen sind, während durch Sabotagemaßnahmen 250 gerettet werden konnten, so ergibt sich immerhin ein Satz von 20 %, oder anders ausgedrückt, durch das Verhalten des Angeklagten konnte mindestens jeder 5. Mann gerettet werden.«

Um den Preis – so hätte vom Gericht auch gezählt werden können –, daß der Mann an dem Mord von vier anderen beteiligt war. So jedoch wollten es die Koblenzer Arithmetiker in Richterroben – »immerhin ein Satz von 20 %« – nicht sehen. Sie haben die These, dabeigewesen zu sein, »um Schlimmes zu verhüten«, justitiabel gemacht. Ihre höchste Weihe bekam sie durch den Bundesgerichtshof. Der erkannte am 28. November 1952 in einem Revisionsverfahren gegen Euthanasieärzte, die direkt an Tötungsaktionen beteiligt gewesen waren, als Rechtens:

»Wenn die Angeklagten sich aber verpflichtet fühlten, möglichst viele dem Tode verfallene Kranke zu retten, läßt sich nicht ohne weiteres ausschließen, daß sie es nicht zu Unrecht ansahen, wenn sie zu diesem Zwecke zu der nach ihrer Überzeugung unvermeidlichen Vernichtung der übrigen Geisteskranken in entfernter Weise beitrugen.«

Damit schloß sich das höchste Gericht der Argumentation der Verteidiger an: Um einen Teil der »Patienten« zu retten, sei Mithilfe bei der Tötung anderer gerechtfertigt. Damit war die Logik des Koblenzer Gerichtes übernommen: Wer mithilft, vier zu morden, den fünften aber ungemordet läßt, geht straffrei aus. Die angeklagten Euthanasieärzte wurden nicht danach beurteilt, wie viele sie zu töten mitgeholfen hatten, sondern danach, wie viele sie ungetötet ließen – eine völlig neue Note in der Geschichte der deutschen Rechtsprechung!
Im Gegensatz zu dem US-Militärgericht, vor dem Ernst von Weizsäcker gestanden hatte, teilte der Bundesgerichtshof also durchaus die Ansicht, daß »eine gute Absicht eine sonst strafbare Handlung« rechtfertige und daß jemand »straflos schwere Verbrechen begehen« dürfe,

wenn er »dadurch andere Verbrechen verhindern zu können hofft«. Auch war es die Meinung der Karlsruher Richter, daß »ein im Allgemeinen wohlwollendes Verhalten gegenüber Einzelpersonen« durchaus eine Rechtfertigung sein könne »für die an der anonymen Masse begangenen Verbrechen« – wogegen sich die Richter des Nürnberger Nachfolgeprozesses gegen die Ministerialbürokratie der »Wilhelmstraße« gerade schärfstens verwahrt hatten.

Zwischen 1967 und 1972 wurden alle angeklagten Euthanasieärzte freigesprochen, darunter auch der ehemalige SS-Obersturmführer Dr. Kurt Borm, mit der Begründung: Möglicherweise habe er die Niedrigkeit und die Heimtücke der »Haupttäter« (das waren Hitler und Himmler) nicht erkannt. Die Staatsanwaltschaft legte Revision ein. Am 20. März 1974 sprach der Bundesgerichtshof den Angeklagten abermals frei. Dem SS-Obersturmführer Dr. Kurt Borm waren von einem Frankfurter Gericht 6652 Tötungen von Geisteskranken nachgewiesen worden.

Der große Frieden beschränkt sich keineswegs auf die moralischen, die indirekten Täter. Er schließt als Kerngruppe auch die strafrechtlichen ein – die Mörder und ihre Mordgehilfen. Wovon nun die Rede sein soll.

NS-Prozesse, erste und zweite Welle

Zunächst, und für lange Zeit, saßen Alliierte über NS-Täter zu Gericht – die erste Welle. Sie begann mit dem welthistorischen Paukenschlag des internationalen Militärtribunals gegen die 23 Hauptkriegsverbrecher in Nürnberg, eine bis dahin einzigartige Suche nach Sühne und Gerechtigkeit für das beispielloseste Verbrechen in der Menschengeschichte. Dieser Anspruch kann stehenbleiben, obwohl daran *die* Macht teilnahm, die, furchtbare Ironie des Schicksals, zwar am schwersten unter der deutschen Aggression gelitten hatte, gleichzeitig aber auch ihrerseits ein Zwangsregime riesigen Ausmaßes darstellte – die Sowjetunion. Ihr System der Unterdrückung des eigenen Volkes durch den Archipel Gulag war allerdings nicht das Motiv Hitlers gewesen, das Land am 22. Juni 1941 zu überfallen. Er griff die Sowjetunion an, um ihr den Garaus zu machen – was auch beinahe gelungen wäre. Die dabei begangenen Verbrechen vor dem Hintergrund von zwanzig Millionen sowjetischen Zivil- und Kriegstoten spielten eine wesentliche Rolle bei der Nürnberger Anklage, so daß die sowjetischen Militärrichter schlecht ausgeschlossen werden konnten. Was den Vorwurf aus dem demokratischen Lager betraf, Stalin habe mit dem deutsch-sowjetischen Nichtangriffspakt vom August 1939 eine wesentliche Voraussetzung für die Auslösung des Zweiten Weltkrieges am 1. September geschaffen, so fiel es dem Diktator in Moskau nicht schwer, seinerseits auf ein paar Vorkriegsereignisse hinzuweisen, die in westlicher, vor allem britisch-französischer Verantwortung lagen, für die der Begriff »München 1938« längst zum Stichwort geworden war und die Winston Churchill dann später in seinen Memoiren so rückhaltlos eingestanden hat. Im übrigen wurden deutscherseits Klagen gegen die sowjetischen Richter des Internationalen Militärtribunals von Nürnberg häufig von Leuten vorgebracht, die allen Ernstes die Meinung vertraten, was in der Sowjetunion unter deutscher Besatzung »geschehen« sei, das sei durch die Verbrechen, die dieser Staat selbst begangen habe, aufgehoben und solle nicht bestraft werden. Das Gericht ist dieser moralischen Bankrotterklärung nicht gefolgt. Es hat sich auch nicht beeindrucken lassen von deutschen Versuchen, die sekundäre Verantwortung der »anderen« für jene Epoche mit der primären Verantwortung des Aggressors zu vergleichen, um mittels dieses Potpourris Hitlerdeutschland vor der Geschichte zu entlasten.

Am 30. September und am 1. Oktober 1946 fällte das Nürnberger Tribunal zwölf Todesurteile gegen die Hauptkriegsverbrecher Göring, Bormann, von Ribbentrop, Sauckel, Kaltenbrunner, Frick, Frank, Streicher, Seyß-Inquart, Rosenberg, Keitel und Jodl. Von diesen Sprüchen wurden zehn vollstreckt – Göring hatte Selbstmord begangen, Bormann, in Abwesenheit verurteilt, blieb verschollen. Freiheitsstrafen, zum Teil lebenslange, erhielten Heß, von Neurath, Raeder, Dönitz, Funk, Schirach, Speer. Ley hatte vor dem Urteil ebenfalls Selbstmord begangen. Schacht, von Papen und Fritsche wurden freigesprochen.

Der Prozeß gegen die Hauptkriegsverbrecher blieb nicht der einzige. Ihm schlossen sich andere Mammutverfahren an, die ausschließlich von Amerikanern durchgeführt wurden, von US-Juristen, die bereits am Nürnberger Hauptprozeß teilgenommen hatten – die sogenannten Nachfolgeprozesse. Es ist, wie erwähnt, eine der großen und offenbar unausrottbaren linken Legenden, daß gerade die Amerikaner versucht hätten, die Bestrafung der NS-Täter von vornherein und umfassend zu verhindern. Das Gegenteil war der Fall. Es waren die Amerikaner, die nun etwas Unerhörtes, nie Dagewesenes in der internationalen Justizgeschichte einleiteten, nämlich die Anklage gegen die *Funktionselite* des Dritten Reiches. Gegen jene, die neben den Inhabern der Staatsgewalt die eigentlichen, wenngleich in der Öffentlichkeit so gut wie unbekannten Täter waren – und die niemand dafür hielt: die großen Industriellen, die Krupp-, Flick- und IG-Farben-Manager, die dem Dritten Reich als Lieferanten gedient hatten, dazu die Juristen, die Diplomaten, die hohe Generalität, die Top-Mörder der »Einsatzgruppen« genannten mobilen Vernichtungskommandos, die so gut wie unbekannt geblieben waren, und die diensteifrigen Ärzte, die sich allen Tötungsprogrammen willfährig zur Verfügung gestellt hatten.

Alle diese Verfahren der Amerikaner auf deutschem Boden waren in ihrer gründlichen Vorbereitung, straffen Durchführung und juristischen Souveränität ohne Beispiel und sind ein Ruhmesblatt in der Geschichte des internationalen Rechts. Wahr ist allerdings, daß zwei Drittel der Urteile dieser NS-Prozesse der ersten Welle nicht vollstreckt wurden – was jedoch nicht den Tribunalen und ihrem Personal anzulasten ist. Verantwortlich für die Urteilskassierungen war weder der Geist, in dem die Verfahren durchgeführt wurden, noch irgendein Formfehler. Verantwortlich für die große Amnestie der durch amerikanische – und in geringerem Maße auch durch britische und französische – Militärgerichtshöfe verurteilten NSVerbrecher war die verhängnis-

volle internationale Entwicklung zur globalen Blockpolitik der beiden Supermächte, die im gespaltenen Deutschland schon den Ausgang der Entnazifizierung und die Auslegung des Artikels 131 entscheidend mitbestimmt hatte. Die Deutschen, die Feinde von gestern, wurden nun als Bündnispartner gebraucht, in West und Ost. Die Westintegration der Bundesrepublik kam nicht nur der Riesengruppe der moralischen und der »indirekten« Täter, sondern auch den Massenmördern zugute, und zwar keineswegs nur auf alliiertes Anraten, sondern unter höchst aktiver bundesdeutscher Beteiligung. Die Bündnisfähigkeit forderte ihren Preis: Straffreiheit der Kriegsverbrecher!
Am 9. Januar 1951 erhielt der amerikanische Hochkommissar John McCloy den Besuch einer Abordnung des Deutschen Bundestages, der dessen Präsident Hermann Ehlers, die Abgeordneten Hofler, Altmeier, von Merkatz, Carlo Schmid sowie der Staatssekretär im Justizministerium Walter Strauß angehörten. Sie baten, auch den Rest der sogenannten »Landsberger« freizulassen, da deren Bestrafung eine schwere Belastung des Wiederbewaffnungsproblems darstelle.
Nun muß man wissen, wer sich zu dieser Zeit überhaupt noch in der Haftanstalt Landsberg aufhielt, nämlich die erste Garnitur der Angeklagten *nach* dem Nürnberger Hauptprozeß, die Massenmörder, der innere Kreis des Vernichtungsapparates, darunter: Oswald Pohl, Leitender Beamter des Wirtschafts- und Verwaltungshauptamtes der SS, einer der Betriebsführer des gesamten Konzentrations- und Tötungslagersystems; Otto Ohlendorff, Leiter der Einsatzgruppe D, die 1941/42 auf der Krim und im Kaukasus 90 000 Sowjetbürger umgebracht hatte; Paul Blobel, Chef des Einsatz-Sonderkommandos 4a, der den Massenmord an etwa 30 000 Juden in der Schlucht von Babi Jar am Rande von Kiew geleitet hatte; Brigadeführer Erich Naumann, unter dessen Befehl in Litauen täglich 500 Juden getötet worden waren, und Dr. Werner Braune, Chef des Sonderkommandos der Einsatzgruppe D, das unter anderem 10 000 Juden in Simferopol auf der Krim ermordet hatte, damit die Wehrmachtsangehörigen dort ein »judenfreies Weihnachten« feiern konnten.
Um die Freilassung dieser fünf kam nun die Abordnung des Deutschen Bundestages an jenem Januartag des Jahres 1951 bei John McCloy ein. Dabei konnte sie sich nicht darauf hinausreden, sie habe nicht gewußt, wem ihre Fürsprache galt. Die »Ereignismeldungen« der Mordkommandos und ihre minuziöse Pedanterie hatten die Aufgabe von General Telford Taylor, dem amerikanischen Hauptankläger im Nürnberger Einsatzgruppenprozeß zwischen dem 15. September 1947 und dem 10. April 1948, vor allem zu einer Fleißprobe gemacht. Aus dieser un-

erschöpflichen Buchführung des organisierten Massen-, Serien- und Völkermordes drei Beispiele:

Einsatzgruppe C, Ereignismeldung Nr. 150, 2. Januar 1942:
»Vom 16. November bis zum 15. Dezember 1941 einschließlich wurden 17 645 Juden, 2504 Krimtschaken, 824 Zigeuner und 212 Kommunisten erschossen. Simferopol, Jewpatoria, Kertsch und Feodosia judenfrei gemacht.«

Einsatzgruppe A, Ereignismeldung vom 16. Januar 1942 aus Riga:
»10 600 Juden erschossen.«

Einsatzgruppe D, Ereignismeldung Nr. 117, 1. bis 15. Oktober 1941:
»Die von Kommandos neubesetzten Räume wurden judenfrei gemacht. In Berichtszeit wurden 4891 Juden und 46 Kommunisten exekutiert. Gesamtzahl 40 699.«

Den Heeresbereichen Nord, Süd und Mitte zugeteilt, erfüllten die Einsatzgruppen ihren einzigen Daseinszweck – zu morden. In dem riesigen Raum zwischen Ostsee und Schwarzem Meer wurden alle bisherigen Erfahrungen mit den Bluttaten von Menschen an Menschen deklassiert. Hier wurde nicht getötet aus Eifersucht, Rache, Leidenschaft oder Neid, nicht aus den klassischen Motiven von Sklavenhaltern, Despoten und Selbstherrschern. Hier wurde der Mord zum reinen Verwaltungsakt, und zwar mit schier berstendem Mitteilungsdrang der Kommandos an die Mordzentrale, das Reichssicherheitshauptamt in Berlin. In diesen Berichten tauchten immer wieder dieselben Namen auf – darunter die des SS-Gruppenführers Ohlendorff und seiner 23 Mitangeklagten. Davon waren jene fünf übriggeblieben, um deren Begnadigung die Delegation des Deutschen Bundestages den amerikanischen Hochkommissar bat. John McCloy, der solchem Ersuchen angesichts der internationalen Entwicklung ausgesprochen wohlwollend gegenüberstand, empfing die Herren höflich, hörte ihnen aufmerksam zu, entließ sie aber ohne Zusicherung oder gar Entscheidung im Sinne der Petition. Es heißt, die Deutschen seien ziemlich betreten abgezogen. Ganz grundlos, denn schon wenige Tage später, am 31. Januar 1951, erließ John McCloy eine Amnestie für alle Verurteilten, deren Strafe unter 15 Jahre lag.
Die Veteranenverbände der ehemaligen Hitlerwehrmacht und der Waffen-SS frohlockten. Als die Frage der deutschen Wiederbewaffnung zu Beginn der heute irrtümlicherweise so verklärten, in vielem jedoch unsäglichen fünfziger Jahre aufkam, forderten sie sofort, die

»Diffamierung des deutschen Soldaten« zu beenden. Mit anderen Worten: Voraussetzung für jegliche Unterstützung der bundesdeutschen Remilitarisierungspläne innerhalb des sich abzeichnenden nordatlantischen Bündnisses durch diese Kreise, die »Fachleute«, war die Rehabilitierung der Hitlerwehrmacht, also ihre Enthistorisierung und ihre Entnazifizierung. Dazu gehörte die Straffreiheit für die großen Massenmörder in Uniform. Die Bundestagsdelegation hatte das ganz offen ausgesprochen: Die Bestrafung der Einsatzgruppenführer und der Angehörigen des Reichssicherheitshauptamtes, die zum Tode verurteilt worden waren und als letzte in Landsberg einsaßen, sei eine »schwere Belastung des Wiederbewaffnungsproblems«.

Die Landsberger wurden dennoch gehenkt, am 7. Juni 1951. Trotz einer wahren Flut von Begnadigungsgesuchen hatten sich die Amerikaner in diesen Fällen nicht erweichen lassen. Die Hinrichtungen lösten in einem Teil der bundesdeutschen Presse scharfe Proteste aus, und Konrad Adenauers Stellvertreter, Vizekanzler Dr. h. c. Franz Blücher, bewegten sie gar, die Vollstreckung der Urteile öffentlich als »Ungerechtigkeit« zu rügen.

Und doch war der Tod der fünf Massenmörder nur noch das Feigenblatt für eine revisionistische Justizpolitik, mit der die US-Administration der eigenen Militärgerichtsbarkeit, die sich wegen ihrer in vielem vorbildlich geführten Ermittlungen und Prozesse verdient gemacht hatte, in den Rücken fiel.

Von nun an trat der große Frieden mit den NS-Straftätern unter bundesdeutsch-alliiertem Zusammenspiel Schlag auf Schlag in Kraft. Zehn noch schwebende Todesurteile wurden in lebenslange Haft verwandelt (die kein einziger der Begnadigten abzusitzen hatte). Ende Februar 1951 kamen die Verurteilten der Nürnberger Industriellenprozesse frei, sozusagen als Nebenprodukt der McCloyschen Amnestie vom 31. Januar 1951.

Am 12. Februar 1952 setzten die USA, Großbritannien und Frankreich eine paritätische Behörde aus deutschen und alliierten Vertretern ein, die nachprüfen sollte, »ob ein Erlaß der Strafe oder eventuell eine Entlassung auf Ehrenwort« angebracht sei oder nicht. Der Kreis, den diese Prüfung betraf, war klein geworden in der Bundesrepublik. Die meisten der von den Westalliierten in den NS-Prozessen der ersten Welle abgeurteilten Täter hatten ihre Freiheit schon im Laufe des Jahres 1951 wiedergewonnen.

Am 26. Mai 1952 wurde der »Vertrag über die Beziehungen zwischen der Bundesrepublik Deutschland und den drei Mächten« (USA, Großbritannien, Frankreich) unterzeichnet, Auftakt für eine weitere Entlassungswelle.

Am 12. September 1952, auf der 230. Sitzung des ersten Deutschen Bundestages, erklärte Kanzler Konrad Adenauer auf eine große Anfrage nach der Zahl der noch in ausländischer Haft befindlichen deutschen Kriegsverbrecher (die offiziell nie so genannt wurden):

»Daß unsere Bemühungen von Erfolg gekrönt sind, beleuchten folgende Gesamtzahlen: In den Ländern außerhalb des Ostblocks waren am 1. April 1950 3649 Deutsche in Gewahrsam. Am 13. September 1952 sind es noch 1017. Die Zahl der Entlassenen beträgt also 2632.«

Und eine Woche später, in einer Fragestunde des Bundestages am 17. September 1952, nachdem in der Öffentlichkeit der ehemals deutsch besetzten Nachbarländer wegen dieser Entlassungspraxis Unruhe registriert worden war, erklärte der Kanzler:

»Darum müssen die Bundesregierung und auch unsere öffentliche Meinung sich darüber im klaren sein, daß der gesamte Fragenkreis zwar mit Zähigkeit und Ausdauer, aber auch mit Klugheit und Takt behandelt werden muß, wenn man, und das scheint mir das vornehmlichste Ziel zu sein, den in Gewahrsam Befindlichen helfen will.«

Diese öffentlich zugegebene Konspiration des Chefs der ersten Bundesregierung mit den Schwerverbrechern der Mordexekutive stieß damals weder auf Empörung noch auf Widerstand, auch nicht von seiten der SPD. Das erklärt sich aus der seinerzeitigen Atmosphäre, die einer solchen Praxis in hohem Maße entgegenkam. Nur eine Minderheit fand etwas dabei, daß zum Beispiel Theodor Heuss, der erste Bundespräsident, in die Grüße seiner Silvesteransprache 1950/51 auch die »Landsberger« eingeschlossen hatte. Ebensowenig wurde beanstandet, daß Heuss Hitlers Außen- und späteren Reichsminister, den in Nürnberg als Hauptkriegsverbrecher zu 15 Jahren verurteilten Konstantin von Neurath, bei dessen vorzeitiger Entlassung aus dem Gefängnis persönlich als »schwäbischen Landsmann« begrüßte. So kann es niemanden wundern, daß einer der Leiter der Einsatzgruppe A, der mehr Glück gehabt hatte als die fünf Hingerichteten in Landsberg, nach seiner Freilassung bald schon zum Wirtschaftsjuristen avancierte. Die Mehrheit der damaligen Nation empfand die Komplizenschaft mit den Großtätern ganz offenbar als sittlich einwandfrei. Wie bedenken- und skrupellos der Adenauerstaat vorging, wie weit ihn ein perverser Antikommunismus trieb, bewies die Regierung im Mai 1955, als sie die »Organisation Gehlen« in den Dienst der zweiten deutschen Demokratie übernahm – eine komplette Abteilung des ehemaligen Oberkommandos der Hitlerwehrmacht (Abteilung Fremde Heere Ost) wurde zum Organ des Bundeskanzleramtes! Eine Truppe, deren Spionage im Rahmen des deutschen Vernichtungskrieges gegen die Sowjetunion eine wichtige Rolle gespielt hatte, wurde nun zum Bundesnachrichtendienst umfunktioniert, damit sie ihre Arbeit zum Schutz des christlichen Abendlandes leistete.

Bis 1956 waren die letzten verurteilten Kriegsverbrecher von Landsberg entlassen – nachdem sie versprochen hatten, sich nicht mehr politisch zu betätigen. Eine Kontrolle fand nie statt. Seither gibt es auf dem Territorium der Bundesrepublik aus der ersten, der alliierten, Prozeßwelle gegen NS-Täter keinen einzigen Inhaftierten mehr. Lediglich Rudolf Heß, Hitlers Stellvertreter, einer der Lebenslangen aus dem Nürnberger Hauptverfahren, ist zur Stunde dieser Niederschrift noch in der Spandauer Haft, ein Greis von über neunzig, dessen endlose Qual etwas vom blinden Walten menschlichen Schicksals kündet: zu viel Last auf den Schultern einer – in hohem Maße – schuldigen Person.

Die Westintegration der Bundesrepublik kam also unverhüllt auch den Vernichtungspraktikern selbst zugute. Zu Beginn der zweiten Hälfte der fünfziger Jahre waren ihre Fälle »abgehakt«. Nach der mißglückten politischen Säuberung, der Entnazifizierung, und der Wiedereingliederung eines großen Teils des NS-Staatsapparates in die Verwaltung der Bundesrepublik hatte der große Frieden mit den Tätern auch die dritte Gruppe erfaßt.

In der Rückschau erscheinen die »Fünfziger« wie verspätete NS-Jahre. Es wehte ein verständnisinnig angebräunter Wind durchs Land, wie ihn sich die Generationen der Söhne, Töchter und Enkel von heute nicht mehr vorstellen können. Es war der totale Triumph der Verdrängung und Verleugnung, der Sieg der These von der Kollektivunschuld. Es ist nicht übertrieben, den großen Frieden nun auch mit den strafrechtlichen Tätern als eine Herzensangelegenheit der damaligen politischen Führung in der Bundesrepublik Deutschland zu bezeichnen – eine wohlkalkulierte, völlig bewußte Gratwanderung zwischen dem Versuch, nach außen ein NS-feindliches Bild zu bieten, innenpolitisch aber auf Amnestiekurs zu gehen, mit vollen Segeln. Es gab allerdings auch Ereignisse, die die Bundesregierung dazu zwangen, Farbe zu bekennen. Was sie dann auch tat – zugunsten der Täter. Wie zum Beispiel bei der »Konvention des Europarates zum Schutze der Menschenrechte und Grundfreiheiten«.

Im Artikel 7 Absatz 2 dieser wichtigen Übereinkunft hatten die europäischen Unterzeichnerstaaten das *Rückwirkungsverbot* als Menschenrecht gesichert, mit *einer* Einschränkung, die deutlich auf die NS-Verbrechen als Ausnahme von der Regel zielte und die dazu dienen sollte, Recht nicht zu verhindern, sondern es zu fördern:

»Durch diesen Artikel darf die Verurteilung oder Bestrafung einer Person nicht ausgeschlossen werden, die sich einer Handlung oder Unterlassung schuldig gemacht hat, welche im Zeitpunkt ihrer Begehung nach den allgemeinen, von den zivilisierten Völkern anerkannten Rechtsgrundsätzen strafbar war.«

Die Konvention wurde im November 1950 auch von der Regierung Adenauer unterschrieben. Aber während die 14 anderen europäischen Staaten ihr vorbehaltlos zustimmten, übernahm die Bundesrepublik eine Klausel nicht: Artikel 7 Absatz 2! Das Motiv, ihn auszuklammern, war eindeutig – um die Einschränkung des Rückwirkungsverbotes nicht auf NS-Täter anwenden zu müssen.
Die Täterbegünstigung war offensichtlich. Sie durchdrang von nun an immer stärker die bundesdeutsche Politik und Rechtsprechung. Dabei spielte das Rückwirkungverbot, an dem zäh festgehalten wurde, eine so wesentliche Rolle, daß es gesondert behandelt werden muß.

Am 12. Januar 1952 unterzeichnete auch die Bundesregierung das von der UN-Vollversammlung beschlossene »Abkommen zur Verhütung und Bestrafung des Verbrechens des Völkermordes«, womit sie eine Verfolgungspflicht übernahm. Dieser Verpflichtung kam sie 1954 in Gestalt des Paragraphen 220a im Strafgesetzbuch nach. Für den Völkermord, der bereits stattgefunden hatte, für die vielen Vernichtungspraktiker im Reich und im deutsch besetzten Europa des Zweiten Weltkrieges hatte diese Verpflichtung allerdings keine Bedeutung. Sie wurden von jenem Paragraphen des Bonner Grundgesetzes geschützt, der rückwirkendes Recht ausschloß: vom sogenannten »Rückwirkungsverbot« des Artikels 103 Absatz 2, in dem es heißt: »Eine Tat kann nur bestraft werden, wenn die Strafbarkeit gesetzlich bestimmt war, bevor die Tat begangen wurde.« Er hielt sich an das römische Recht der »Nulla poena sine lege« – keine Strafe ohne Gesetz.
Der Grundgesetzartikel 103 Absatz 2 wurde zum juristischen Freibrief für ungezählte NS-Täter. Er schließt die einzige Möglichkeit, mit der Verbrechenshypothek des Dritten Reiches wirklich fertig zu werden, verfassungsrechtlich aus – weil er die Verfolgung auf ein Strafgesetz-

buch beschränkt, das den neuen Dimensionen politischer Kriminalität nahezu hilflos gegenüberstand. Da war in der Mitte Europas, aus einem alten Kulturvolk heraus, etwas vorher nicht Erahnbares aufgetaucht, hatte erst innerhalb, dann außerhalb seiner nationalen Grenzen gehaust und gewütet, wie es sich zuvor keine Phantasie ausmalen konnte. War dann durch die gemeinsamen Anstrengungen einer mühsam vereinten Welt zuschanden geschlagen worden, hatte aber zahllose Täter hinterlassen, die in keinem Strafgesetzbuch als Täter aufgeführt waren! Aus plausiblem Grund – es hatte sie nämlich bis dahin nicht gegeben. Die Väter des deutschen Strafgesetzbuches, das in seinem Kern im vorigen Jahrhundert entstanden ist (15. Mai 1871), konnten sich Massenmord höchstens als Folge eines wahnwitzigen Eisenbahnattentats vorstellen. Zwar war der Kodex inzwischen durch viele Novellen zum Teil einschneidend verändert und modernisiert worden, aber den Planeten Auschwitz mit seinem juristischen Rüstzeug angehen zu wollen entsprach dem Versuch, einen Tiger mit einem Zahnstocher zu erlegen. Oder, um es mit den Worten des großen Philosophen Karl Jaspers zu sagen:

»...als ob man das Verbrechen neuer Art von dem Charakter eines stinkenden Lavastromes auffangen wollte in den schönen Kanälen einer Kulturlandschaft des überlieferten Rechts. Der Verwaltungsmassenmord ist ein neues Verbrechen ohne Vorbild in der Geschichte. Dieses Verbrechen setzt einen neuen Staatstypus voraus, den Verbrecherstaat. Mir scheint, das gültige Recht reicht durchaus nicht. Die absolute Ausschließung rückwirkender Kraft, das wäre, als ob wir den Nazistaat mit einschließen könnten in eine Weltordnung des Rechts.«

Das ist in seiner Klarheit unübertroffen.
Die Alliierten haben unter dem traumatischen Eindruck der gestürmten Konzentrations- und Vernichtungslager von der unumgänglichen Notwendigkeit rückwirkenden Rechts gewußt und aus dieser Erkenntnis das »Nürnberger Statut« geschaffen – rückwirkendes, frisch gesetztes Recht, das als Völkerrecht die Verfahren und die Verurteilungen der Nürnberger Prozesse erst möglich machte. Man suche in dem vorhandenen Strafrecht nach Tätern wie Hitler, Himmler, Heydrich, nach Verbrechern, wie sie in der »Stadt der Reichsparteitage« auf der Anklagebank gesessen haben, und nach ihren zahlreichen zivilen und militärischen Mittätern, Handlangern und Nutznießern – man wird diese Tätergattungen nicht finden.

In seinem Buch »Die kalte Amnestie« beschreibt Jörg Friedrich das Fiasko, vor das sich die traditionelle Rechtsprechung durch die Verbrechenshypothek Hitlerdeutschlands gestellt sah:

»Man kann nicht sagen, Millionen von Morden sind gesetzlich, und ebensowenig, sie seien ungesetzlich. Das Gesetz sieht solche Taten nicht vor. Wenn das Gesetz selbst die Quelle des Verbrechens ist, die Richterschaft in exakter Anwendung des geltenden Rechts von 1941 bis 1945 mindestens 30 000 Personen tötet, ist die juristische Argumentation am Ende. Massenmord als Rechtsprechung ist als Strafbestand nirgendwo verzeichnet. Ein Richter mit 200 politischen Todesurteilen auf dem Gewissen hat genausowenig 200 Justizmorde begangen, wie ein KZ-Wächter Raubmorde begeht, weil er Goldzähne einsammelt. Beide sind sie Angestellte eines Staatsverbrechens, das mit Justiz, Raub und alltäglichem Mord nur oberflächlich zu tun hat.«

Das ist es. Das Gesetz steht vor Unbekanntem – das herkömmliche Strafgesetzbuch kennt weder den »Verwaltungsmassenmord« noch den »Angestellten des Staatsverbrechens«. Wie dann also juristisch ihrer Herr werden ohne rückwirkendes Recht? Leichter, natürlicher wäre es gewesen, wenn das Strafgesetzbuch durch die Selbstreinigung der Deutschen von Hitler, durch seine Beseitigung aus nationaler Kraft, korrigiert worden wäre. Denn selbstverständlich hätte diese Katharsis, wie alle Revolutionen, rückwirkendes Recht geschaffen. Doch fand dergleichen bekanntlich nie statt. Und da die Erhebung ausgeblieben war, gab es für den Versuch, Gerechtigkeit und Sühne zu finden, nur die Alternative: rückwirkendes Recht! Alles andere bedeutete: Straffreiheit für zahllose NS-Täter, deren Verbrechen von keinem Paragraphen erfaßt wurden.
Als das Bonner Grundgesetz ausgearbeitet wurde, war diese Alternative bereits klar erkennbar. Die Väter der Verfassung haben sich dem Prinzip der rückwirkenden Gesetzeskraft dennoch verschlossen.
Niemand wird die Väter der Verfassung beschuldigen oder verdächtigen können, sie seien so verfahren, um NS-Täter zu begünstigen. Objektiv jedoch und historisch läuft der Artikel 103 Absatz 2 des Grundgesetzes auf Täterbegünstigung hinaus. Und man kann den Schöpfern der bundesdeutschen Verfassung den Vorwurf nicht ersparen, daß sie sich keine Gedanken darüber machten, wie ein weltgeschichtlicher Ausnahmezustand ohne Ausnahmegesetz gesühnt werden könnte.
»Niemand leugnet, daß im Falle Eichmann ein Verbrechen vorliegt. Aber dieses Verbrechen hat die Besonderheit, daß es in keinem Strafgesetzbuch vorkommt.«

Das hatte Karl Jaspers kurz vor Beginn des Jerusalemer Prozesses gegen den Leiter des Judenreferats im Reichssicherheitshauptamt und Organisator der Judentransporte in die Vernichtungslager, Adolf Eichmann, geschrieben. Und an anderer Stelle im Hinblick auf die NS-Prozesse in der Bundesrepublik:

»Der Versuch, mit dem vorliegenden Strafgesetzbuch auszukommen, ist vergeblich. Es reicht für die Mordtaten derer, die nach § 211 StGB, aus Mordlust, aus Befriedigung des Geschlechtstriebes, aus Habgier oder aus sonst niedrigen Beweggründen heimtückisch oder grausam getötet haben... Diese Taten sind nach dem Strafgesetzbuch zu erfassen. Was nicht im Vordergrund steht, das aber ist das Wesentliche. Denn was ungetrübt durch sadistische Züge, als reiner Vernichtungswille gegenüber Menschengruppen in Erscheinung getreten ist, das erst ist das Neue, ungeheuer Drohende unter den Merkzeichen am Gewitterhimmel der Zukunft.«

Gerade zu dieser Ansicht jedoch hat sich die bundesdeutsche Justiz nicht durchringen können, als ihre Stunde gekommen war.

Die Suche nach den Schlupfwinkeln

1958, nachdem die Funktionselite des Dritten Reiches über das Zwischenspiel der von den Alliierten durchgeführten NS-Prozesse der ersten Welle nahezu folgenlos von der bundesdeutschen Nachkriegsgesellschaft aufgenommen worden war, setzte die eigene Justiz zu einer gigantischen Kraftanstrengung an, die bis in unsere Tage andauert – zu den NS-Prozessen der zweiten Welle.

Diese Ära begann mit dem Ulmer Prozeß gegen das »Einsatzkommando Tilsit«, zehn Angeklagte, denen vorgeworfen wurde, nach dem Überfall auf die Sowjetunion vom 22. Juni 1941 in einem 25 Kilometer breiten Streifen des deutsch-litauischen Grenzgebietes alles jüdische Leben ausgelöscht zu haben.

Im August 1958, nach langen Monaten der Verhandlung, stellte sich heraus, daß die Teiltragödie im Bereich der Einsatzgruppe A vor dem Militärtribunal des US-amerikanischen Einsatzgruppenprozesses in Nürnberg überhaupt nicht aufgetaucht war. Welche Verbrechen lagen noch im dunkeln? Mit dieser Frage war eine Gewitterwolke aufgezogen, die seit Gründung der Bundesrepublik am Himmel gedroht hatte – hatte der Ulmer Prozeß doch das Zufällige und Unsystematische der

bisherigen bundesdeutschen Strafverfolgung von NS-Verbrechen zutage gefördert. Die in Litauen verübten Massenmorde des Einsatzkommandos Tilsit wären nämlich im verborgenen geblieben, wenn der Hauptangeklagte Fischer-Schweder, ehemals Polizeidirektor von Memel, im Zuge des 131er-Gesetzes nicht Sehnsucht nach seiner alten Organisation gehabt hätte! Der Antrag des bis dahin unter falschem Namen lebenden Verkäufers auf Wiedereinstellung in den Staatsdienst hatte die Staatsanwaltschaft überhaupt erst auf die Spur der Polizeidirektion Memel geführt. Zehn Jahre nach der Kapitulation Hitlerdeutschlands gab es keine Justizbehörde, die sich ausschließlich mit der Aufklärung von NS-Verbrechen befaßte.
Unter dem Druck dieser Erkenntnis ließen die Justizminister der Bundesländer hinter den Mauern des badischen Landesgefängnisses in Ludwigsburg jene Vorermittlungsinstanz entstehen, die einer ganzen Epoche ihren Stempel aufdrücken wird: die »Zentrale Stelle der Landesjustizverwaltungen zur Aufklärung nationalsozialistischer Gewaltverbrechen«, kurz »Zentralstelle« genannt. Ihre Aufgabe: Verbrechen zu verfolgen, die außerhalb der Bundesrepublik an Zivilpersonen im Zusammenhang mit den Kriegsereignissen, aber außerhalb der eigentlichen Kriegshandlungen begangen worden waren, für die es jedoch in der Bundesrepublik keinen Gerichtsstand gab.
Seither hat die »Zentralstelle« Zigtausende Fälle von NS-Verbrechen ermittelt und zahlreiche Verfahren ermöglicht, die, wie der Frankfurter Auschwitzprozeß oder das Düsseldorfer Majdanekverfahren, zu den größten der internationalen Rechtsgeschichte überhaupt zählen. Und dennoch, trotz des Engagements der zentralen Ermittlungsbehörde, so vieler Richter und Staatsanwälte, trotz einer immensen rein quantitativen Leistung – es muß, nach dreißig Jahren Überblick, gesagt werden: Die NS-Prozesse der zweiten Welle, die große *deutsche* Rechtsanstrengung gegen die NS-Täter, sie bleibt eine Farce!
Warum?

Ich habe über mehr als ein Dutzend Jahre vielen dieser Prozesse als Beobachter und als Berichterstatter beigewohnt. Nach einiger Zeit fragte ich mich: Wer sitzt hier eigentlich auf der Anklagebank? Welcher Tätergruppe wird in der Regel überhaupt nur der Prozeß gemacht? Die Antwort war, nach wenigen Jahren, völlig klar, und an ihrer Wahrheit hat sich bis heute nichts geändert: Vor den Schranken der deutschen, der NS-Prozesse der zweiten Welle standen die untersten Glieder in der Kette des industriellen Serien-, Massen und Völkermords, die kleinen »Angestellten des Staatsverbrechens«, die niedrig-

sten Chargen des »Verwaltungsmassakers«. Vor Gericht zitiert wurden die »Tötungsarbeiter«, wie die SS-Scharführer Gustav Sorge und Karl Schubert aus dem KZ Sachsenhausen-Oranienburg bei Berlin, wie Martin Sommer, die Bestie von Buchenwald, und viele andere ihres Schlages – nicht jene, die ihnen befohlen, die ihnen das »Menschenmehl« für die »Todesmühlen« zugeliefert hatten. Es war die Gruppe, die nicht sagen konnte, sie habe von nichts gewußt, die mit ihren eigenen Händen, mit ihren Nagelstiefeln, ihren Stöcken, ihren Schußwaffen gemordet hatte und die, bis auf Ausnahmen, davon natürlich nichts zugab. Sie standen völlig zu Recht vor den Schranken der Schwurgerichte, diese »Kleinen«, aber da sie die Hauptmasse der Angeklagten waren, stellte sich immer dringlicher die Frage: Wo sind eigentlich die »Großen«, die Planer, die Schreibtischtäter, die Köpfe der Mordzentrale, des Reichssicherheitshauptamtes, die doch nicht alle Selbstmord gemacht hatten? Wo die Wehrwirtschaftsführer, die SS-Größen, die hohen und pflichtschuldigen Militärs, ohne die nichts gegangen wäre und von denen nur einige wenige vor die Tribunale der britischen, amerikanischen und französischen Besatzungsmächte gekommen waren (und inzwischen längst wieder frei sind)?
Es stimmt, es gab Schwierigkeiten bei der Strafverfolgung durch die NS-Prozesse der zweiten Welle, Hindernisse, Barrieren, einmal abgesehen von dem bereits behandelten Rückwirkungsverbot durch den Artikel 103 Absatz 2 des Grundgesetzes. Die Westalliierten hatten in den sogenannten »Generalvertrag« vom 26. Mai 1952 (Deutschlandvertrag) einen Passus gesetzt, der deutschen Gerichten strikt verbot, von alliierten Gerichten verurteilte NS-Täter noch einmal zu belangen. Weil, so war zu hören, die Alliierten kein Vertrauen in die Bereitschaft der deutschen Justiz hatten, mit Naziverbrechern wirklich abzurechnen. Ob Mißtrauen nun ein tatsächlicher oder vorgeschobener Grund des Verfahrensverbotes vor deutschen Schwurgerichten war – dieses paßte sehr bald in die gesamte Tendenz der Alliierten, die Verfahren gegen NS-Täter vor ihren eigenen Gerichten einzustellen, die bereits erlassenen Strafen zu reduzieren und die Täter schließlich ganz aus der Strafhaft zu entlassen. Was, nicht zu vergessen, in hoher Übereinstimmung mit der bundesdeutschen Öffentlichkeit geschah.
Rückwirkungsverbot, Generalvertragsklausel – diese beiden Schlupfwinkel für Täter waren vorgegeben. Das könnte der bundesdeutschen Justiz ab 1958 zugute gehalten werden – wenn sie sich nicht selbst auf die Suche nach weiteren Schlupfwinkeln gemacht hätte – mit drei Rechtsthesen, nach denen sie verfuhr: mit der »Haupttäterthese«, der These vom »Befehlsnotstand« und der These von der »Beihilfe zum Mord«.

Im Prozeß gegen das Einsatzkommando Tilsit ermittelte das Ulmer Schwurgericht als Haupttäter Hitler, Himmler und Heydrich – sie hätten sich des Mordes nach Paragraph 211 schuldig gemacht. Wie die drei Verblichenen, so hatten nach Ansicht des Gerichts auch die zehn Angeklagten das Bewußtsein der Rechtswidrigkeit gehabt, als sie über 4000 Juden im litauischen Grenzgebiet, darunter viele Frauen und Kinder, auf die grausamste Weise umbrachten. Aber von sich aus – so weiter in der Urteilsbegründung –, ohne die Haupttäter Hitler, Himmler und Heydrich, wären die Angeklagten nie nach Litauen einmarschiert, und also hätten sie dort auch nicht die Morde begangen, die ihnen nun zur Last gelegt wurden. Zwar hätten sie bereitwillig und mit allen Kräften gemordet, jedoch dies »nur«, weil ein *Befehl* vorgelegen habe. Wörtlich:

»Beim Handeln auf Befehl spricht aber die Vermutung grundsätzlich dafür, daß der Befohlene nicht als Täter handelt. Der Befohlene handelt normalerweise deshalb, weil ihm befohlen worden ist und weil er dem Befehlenden Folge leisten und ihn unterstützen will.«

Damit waren zwei Schlupfwinkel für Täter bereits in diesem ersten Prozeß der zweiten Welle gefunden: Haupttäterthese und Befehlsnotstand. Der letztere, obwohl im selben Verfahren zur Sprache gekommen war, daß eine Verweigerung von Mordbefehlen keine Folgen hatte. Als der Polizeikommissar Harms vom Tilsiter Gestapochef Böhme, beide angeklagt, seinerzeit aufgefordert worden war, die Erschießung von Frauen und Kindern zu übernehmen, hatte er entgegnet: »Herr Regierungsrat, das kann ich nicht.« Darauf Böhme: »Dann stecke ich Sie in eine SS-Uniform und gebe Ihnen den dienstlichen Befehl.« Als Harms dennoch auf seiner Weigerung beharrte, entließ Böhme ihn mit den Worten: »Gut, dann können Sie weggehen. Sie brauchen das nicht. Sie haben Frau und Kind.«
Andere Prozesse haben später nachdrücklich bestätigt, daß eine Weigerung, Mordbefehlen nachzukommen, keine Folgen hatte. Zur Charakteristik der Situation und der Beteiligten muß allerdings vermerkt werden, daß solche Weigerungen überaus selten waren und darum für die Vernichtungspraxis keine Bedeutung bekamen. Wann immer es der Mörder bedurfte, waren sie zur Stelle. Der erste der endlosen Kette von NS-Prozessen in bundesdeutscher Verantwortung fand dann auch gleich das dritte der exemplarischen Schlupflöcher für Täter: Fischer-Schweder erhielt wegen »Beihilfe zum Mord« zehn Jahre Zuchthaus, Böhme fünfzehn Jahre – ebenfalls wegen »Beihilfe«. Das galt auch für

alle anderen Angeklagten. Dazu gab es einige interessante Kommentierungen in der Urteilsbegründung. Einem der Angeklagten, der für 526 Morde drei Jahre Zuchthaus erhielt, wurde bescheinigt, er sei bemüht gewesen, »bei der Erschießung die Form zu wahren«. Einem anderen – 423 Morde, vier Jahre Zuchthaus –, daß er, nach einer schweren Jugend, einen »etwas einfältigen Eindruck« mache und »gefühlslabil« sei. Einem dritten – 526 Morde, drei Jahre Zuchthaus – »mäßige geistige Eigenschaften« und »weiche Veranlagung«, die »Minderwertigkeitsgefühle ausgelöst« hätten. Das Verständnis der Ulmer Richter für die Täter war unerschöpflich, aber nicht, wie sich bald herausstellen sollte, ungewöhnlich – es tauchte in zahlreichen späteren Prozessen wieder auf.

Bei der Begründung der milden Urteile geriet das Ulmer Schwurgericht, sicher unfreiwillig, in beängstigende Nähe der Kollektivschuldthese. Es erklärte darin nämlich, das furchtbare Geschehen sei bedingt »durch das Versagen aller Kreise und Stände, einschließlich der höchsten Beamtenschaft und der oberen Führung der Wehrmacht«. Sehr wahr, nur hatten weder die Gesellschaft noch die Justiz der Bundesrepublik aus dieser unbezweifelbaren Tatsache die notwendigen politischen Konsequenzen gezogen. Im selben Urteil findet sich auch eine Variante der Delegierung deutscher Verantwortung für Hitler und den Nationalsozialismus in die Zuständigkeit fremder Regierungen: »Auch das Ausland hat versagt, weil es möglicherweise aus zweckmässigen Gründen nicht die entsprechenden Folgerungen aus einem Geschehen gezogen hat, wozu es eher in der Lage gewesen wäre als die Inländer, sondern mit den Machthabern verhandelt hat.« Zugute gehalten wurde den Tätern des Einsatzkommandos Tilsit ferner die »Autoritätsgläubigkeit der Deutschen, welche das Produkt der Erziehung vieler Jahrhunderte ist«.

Das Verhalten des Ulmer Gerichts war widersprüchlich. Auf der einen Seite wurden die Angeklagten und ihre Verbrechen in den Zusammenhang einer größeren, kollektiven Verantwortung gestellt, zu ihren Gunsten, auf der anderen Seite jedoch, und dies wieder zugunsten der Angeklagten, die Verantwortlichkeit für alles Geschehene auf die oberste Staatsspitze, das Triumvirat Hitler, Himmler, Heydrich, reduziert. Damit wird alles geleugnet, was zwischen der NS-Führung und der Mehrheit der damaligen Deutschen korrespondiert hat. Dies aber wiederum war vorher eingestanden worden mit dem Satz, das furchtbare Geschehen sei »durch Versagen aller Kreise und Stände« möglich gewesen.

Die Rechtskonstruktionen zur Täterbegünstigung sind von allem Anfang an erkennbar. Haupttäterthese, Befehlsnotstand, Beihilfe zum

Mord, sie schränken von vornherein den Strafrahmen ein. Die Auslese des Hauptangeklagten war ohnehin, wie bereits geschildert, in der Regel auf den »Tötungsarbeiter« beschränkt. Aber dabei blieb es nicht. Innerhalb dieser Gruppe, der Masse der Angeklagten, wurde abermals eine Teilung vollzogen, und zwar, wie wir sehen werden, wiederum zugunsten der Täter.

Die NS-Prozesse der zweiten Welle konzentrierten sich im Laufe der Zeit immer deutlicher auf *den* Tätertypus, von dem vermutet wurde, er habe, neben seiner allgemeinen Beteiligung am Mordgeschehen, einen *eigenen*, zusätzlichen Beitrag zur staatlicherseits angeordneten Vernichtung geleistet. Nur dieser zusätzliche Beitrag, nicht die bloße Beteiligung am Geschehen selbst, wurde in den Augen der bundesdeutschen Schwurgerichte zum eigentlichen, zum einzigen Delikt. Wer von den Wach- und Tötungsmannschaften des Vernichtungsapparats am »ordnungsgemäßen Ablauf« mitgewirkt hatte, dem passierte vor den Schwurgerichten der NS-Prozesse der zweiten Welle wenig oder gar nichts. Erst wenn durch Zeugen bekundet worden war, daß der Angeklagte eine persönliche *Mehrleistung* über die geforderte »normale« hinaus vollbracht hatte, wenn er das Opfer auf dem Wege zur Gaskammer oder in die Hinrichtungsgrube geschlagen oder getreten, einer Mutter das Kind vom Arm gerissen und dessen Kopf am Boden oder an einer Mauer zerschmettert hatte, erst dann sahen sich bundesdeutsche Richter genötigt, eine Verurteilung auszusprechen. Dem professionellen »Endlöser«, der, Hitler hörig und in Übereinstimmung mit dessen Anschauungen, jedoch nicht Haupttäter und nur auf Befehl handelnd, effizient und ohne Gefühlsaufwand am Tötungsablauf beteiligt war, ihm fehlte in den Augen von Richtern und Geschworenen das Odium des Mörders. Nicht die diszipliniert und zuverlässig rotierenden Rädchen der gut geschmierten Tötungsmaschinerie waren verurteilenswert, sondern erst jene Täter, die der grauenhaften Szene noch ihren persönlichen Haß, ihre individuelle Wut hinzufügten. Nicht die Fließbandarbeiter der »Endlösung«, sondern die Brüller, Treter und Schläger, die KZ-Bestie, den NS-Sado-Mörder hat sich die bundesdeutsche Rechtsprechung zum exemplarischen Tätertypus erkoren. Die anderen, die Stillen, die emotionslos funktionierten, sie fielen nach diesem Ausleseprinzip durch die Maschen des ohnehin ungenügenden Gesetzes. Die nahezu ausschließliche Fahndung nach dem Exzeßtäter – das war sozusagen das Schlupfloch im Schlupfloch.

Die Schwurgerichte haben Monate und Jahre damit zugebracht, Beweise persönlicher Exzeßtaten zu erbringen. Daraus ergaben sich riesige Ermittlungs- und Verhandlungszeiten, zum Beispiel im Düsseldorfer Majdanekprozeß. Die Zahl der Opfer in jenem Lager stand ziemlich exakt fest – eine Viertelmillion. Aber für einen Schuldspruch genügte – nach dem Mechanismus des Schlupflochs im Schlupfloch – nicht die Beteiligung an diesem Massenmord, sondern erst die sichtbar gewordene Mordlust des einzelnen Angeklagten. Richter Bogen war ein über jeden Zweifel erhabener Mann, einer, ohne den das längste Verfahren in der Geschichte der NS-Prozesse der zweiten Welle irgendwann unterwegs wahrscheinlich versandet wäre. Aber der Mammutprozeß war völlig zugeschnitten auf den Exzeßtäter.
In der Person der angeklagten Hermine Ryan hatte das Düsseldorfer Schwurgericht diesen gefunden, kraft einwandfrei individuellen Tatzusatzes. Aus der Urteilsbegründung:

»Die Angeklagte Ryan zeigte sich besonders erbarmungslos, sie ergriff von sich aus mindestens eines der aus der Baracke herausgeführten Kleinkinder an den Beinen und schleuderte es wie einen leblosen Gegenstand ohne jede Rücksicht auf mögliche Verletzungen auf die Ladefläche des Fahrzeugs. Die beim Verladen eng zusammengedrängten Kinder und Frauen füllten nach Beendigung des Aufladens die gesamte Ladefläche des Fahrzeugs aus.«

Bei der Beurteilung der Angeklagten mit der Exzeßtäterneigung kam das Gericht zu dem Schluß:

»Der auffälligste Charakterzug der Angeklagten bestand in ihrem persönlichen beruflichen Ehrgeiz.«

Sie habe erkannt, so weiter in der Urteilsbegründung, »welche Aufstiegsmöglichkeiten hier als Lohn einer ebenso tatkräftigen wie skrupellosen Einsatzbereitschaft für die Pläne des Regimes winkten«. Darum könne sie nicht glaubhaft machen, »nur das kleine Rad im Getriebe des übermächtigen staatlichen Mordauftrags gewesen zu sein«.
Hermine Ryan, Mustertypus des Exzeßtäters, bekam lebenslang. Hildegard Lächert, die an denselben Verbrechen beteiligt war, erhielt dagegen zwölf Jahre Haft, da sie in ihrem Verhalten »keine innere Übereinstimmung mit den Mordplänen der Taturheber« erkennen ließ. Hildegard Lächert, wie Hermine Ryan an der Tötung von zahlreichen jüdischen Kindern aus dem Warschauer Ghetto beteiligt, hatte jedoch

im Gegensatz zu dieser nach Auffassung des Schwurgerichts nirgends »den Rahmen der ihr erteilten Befehle« überschritten:

»In ideologischer Hinsicht zeigte sie sich wenig vom Nationalsozialismus beeindruckt. Antisemitismus oder sonstige rassische Überheblichkeit sind ihr ebensowenig nachzuweisen wie ein anderes eigenes Interesse.«

Den Opfern Hildegard Lächerts hat dieser angebliche oder tatsächliche Mangel an nationalsozialistischer Überzeugung nichts genutzt, das Gericht aber empfand ihn als Grund für eine Strafmilderung. Anderen Angeklagten jedoch wurde das Gegenteil honoriert, nämlich eben diese NS-Überzeugung, zum Beispiel dem SS-Mann Laurich (Beihilfe zum Mord an 195 Menschen, acht Jahre Haft), da zu seinen Gunsten nach Ansicht des Düsseldorfer Schwurgerichts sprach, »... daß er als im ehemaligen Sudetenland aufgewachsener Deutscher aus falsch verstandenem Nationalbewußtsein heraus den Weg in die SS gewählt hat«.

Und deshalb wird man Verhörspezialist, mit der Methode, »vorgeführte Häftlinge dadurch zu ›Geständnissen‹ zu erpressen, daß er sie mit einer Peitsche in das Gesicht schlug«?
Der Angeklagte Villain war der Teilnahme am Mord von 17 000 Menschen überführt worden, die sich zu ihrer Erschießung »dachziegelförmig in der Laufrichtung der Gräben mit dem Gesicht nach unten so hinlegen mußten, daß sich jeweils das erste Opfer auf dem Boden und jedes nachfolgende mit dem Kopf auf dem Rücken des unter ihm liegenden Opfers befand« – sechs Jahre Haft, weil nicht auszuschließen sei, daß Villain aus »falsch verstandener Pflichterfüllung« gehandelt habe. Spätestens an dieser Stelle taucht unweigerlich, unverhinderbar die Frage auf, wieviel Stunden, ja Minuten Strafhaft für den Täter solcher Rechtsprechung der einzelne Ermordete wert sei.
Der Nachweis der »individuellen Zusatztat«, jenseits der kalten Richtlinie und über sie hinaus, die Reduzierung auf den Exzeßtäter als einzig verurteilungswürdige Angeklagtenspezies, diese schnell gefundene und erfundene, die Hilflosigkeit des bestehenden Strafrechtsrahmens nur noch einmal grell demonstrierende Basis der NS-Prozesse der zweiten Welle – sie haben unzählige Täter ohne oder mit geringer Strafe davonkommen lassen. Drei Jahrzehnte nach Beginn dieser NS-Verfahren vor deutschen Schwurgerichten ist die Täterbegünstigung durch die Einschwörung der offiziellen Rechtsprechung auf bestimmte, früh hervorgeholte Richtlinien bei der Urteilsfindung unbestreitbar.

Denn die KZ-Bestie war nicht der exemplarische Tätertypus des jüdischen und des nichtjüdischen Holocaust!

1967 schrieb der verdiente und unvergessene hessische Generalstaatsanwalt Fritz Bauer über die Wurzel der fehlgelaufenen Entwicklung:

»Eine Aufteilung z. B. der ›Endlösung der Judenfrage‹ oder eine Aufteilung der Beiträge der ganz überwiegenden Mehrzahl der Beteiligten – seien es Mittäter oder Gehilfen – in Episoden, die Auflösung des Geschehens und der Tätigkeit der Mitwirkenden in zeitlupenhaft aufzuklärende Details, ist ein historisch und rechtlich untauglicher Versuch, ja ein unmögliches Unterfangen.«

Genau diesen Weg aber sind die NS-Prozesse der zweiten Welle gegangen, statt zu tun, was Fritz Bauer für richtig erachtete – nämlich die Beteiligung am Massen-, Serien- und Völkermord als eine *Handlungskette* zu begreifen, wie es der Wirklichkeit entsprach! Dazu noch einmal Fritz Bauer:

»Die Tätigkeit eines jeden Mitglieds eines Vernichtungslagers stellt vom Eintritt in das Lager – womit in aller Regel sofort die Kenntnis von dessen Aufgabe, Tötungsmaschinerie zu sein, verbunden war – bis zu seinem Ausscheiden eine natürliche Handlung dar, was immer er physisch zur Verwaltung des Lagers und damit zur ›Endlösung‹ beigetragen hat. Er hat fortlaufend, ununterbrochen mitgewirkt. Die gesamte Tätigkeit stellt bei einer natürlichen Betrachtungsweise ein einheitliches, von Stunde zu Stunde verbundenes Tun dar. Alle Willensäußerungen sind unselbständige Elemente einer Gesamtaktion; schon die Anwesenheit ist psychische Beihilfe, die – soziologisch betrachtet – gerade bei Massenphänomenen nicht vernachlässigt werden darf. Jeder stützt den Nächsten, er macht ihm das kriminelle Tun leichter. Die Opfer während seines Lageraufenthaltes sind ihm zuzurechnen.«

Diese realistische Darstellung, die das Lager selbst zum Exzeß macht und alle Beteiligten in die justitiable Täterschaft einbezieht, ergänzte Karl Jaspers durch seine Definition des anklage- und aburteilungswürdigen Täterkreises so:

»Zur Durchführung gehörten: das Planen und Organisieren; die Deportationen; die Errichtung der Bauten, der Gaskammern, Krematorien usw.; das Hinführen zu den Mordstätten und Gaskammern; das Erschießen; die Zuleitung des Gases; die Arbeit in den Büros: vom Schreibtischmörder bis zur Sekretärin, die die Mordbefehle schrieb. Niemand wird auch diese letztere zum Tode verurteilen wollen. Aber auch sie wußte, was sie tat, hätte sagen können: Das schreibe ich nicht, und ist immer noch einer geringen Strafe zu unterwerfen. Von den eigentlichen Urhebern, die, weil tot, nicht mehr zu fassen sind, über alle Arten und Stufen der Mitwirkung bei der Durchführung des Verbrechens müßten die Handlungen differenziert, aber nirgends exkulpiert werden, wenn man entschlossen ist, das ungeheure Verbrechen wirklich zu erkennen, zu sühnen und für die Zukunft das Muster der Sühne zu geben für alle, die dergleichen wieder unternehmen und in irgendeiner Form daran teilnehmen sollten.«

Die NS-Prozesse der zweiten Welle und ihre Ergebnisse könnten solche potentiellen Täter von morgen nicht schrecken, da Gesellschaft und Justiz der Bundesrepublik Deutschland nahezu alle an der »Durchführung« Beteiligten de jure und de facto exkulpiert haben. Gegen die meisten von ihnen ist gar nicht erst ermittelt worden, weil die Bauersche und Jaspersche Betrachtung der Mitwirkung am Tötungssystem als individuelle Beteiligung an einer einheitlichen kollektiven Handlungskette bei der strafrechtlichen und politischen Verfolgung des NS-Erbes nie in das öffentliche und juristische Bewußtsein der zweiten deutschen Demokratie gedrungen ist. Aber auch die meisten Ermittlungen, etwa 90 000, wurden eingestellt. Eingeleitet und durchgeführt wurden ein paar hundert Verfahren. Schuldsprüche und Ermittlungsverfahren stehen in einem numerischen Verhältnis von 1:99. Je höher sich in der öffentlichen Kenntnis das Opfergebirge türmte, desto schwerer wurde es, die dafür verantwortlichen Täter ausfindig und haftbar zu machen.
Die täterbegünstigende Denkwürdigkeit der NS-Prozesse der zweiten Welle, ausschließlich Tote, nämlich Hitler, Himmler und Heydrich, zu den Haupttätern zu machen, veranlaßte den großen Kenner dieser Verfahren, den Tübinger Strafrechtslehrer Jürgen Baumann, zu dem Stoßseufzer: »Ein Täter und sechzig Millionen Gehilfen – das deutsche Volk, ein Volk von Gehilfen! Eine nur wenig erhebende, für den Verfasser entsetzliche Vorstellung.«
Im Lager Majdanek bei Lublin sind zwischen dem Winter 1941 und dem Sommer 1944 mindestens 200 000 Menschen getötet worden. Das Düsseldorfer Schwurgericht erkannte gegen die acht Angeklagten wegen nachgewiesener Teilnahme an 17 438 Morden auf eine lebenslange

sowie auf 46 Jahre und 6 Monate Freiheitsstrafe für die sieben anderen. Sie alle waren die letzten Glieder in der Kette des Verwaltungsmassenmordes.
Das dirigierende, das planerische, das intellektuelle Element der Vernichtung, ihr bürokratischer Motor, sie erscheinen in der quantitativ gewiß imponierenden Leistung der NS-Prozesse der zweiten Welle so gut wie gar nicht. Wenn aber doch, gelegentlich und wie aus Versehen, dann erwies sich, wie hilflos eine ganz auf die sadistische KZ-Bestie als exemplarischen Tätertypus festgelegte Rechtsprechung diesem Element gegenüberstand.
Beispiel: die Deutsche Reichsbahn.

Lokführer der Todestransporte – Das RSHA-Fiasko – Verteidiger und Zeugen

Ohne die Deutsche Reichsbahn hätte die Vernichtungsmaschinerie im deutsch besetzten Europa nicht funktionieren können. Sie war die Voraussetzung für die Massentransporte von überall her zu den Stätten des Holocaust im Osten. Mitten im Kriege, der eines militärischen Transportaufkommens von gewaltigen Ausmaßen bedurfte, erwies sich die Führung der Reichsbahn, in enger Zusammenarbeit mit Adolf Eichmann, von geschmeidigster Verfügbarkeit, die Forderung nach zusätzlichem Transportraum zu erfüllen. Der Historiker Raul Hilberg beschreibt diese Führung – die eigentlichen Lokführer der Todestransporte – als exemplarisches Täterkollektiv: Obwohl sie keine NS-Organisation ist und um ihre Meinung nicht gefragt wird, vollzieht sie pünktlich, zuverlässig und selbstverständlich, was von ihr verlangt wird. Hier manifestiert sich – so Raul Hilberg – der Begriff des »Totalitarismus« in einer Realität, die eine neue Dimension enthält. Nicht im Sinne von totaler Kontrolle des Herrschaftsapparates über die Unterworfenen, wie es später so gern dargestellt wurde, sondern von totaler Übereinstimmung des Großteils der Bevölkerung mit dem Herrschaftsziel! Diese Identifikation fordert keine dramatischen politischen Bekenntnisse, sondern nur eines – Effizienz!
1970 beantragte die Düsseldorfer Staatsanwaltschaft, das Verfahren gegen den ehemaligen stellvertretenden Generaldirektor der Deutschen Reichsbahn, Dr. Albert Ganzenmüller, zu eröffnen (Dr. Julius Dorpmüller, sein Vorgesetzter und Reichsverkehrsminister von damals, war am 5. Juli 1945 gestorben). Die Anklage lautete: »Im Rahmen der ›Endlösung‹ mit vorsätzlich und aus niedrigen Beweggründen, zum

Teil auch grausam begangenen Tötungen mehrerer Millionen Juden... durch die Tat wissentlich beigetragen zu haben.«
Das Gericht lehnte die Eröffnung eines Verfahrens ab – die Beweismittel, so hieß es, reichten nicht – und setzte Ganzenmüller außer Verfolgung.
Damit klar wird, was diese Ablehnung bedeutet: Die Züge der Reichsbahn waren über Jahre hin bis an die Rampen der Vernichtungslager im Osten gefahren, vollbesetzte Güterzüge, die stets leer zurückkamen. Beweise, daß das begleitende Reichsbahnpersonal genau wußte, was es tat, lagen vor.
Nach zwölf Jahren Ermittlung und abermaliger Abweisung eines Verfahrens wurde am 10. April 1973 auf Beschluß des Oberlandesgerichts in Düsseldorf dann doch die Hauptverhandlung gegen Ganzenmüller eröffnet. Die Zeugenliste nannte 119 Namen.
Zur Charakteristik des Verfahrens: In seinem Verlauf wurde ein Brief vorgelesen, den Karl Wolff, Chef des Persönlichen Stabes von Heinrich Himmler und Intimus des Reichsführers SS, am 13. August 1942 an Ganzenmüller geschrieben hatte und der schon im Nürnberger Prozeß vorgelegt worden war:

»Mit besonderer Freude habe ich von Ihrer Mitteilung Kenntnis genommen, daß nun schon seit 14 Tagen ein Zug mit je 5000 Angehörigen des Auserwählten Volkes nach Treblinka fährt...«

Das war die Bestätigung eines Schreibens, das Ganzenmüller, zur Weitergabe an Himmler, am 22. Juli 1942 Karl Wolff zugeschickt hatte. Beide Dokumente lagen dem Düsseldorfer Gericht vor. Aus dem Dialog zwischen Vorsitzendem und Angeklagtem (zitiert nach dem Gerichtsprotokoll):

»5000 Juden täglich bedeutete 35000 Juden pro Woche, im Monat rund 150000 also. Machten Sie sich keine Gedanken darüber, was sie dort sollten?

Ich sagte schon, den Inhalt dieses Schreibens hatte ich innerlich und geistig nicht aufgenommen...

Sie wollen behaupten, daß Sie einen Geheimbrief an den Stab des Reichsführers SS, Himmler, an den zweithöchsten Mann im Dritten Reich, zwar unterschrieben, aber inhaltlich nicht zur Kenntnis genommen hatten?

Ja, so ist es. Der Brief ist sicherlich von einer Unterabteilung, der Gruppe L, aufgesetzt und dann von mir lediglich noch routinemäßig unterschrieben worden...

Es war aber einer Ihrer Privatbogen. Wie konnte die Gruppe L wohl an Ihr Privatpapier kommen?

Sie werden es vielleicht aus meinem Sekretär geholt haben.

Und wie konnte das Schreiben, wenn es tatsächlich, wie Sie jetzt behaupten, von der Gruppe L aufgesetzt worden war, wie konnte es ohne Tagebuch-Nummer durch die Registratur gehen?

Also um derartige Einzelheiten habe ich mich wirklich nie gekümmert...«

Hundert Stunden später erlitt Dr. Albert Ganzenmüller einen Herzinfarkt, worauf das Verfahren zunächst vorläufig, dann aber, am 2. März 1977, endgültig eingestellt wurde.
Ganzenmüllers Selbstverteidigung mittels purer Leugnung, Sichdumm-Stellens sowohl in Einzelheiten als auch im großen gibt den Musterfall schamlosen Schwindelns nahezu aller Angeklagten der NS-Prozesse der zweiten Welle ab. Verräterischerweise hob sich der kollektive Gedächtnisschwund jedoch sofort immer dann auf, wenn die Angeklagten meinten, eine Ader der Entlastung entdeckt zu haben – dann quollen die Details geradezu unaufhaltsam aus ihnen heraus.

Einmal, ein einziges Mal, ist versucht worden, Angehörige der Schaltzentrale, von der die Mordapparatur geleitet und gesteuert wurde, des obersten Planungshirns, der Spinne im Netz der kontinentalen Vernichtungspraxis, vor die Schranken der bundesdeutschen NS-Prozesse zu zitieren: Angehörige des Reichssicherheitshauptamtes! Ihrer 70000 lebten in der Bundesrepublik noch, als 1963 der Berliner Generalstaatsanwalt Günther eine Gruppe aus 11 Staatsanwälten und 23 Kriminalpolizisten bildete. Sie alle befanden sich auf freiem Fuße, darunter auch Reinhard Heydrichs Stellvertreter, Werner Best, der im Mülheimer Stinnes-Konzern saß, und Bruno Streckenbach, der, aus russischer Gefangenschaft zurückgekehrt, in Hamburg lebte: Beide waren Amtschefs der Einsatzgruppen gewesen.
Nun sollten sie angeklagt werden.
Anfang der sechziger Jahre hatte die Ludwigsburger Zentralstelle in

den USA Akten des Reichssicherheitshauptamtes entdeckt, umfangreiches Dokumentenmaterial, darunter einen sogenannten »Geschäftsverteilungsplan« mit 8000 Namen und Dienstgraden, ferner 150 000 Aktenordner und 2700 Zeugen.
Die Verdächtigen wurden auf der Basis dieses Fundes in drei Tätergruppen eingeteilt:

1. Beteiligung an der »Endlösung«,
2. Einwirken auf die Einsatzgruppen,
3. Beteiligung an Massenexekutionen.

Es wurde 1967, bis 18 Verfahren gegen rund 300 ehemalige »Angestellte des Verwaltungsmassenmords« anklagereif waren. Inhalt waren die Taten jener, die das »Staatsverbrechen« von ihren Schreibtischen her geleitet hatten. Über die epochale Bedeutung dieses Anklagekomplexes gegen Mitglieder des ehemaligen Reichssicherheitshauptamtes im Rahmen der bundesdeutschen, der NS-Prozesse der zweiten Welle schreibt Jörg Friedrich in seinem Buch »Die kalte Amnestie«:

»Die Verurteilung des Lagerpersonals ist ohne die Verurteilung des Behördenpersonals ein falsches Alibi. Die öffentliche Anprangerung der schwachköpfigen Rohlinge entpuppt sich als Absetzbewegung der Intelligenztäter... Die Befehlskette, formal von Hitler angeführt, gelangte auf der RSHA-Ebene in die operative Zone. Der Führerbefehl hieß ›umbringen‹ und war nicht mehr als eine Parole. Die Handlungsstrategie entwirft die mittlere Ebene. Sie gestaltet mit vielerlei Spezialkönnen aus der Parole den Verwaltungsmassenmord. Sie stiftet die Technik, die Rechtsform, den bürokratischen Ablauf und die Koordination. Sie forciert die Verhandlungen mit der Wehrmacht, dem Auswärtigen Amt, lenkt die Abzweigung von Industriesklaven, konzipiert die Tarnung und den Personalplan, der die Täter zu Marionetten und die Marionetten zur Tätergemeinschaft macht. Die Prozesse gegen das RSHA hätten die historische Begegnung der Beamtenseele mit dem Staatsverbrechen aufgedeckt. Die nationale Selbsteinschläferung, die Endlösung habe an der Rampe von Auschwitz begonnen, wo der Arm der getäuschten Idealisten aufhörte und die Peitschen der SS knallten, hätte eine harte Herausforderung erlitten. Die das Schlimmste verhindern wollten, wären seiner tagtäglichen Planung überführt worden. Der Koordinator, das Reichssicherheitshauptamt, hätte Komplizen und Nebenstellen mit hineingerissen. Am Ende hätte die Auskunft gestanden: Täter war der normale, mausgraue Staatsapparat.«

In der zweiten Hälfte der sechziger Jahre, nach den immensen Vorbereitungen des Berliner Generalstaatsanwalts Günther und seiner Helfer, war klar: Die Anklage gegen das Reichssicherheitshauptamt würde der Mittelpunkt, das Herzstück der riesigen, aber bis dahin fehlgeleiteten bundesdeutschen Justizanstrengung gegen das strafrechtliche Erbe des Nationalsozialismus sein!
Dieser Prozeß fand jedoch nie statt. Warum nicht?
Wie gesagt: Die Einschwörung der bundesdeutschen Rechtsprechung bei den NS-Prozessen der zweiten Welle auf »Beihilfe zum Mord« als der generellen Tatform, strafbar mit Haft bis zu 15 Jahren, ließ nur noch den Exzeßtäter als Mörder zu. Alle anderen, alle, die nicht von sich aus an Quälereien etwas dazugetan hatten, kamen als »Gehilfen« davon – was ihnen lebenslange Haft ersparte. So zum Beispiel Dr. Otto Bradfisch, dem das Landgericht München 1961 15 000 Morde bescheinigt hatte, oder SS-General Karl Wolff, Himmlers Intimus, der Transportraum für 300 000 Juden aus dem Warschauer Ghetto für die Fahrt nach Treblinka beschafft hatte, dem jedoch vom Bundesgerichtshof im Oktober 1965 bescheinigt wurde, es habe ihm »an Täterwillen« gemangelt. Das heißt, diejenigen, die die »niederträchtigen Beweggründe« der »Haupttäter« Hitler, Himmler, Heydrich kannten und billigten, wurden dennoch nicht als Mörder eingestuft. Angeblich fehlten ihnen die Merkmale des Mordparagraphen 211: Grausamkeit, Heimtücke Mordlust usw. Sie blieben »Gehilfen«. Als solche wurden aber auch alle jene betrachtet, die die niedrigen Beweggründe des Täters kannten, sie jedoch nicht billigten.
Diese Gleichstellung galt als überholt und reformbedürftig. Der »neutrale Gehilfe« sollte milder bestraft werden als jener, der sich als Gehilfe auch die bösartigen Motive der Täter zu eigen gemacht hatte – und zwar nicht nur als Regelung für die NS-Prozesse, sondern für alle Straftaten, für die eine Täter-Gehilfen-Beziehung zuträfe.
Im Oktober 1968 verabschiedete der Bundestag eine Neufassung des § 50 Abs. 2 (heute § 28), die »Beihilfe zum Mord« nur noch mit Zuchthaus von 3 bis 15 Jahren bedroht. Was sie für die NS-Prozesse bedeutete, gelangte erst ins öffentliche Bewußtsein, als der Fünfte Strafsenat des Bundesgerichtshofes das Urteil eines Kieler Schwurgerichts vom März 1968 gegen einen NS-Täter mit folgender Begründung aufhob:

»Nach den Feststellungen des Landgerichts leistete der Angeklagte in den Jahren 1942 und 1943 als Kriminalassistent und Angehöriger des ›Judenreferats‹ des SD in Krakau Beihilfe zu Vernichtungsmaßnahmen gegen zahlreiche Juden. Wie das Schwurgericht weiter feststellt, wußte er, daß die Opfer allein aus Rassenhaß umgebracht wurden. Er hatte jedoch selbst nicht diesen niedrigen Beweggrund, sondern gehorchte als Polizeibeamter und SS-Angehöriger nur den Befehlen, obwohl er sie als verbrecherisch erkannt hatte. Solche Beihilfe zum Mord ist nach der neuen Fassung des § 50 Abs. 2 StGB, die am 1. Oktober 1968 in Kraft getreten ist, nur noch mit Zuchthaus von drei bis fünfzehn Jahren bedroht. Ihre Verfolgung verjährt daher nach § 67 Abs. 1 StGB in fünfzehn Jahren. Diese Frist war schon verstrichen, ehe es wegen dieser Taten zu einer richterlichen Handlung gegen den Angeklagten kam.«

Das hieß: Alle Taten, die mit einer Haftzeit bis zu 15 Jahren bedroht waren, also Totschlag und Beihilfe zum Mord, waren am 8. Mai 1960 – 15 Jahre nach dem 8. Mai 1945 – verjährt. Die Neufassung des § 50 Abs. 2 StGB schloß auch die Schreibtischtäter des ehemaligen Reichssicherheitshauptamtes mit ein – ohne daß dies die Absicht des Bundestages gewesen wäre oder gar des damaligen Justizministers in der Regierung der großen Koalition Kiesinger/Brandt, der Gustav Heinemann hieß und über jeden Verdacht einer bewußten Täterbegünstigung oder Strafvereitelung erhaben war. Am Wortlaut des neuen Gesetzes war nicht zu deuteln. Jeder Schreibtischtäter, der die niedrigen Beweggründe der Haupttäter Hitler, Himmler, Heydrich kannte, aber vorgab, deren Heimtücke, Grausamkeit und Mordlust nicht geteilt zu haben, war seit dem 8. Mai 1960 außer Verfolgung gesetzt.
Diese Eröffnung durch den Spruch des Fünften Strafsenats in Karlsruhe fiel zusammen mit dem Beginn des ersten der insgesamt 18 Verfahren gegen die 300 ehemaligen Angehörigen des Reichssicherheitshauptamtes – die so sorgfältig und langjährig vorbereitete Anklage des Berliner Generalstaatsanwalts Günther und seiner Helfer fand ein abruptes Ende. Die Bürovorsteher der »Endlösung« waren davongekommen, denn wie konnten ihnen, wenn sie es bestritten, Grausamkeit, Heimtücke, niedrige Beweggründe nachgewiesen werden? Dazu Jörg Friedrich:

»Hatten sie die Judenkarteien grausam geführt? Die Deportationen heimtückisch angeordnet? Sie hätten vor Rassenhaß in den Teppich beißen müssen, um etwas nachweisbar zu machen.«

Einige Fälle, in denen ein solcher Beweis möglich schien, wurden von den Berliner Staatsanwälten abgetrennt. Heraus kamen dabei vier Verurteilungen mit Haftstrafen unter sechs Jahren Zuchthaus. Mörder wurden in dem Riesenleib der »Spinne« RSHA nicht gefunden. Otto Bovensiepen, Chef der größten, der Berliner Gestapoleitstelle im Dritten Reich, verantwortlich unter anderem für die Deportation von 35 000 Juden aus der Hauptstadt, und Werner Best, Organisator der Einsatzgruppen in Polen, sie erkrankten rechtzeitig und wurden für verhandlungsunfähig erklärt. Ebenso Bruno Streckenbach, Organisator der Einsatzgruppen in der Sowjetunion, angeklagt, »den Tod von mindestens einer Million Menschen verursacht zu haben«. Streckenbach starb 1977 unbestraft in Hamburg. Das Verfahren gegen Best, des 8000fachen Mordes angeklagt, wurde 1972 ausgesetzt, da sich Heydrichs Stellvertreter der Belastung eines Mammutprozesses gesundheitlich nicht gewachsen fühlte, und 1982 ganz eingestellt. Seither verstauben 800 Kilogramm Akten und eine 1000seitige Anklageschrift.

Wie die gesamten NS-Prozesse der zweiten Welle wurde auch die Amnestierung der Schreibtischtäter in der Mordzentrale von der bundesdeutschen Öffentlichkeit kaum beachtet. »Der Gesetzestext ist klar und eindeutig«, bedauerte der Bundesgerichtshof. Der Tübinger Strafrechtslehrer Jürgen Baumann hielt dagegen: Das Problem sei ein scheinbares, die Rechtsprechung müsse sich nur von einigen überflüssigen Dogmen im »inneren Verhältnis des Mordes zum Totschlag« trennen, und der Skandal sei aus der Welt. Dazu konnte sich jedoch das bundesdeutsche Rechtssystem nicht durchringen, und so rief denn Staatsanwalt Nagel am 28. Mai 1969 im Moabiter Schwurgerichtssaal, wo der erste Prozeß des RSHA-Komplexes eben angelaufen und schon wieder beendet war, erbittert aus:

»Der deutsche Rechtsstaat hat den Angeklagten den Kopf geschenkt. Denn wären sie unmittelbar nach dem Untergang des Regimes, dem sie gedient haben, vor Gericht gestellt worden, hätte ihnen die Todesstrafe gedroht. Jetzt schenkt der Staat ihnen durch die nicht ausreichend durchdachte Gesetzesänderung auch noch die Freiheit. Hier ist in der Konsequenz eine Amnestie durch die Hintertür erlassen worden. Das wenigste, das man hätte erwarten dürfen, ist, daß der Gesetzgeber eine so schwerwiegende Entscheidung wie die Amnestierung einer großen Gruppe von NS-Tätern offen und ausdrücklich trifft und dafür die volle politische Verantwortung übernimmt.«

Das waren deutliche Worte, und obwohl bei dem Zusammenbruch des RSHA-Mammutverfahrens die Ingredienzien eines punktuellen Zufalls auf bestürzende Weise beieinander zu sein schienen, da eine böse

Absicht des Bundestages nicht erkennbar ist, ruft die »Panne« dennoch unweigerlich den Verdacht eines höheren und durchaus nicht zufälligen Zusammenhangs auf den Plan. Sie paßt in die gesamte Tendenz der bundesdeutschen Rechtsgeschichte, soweit sie die NS-Prozesse betrifft, stellt also keinen unerwarteten Bruch dar, sondern die Ergänzung und Fortsetzung der bisherigen Rechtsprechung. Außerdem bestätigen die »Panne« und ihre Folgen einmal mehr, daß alle Berufungen auf den »Rechtsstaat« in der Justizgeschichte der zweiten deutschen Demokratie merkwürdigerweise immer den NS-Tätern zugute kommen. Selten hat sich die innere Entsprechung von Rechtsprechung und öffentlicher Meinung so entblößt dargestellt wie hier.
Das zusammengebrochene Verfahren gegen das Hirn des Staatsverbrechens, gegen die Schaltzentrale des Verwaltungsmassenmords, das Reichssicherheitshauptamt, diese politische Negativleistung höchster Stufe wird jedoch von einer noch größeren überragt, deren Absicht offen zutage liegt und für die die bundesdeutsche Justiz die Hauptverantwortung trägt. Von ihr wird im folgenden Kapitel die Rede sein.
Zuvor aber noch ein Einschub zu einem Sonderpunkt – zum Verhältnis und Verhalten der Verteidigung gegenüber den Zeugen der Anklage in den NS-Prozessen der zweiten Welle.

Nachdem ich mich als Berichterstatter und Beobachter hinsichtlich der Auslese des Angeklagtentypus, wie bereits erwähnt, bald gefragt hatte: »Wo sind eigentlich die Vorgesetzten dieser Tötungsarbeiter, und was ist mit denen geschehen?«, fragte ich mich angesichts der Praktiken zahlreicher Verteidiger in diesen Sälen des wiedererstandenen Grauens sehr rasch auch: »Wo sind wir hier eigentlich? Was wird hier von diesen Herren getrieben? Was haben ihre Hervorbringungen mit der einstigen Lagerwirklichkeit zu tun? Wieviel Abstand von der einstigen Realität schaffen jene, die hier, oft genug augenzwinkernd, in offener Identifikation mit ihren Mandanten die Dehnbarkeit des Rechtsrahmens, die Geduld des Gerichts und die Leidensfähigkeit der überlebenden Opfer weit über die Grenzen des Erträglichen hinaus strapazieren?« Nicht zu zählen sind die Versuche der Verteidigung, die Zeugen der Anklage zu den eigentlich Schuldigen an ihrem Schicksal zu stempeln, die Tötungsarbeiter jedoch als Verführte darzustellen, wenn sie ihnen nicht gleich sprachmächtig den Mantel höchster Unschuld umlegten.
Die Überlebenden aus den Lagern sind in den Augen der meisten Verteidiger grundsätzlich verdächtige Zeugen. Ihre Angaben sind ungenau in dem Sinne, daß sie es seinerzeit versäumt hatten, sich auf den

Tag oder gar die Stunde die nun rekonstruierten Verbrechen zu merken, daß sie sich in dem Inferno also nicht auf das künftige und sehr ungewisse Datum des Gerichts vorbereitet hatten, damit zur gegebenen Zeit auch alles fein rechtsstaatlich verhandelt werden könne. Da sollen Zeugen auftreten mit exakten Uhrzeiten, der Fähigkeit, zweifelsfrei zu identifizieren und unmißverständlich zu beschreiben, mit überzeugtem und überzeugendem Erinnerungsvermögen.
Natürlich gibt die Verteidigung ihren Wunsch nach dergestalt souveränen Zeugen der Anklage nur vor. In Wahrheit hat sie den realen, den durchschnittlichen Zeugen viel lieber, denn der hat mit dem Entsetzen des Augenblicks zu kämpfen, mit der ungewohnten Öffentlichkeit, dem Wiederanblick der Peiniger von einst, die mit unbewegten Gesichtern dasitzen und Bilder heraufbeschwören, mit denen das überlebende Opfer ohnehin das ganze bisherige Dasein zu kämpfen hatte, so daß es nun stammelt oder sich gar krümmt.
Das bewirkt Gehüstele auf der Verteidigerbank, vielsagende Mienen, nachsichtige, aber bedeutsame Blicke in Richtung des Schwurgerichts. Tatsächlich hat die Verteidigung der NS-Täter den verstörten, tief gepeinigten und ratlosen Zeugen viel lieber als jenen selteneren Typus, der sich seine Erregung kaum anmerken läßt und auftritt, wie die Verteidigung sich angeblich Zeugen wünscht. Und es gibt den Zeugen, der exakt und bestimmt antwortet, unerschütterlich anklagt, sein ungetrübtes Gedächtnis unter Beweis stellt und von dem gestelzten Brimborium, dem ganzen Verteidigerarsenal systematischer Einschüchterung und Bezweiflung unbeeindruckt bleibt – diesen Zeugen gibt es auch. Aber er ist verständlicherweise eben selten und wird von den Anwälten der Angeklagten gefürchtet und nicht geschätzt. Lieber ist ihnen der andere Zeuge, mit dem sie es leichter haben und der, oft vergeblich, versucht, seine Haltung zu bewahren, wenn er in den harmlos wirkenden Zivilisten auf der Anklagebank, die kein Wässerchen trüben und niemandem ein Härchen krümmen könnten, die uniformierten Herrenmenschen von gestern, die allmächtigen Gebieter über Leben und Tod von einst wiedererkennt.
Wer an dieser Stelle behauptet, hier werde von mir das eherne Rechtsprinzip der Verteidigung in Frage gestellt, der hat keine Vorstellung von der Szene, die zu beobachten ich zwölf Jahre Zeit hatte. Denn es gab und gibt ja auch andere Verteidiger als die soeben charakterisierten, Juristen, denen es zusetzte, die so sichtbar lebensverwundeten, oft gebrochen wirkenden Zeugen der Anklage eindringlich ins Verhör zu nehmen, Anwälte in der Verteidigerrobe, denen erkennbar nicht wohl war in ihrer Rechtshaut, da sie wußten und verstanden, was sie den

Überlebenden zumuteten. Sie gerieten nie in den Verdacht, daraus ein peinigendes und entwürdigendes Schauspiel zu produzieren, sichtlich bemüht, die lächerliche und unwahrhaftige Position so manches Kollegen zu vermeiden, unter dem Deckmantel seiner Funktion dem Umkehrschluß zuzustreben, daß der eigentlich Schuldige hier der Zeuge der Anklage sei – indem er einen zweifelsfrei Unschuldigen beschuldige ...
Nach meinen eigenen Beobachtungen ist der Verteidigertypus, der von Schicksal und Auftreten der überlebenden Opfer als Zeugen der Anklage unberührt bleibt, in den NS-Prozessen der zweiten Welle zu einem hohen Prozentsatz vertreten. Die Geschichte seiner Arbeit vor den bundesdeutschen Schwurgerichten muß noch geschrieben werden, der braune Irrsinn, der da verzapft wurde, die rhetorische Systematik, mit der die Zeugen der Anklage zermürbt werden sollten, die uferlose Phantasie, mit der die blödsinnigsten Beweisanträge gestellt wurden, und zwar zu keinem anderen Zweck als dem der Verzögerung und der Verwirrung, mit dem Ziel, Überdruß zu schaffen. Unvergeßlich für mich die Miene des Vorsitzenden im Düsseldorfer Majdanekprozeß, wenn einer der Verteidiger wieder einmal Bemerkungen machte, die den Zeugen der Anklage zu einem Gerüchtekoch degradieren sollten, zu einem Fabrikanten von Greuelmärchen – oder wenn das Landgericht noch die künstlichste Zumutung als Beweisantrag nach § 22 der Strafprozeßordnung durchgehen lassen mußte – das Gesicht des Richters (wie das manches anderen Vorsitzenden im Laufe der Jahrzehnte) verzog sich, als sei ihm plötzlich der Nerv eines Backenzahns getroffen.
Ich habe Verteidiger erlebt, die schon Neo- oder Altnazis waren, als sie ihr Mandat in den NS-Prozessen der zweiten Welle übernahmen, und andere, die während des Prozesses zu Neonazis wurden; Verteidiger, die keine Distanz mehr zu ihrem Amt und ihrem Mandanten hatten, auch wenn es sich unbezweifelbar um Schwerstverbrecher handelte; Verteidiger, die sich in zunehmendem Maße selbst als Angeklagte empfanden, den demokratischen Staat verunglimpften, die Rolle als Vertreter der Angeklagten nicht mehr *spielten*, sondern es *waren*, und nun ihrerseits, sowohl gegenüber dem Gericht als auch gegenüber den Zeugen der Anklage, als Ankläger auftraten. Und immer war das Ergebnis der Effekt, dem Maximilian Schell in Stanley Kubricks Film »Das Urteil von Nürnberg« in schauspielerischer Selbstüberwindung so grandios Ausdruck zu geben verstand: Aus dem Schwurgerichtssaal von heute wurde das NS-Gericht von gestern; aus dem Zeugen der Anklage von heute der Angeklagte von gestern; aus dem zeitgenössischen

Verteidiger der NS-Anwalt von einst! Nur, daß dieser Effekt natürlich begrenzt war, sich von selbst aufhob, durch die Wirklichkeit ad absurdum geführt wurde. Das unheimlichste für mich jedoch war die mehr als einmalige Feststellung, daß mancher Verteidiger nicht mehr im Interesse seines Mandanten taktierte, sondern an das, was er da sagte und vortrug, vorbehaltlos glaubte.

Das eigentliche Elend jedoch ist nicht der Stil der Verteidigung oder jedenfalls eines großen Teils von ihr im Rahmen der NS-Prozesse der zweiten Welle. Das eigentliche Elend ist die generelle Beschränkung des bundesdeutschen Rechtssystems auf den *Exzeßtäter*, dem die »persönliche Mehrleistung« an Inhumanität nachgewiesen werden muß und der nicht in den Zusammenhang der *Handlungskette* gestellt wird.

Diese Erpichtheit auf den Exzeßtäter hat die bundesdeutsche Justiz jedoch nicht davon abgehalten, ihn dort grundsätzlich zu exkulpieren, wo er am sichtbarsten war – in den eigenen Reihen!

Bundesjustiz – NS-Justiz: die untilgbare Schmach

»Das Richterprivileg, das der Unabhängigkeit der Rechtsprechung dienen soll, schützt hier die abhängigste und willfährigste Justiz der deutschen Rechtsgeschichte ... Er (der Volksgerichtshof; Anm. d. Verf.) steht blutbesudelt und verachtet vor dem Rechtsbewußtsein der Völker, gleichgültig, wie die deutsche Nachkriegsjustiz mit ihm verfährt. Die demokratische Justiz allerdings hat einen Ruf zu verlieren, falls sie schützende Paragraphen über die Mörder im Talar des Volksgerichtshofs und der Sondergerichte breitet.«

(Aus einem offenen Brief von 40 Hochschullehrern an die Berliner Justiz)

Keine NS-Spezies hat vom großen Frieden mit den Tätern so gründlich profitiert wie die Richter unterm Hakenkreuz. Dabei ist es eine Legende, daß es überhaupt keine Verfahren gegen Nazi-Staatsanwälte und -Richter gegeben habe – es ist viel schlimmer. Von den wenigen, die angeklagt worden sind, wurden alle, ausnahmslos, freigesprochen! Bei den folgenden Beispielen stütze ich mich wiederum auf Jörg Friedrichs hervorragende Arbeit, die er diesem Thema in seinem Buch »Die kalte Amnestie« widmete. Darüber hinaus sei verwiesen auf das ebenfalls von ihm verfaßte Buch »Freispruch für die Nazi-Justiz«, mit dem Untertitel »Die Urteile gegen NS-Richter seit 1948« (1983 in der Reihe »rororo aktuell« herausgekommen). Dieses Werk befaßt sich in zehn großen Abschnitten ausschließlich mit dem abstoßendsten Kapitel in der Geschichte der an Widerwärtigkeiten wahrlich nicht armen Bundesjustiz: mit der Reinwaschung der eigenen Kaste nach 1945! Dies durch, wie wir sehen werden, geradezu equilibristische Rechtskonstruktionen, und oft genug mit einer gespenstischen Konfrontation: Einst waren *beide* NS-Richter gewesen – Angeklagter *und* Vorsitzender. Denn es hatte nie auch nur in Ansätzen eine Reinigung des Standes stattgefunden.
In der zweiten Hälfte der fünfziger Jahre ließ die DDR – und dies ganz gewiß aus einschlägigen Motiven heraus – eine Liste mit vielen hundert Namen ehemaliger NS-Richter und -Staatsanwälte kursieren, die in der Bundesrepublik wieder in Amt und Würden waren. Das Angebot, der bundesdeutschen Strafverfolgung Einblick in die frühere Tätigkeit der Genannten zu gewähren, wurde 1960 von den Justizministern der Länder mit der Begründung abgelehnt, so etwas könne

als eine Art staatlicher Anerkennung der DDR verstanden werden. Außerdem hieß es, wenngleich dies mehr unterderhand, man solle sich »drüben« an die eigene Nase fassen... eine immer aufs neue verwunderliche Argumentation, da man sich ansonsten in der Bundesrepublik doch auch nicht mit der DDR vergleicht.
Aber die Öffentlichkeit bei uns war gar nicht angewiesen auf die Hilfe der DDR, denn in der Bundesrepublik selbst war längst ruchbar geworden, welche Folgen der große Frieden mit den Tätern auf dem Gebiet der NS-Justiz hatte: Schwer- und schwerstbelastete Robenträger unter Hitler waren zu Ersten und Oberstaatsanwälten avanciert, zwei waren sogar Bundesrichter geworden, ein anderer Senatspräsident am Oberlandesgericht von Lüneburg.
Heraus kam ferner, daß selbst Richter und Staatsanwälte des berüchtigten »Volksgerichtshofs« in der bundesdeutschen Justiz weiterbeschäftigt wurden, auch Angehörige von sogenannten »Sondergerichten«, die viele Ausländer, vor allem Polen und Tschechen, wegen »Zersetzung der deutschen Wehrkraft« zum Tode verurteilt hatten. Unter ihnen, zum Beispiel, einen Ukrainer, der einer Jüdin außerhalb des von der SS Juden zugewiesenen Bezirks Unterschlupf gewährt hatte. Der Richter; der dieses Todesurteil verhängt hatte, avancierte nach 1945 zum Oberlandesgerichtsrat in Hamm. Beim Oberlandesgericht in Schleswig gab es einen Ersten Staatsanwalt, der vor dem Volksgerichtshof für eine Berlinerin die Todesstrafe forderte, weil sie das Attentat auf Hitler vom 20. Juli 1944 begrüßt hatte: Sie wurde – »ruhig und gefaßt«, wie es in der Gerichtsakte heißt – mit dem Fallbeil hingerichtet. Was geschah nun, wenn solche Mörder in der Robe von der bundesdeutschen Justiz angeklagt wurden?

Der Beisitzer eines Sondergerichts, das acht Todesurteile wegen Schwarzschlachtungen ausgesprochen hatte, war Amtsgerichtsrat, als gegen ihn ermittelt wurde. Und diesen Status behielt er auch, da der ermittelnde Oberstaatsanwalt am Landgericht Braunschweig zu dem Schluß kam, daß die von dem Kollegen seinerzeit wegen Schwarzschlachtung verhängte Todesstrafe der damals herrschenden Strafpraxis entsprach und das Tatbestandsmerkmal »der böswilligen Gefährdung der Bedarfsdeckung« bejaht werden müsse. Das heißt: Ein ermittelnder Staatsanwalt der zweiten deutschen Demokratie stellt sich auf den Standpunkt von NS-Urteilen und -Richtern sowie deren Begründungen – kein Einzelfall, wie wir sehen werden. Hier wird einer der Grundsätze sichtbar, mit deren Hilfe die Reinwaschung durch die bundesdeutsche Justiz erfolgte: Recht war, was Gesetz war! Diese positivistische Auffassung schließt die Bejahung der Todesstrafe durch NS-Sondergerichte mit ein. Übrigens hatte jener Braunschweiger Oberstaatsanwalt, der seinen Kollegen vor der Anklage wegen achtfachen Totschlags an Schwarzschlächtern bewahrte, seinerseits noch einen Tag nach der Kapitulation Hitlerdeutschlands, am 9. Mai 1945, vier Todesurteile wegen Fahnenflucht gegen österreichische Soldaten durchgesetzt.

Der klassische Fall, der das Verhältnis Bundesjustiz – NS-Justiz wie kein anderer charakterisieren kann, ist der des Hans-Joachim Rehse, richterlicher Beisitzer Roland Freislers am Ersten Senat des Volksgerichtshofes ab 1942.

230 Todesurteile tragen die Unterschrift Hans-Joachim Rehses.

Die erste Justizattacke auf ihn schmetterte das Oberlandesgericht München am 25. Juni 1963 ab, indem es Rehse »Unterworfenheit unter die damaligen Gesetze, die er als verbindliches Recht ansah« bescheinigte – »infolge Verblendung« habe er sie für richtig gehalten. Und dann kam es: Ein bestimmter *Vorsatz* könne ihm nicht nachgewiesen werden. Nur wenn einem NS-Richter nachgewiesen werden könne, daß er Recht vorsätzlich gebrochen habe, sei er verurteilungwürdig: Die bundesdeutsche Justiz hatte damit auch das Schlupfloch für die kleine Gruppe Angeklagter aus der großen Gemeinschaft der mehrheitlich nie angeklagten NS-Justizangehörigen ausfindig gemacht.

Diese Schlupfloch-Argumentation schuf eine Täterhaltung, die sich diametral von allen Erfahrungen mit anderen NS-Tätern unterschied: In der Verhandlung vor dem Berlin-Moabiter Landgericht, in der ihm die Anklage sieben Morde vorwarf, bekannte Rehse sich nicht nur zu diesen Todesurteilen, sondern auch zu den übrigen 223 – denn alles andere hätte ja bedeutet, daß er das Recht mit Vorsatz gebrochen hätte! Das Vorsatz-Schlupfloch der Bundesjustiz für NS-Richter zwang ihn infolgedessen, die seinerzeitige Verurteilung der »Staatsfeinde« zum Tode nun mit denselben Gründen zu rechtfertigen, mit denen er sie damals aufs Schafott geschickt hatte: Ab 1943 habe sich »eine gefährliche Welle des Defaitismus« unter der deutschen Bevölkerung breitgemacht, die mit aller Schärfe zu bekämpfen gewesen sei, damit der Bestand des Deutschen Reiches gesichert werde.

Mit anderen Worten: Hans-Joachim Rehse wollte Täter sein! Alles andere hätte seine »Unabhängigkeit« als richterlicher Beisitzer des Freislerschen Volksgerichtshofes nicht nur in Frage gestellt, sondern – nach dem Vorsatz-Schlupfloch des Bundesgerichtshofes – schlicht aufgehoben. Andererseits – man mag es kaum glauben – pochte der »Über-

zeugungstäter« Rehse während der Verhandlung jedoch mehrfach auf einen gesetzlichen Befehl: »Wir *mußten* gehorchen!« Seltsamerweise vermochte das Moabiter Landgericht den Widerspruch zwischen »verblendeter Überzeugung« und »Gehorsam aus Zwang« nicht zu erkennen – denn solche Erkenntnis hätte natürlich den Eingang zum Vorsatz-Schlupfloch fest zugeschüttet.
Dennoch war das Berliner Schwurgericht dem Justiz-Massenmörder nicht ganz zu Willen. Am 3. Juli 1967 wandelte es die staatsanwaltliche Forderung nach lebenslangem Zuchthaus für Rehse als Mörder um in fünf Jahre Zuchthaus wegen »vorsätzlicher Rechtsbeugung in sieben Fällen«. Dieser Spruch stempelte den richterlichen Beisitzer des Volksgerichtshofes zum »Gehilfen«.
Das jedoch wollte Rehse – ungeachtet seiner fast flehentlichen Beschwörung »Wir *mußten* gehorchen!« – auf gar keinen Fall sein. Noch einmal: Er wollte Täter sein, er mußte es, wenn er in der Revision erfolgreich sein wollte. Um davonzukommen, durfte er nicht »Gehilfe« sein, sondern mußte »unabhängig« und einzig und allein seinem Gewissen unterworfen gewesen sein, eben jenem, das ihn bestimmte, 230mal die Todesstrafe gegen »Staatsfeinde« zu unterzeichnen. Die Uberraschung war perfekt. Denn während dieses Nachkriegsdeutschland mehr als zwanzig Jahre widergehallt hatte von den Stimmen, die da behaupteten, man habe sich nur widerwillig den Herrschaftsverhältnissen im Dritten Reich untergeordnet, habe lediglich duldend und manchmal auch widerspenstig mitgemacht, ließen sich nur die Richter nicht zu Werkzeugen Hitlers machen, auch die des Volksgerichtshofes und der Sondergerichte nicht. Denn wären sie, wie alle anderen für sich vorgaben, Werkzeuge gewesen, dann hätten ihnen auch die bekannten »niedrigen Beweggründe« nachgewiesen werden können. Nur wer aus diesen Gründen unter Hitler für die Todesstrafe gestimmt habe, so der Bundesgerichtshof, könne als *Täter* eingestuft und als solcher bestraft werden. Also: Rehse wollte zwar Täter sein, aber nicht aus »niedrigen Beweggründen«. So ging sein Fall weiter.
Und nun geriet die Burleske zur Tragikomödie.
Der nächste Richter, an den Rehse geriet, war Dr. Oske aus Berlin. Der kam in Sachen der sieben angeklagten Mordfälle vor dem Volksgerichtshof zu der Erkenntnis, daß Roland Freisler zwar nicht immer den rechten Ton gehabt habe, daß das aber keineswegs bedeute, er habe auch den »Gegenstand« verfehlt, um den es jeweils vor dem Volksgerichtshof gegangen sei. In dem Urteil Dr. Oskes vom 6. Dezember 1968 heißt es, die Beweisführung im Fall Rehse habe eindeutig ergeben, daß Freislers »Verhandlungsführung eben nicht in allen Fällen gleichartig

war, daß sich insbesondere seine Verhandlungsleitung in den Fällen des 20. Juli 1944 von seinem Verhalten in anderen Strafsachen teilweise erheblich unterschied«. Von gewissen rauhbeinigen Manieren abgesehen, »hat das Gericht nicht feststellen können, daß Freisler in den hier zu untersuchenden sieben Fällen gegen prozessuale Normen verstieß, die die Rechtsstellung der Betroffenen verschlechterten«. Dr. Metzger zum Beispiel – einer der sieben Fälle von Todesurteilen – habe einen Verteidiger gehabt und habe ein letztes Wort sprechen dürfen – Zeugen seien nicht erschienen, weil keine geladen gewesen seien.

Es dürfte interessant sein, angesichts dieser Argumentation auf das Wesentliche des zitierten Falles einzugehen. Er wirft gleichzeitig auch ein Schlaglicht auf die Behandlung von NS-Denunzianten durch die Bundesjustiz.

Durch Denunziation der Gestapo-Agentin »Babbs«, einer Hausfrau, angezeigt, wurde der katholische Priester Dr. Max Josef Metzger vom Volksgerichtshof unter Beteiligung des richterlichen Beisitzers Hans-Joachim Rehse am 14. Oktober 1943 wegen »Feindbegünstigung« zum Tode verurteilt.

Als dritte von im ganzen sechs Instanzen verurteilte das Landgericht Kassel die Denunziantin am 16. November 1954. Daraufhin rief »Babbs« den Bundesgerichtshof an, der indes erklärte: »Die Verurteilung Dr. Metzgers und die Vollstreckung des Todesurteils gegen ihn war... eine vorsätzlich rechtswidrige Tötung unter dem Deckmantel der Strafrechtspflege. Das Verhalten der Angeklagten stellt sich äußerlich als Beihilfe zu diesem Verbrechen dar.«

Das Landgericht Kassel hatte das ganz anders gesehen, nämlich daß die Gestapo-Agentin nicht als Nationalsozialistin gehandelt habe, sondern wegen eines angeborenen Geltungstriebs und einer gewissen Abenteuerlust, aus Lust am Ränke-Schmieden und am Intrigieren. Dennoch hatte das Kasseler Landgericht die abenteuerlustige Hausfrau schuldig gesprochen, wenngleich nicht als Gehilfin der Justizverbrecher des Volksgerichtshofes, sondern als Gehilfin der Gestapo, die Dr. Metzger drei Monate ohne volksrichterlichen Haftbefehl gefangengehalten hatte. Das verstieß gegen den Paragraphen 128 der Strafprozeßordnung. Die Denunziantin »Babbs« wurde deshalb schließlich in sechster und letzter Instanz wegen Teilnahme an einer Freiheitsberaubung im Amte des – im übrigen nach Ansicht des Gerichts rechtmäßig hingerichteten – Dr. Metzger mit einer 15monatigen Zuchthausstrafe bedacht. Am 28. Juni 1956 gab der Bundesgerichtshof »unter gewissen Bedenken« dem Urteil Rechtskraft.

Dr. Oske nun hatte sich mit Hans-Joachim Rehse zu beschäftigen,

einem kleinwüchsigen Mann, dessen Unterschrift unter dem Todesurteil des katholischen Priesters stand – woran Dr. Oske nichts Verwerfliches fand.
Man reibt sich die Augen und fragt sich, wo das geschah. Mehr als zwanzig Jahre nach dem Untergang des Dritten Reiches war ein bundesdeutsches Gericht allen Ernstes der Überzeugung, daß an einem Todesurteil des höchsten NS-Gerichtshofes nichts auszusetzen sei, wenn nur die Form gewahrt wurde! Das Berliner Gericht bescheinigte ferner einem Blutrichter, daß die Todesstrafe gegen Nazigegner Rechtens war, da das Gesetz es befahl – Hitlers Gesetz. Und es bescheinigte, drittens, daß der verbrecherische deutsche Angriffskrieg Rechtens gewesen sei, ein zu schützendes Gut, da Handlungen wie die des katholischen Priesters »die für die Kriegsführung bereitgestellten und notwendigen Volkskräfte« schwächten. Die die Wehrkraft zersetzenden Bemerkungen, um derentwillen die Todesstrafe gegen Dr. Metzger verhängt wurde und »auf deren Wahrheitsgehalt es hierbei nicht ankommt!« – so nicht etwa der Freislersche Volksgerichtshof, sondern die Urteilsbegründung des Dr. Oske im Berlin vom Ende der Nachkriegszeit –, hätten bei vielen Menschen »Zweifel an den charakterlichen, politischen und militärischen Fähigkeiten der führenden Personen des Staates und der Wehrmacht wecken oder verstärken und die Siegeszuversicht und den Willen zum weiteren Durchhalten sinken lassen können«.
Ein bundesdeutsches Gericht nimmt vollständig den Standpunkt der NS-»Recht«sprechung ein – abermals: Man reibt sich die Augen und fragt, wo das stattfand. In seiner Urteilsbegründung bestätigt das Berliner Schwurgericht, was für Rehse damals als »grundsätzlich todeswürdige Äußerungen« galt: »Der Krieg sei verloren. Deutschland oder der Führer hätten den Krieg sinnlos und frivol vom Zaun gebrochen und müßten ihn verlieren; die NSDAP solle oder werde abtreten, der Führer sei krank, unfähig, ein Menschenschlächter usw.«
All das, was für den richterlichen Beisitzer des Freislerschen Volksgerichtshofs »grundsätzlich todeswürdig« war, ist, wie jedermann bekannt, von der Geschichte bestätigt und vollzogen worden: Jene, die Rehse aufs Schafott schickte, hatten die richtige Charakteristik abgegeben und den Verlauf der Ereignisse richtig vorausgesagt. Das Berliner Gericht unter Dr. Oske, dem es im Fall Dr. Metzger auf den Wahrheitsgehalt solcher Äußerungen nicht ankam und das deren Todeswürdigkeit im Sinne des Hans-Joachim Rehse nicht bezweifelte, sprach den Angeklagten frei. Dagegen legte die Staatsanwaltschaft Revision ein. Das war Ende 1968. Zu einer weiteren Verhandlung kam es nicht – Rehse starb. Nach dem Gesetz galt er als nicht vorbestraft.

Man fragt sich unwillkürlich, was diese Justiz, die alle angeklagten NS-Richter, auch die des Volksgerichtshofes, notorisch freigesprochen hat, wohl empfand, wie sie die schallende Ohrfeige einer ganzen Fehlspruchära hinnahm, als im Februar 1985 der Deutsche Bundestag auf Empfehlung seines Rechtsausschusses alle Entscheidungen des Volksgerichtshofes für null und nichtig erklärte: Die 1934 auf Verlangen Hitlers geschaffene Institution sei zu keiner Zeit ein Gericht gewesen, sondern ein »Terrorinstrument zur Durchsetzung der nationalsozialistischen Willkürherrschaft«.
Das haben ganze Generationen rechtsprechender Juristen der Bundesrepublik Deutschland anders gesehen. Immer wieder taucht der positivistische Grundsatz auf: Recht ist, was Gesetz ist – auch unter Hitler. Richter, die in der Nazizeit Menschen wegen Diebstahls von ein paar Schuhen nach einem Luftangriff oder wegen Schmuggels zum Tode verurteilt hatten, konnten in der bundesdeutschen Justiz Oberstaatsanwälte und Landgerichtsdirektoren werden. Jörg Friedrich weist in seinem Buch »Freispruch für die Nazi-Justiz« nach, daß aus den Begründungen bundesdeutscher Gerichte, mit denen NS-Juristen freigesprochen wurden, nur ein Schluß gezogen werden kann: Widerstand gegen den Nationalsozialismus verstieß gegen die damaligen Gesetze und kann deshalb rechtlich nur so beurteilt werden, wie die NS-Gerichte es dann auch taten. Die dokumentarischen Beweise für diese Haltung sind in überwältigender Menge zusammengetragen worden. Wenn aber schon, wie im Fall Dr. Metzger, Worte gegen die »führenden Personen des Staates und der Wehrmacht« zu Recht todeswürdig waren, weil sie deren »charakterliche und militärische Fähigkeiten« in Zweifel zogen und – so Richter Oske – »die Siegeszuversicht und den Willen zum weiteren Durchhalten« beeinträchtigen konnten – wie todeswürdig mußte nach dieser Auffassung erst der aktive Widerstand gegen den Nationalsozialismus, ja das Attentat der Verschwörer des 20. Juli 1944 gewesen sein?
Die makaberste Frage aber, die angesichts der grundsätzlichen Freisprüche von NS-Richtern durch bundesdeutsche Schwurgerichte unweigerlich und ununterdrückbar auftaucht, lautet: Was wäre eigentlich mit Roland Freisler, dem Präsidenten des Volksgerichtshofes, geschehen, wäre er im Februar 1945 nicht noch bei einem Luftangriff auf Berlin umgekommen? Was, wäre er in die erwiesenermaßen verständnisvollen Hände der Bundesjustiz gefallen – gesetzt den allerdings außerordentlich unwahrscheinlichen Fall, er hätte das Nürnberger Hauptverfahren oder die Nachfolgeprozesse überlebt?
Die Frage ist so abwegig nicht. Es hat durchaus eine Situation gegeben,

in der sie theoretisch akut wurde, und zwar aus einem sehr charakteristischen Anlaß: Es ging – 1985, vierzig Jahre danach – um die Rente der Witwe Freisler oder, genauer, um die Renten, denn Marion Freisler bekam mehrere. Neben der Witwenpension aus dem »Dienst«-Verhältnis Roland Freislers bezog sie seit 1974 eine sogenannte »Schadensausgleichsrente«. Die war ihr damals vom Versorgungsamt in München gewährt worden, in der nicht ganz unbegründeten Annahme, daß Freisler, hätte er überlebt, »als Rechtsanwalt oder Beamter des höheren Dienstes tätig geworden wäre« – wobei wir sicher sein können, daß die gewährende Behörde diesen Befund keineswegs als kritikwürdig erachtete. Kritischer betrachteten dagegen andere, allerdings untergeordnete Beamte diese auf eine fiktive Nachkriegskarriere des höchsten NS-Blutrichters gegründete »Schadensausgleichsrente«. Sie meinten, 1982, daß Freisler doch wohl als Mörder zum Tode verurteilt oder gewiß zu lebenslanger Haft verdammt worden wäre, so daß er zum Unterhalt seiner Frau kaum hätte beitragen können. Immerhin war ja inzwischen bekanntgeworden, daß unter dem persönlichen Vorsitz des Volksgerichtshofspräsidenten von 1942 bis 1945 täglich durchschnittlich zehn Todesurteile gefällt worden sind. Und zwar keineswegs nur gegen aktive Widerstandskämpfer, denn so viele gab es nicht, sondern auch gegen Tausende von kleinen Leuten, die sich abfällig geäußert, hungernden »Fremdarbeitern« oder Kriegsgefangenen zu essen gegeben oder alliierte Sender abgehört hatten. Das war es, was jene Beamten im Auge hatten, als sie an der Berechtigung der »Schadensausgleichsrente« für die Witwe Marion Freisler zweifelten, die sie schon seit acht Jahren erhielt. Damit stießen sie jedoch auf keinerlei Gegenliebe beim übergeordneten Landesversorgungsamt München und dem damaligen CSU-Sozialminister Fritz Pirkl: Es könne »ebenso wahrscheinlich sein, daß Freisler in seinem erlernten oder einem anderen Beruf weitergearbeitet hätte, zumal da eine Amnestie oder ein zeitlich begrenztes Berufsverbot ebenso in Betracht zu ziehen sind«. Ohne hier ein Wort über die unsägliche Gesinnung zu verlieren, die hinter diesen Sätzen steht – es ist mehr als wahrscheinlich, daß ihr Zynismus recht behalten hätte. Das schon in den fünfziger Jahren vom Bundesgerichtshof für alle NS-Richter ausgesprochene »Rechtsbeugungsprivileg« hätte auch auf Roland Freisler angewendet werden müssen. Danach darf, es sei wiederholt, ein Richter wegen Mordes oder anderer Verbrechen nur verurteilt werden, wenn er zugleich der Rechtsbeugung für schuldig befunden wurde. Dafür aber mußte der Nachweis des direkten Vorsatzes erbracht werden, mußte der Täter überführt worden sein, bewußt und gewollt gegen die damals geltende

Rechtsordnung verstoßen zu haben. Darüber aber gab der Fall Rehse bereits ungeschmälert Auskunft: Wer von den Blutrichtern NS-Gesinnung glaubhaft machen konnte, der *mußte* nach der Direktive des Bundesgerichtshofs freigesprochen werden. Bei Freisler wäre eine Rechtsbeugungsabsicht noch viel schwerer zu erbringen gewesen als bei jenen seiner Kollegen, die das Dritte Reich überlebt hatten und vor Gericht gestellt worden waren – wenige genug. Denn daß Freisler ein fanatischer Nazi war, und nicht etwa nur ein für die NS-Ideologie anfälliger Konservativer, daran konnte nicht der geringste Zweifel bestehen. Dahin hatte es die Schlupfwinkelsuche und -findung der bundesdeutschen Justiz für die Kollegen der NS-Justiz gebracht: erwiesene Nazigesinnung = Freispruch für den ehemaligen Nazirichter!
Niemand hätte überzeugender als Freisler glaubhaft machen können, daß er an das übergesetzliche »Recht« der NS-Diktatur glaubte, der er sich ohne jeden Rest anheimgegeben hatte. Nach der Logik der bundesdeutschen Justiz, ihrer empirischen Urteile und der Richtlinie ihrer obersten Instanz hätte ein lebender Roland Freisler freigesprochen werden müssen und unter uns weilen dürfen.
Es gibt keine Undenkbarkeit, die bei der strafrechtlichen Behandlung der NS-Richter durch die bundesdeutsche Justiz nicht geschehen wäre, bis hin zu den Sätzen: »Es sind nicht die heutigen, sondern die damaligen Verhältnisse zugrunde zu legen« und »Die Anwendung des Blutschutzgesetzes ist damals ohne Zweifel zu Recht erfolgt«.
Die NS-Justiz hat zwischen 1933 und 1945 etwa 32 000 Todesurteile gefällt, davon über 30 000 zwischen 1941 und 1944. Von 1942 an, dem Jahr der Kriegswende, haben NS-Richter durchschnittlich 720 Personen im Monat zum Tode verurteilt. Bis auf ganz geringe Ausnahmen sind die Verantwortlichen dieses justitiellen Enthauptungswesens davongekommen, darunter alle Mörder in der Robe. Bundesjustiz – NS-Justiz: die untilgbare Schmach!

In ihrem Verhältnis zu den Blutrichtern des Naziregimes hat die Rechtsprechung der zweiten deutschen Demokratie nie die Hürde des Positivismus überspringen können: Recht ist, was Gesetz ist – zur Tatzeit, gleichgültig, wer dieses »Recht« erlassen hat. Noch einmal: »Die Anwendung des Blutschutzgesetzes ist damals ohne Zweifel zu Recht erfolgt.« Dieser Satz fiel wörtlich im Jahre 1950, im Kasseler Prozeß gegen den ehemaligen Richter Edmund Kessler, der zusammen mit zwei anderen Richtern am 21. April 1943 das Todesurteil gegen den jüdischen Ingenieur Werner Holländer wegen »Rassenschande« fällte. Kessler wurde freigesprochen.

Die Urteile und ihre Begründungen lassen keinen Zweifel daran, daß letztlich damals eben doch »Straftatbestände« erfüllt worden seien, und zwar von den Opfern der NS-Justiz, nicht von deren Richtern – daß eben im Einzelfall der »Führer« beleidigt, die Wehrkraft zersetzt, der Feind begünstigt worden sei. Sichtbar wird eine gewisse Unfähigkeit, Opfer und Täter, die wirklichen Opfer und die wirklichen Täter, auseinanderzuhalten. Sichtbar wird die Ablehnung der bundesdeutschen Justiz, Juristen überhaupt in die Reihe der NS-Täter zu stellen, ja eine Hitlersche Vollstreckungsbehörde wie den Volksgerichtshof, dieses Fleisch vom Fleische des nationalsozialistischen Unrechtsstaates, diese mit Richterroben garnierte Guillotine, als das zu erkennen und anzuerkennen, was sie einzig war – ein reines Terrorinstrument!
Aber dann stößt man auf einen juristischen Text, der einem den Glauben an die demokratische Justiz wiedergeben könnte, auf Sätze, die an Klarheit nichts zu wünschen übriglassen über die Umstände und Bedingungen, denen Angeklagte unterworfen waren, eine vehemente, leidenschaftliche Anklage wegen des Bruchs elementarster Rechtsprinzipien:

»Zu den Hauptverstößen dieser Art rechnet vor allem die Tatsache, daß den Angeklagten durchweg eine ausreichende Verteidigung nicht zugebilligt oder ermöglicht wurde, daß eine der Strafprozeßordnung entsprechende Beweisaufnahme nicht durchgeführt, der Verurteilung mehr oder weniger unvollkommene polizeiliche Protokolle und Denunziationen zugrunde gelegt wurden, so daß sicher fundierte Schuldfeststellungen nicht getroffen werden konnten, daß der Grundsatz der Öffentlichkeit der Hauptverhandlung nur in den wenigen Fällen Beachtung fand, in denen sogenannte Schauprozesse durchgeführt wurden, daß die Urteile schon vorher und nach bestimmten Richtlinien festgelegt waren, daß die verhängten hohen und höchsten Zuchthausstrafen und Todesstrafen überwiegend in keinem gerechten Verhältnis zu den angeblichen Verfehlungen standen und in ihrer Unrechtmäßigkeit jedem rechtsstaatlich anerkannten Grundsatz widersprechen. Die so zustande gekommenen Urteile erweisen sich als absolut und unhaltbar nichtig.«

Könnte das nicht eine geradezu klassische Schilderung der Justizverhältnisse im Dritten Reich sein, wie sie ansonsten in den bundesdeutschen Verfahren gegen ehemalige NS-Juristen so schmerzlich unterschlagen wird, obwohl durch solche Erhellungen richterliche Verhaltensweisen unterm Hakenkreuz wesentlich charakterisiert

wären? Ist dieses Zitat nicht eine überzeugende Wiedergabe von Realität und Atmosphäre, die seinerzeit die Verfahren im allgemeinen, die vor dem Volksgerichtshof aber im besonderen bestimmten? Werden hier nicht, auf klarer rechtsstaatlicher Grundlage, die entscheidenden Elemente aufgeführt, die jede wirkliche Rechtsprechung zwischen 1933 und 1945 zur bloßen Farce machten? Ja, könnte dieser Text nicht der Empfehlung jenes Rechtsausschusses entnommen sein, aufgrund deren der Deutsche Bundestag dann im Februar 1985 alle Entscheidungen des NS-Volksgerichtshofes für null und nichtig erklärt hat?
Könnte wohl, ist er aber nicht. Der Text ist vielmehr entnommen dem Beschluß des Kammergerichts Berlin vom 15. März 1954, der sich gegen die Rechtsprechung der Deutschen Demokratischen Republik in den sogenannten »Waldheim-Prozessen« richtet. 1950 beim Landgericht Chemnitz von neugebildeten Sondergerichten gefällt, trafen die Urteile 3432 Personen in jeweils Zwanzig-Minuten-Verhandlungen, nachdem die Verurteilten bereits Jahre in Internierungslagern zugebracht hatten. Die Insassen dieser Lager waren Personen, die im Verdacht standen, sich gegen die Gesetze der Menschlichkeit vergangen oder sich in irgendeiner Form an den Verbrechen des NS-Staates beteiligt zu haben.
Wozu sich die Bundesjustiz bei den Verfahren gegen Nazirichter, die des Volksgerichtshofes eingeschlossen, nie durchringen konnte, nämlich den Unrechtscharakter ohne Wenn und Aber zu konstatieren – gegenüber den Waldheim-Prozessen geschieht es. Nun hieß es in dem Beschluß der Berliner Kammer:

»Nach Auffassung des Senats, die sich mit der vom Bundesjustizminister für Justiz insbesondere im Erlaß vom 15. März 1951 vertretenen Ansicht deckt, entbehren die Urteile jeder Rechtswirksamkeit.«

Ganz im Gegensatz zur Haltung der Bundesjustiz gegenüber zahlreichen durch NS-Gerichte Verurteilten und den ihnen durch diese angelasteten »Straftaten« – im Falle der Waldheim-Prozesse gibt es keinerlei Zweideutigkeiten:

»Den von ihrer Verurteilung Betroffenen können keinerlei Rechtsnachteile aus den Urteilen erwachsen; sie sind so zu behandeln, als ob kein gerichtliches Verfahren gegen sie durchgeführt ist, d. h., sie gelten als nicht verurteilt.«

So leicht hatten es die »Rassenschänder« vor bundesdeutschen Schwurgerichten, wie weiter oben belegt, nicht...

Was hier geschieht, ist völlig klar: Gegenüber der fremden, von außen gekommenen, von der Sowjetunion auf dem Territorium der DDR errichteten Diktatur steht die bundesdeutsche Rechtsprechung ohne jede innere Hemmung da. Unabhängig davon, ob es sich bei den Verurteilten von Waldheim tatsächlich um Naziverbrecher handelte, was jedenfalls für einen Teil von ihnen durchaus zutreffen konnte – die Verfahren entbehrten aller Rechtsstaatlichkeit. Was in dem Berliner Beschluß erkannt und artikuliert wird, trifft zu, der Wahrheitsgehalt ist sofort erkennbar.
Ganz anders aber reagierte die bundesdeutsche Justiz auf die Hypothek des eigenen, des einheimischen, aus der Tiefe der deutschen Geschichte zur Macht emporgestiegenen Gewalt- und Vernichtungsstaates, den Hitlerdeutschland darstellte. Unsicher, fahrig, zum Komplizentum im Rechtsgewand bis zu den abenteuerlichsten Konstruktionen und für jedermann erkennbar bereit, entlarvt nichts so hemmungslos wie das Verhalten der Bundesjustiz gegenüber den NS-Richtern die geradezu zwanghafte Entwicklung zum großen Frieden mit den Tätern.
Aber der Rechtsapparat der zweiten deutschen Demokratie agierte dabei keineswegs isoliert, keineswegs von der übrigen Gesellschaft getrennt. Wie auf allen anderen Gebieten des großen Friedens mit den Tätern sind die Handlungen des Rechtsapparates nichts als das justitielle Spiegelbild dessen, was die Mehrheit des nationalen Kollektivs politisch wünscht oder gar fordert.
Womit es an der Zeit wäre, eine Art Bilanz zu ziehen. Doch vorher noch die Mitteilung: Am 21. Oktober 1986 hat die Berliner Staatsanwaltschaft die Akte Volksgerichtshof endgültig geschlossen.

Der unsterbliche Konservatismus

Man kann die Haltung der Nachkriegsdeutschen in dem lapidaren Satz zusammenfassen, daß sie nichts anderes im Sinn hatten, als möglichst unversehrt aus dem selbstverantworteten »Schlamassel« herauszukommen – so der von ihnen immer wieder verwendete Ausdruck. Man hatte die Sache eines klar erkennbaren kriminellen Systems zu seiner eigenen, zur vaterländischen erklärt, hatte dabei einen beträchtlichen Teil der Welt in Stücke geschlagen, war schließlich gescheitert und wollte nun – in Ruhe gelassen werden. So gespenstisch das klingt angesichts der Trümmer und der Totenziffern, für die Hitlerdeutschland die Primärverantwortung trug, dies war nach 1945 über Jahrzehnte hin die psychische Wirklichkeit in der Bundesrepublik Deutschland, oder doch einer Mehrheit ihrer Bevölkerung. Der nationalen Geistesverfassung hat das nicht gutgetan, offenbarten sich doch darin die schon traditionelle Ablehnung der eigenen Verantwortung und jener immer der jeweiligen Situation scharf angepaßte Opportunismus, die, nun in die Gegenwart transponiert, eben den »Schlamassel« der jüngsten Vergangenheit gerade ermöglicht hatten.

Soweit deutsche Stellen im Spiele waren, ist von der Entnazifizierung bis hin in die Schlußphase der NS-Prozesse der zweiten Welle eine unverhohlene, energische und phantasievoll betriebene Entlastungspraxis als streng befolgte Regel unübersehbar. Dies stets verbunden mit dem unabweisbaren Schatten eines geleugneten schlechten Gewissens, das den Alliierten und ihrem Beitrag zum großen Frieden mit den Tätern völlig abging – für sie war es schließlich doch nur der Umgang mit Fremden, die man angesichts neuer globaler Konstellationen brauchte.

Für die Deutschen aber war der »Frieden mit den Nazis«, und darauf lief die Entwicklung letztlich hinaus, intern, und nichts als intern. Das war die eigene Sache! Und dabei hat es nie wirklich und ernsthaft zur Debatte gestanden, Gerechtigkeit zu finden und Sühne zu üben. Zur Debatte gestanden haben immer nur die Mittel und Wege, mit deren Hilfe die direkten und die indirekten, die moralischen und die strafrechtlichen Tätergruppen davonkommen konnten. Dazu gehören: Verantwortungsabstinenz und das rückhaltlose Bekenntnis zu ihr; blanke Lügen, gegenüber sich selbst und den Nachkommen, und blanke Furcht vor Vergeltung – wenngleich letztere nur über eine kurze, aber ungeheuer einprägsame Strecke. Im Spiele sind dort, wo NS-Gesinnung endlich überwunden wurde, blockierende Scham, oft ein ganzes Leben lang; wo NS-Gesinnung verblieb, ein Gemisch aus Trotz und Wut, das jede Bereitschaft ausschloß, Haftung zu übernehmen. Fast einer ganzen Nation gemeinsam aber war, nach außen ein anderes Ich als das gestrige vorzuweisen, ohne doch das alte Ego im Innern gründlich verbergen zu können. Darum die Maske.

Allerdings gilt es, sich einzugestehen, mit der politischen, moralischen und strafrechtlichen Säuberung in diesem Nachkriegsdeutschland etwas Unmögliches verlangt zu haben: nämlich ein verbrecherisches System von denen aburteilen zu lassen, die es zwölf Jahre für ihr eigenes erklärt und es entweder in kennzeichnender Blindheit oder in komplizenhafter Verstrickung bis fünf Minuten nach zwölf getragen hatten.

Heute wissen wir: Beide, Blindheit und Verstrickung, sind so inflationär gewesen, daß jeder Versuch einer wie auch immer gearteten Sühne das politische, wirtschaftliche und soziale Leben in der deutschen Nachkriegsgesellschaft hätte zusammenbrechen lassen – auf diesen Ansturm der Geschichte konnte das Gefängnis- und Zuchthauswesen nicht vorbereitet sein. Und so blieb mit einer gewissen Notwendigkeit und Gesetzmäßigkeit – »Das Leben muß weitergehen!« – das Unsühnbare tatsächlich ungesühnt. Von allen furchtbaren Wahrheiten, die uns die Hypothek Hitlerdeutschlands beschert hat, ist diese zwangsfolgehafte die furchtbarste.

In einem gewissen Sinne hat Hitler postum doch gesiegt – nicht persönlich und nicht militärisch, wohl aber, was seine einstige Klientel betrifft. Die Ausnahmen davon sind so verschwindend, daß sie die Regel nur bestätigen.

Die Mörder, nun langsam den aussterbenden Generationen zuzuzählen, waren und sind unter uns geblieben, und es kann nicht gesagt werden, daß sich die Bevölkerung der Bundesrepublik Deutschland dadurch beunruhigt gefühlt hätte, die mitverstrickten Älteren und Alten in ihrer Mehrzahl jedenfalls nicht. Wenn sich die Generationen der Söhne, Töchter und Enkel dadurch nicht beunruhigt fühlten, dann aus einem anderen Grunde: Sie wissen so gut wie nichts von dem großen Frieden mit den Tätern, obwohl es sich doch häufig genug um ihre Eltern und Großeltern gehandelt hat. Sie wissen nichts davon, weil weder zu Hause noch öffentlich die Eingliederung der Täter in die Nachkriegsgesellschaft ein Thema war, ja, es war eine Art Tabu. Ihre Integration ist der unbekannteste und am meisten vernachlässigte Teil der bundesdeutschen Geschichte, und dies wohl kaum zufällig. In der

historischen und politischen Verzahnung, in der sich der große Frieden mit den Tätern entwickelt hat, wird der Komplex bei uns überhaupt nicht behandelt, nämlich als zusammenwirkende Elemente einer historischen *Tateinheit:* kollektive Abwehr der nationalen Mehrheit gegenüber einer ehrlichen Auseinandersetzung mit der Nazizeit + Rücksichtnahme der Politiker des Parteienspektrums auf diese Haltung ihres Wählerpotentials = gescheiterte Entnazifizierung. Westintegration der Bundesrepublik Deutschland, durch die der Feind von gestern in Gestalt der Westalliierten – und vice versa – zum Bundesgenossen von heute wird und sich das Feindbild vom Nationalsozialismus auf die kommunistische Vormacht Sowjetunion verlagert = Amnestie für die zivile und militärische Funktionselite des Dritten Reiches, eingeschlossen schwer- und schwerstbelastete Kriegsverbrecher. Ganz im Zeichen dieser Entwicklung wird die ursprüngliche Versorgungsabsicht des Grundgesetzartikels 131 für die ehemaligen Staatsdiener Hitlers per Gesetz in deren Wiedereinstellungsbasis verwandelt, was die Übernahme fast der gesamten NS-Beamtenschaft in die Verwaltungsbürokratie der zweiten deutschen Demokratie bedeutete. Schließlich erhält die gewaltige Anstrengung der Justiz seit 1958 – die NS-Prozesse vor bundesdeutschen Schwurgerichten – angesichts eines zwar aburteilungswürdigen, jedoch hierarchisch verfehlten Haupttätertypus eine beklemmende Alibifunktion. Obwohl dieses letzte Element bis in unsere Zeit hineinragt, wird erkennbar, daß der große Frieden mit den Tätern eine Schöpfung der Adenauerära ist, ein Erbe von immer noch spürbarer Wirkung.
Institutionelle Hauptkonstrukteure waren dabei der Justizapparat der Bundesrepublik und dessen höchste Kammern, die sich beim Herauspauken von Richterkollegen aus der NS-Zeit nicht geniert haben, zwecks Strafvermeidung die Interessen der Naziführung zur Grundlage ihrer Rechtsbeurteilung zu machen – dies unter anderem in nahezu allen NS-Richter-Freisprüchen unverdeckt nachzulesen.
Wie die übrige Gesellschaft stand auch die bundesdeutsche Justiz vor einem wahren Leichen-Himalaja – aber Täter konnte sie kaum ausfindig machen. Ein nie gesäuberter Berufsstand hat seine Aufgabe nicht erfüllt. Es kam, was kommen mußte – man bescheinigte einander fehlendes Unrechtsbewußtsein. So einfach war es, als Mörder in der Robe davonzukommen. Doch wäre es falsch, der bundesdeutschen Richterschaft nichts als servile Fügsamkeit zuzuschreiben – sie hat sich nur in den Maschen ihrer eigenen Unwahrhaftigkeit verfangen. Nicht im mindesten zu zweifeln jedoch ist an der untergründigen Kraft, die als unverwüstliche Kulisse hinter all diesen Minimalurteilen und Frei-

sprüchen auch von Massenmördern stand und steht – der Wille einer Bevölkerungsmehrheit, die es ablehnt, sich mit der eigenen Vergangenheit auseinanderzusetzen, bis in unsere Tage – es war nie anders. Die bundesdeutsche Justiz war nie unabhängig von dieser Kraft, und sie ist es heute auch nicht. Dies bestätigt sich auch in ihrer Haltung gegenüber den Terroristen und deren Umfeld – die scharfen Urteile gegen diese Tätergruppe stehen in voller Übereinstimmung mit der vorherrschenden Meinung der Gesellschaft. Hier fehlt gegenüber den Tätern jene milde Nach- und Umsicht, die einem bei den NS-Prozessen geradezu ins Gesicht springt. Terroristen sollen, müssen nach dem Volkswillen so unerbittlich bestraft werden, wie die bundesdeutsche Justiz es tut.
George Orwell, der Autor der berühmten, wenngleich nur partiell realisierten Prophetie »1984«, schrieb schon 1946 hinsichtlich angeklagter und abgeurteilter Naziverbrecher:

»Die Bestrafung dieser Unmenschen scheint irgendwie nicht mehr attraktiv zu sein, sobald sie möglich geworden ist. In der Tat hören sie fast auf, ›Ungeheuer‹ zu sein, wenn sie erst einmal hinter Schloß und Riegel sitzen.«

Das trifft genau auf die allgemeine Haltung gegenüber den NS-Tätern zu – und nicht im mindesten auf die gegenüber gefangenen Terroristen. In beiden Fällen ist die Praxis der Justiz kongruent mit dem Willen der Bevölkerung, oder jedenfalls ihrer Mehrheit. Das ist kein simples Phänomen, sondern bestätigt, daß auch der Rechtskörper Fleisch vom Fleische der Gesellschaft ist, aus der er wächst. Dazu gehört die ungleiche Beurteilung von Kriminalität durch »Volkes Stimme«. Auf den Zahn gefühlt, will sie nicht Recht nach dem Gesetz sprechen, sondern aus dem Bauch – ihrem Bauch. Es hat nie einen verdorbeneren als den der deutschen Nachkriegsgesellschaft gegeben.
Niemandem würde je einfallen, einen gefaßten Sittlichkeitsverbrecher oder Einbrecher ungestraft davonkommen zu lassen, weil es andere, nicht gefaßte Sittlichkeitsverbrecher und Einbrecher gibt. Im Nachkriegsdeutschland aber hatte sich die Auffassung eingebürgert – und ihre Ausläufer sind bis heute wirksam –, daß politische Verbrechen, die von Deutschen begangen worden sind, von der Strafverfolgung ausgenommen werden sollten, weil auch Angehörige anderer Staaten politische Verbrechen begangen hätten. Wo da die Gerechtigkeit bliebe! Diese Schule will in ihrer eingefrorenen Unaufrichtigkeit den Eindruck erwecken, als wolle sie die Bestrafung *aller* politischen Ver-

brechen, während es ihr in Wahrheit um die Straffreiheit für die Naziverbrecher geht. Dafür wäre sie bereit, auf eine Bestrafung von Angehörigen anderer Staaten wegen der von ihnen begangenen Verbrechen zu verzichten.

Was die materielle und ideelle Auseinandersetzung mit dem Nationalsozialismus und Hitlerdeutschland betrifft, so legt die bisherige Geschichte der Bundesrepublik Deutschland die volle Problematik des deutschen Konservatismus frei, der mit Ausnahme der sozialliberalen Koalitionsphase zwischen 1969 und 1982 regiert hat. Ungeachtet eines bedeutenden Anteils am Widerstand gegen Hitler hat er nach 1945 als politische Gewalt im einzelnen und im ganzen überwältigend offen dargelegt, wie unfähig er ist, zu einer nicht nur ästhetischen, oft genug nur lippenbekenntnishaften, sondern auch zu einer prinzipiellen Gegnerschaft zum Nationalsozialismus, dieser historischen Ausgeburt der deutschen Rechten, zu gelangen. Und wie wenig ihm daran lag und liegt, eine von vordemokratischen Traditionen tief geprägte Wählerbasis in eine nicht bloß behauptete, sondern wirkliche Distanz davon zu lenken – der deutschnationale Adam kommt immer wieder durch!
Abgesehen von den Splittern einer von Wahlniederlage zu Wahlniederlage dahinvegetierenden linken Mikrogemeinde: Was in der zweiten deutschen Demokratie antirepublikanisch, antiegalitär, antinternational und autoritär geblieben ist, lebt nicht nur, aber vor allem in der bundesdeutschen *Rechten* weiter. Ihre Hauptmacht aber, ihr Großbecken, ist der organisierte und nichtorganisierte deutsche Konservatismus geblieben, auch wenn er sich selbst notorisch als »Mitte« darzustellen versucht.
Der große Frieden mit den Tätern ist *sein* Werk. *Er* stellt die übergreifende Kontinuität in der deutschen Geschichte der letzten hundert Jahre dar, ohne ihn wäre nichts gelaufen – diese Feststellung gilt auch für die Etappe des Nationalsozialismus, seine kurze Vor- und seine lange Nachgeschichte. Immer deutlicher stimmen für mich die Begriffe »konservativ« und »inhuman« miteinander überein.
Heute, gegen Ende des 20. Jahrhunderts, steht dem Konservatismus in der Bundesrepublik Deutschland etwa die halbe Nation als ein unüberwindlicher Gegner gegenüber. Das ist viel, sehr viel, aber am Ende ist er noch lange nicht, dieser unsterbliche Konservatismus, und mit seinem Meisterstück nach dem Zweiten Weltkrieg, dem großen Frieden mit den Tätern, hat er etwas Unumkehrbares geschaffen.
Das alles geschah in den ersten zwanzig Jahren nach 1945, aber die Folgen sind akut, und sie werden weit über unsere Tage hinausreichen.

Wie abgestumpft die Reaktionen einer Gesellschaft sind, die auf dem historischen Fundament des großen Friedens mit den Tätern steht, geht aus einer Stelle von Jörg Friedrichs Buch »Die kalte Amnestie« hervor, die sich mit dem neonazistischen Bombenanschlag auf dem Münchener Oktoberfest 1980 befaßt:

»Welches Land aber sollen diese zwölf Toten erschüttern? Dasjenige, in dem der Zyklon-B-König freigesprochen herumläuft? Das gespickt ist mit unbehelligten und wegen guter Führung nach zwei Jahren entlassenen Völkermördern? Der Nerv ist schon lange taub, auf dem Naziverbrechen weh tun. Rechtsseitig gelähmt, verspürt die Bundesrepublik Deutschland die nazistische Berührung nicht, selbst wenn das Blut schon fließt. Sie hat so viele NS-Verbrecher in die Arme schließen müssen, daß ihr die Glieder abgestorben sind, mit denen sie sich der Kommenden erwehren soll.«

Und zum Abschluß des Gesamtkapitels die grundsätzliche Charakteristik einer historischen Situation:

»Etwas ist ausgeblieben, was alles ins Maß gerückt hätte. Deutschland hat versäumt, sich sein reinstes, bestes, sein auf ältester Grundlage wiederhergestelltes Maß zu geben. Es hat sich nicht von Grund an erneuert und umbesonnen, es hat sich nicht jene Würde geschaffen, die die innerste Demut zur Wurzel hat. Es war nur auf Rettung bedacht, in einem oberflächlichen, raschen, mißtrauischen und gewinnsüchtigen Sinn, es wollte leisten und hoch- und davonkommen, statt seiner heimlichsten Natur nach zu ertragen, zu überstehen und für sein Wunder bereit zu sein. Es wollte beharren, statt sich zu ändern ...«

Welch unübertreffliche Stempelung jener historischen Entscheidung, die die große Mehrheit der Deutschen nach 1945 traf! Wer das schrieb? Rainer Maria Rilke, am 2. Februar – 1923.

Wehrmacht und Krieg – die heiligen Kühe

Über das Hauptverbrechen Hitlerdeutschlands

»Der verlorene Krieg ist bis heute mit dem idealisierten Selbstbildnis der privilegierten deutschen Rasse nicht zu vereinbaren.«
Alexander und Margarete Mitscherlich

Entnazifizierung und Enthistorisierung von Wehrmacht und Krieg – das ist die Lieblingslegende der zweiten Schuld. Sie will den Eindruck entstehen lassen, als hätten die deutschen Streitkräfte der Jahre 1939 bis 1945 mit dem Nationalsozialismus nichts zu tun gehabt, als wären Heer, Marine und Luftwaffe Teil eines historischen Vakuums gewesen, losgelöst von der politischen Schubkraft und unabhängig von ihrem Oberbefehlshaber, der seit 1938 Adolf Hitler hieß. Der Kampf der Wehrmacht solle »wertfrei« – so lautet das Codewort – gesehen werden.

Das ist eine gleich dreifache Umgehung der nachweisbaren Wirklichkeit.

Realität war, erstens, daß die Wehrmacht als Schwert in den Händen der NS-Führung gehandhabt wurde, der seinerzeit einzig in Deutschland bestimmenden Lenkungsgewalt, als Werkzeug ihrer Eroberungspläne und als Hauptinstrument des zweiten deutschen Anlaufs auf die Weltherrschaft – also als die quantitativ entscheidende Kraft der aggressiv-expansiven NS-Diktatur. Von dieser Rolle wird der objektive Charakter der Wehrmacht bestimmt, und zwar völlig unabhängig von den subjektiven Auffassungen ihrer Führung, ihres Offizierskorps und ihrer Truppen. Für die überfallenen und besetzten Völker war es gänzlich belanglos, wie die Wehrmacht selbst sich und ihren Kampf interpretierte.

Von der Ursachenkette her trifft Hitlerdeutschland die Primärverantwortung für jeden militärischen und zivilen Toten des Zweiten Weltkrieges, eingeschlossen die des eigenen Volkes. Alle Gegenreaktionen auf den Aggressor bewegen sich auf einer sekundären Ebene der Verantwortung. Die militärische Aggression auf Europa, auf die Welt, auf die Menschheit – *der Krieg:* Er war das Hauptverbrechen des Nationalsozialismus! Und er wäre dies angesichts der unübersehbaren Opfermassen auch dann, wenn die Rolle der Wehrmacht sich auf die bewaffnete Auseinandersetzung beschränkt hätte, wenn sie nicht an der Vernichtungs- und Ausrottungspolitik der NS-Führung in den deutsch besetzten Gebieten, allen voran Osteuropa, beteiligt gewesen wäre.

Aber, zweitens, die Wehrmacht war beteiligt an diesen Aktionen, sehr weitgehend beteiligt, und das auf zweifache Weise – indirekt und direkt. Indirekt: Die Eroberungen der Wehrmacht schufen die territorialen Voraussetzungen für die Ausdehnung der nationalsozialistischen Herrschaft über weite Teile Europas und, zeitweise, auch Nordafrikas. Das heißt, die Wehrmacht ermöglichte der NS-Führung den gewaltsamen Export ihres bis dahin nur innerhalb der Grenzen »Großdeutschlands« wirksamen Systems, wobei der bereits vorhandene, sich nun

aber kräftig entwickelnde Vernichtungsapparat des Reichssicherheitshauptamtes der kämpfenden Truppe unmittelbar auf den Fersen folgte. Sein Radius wird stets vom Verlauf der deutschen Fronten abhängig sein.
Es kann als absolut sicher gelten, daß die Kampfmotivation des deutschen Soldaten im Zweiten Weltkrieg nicht darin bestanden hat, dem Vernichtungsapparat den Raum für Massen- und Völkermord freizuschießen, sondern in dem Fehlschluß, die Interessen des Vaterlandes seien mit denen der NS-Herrschaft identisch, also in dem Glauben, er kämpfe für Volk und Heimat. Dies wird ganz allgemein jene Interpretation für den zweiten Anlauf des Reiches auf die Weltvorherrschaft sein. Womit nur noch einmal bestätigt wird, wie unabhängig das objektive Geschehen von den subjektiven Auffassungen Beteiligter sein kann.
Schon wenn die Verstrickung der Wehrmacht sich darauf beschränkt hätte, die Macht der NS-Führung über die nationalen Grenzen hinauszukatapultieren und damit dem Vernichtungsapparat die geographischen Voraussetzungen für eine immense Ausweitung des potentiellen Opferkreises zu verschaffen, käme ihr eine zentrale Verantwortung zu, auch ohne eigene Beteiligung an den Mordaktionen.
Wirklichkeit ist aber, drittens, daß die Wehrmacht daran nicht nur indirekt, sondern auch direkt beteiligt war, was in diesem Kapitel nachgewiesen werden soll anhand jenes Beispiels, mit dem die Ausrottungs- und Vernichtungspolitik ihren grauenhaften Höhepunkt erreichte – anhand des »Unternehmens Barbarossa«, wie das Deckwort des deutschen Überfalls auf die Sowjetunion vom 22. Juni 1941 lautete.

Größte geschlossene Opfergruppe des Zweiten Weltkriegs werden Bürger der Sowjetunion werden, etwa 20 Millionen Tote, davon 7 Millionen Zivilisten. Größte Untergruppe der Gesamtziffer sowjetische Soldaten: Etwa 10 Millionen fielen oder erlagen ihren Verletzungen, und von den 5,7 Millionen sowjetischen Kriegsgefangenen in deutschem Gewahrsam kamen 3,3 Millionen um, das sind fast 58 Prozent. 2 Millionen zwischen Juni 1941 und März 1942 (wie Generalfeldmarschall Wilhelm Keitel, Chef des Oberkommandos der Wehrmacht, in einer Denkschrift offen, aber ungerührt bekannte) und weitere 1,3 Millionen bis Kriegsende.
Hinter dieser Statistik verbirgt sich nicht allein unvorstellbares menschliches Leid, sondern auch die planvolle Methode einer Staatsführung, Krieg auf eine nie dagewesene Weise zu führen. Dazu bedurfte es umfangreicher Vorbereitungen.

Wie weit würde der traditionelle, lediglich als konservativ verschriene, nicht unbedingt nationalsozialistisch überzeugte Teil der deutschen Militärspitze – Wehrmacht- und Heeresführung –, aber auch die Elite der Ministerialbürokratie mitmachen?
Das war die Frage, die sich Hitler im Frühjahr 1941 zu stellen hatte, angesichts der Notwendigkeit, die ideologischen und organisatorischen Voraussetzungen für seine Absichten schon *vor* dem geplanten Einfall in die Sowjetunion zu schaffen, was ohne die Preisgabe ihrer Einzelheiten nicht möglich war.
Ein in Hitlers Sinn ermutigendes Beispiel hatte sich bereits 1939 ereignet – die sogenannte »völkische Flurbereinigung« vom September jenes Jahres in Polen. So wurde der Massenmord an Juden durch Einsatzgruppen der SS im Operationsgebiet des Heeres, das selbst daran unbeteiligt blieb, umschrieben.
Damals hatte es erhebliche Beunruhigung, ja offenen Protest im Offizierskorps und in der Truppe gegeben. So forderte Eduard Wagner, General der Artillerie und Generalquartiermeister im Heeresstab, die Verhängung des Ausnahmezustandes gegen die beteiligten SS- und Polizeieinheiten. Und Georg von Küchler, Generaloberst und Befehlshaber des Armeeoberkommandos 3, beschwor die Heeresführung, die ihm unterstellten SS-Verbände, »diesen Schandfleck der deutschen Armee«, wegen der von ihnen begangenen Verbrechen an den polnischen Juden unverzüglich abzuziehen.
Aber weder Küchler noch Wagner, noch gar die ihnen unterstellten Truppenführer, die sich empört hatten, erhielten von der Heeres- und Wehrmachtspitze auch nur die geringste Rückendeckung. Generalfeldmarschall Walter von Brauchitsch, der Oberbefehlshaber des Heeres, hatte die »völkische Flurbereinigung« und die Beschneidung seiner eigenen Rechte im Hoheitsgebiet des Heeres durch die SS widerspruchslos hingenommen – ein markanter Präzedenzfall, wie sich herausstellen wird, und bis dahin völlig einmalig in der deutschen Militärgeschichte.
Jetzt, 1941, war die Stunde radikalerer Forderungen gekommen.
Hitler ließ von vornherein keinen Zweifel daran, daß das »Unternehmen Barbarossa«, der Krieg gegen die Sowjetunion, ein ideologisch begründeter Vernichtungsfeldzug werden sollte.
Am 17. März erklärte Hitler im Beisein von Generalmajor Adolf Heusinger und Generalstabschef Franz Halder nach Notizen des letzteren:

»Die von Stalin eingesetzte Intelligenz muß vernichtet werden. Die Führermaschinerie des russischen Reiches muß zerschlagen werden.

Im großrussischen Reich ist Anwendung brutalster Gewalt notwendig. Weltanschauliche Bande halten das russische Volk noch nicht fest genug zusammen. Es wird mit dem Beseitigen der Funktionäre zerreißen.«

Am 30. März 1941 fand dann die Generalprobe vor rund 250 hohen Offizieren statt, Befehlshabern und Stabschefs der für den Ostkrieg vorgesehenen Divisionen, Armeekorps und Heeresgruppen. Nach den Aufzeichnungen des Generalstabschefs Halder führte Hitler dabei unter anderem folgendes aus:

»Kampf zweier Weltanschauungen gegeneinander. Bolschewismus gleich asoziales Verbrechertum. Kommunismus ungeheure Gefahr. Wir müssen vom Standpunkt des soldatischen Kameradentums abrücken. Es handelt sich um einen Vernichtungskampf. Vernichtung der bolschewistischen Kommissare und der kommunistischen Intelligenz. Kommissare und GPU-Leute sind Verbrecher und müssen so behandelt werden. Das ist keine Frage der Kriegsgerichte. (Randnotiz von Halder: Der Kampf wird sich sehr unterscheiden vom Kampf im Westen. Im Osten ist Härte mild für die Zukunft.) Die Truppenführer müssen von sich das Opfer verlangen, ihre Bedenken zu überwinden.«

Das war offener Aufruf zum Massenmord, das waren bisher beispiellose Forderungen an deutsche Militärs: der Appell an die Wehrmacht, alle völker- und kriegsvölkerrechtlichen Bestimmungen zu mißachten und Verbrechen zu begehen, die mit nichts als der NS-Ideologie begründet wurden.
Wie würden die Oberkommandos der Wehrmacht und des Heeres reagieren?
Sie reagierten, wie Hitler es erwartet hatte – seine Direktiven wurden sofort in Befehle umgesetzt. Am 8. April, kaum eine Woche nach Hitlers Vortrag, notierte Ulrich von Hassell im Anschluß an Gespräche mit Oberst Hans Oster, Chef des Stabes von Admiral Canaris (Abwehr), und Generaloberst Ludwig Beck:

»... es stiegen einem die Haare zu Berge, was urkundlich belegt wurde über die der Truppe erteilten, von Haider unterschriebenen Befehle betreffend das Vorgehen in Rußland und über die systematische Umwandlung der Militärjustiz gegenüber der Bevölkerung in eine auf jedes Gesetz spottende Karikatur... Mit dieser Unterwerfung unter Hitlers Befehle opferte Brauchitsch die Ehre der deutschen Armee.«

Ein wesentlicher Schritt, die Wehrmacht in die NS-Ausrottungs- und Vernichtungspolitik einzubeziehen, war getan, die Hinnahme der SS-Verbrechen im Zuge der »völkischen Flurbereinigung« in Polen 1939 durch die Heeresleitung zeitigte ihre Folgen.
Übrigens, das sei hier eingeschoben, steht die polnische Tragödie im Zweiten Weltkrieg gleichberechtigt neben der sowjetischen (woran Stalins Politik vom September 1939 bis Juni 1941, also während der zwischen ihm und Hitler im deutsch-sowjetischen Nichtangriffspakt vereinbarten Aufteilung Polens, einen, gemessen an den deutsch verursachten Vernichtungsziffern, zwar verschwindend kleinen, durch die Mordauslese aber, Intelligenzler und Offiziere – Katyn! –, soziologisch gewichtigen Anteil hatte). In relativen Zahlen hatte Polen die meisten Opfer aller am Krieg beteiligten Völker zu beklagen. Während die 20 Millionen getöteten Sowjetbürger die Ausrottung etwa eines Zehntels der damaligen Gesamtbevölkerung der UdSSR bedeuteten, erlitt das polnische Volk mit 5 bis 6 Millionen Toten – davon etwa die Hälfte Juden –, angesichts einer Einwohnerschaft von 25 bis 28 Millionen bei Kriegsausbruch, den biologischen Substanzverlust von rund einem Fünftel der Nation.

An dieser Stelle, noch bei den Schilderungen der Vorbereitung des »Unternehmens Barbarossa«, ein Wort zu den Motiven der militärischen Führung, sich ohne Druck, ohne ernsthaft zu widerstreben, vielmehr mit durchaus aktiver Erfüllung der Hitlerschen Erwartungshaltung, in dessen Vernichtungs- und Ausrottungspolitik einbeziehen zu lassen (das galt für das gesamte deutsch besetzte Territorium, nicht nur für Osteuropa, wo diese Politik ihren Höhepunkt erreichte).
Charakteristisch für das NS-System während seiner ganzen Lebensdauer war der Kampf zwischen scharf konkurrierenden Machteliten, um mehr Ansehen, »Hitler-nähere« Positionen, Privilegien aller Art, die die eine dieser Eliten über die andere erhoben oder ihr jedenfalls das Gefühl dafür liefern konnten – Partei, SS, Wirtschaftsgruppen, und eben auch die Wehrmacht und die Heeresführung. Jeder der Konkurrenten kämpfte, teilweise wie besessen, um die Erhaltung oder Verbesserung seines Ranges als Voraussetzung für die Erhöhung der eigenen Gruppe in der ganz offenbar sieghaften Zukunft des nationalsozialistischen Staates.
Die Generalität hatte dabei einen besonderen Nachholbedarf. Sie hatte nach den von Hitler erzwungenen Rücktritten des Generalfeldmarschalls und Oberbefehlshabers der Wehrmacht, Werner von Blomberg (wegen nichtstandesgemäßer Vermählung), und des Generaloberst

und Oberbefehlshabers des Heeres, Werner von Fritsch (wegen des – wie sich später herausstellte, verleumderischen – Vorwurfs homosexueller Neigungen), einen schweren Prestigeverlust hinnehmen müssen, zumal Hitler am 4. Februar 1938 selbst den Oberbefehl über die Wehrmacht übernahm. Das war für die Militärelite eine schwere Machteinbuße innerhalb des Gefüges eifersüchtelnder Rivalitäten um die Gunst des höchsten Gebieters in einer universalen, aber immer noch im Aufbau befindlichen Diktatur. Die erklärten Nationalsozialisten in Wehrmacht- und Heeresführung nahmen die Selbsterhöhung ihres Idols natürlich mit anderen Empfindungen hin als die Konservativen, waren aber grundsätzlich weiter am Ansehen der eigenen elitären Position als NS-Staatssäule interessiert. Eine Kluft zwischen der konservativen Generalität und den überzeugten Hitleranhängern in der Wehrmacht- und Heeresleitung (Keitel, Jodl) angesichts der Ausrottungs- und Vernichtungspolitik wird übrigens nicht sichtbar.
Das starke Bindeglied innerhalb der Militärführung sowie zwischen ihr und dem Nationalsozialismus war ein Antibolschewismus, der nicht nur den nationalen und internationalen, sondern auch den sozialen Feind bestimmte, den zu zerschlagen das gemeinsame politische und ideologische Ziel blieb. In dieser Grundhaltung gab es zwischen Wehrmacht- und NS-Führung von Anfang an Übereinstimmung. Gleich nach dem 30. Januar 1933, als die politische Jagd auf Kommunisten und Sozialdemokraten einsetzte, hatte die Reichswehrführung mit einer Anweisung Oberst von Reichenaus, damals Chef des Reichswehrministeramtes, Flagge gezeigt:

»Morsches im Staat muß fallen, das kann nur mit Terror geschehen. Die Partei wird gegen den Marxismus rücksichtslos vorgehen. Aufgabe der Wehrmacht: Gewehr bei Fuß. Keine Unterstützung, falls Verfolgte Zuflucht bei der Truppe suchen.«

Das war eine klare Sprache, gesprochen von einem auf die Republik immer noch durch Eid verpflichteten Militär.
Diese Haltung hat sich dann im September 1938 beim Einmarsch in das Sudetenland bestätigt. Die Wehrmachtformation der Geheimen Feldpolizei konkurrierte heftig mit den Einsatzkommandos des Sicherheitsdienstes (SD), in wessen Zuständigkeit »die Beseitigung der deutschen Kommunisten im sudetendeutschen Gebiet« falle. »Gegnerbekämpfung« hieß das. Die Bereitschaft von Wehrmacht- und Heeresführung, dabei mit speziellen Fang- und Mordkommandos zusammenzuarbeiten, ergibt sich ferner aus einem Geheimbefehl von General-

major Brennecke, Stabschef des Armeeoberkommandos 4, beim Einmarsch in Frankreich 1940:

»Gefangene Reichsdeutsche (einschließlich hinzugetretener Reichsgebiete) und tschechische Staatsangehörige, da auch diese als Angehörige des Deutschen Reiches gelten, sind, soweit es sich um sogenannte Emigranten handelt, nach Feststellung ihrer Personalien zu erschießen. Die Durchführung hat in den Gefangenensammelstellen zu erfolgen.«

Dem Antibolschewismus-Antikommunismus der Wehrmachtspitze entsprach die allgemeine Haltung des Offizierskorps ebenso wie die der Truppe. Vorarbeit geleistet hatten drei Faktoren: die traditionelle Diskriminierung von Polen (»Polacken«, »polnische Wirtschaft«) und Russen, ja der slawischen Völker Ost- und Südosteuropas überhaupt schon in der pränationalsozialistischen Reichsepoche; die viel weiter gehende Verhetzung durch die NS-Propaganda und schließlich Ereignisse in der Sowjetunion selbst, die, jenseits von Vorwand und Rüstzeug für einen undifferenzierten, inhuman und nichtdemokratisch motivierten Antibolschewismus, auch denen Grund genug zum Entsetzen waren, die sich nicht der NS-Ideologie verschrieben hatten. So etwa die Stalinsche Kollektivierung der Landwirtschaft mit ihren grauenhaften Folgen oder die offenkundige Farce der Schauprozesse und »Säuberungen« in der zweiten Hälfte der dreißiger Jahre, mit deren Hilfe der Diktator seine vermeintlichen oder tatsächlichen Rivalen, also die Sowjetelite, vernichtete; oder die Etablierung eines Lagersystems für Millionen Arbeitssklaven. Die Geschichte war dabei, einen ihrer ironisch-grausigen Bocksprünge zu machen: Der Teufel schickte sich an, Beelzebub auszutreiben, wobei sich der Angreifer als noch grausamer erweisen wird als die Hölle, die er bei seiner Invasion vorfindet.
Sechs Tage vor dem Überfall auf die Sowjetunion, am 16. Juni 1941, kennzeichnet Ulrich von Hassell nach Gesprächen mit den sämtlich im Zusammenhang mit dem 20. Juli 1944 umgekommenen antinazistischen Gesinnungsfreunden Johannes Popitz, Carl-Friedrich Goerdeler, Generaloberst Ludwig Beck und General Hans Oster:

»Brauchitsch und Halder haben sich bereits auf das Hitlersche Manöver eingelassen, das Odium der Mordbrennerei der bisher allein belasteten SS auf das Heer zu übertragen. Sie haben die Verantwortung übernommen und durch einige an sich gar nichts ändernde, aber den Schein wahrende Zusätze (über die Notwendigkeit, die Disziplin zu wahren usw.) sich selbst und andere getäuscht. – Hoffnungslose Feldwebel!«

Sowohl von Hassell als auch seine Mitverschworenen können als entschiedene Gegner des Sowjetsystems gelten – nur war ihnen im Kampf dagegen nicht jedes Mittel recht.
Die letzte Bereitschaft dazu in Wehrmacht- und Heeresführung erreichte Hitler damit, daß er die beiden Hauptelemente der NS-Ideologie – Antisemitismus und Antibolschewismus – verknüpfte und zur Leitlinie des Ostkrieges machte: »Vernichtung des jüdischen Bolschewismus«.
Wenn es in der Wehrmacht noch Gruppen gegeben haben mag, die zwar keine Judenfreunde waren, sich aber nicht auf Streichers unsägliches »Stürmer«-Niveau herablassen wollten, so konnte nun bei ihnen angenommen werden, daß sie durch die Verbindung und Gleichsetzung von Juden und Bolschewisten wenigstens passiv zur Vernichtung dieses *einen* Feindes beitragen würden. Die Mehrheit hatte ohnehin unübersehbar ihre Bereitschaft zur aktiven Mitwirkung signalisiert.
Es gibt ein eindrucksvolles Beispiel für den Wandel in den Köpfen hoher Militärs seit Kriegsausbruch. Derselbe Generaloberst der Artillerie, Georg von Küchler, der nach dem Massenmord an den Juden in Polen 1939 vom Oberkommando des Heeres empört gefordert hatte, die ihm unterstellten SS-Verbände aus seinem Hoheitsbereich zu entfernen, da sie »ein Schandfleck für die deutsche Armee« seien, erließ im August 1940, inzwischen zum Generaloberst und Oberbefehlshaber des Armeekommandos 18 befördert, diesen Befehl:

»Ich bitte ... dahin zu wirken, daß sich jeder Soldat der Armee, besonders der Offizier, der Kritik an dem im Generalgouvernement durchgeführten Volkstumskampf, z. B. Behandlung polnischer Minderheiten, der Juden und kirchlicher Dinge, enthält. Der an der Ostgrenze seit Jahrhunderten tobende Volkstumskampf bedarf zur endgültigen Lösung einmaliger, scharf durchgeführter Maßnahmen. Bestimmte Verbände der Partei und des Staates sind mit der Durchführung dieses Volkstumskampfes beauftragt worden. Der Soldat hat sich daher aus diesen Aufgaben anderer Verbände herauszuhalten. Er darf sich auch nicht durch Kritik in diese Aufgabe einmischen.«

Wer A sagt, muß auch B sagen – es wird bei dieser Enthaltsamkeit nicht bleiben.

Die Exekutive der NS-Ausrottungs- und Vernichtungspolitik im Ostkrieg basierte auf den sogenannten »verbrecherischen Befehlen« der Wehrmacht- und Heeresführung. Sie hatten ihren Ursprung in den »Richtlinien zu Sondergebieten zur Weisung 21« vom 18. Dezember 1940, mit denen Hitler im einzelnen auf die Vorbereitungen eines Angriffs gegen die Sowjetunion einging, und erreichten Offizierskorps und Truppe in Form von vier Erlassen:

1. Erlaß über die Zusammenarbeit des Heeres mit den Einsatzgruppen

Die Verhandlungen zum Zwecke der Koordinierung von Wehrmacht und SS-Mordkommandos der Einsatzgruppen A, B, C und D begannen am 13. März 1941 zwischen dem Generalquartiermeister im Stab der Heeresführung, Eduard Wagner, und SS-Gruppenführer Reinhard Heydrich, Chef des Reichssicherheitshauptamtes. Wagner war dabeigewesen, als Hitler am 17. März seine bereits zitierten Ausführungen machte, wonach in der Sowjetunion »Anwendung brutaler Gewalt notwendig« sei.

Das zwischen Wagner und Heydrich getroffene Abkommen lag am 26. März schriftlich vor, wurde am 4. April an den Chef der Abteilung L des Wehrmachtführungsstabes, Walter Warlimont, geschickt und am 28. April vom Oberbefehlshaber des Heeres, Feldmarschall Walter von Brauchitsch, ohne Änderung unterzeichnet und dem Heer zur Kenntnis gegeben.

Danach sollten die »fachlichen Weisungen« an die Einsatzgruppen von Heydrich kommen und diese berechtigen, »im Rahmen ihres Auftrages in eigener Verantwortung gegenüber der Zivilbevölkerung Exekutivmaßnahmen zu treffen«. Im rückwärtigen Heeresgebiet sollten die Mordkommandos »die staats- und reichsfeindlichen Bestrebungen« erforschen und bekämpfen, soweit das nicht bereits von der Wehrmacht wahrgenommen würde. Mit der Formulierung »staats- und reichsfeindlich« erweiterte das Abkommen den ursprünglichen Opferkreis der »jüdisch-bolschewistischen Intelligenz« erheblich und setzte bereits die Beteiligung der Wehrmacht an Vernichtungsaktionen voraus.

Wenn damals möglicherweise das Ausmaß der Mordaktionen noch nicht vorauszusehen war, über den Charakter der SS-Einsatzgruppen und ihrer Kommandos, mit denen sie nun vertraglich verbunden waren, konnten sich Wehrmacht- und Heeresführung keinerlei Illusionen hingeben.

2. Erlaß über die Einschränkung der Kriegsgerichtsbarkeit
Sinn des Erlasses, später auch »Barbarossa-Erlaß« genannt, war, die Arbeit der deutschen Kriegsgerichte auf Straftaten deutscher Soldaten zu begrenzen und die Verfolgung und Verurteilung aller anderen »Straftaten« den Einsatzgruppen zu übertragen. International üblich war, daß die Streitkräfte in besetzten Gebieten die unumschränkte Gewalt als Vollzugsorgan ausübten, wie es etwa im Ersten Weltkrieg selbstverständlich war. Diese erneute Vergrößerung der Machtbefugnisse von SS – und Polizei – sowie deren rechtliche Codifizierung durch das Oberkommando der Wehrmacht kamen ohne jeden erkennbaren Druck seitens der NS-Führung zustande.

Wie sehr die Militärspitze bestrebt war, Hitlers Absichten zuzuarbeiten, ergibt sich aus einem Entwurf von Dr. Rudolf Lehmann, Chef der Wehrmachtrechtsabteilung, an Generalmajor Walter Warlimont und Alfred Jodl, Chef des Wehrmachtführungsstabes im Oberkommando, vom 28. April 1941, der die unmittelbare Einbeziehung der Wehrmacht in den Ausrottungs- und Vernichtungskrieg im Osten vorsieht und in dem es unter anderem heißt:

»Freischärler sind durch die Truppe im Kampf oder auf der Flucht schonungslos zu erledigen. Andere Angriffe von feindlichen Zivilpersonen gegen die Wehrmacht, ihre Angehörigen und ihr Gefolge sind durch die Truppe ebenso entschlossen und mit allen Mitteln auf der Stelle bis zur Vernichtung des Angreifers abzuwehren. Für Handlungen, die Angehörige der Wehrmacht und des Gefolges gegen feindliche Zivilpersonen begehen, besteht kein Verfolgungszwang, auch dann nicht, wenn die Tat zugleich ein militärisches Verbrechen oder Vergehen ist.
Im übrigen sind strafbare Handlungen von feindlichen Zivilpersonen nur dann kriegsgerichtlich zu verfolgen, wenn das aus politischen Gründen unerläßlich ist.«

Der Erlaß war eine im voraus erteilte Amnestie für Verbrechen gegen die sowjetische Zivilbevölkerung, wobei die Wehrmachtgerichte möglichst gar keine Gerichtsbarkeit über Zivilisten ausüben sollten, um den Mordkommandos nicht in das blutige Handwerk zu pfuschen. Aber Verstrickung und Beteiligung der Wehrmacht an den Vernichtungsaktionen waren dadurch vorprogrammiert, daß sie selbst zur Brutalisierung und Ideologisierung der Kriegführung beitrug. Zum erstenmal war gefordert worden, daß »Freischärler« durch die Truppe zu »erledigen« seien, ohne Kriegs- und Standgerichte.

In einem zweiten Entwurf Lehmanns vom 9. Mai 1941, der weit über den ersten hinausging, heißt es:

»Die weite Ausdehnung der Operationsräume im Osten, die Form der dadurch gebotenen Kampfführung und die Besonderheit des Gegners stellen die Wehrmachtsgerichte vor Aufgaben, die sie während des Verlaufes der Kampfhandlungen und bis zur ersten Befriedung des eroberten Gebietes bei ihrem geringen Personalbestand nur zu lösen vermögen, wenn sich die Gerichtsbarkeit zunächst auf ihre Hauptaufgabe beschränkt. Das ist nur möglich, wenn die Truppe selbst sich gegen jede Bedrohung durch die feindliche Zivilbevölkerung schonungslos zur Wehr setzt.«

Die dann von Warlimont ausgearbeitete und von Keitel am 13. Mai 1941 unterschriebene endgültige Fassung des »Barbarossa-Erlasses« zeigt keine wesentlichen Unterschiede zu Lehmanns Entwürfen. In ihr waren beide von der NS-Führung erwünschten Elemente enthalten: die Einschränkung der Kriegsgerichtsbarkeit auf Verfahren, die in erster Linie dazu dienten, die »Manneszucht« zu erhalten, und die Verlagerung von – nach dem Besetzerreglement – Straftaten feindlicher Zivilpersonen aus der Zuständigkeit der Kriegs- und Standgerichte. Beides diente letztlich dazu, die Truppe selbst ohne Furcht vor Strafverfahren in das System der Ausrottung und Vernichtung einzubeziehen – der eigentliche Sinn des Erlasses zur »Einschränkung der Kriegsgerichtsbarkeit«. Eine der wichtigsten endgültigen Bestimmungen darin lautete:

»Gegen Ortschaften, aus denen die Wehrmacht hinterlistig oder heimtückisch angegriffen wurde, werden unverzüglich auf Anordnung eines Offiziers in der Dienststellung mindestens eines Bataillons- usw. Kommandeurs kollektive Gewaltmaßnahmen durchgeführt, wenn die Umstände eine rasche Feststellung einzelner Täter nicht gestatten.«

3. *Der Kommissarbefehl*

Am 8. Juni 1941, zwei Wochen vor dem Überfall auf die Sowjetunion, erging vom Oberkommando des Heeres an alle für den geplanten Angriff vorgesehenen Heeresgruppen, Armeen und Panzerverbände ein Erlaß, der als der sogenannte »Kommissarbefehl« in die Geschichte der organisierten Unmenschlichkeit eingegangen ist: Gefangengenommene Kommissare sollten von der Truppe an Ort und Stelle erschossen

werden, während im rückwärtigen Heeresgebiet zivile Kommissare an die Einsatzgruppen auszuliefern waren.
Mit diesem Erlaß, dessen Völkerrechtswidrigkeit jedermann im Oberkommando der Wehrmacht klar war, hatte sich die Militärführung unwiderruflich in die Ausrottungs- und Vernichtungspolitik der NS-Regierung einbeziehen lassen und dem Feldheer den Kollektivmord an einer ganzen Kategorie sowjetischer Kriegs- und Zivilgefangener übertragen – eine Aufgabe, die bis dahin den Mordkommandos Heydrichs vorbehalten war. Nun übernahm es die Wehrmacht, dessen Einsatzgruppen zu »entlasten«. Wie sich bald zeigte, wurde der Kommissarbefehl sowohl weitergegeben als auch befolgt.

4. Richtlinien für das Verhalten der Truppe in Rußland
Dieser letzte der vier »verbrecherischen Befehle«, im Frühjahr 1941 vom Wehrmachtführungsstab formuliert als eine Art Vervollständigung von Barbarossa-Erlaß und Kommissarbefehl, hatte folgenden Wortlaut:

»Der Bolschewismus ist der Todfeind des nationalsozialistischen deutschen Volkes. Dieser zersetzenden Weltanschauung und ihren Trägern gilt Deutschlands Kampf.
Dieser Kampf verlangt rücksichtsloses und energisches Durchgreifen gegen bolschewistische Hetzer, Freischärler, Saboteure, Juden und restlose Beseitigung jeden aktiven und passiven Widerstandes. Gegenüber allen Angehörigen der Roten Armee – auch den Gefangenen – ist äußerste Zurückhaltung und schärfste Achtsamkeit geboten, da mit heimtückischer Kampfweise zu rechnen ist. Besonders die asiatischen Soldaten der Roten Armee sind undurchsichtig, unberechenbar, hinterhältig und gefühllos.«

Diese »Richtlinien« sind der erste Wehrmachtbefehl, in dem der Begriff »Jude« mit dem eines Verbrechers identifiziert wurde – ein deutlicherer Beweis dafür, daß die Oberkommandos von Wehrmacht und Heer sich auf den rassenpolitischen Boden der NS-Ideologie begeben hatten, läßt sich nicht denken. Auch der konservative Teil der militärischen Führung war fest in Hitlers vorgreifende Mordvisionen integriert. Das war ihre Position unmittelbar vor der deutschen Aggression auf die Sowjetunion.

Niemand hat die Folgen dieses Angriffskrieges auf den östlichen Nachbarn so umfassend, so erschütternd und so gut belegt geschildert

wie Christian Streit in jenem Buch, auf das sich dieses Kapitel mit seinen dokumentarischen Zitaten stützt: »Keine Kameraden – Die Wehrmacht und die sowjetischen Kriegsgefangenen 1941–1945«. Seit mehr als vierzig Jahren hält die zweite Schuld das öffentliche Bewußtsein in der Bundesrepublik Deutschland gegenüber den darin enthaltenen historischen Fakten nahezu vollständig blockiert.
Zwischen dem 22. Juni und Mitte Dezember 1941 fallen 3,35 Millionen sowjetische Soldaten in deutsche Kriegsgefangenschaft. Etwa 2 Millionen von ihnen werden in den ersten zwölf Monaten des Ostkrieges sterben, entweder durch Nahrungsmangel oder durch bewaffneten Mord: bis zum 1. Februar 1942 1,4 Millionen und in den beiden folgenden Monaten noch einmal über 600 000.
Die ungeheuren Verlustziffern sowjetischer Kriegsgefangener sind in zahlreichen deutschen Dokumenten festgehalten. So nannte der Leiter der Göringschen Geschäftsgruppe Arbeitseinsatz im Vierjahresplan, Ministerialdirektor Werner Mansfeld – im Zusammenhang mit dem sich ständig verschärfenden Mangel an Arbeitskräften und dem dadurch entstandenen Wandel von der reinen Ausrottungspolitik zur gnadenlosen Ausbeutung der Gefangenen in der deutschen Rüstungsindustrie –, am 19. Februar 1942 folgende Zahlen:

»Es standen 3,9 Millionen Russen zur Verfügung, davon sind nur noch 1,1 Millionen übrig. Allein vom November 41–Januar 42 sind 500 000 Russen gestorben.«

Das heißt, daß zwischen Ausbruch des Ostkrieges Sommeranfang 1941 und Ende Januar 1942 pro Tag durchschnittlich 6000 sowjetische Kriegsgefangene umgekommen sind.
Wenn überhaupt von der Geschichtsschreibung oder in jener Memoirenliteratur erwähnt, deren einst uniformierte Autoren allesamt Hitlers Krieg besser führen wollten als er selbst, so wird dieses Massensterben entschuldigend begründet mit der ungeheuren Zahl von Kriegsgefangenen, mit Nachschubkrisen, Seuchen oder der Vernichtung von Nahrungsmitteln auf Befehl Stalins beim Rückzug sowjetischer Truppen ins Landesinnere. Wenn darin richtige Elemente enthalten wären, dann stellten sie zuallererst eine Bestätigung der These dar, daß der deutsche Angriffskrieg selbst das Grundverbrechen war, noch ohne den organisierten Massenmord durch die SS-Einsatzgruppen und die Beteiligung der Wehrmacht daran auf der Basis der vier Erlasse ihres Oberkommandos. Aber die Suche nach Entschuldigungen für diesen Millionentod hält den geschichtlichen Tatsachen nicht stand.

Wie im Westen, so rechnete die deutsche Führung auch im Osten mit einem Blitzkrieg und -sieg – was zu entsprechenden Gefangenenzahlen führen mußte. Ihr Massentod durch Hunger war bewußt eingeplant, wie aus einem Bericht des Generalleutnants Wilhelm Schubert, Chef des Wirtschaftsstabes Ost, hervorgeht, der sich, an Staatssekretäre verschiedener Ministerien gerichtet, mit der landwirtschaftlichen Ausbeutung der zu erobernden sowjetischen Gebiete befaßte. Darin heißt es mit Datum vom 2. Mai 1941:

»Der Krieg ist nur weiterzuführen, wenn die gesamte Wehrmacht im 3. Kriegsjahr (d. h. 1941/42) aus Rußland ernährt wird. Hierbei werden zweifellos -zig Millionen Menschen verhungern, wenn von uns das für uns Notwendige aus dem Land geholt wird. Am wichtigsten ist die Bergung und der Abtransport der Ölsaaten, Ölkuchen, dann erst Getreide. Das vorhandene Fett und Fleisch wird wahrscheinlich die Truppe verbrauchen.«

Die Generalstäbler Franz Halder und Adolf Heusinger gingen davon aus, daß große Kesselschlachten mit riesigen Gefangenenzahlen den Ostkrieg bis August 1941 entscheiden würden. Dieser Glaube war allenthalben verbreitet und ließ völkerrechtliche und kriegsvölkerrechtliche Überlegungen nur im Zusammenhang ihrer Mißachtung sichtbar werden – der sichere Sieg verbannte jedes Bewußtsein für ein späteres Risiko.

Gemäß dem Erlaß über die Zusammenarbeit von Wehrmacht und Einsatzgruppen ziehen die Mordkommandos der SS, zum Teil auf ausdrücklichen Wunsch von Truppenkommandeuren, unmittelbar hinter der kämpfenden Truppe her und beginnen sofort im großen Stil mit Exekutionen. Jüdische Gefangene werden grundsätzlich sofort erschossen. Im gesamten Bereich des Oberkommandos der Wehrmacht im Osten waren am 1. April 1942 noch 68 jüdische Kriegsgefangene am Leben.

Das Ausmaß der Massenerschießungen sowjetischer Gefangener wird erhellt aus einer Zusammenstellung, die im Mai 1944 für die Abteilung Fremde Heere Ost vom Oberkommando der Wehrmacht angefertigt wurde. Danach waren im Bereich des Heeresoberkommandos 490 411 und in dem des Wehrmachtoberkommandos 539 716 sowjetische Kriegsgefangene exekutiert worden.

Mit den Juden wurden meist sogleich nach der Eroberung einer Ortschaft auch die Kommissare erschossen, und zwar an der gesamten

Ostfront, besonders aber im Bereich der Heeresgruppen Mitte und Süd. Die »Einsatzmeldungen UdSSR« an das Reichssicherheitshauptamt Berlin geben genaue Auskunft, eine pedantische Statistik, der überwältigende Beweis einer reinen Mordorganisation, die von keinem Gedanken an eine zukünftige Ahndung belastet wird.
Nach diesen Meldungen verlief die Zusammenarbeit zwischen Heer und Einsatzgruppen »äußerst befriedigend und reibungslos«. Da ist die Rede von der Übereinkunft, daß sich die Kommandos »möglichst in der Nähe der kämpfenden Truppe« aufhalten sollten; daß ein »ausgezeichnetes Verhältnis« zu den Wehrmachtdienststellen hergestellt sei; daß von der Wehrmacht »immer wieder die Bitte ausgesprochen wurde, die Einsatzkommandos möchten sich möglichst weit vorn bewegen«. Der Chef der Einsatzgruppe C, SS-Brigadeführer Otto Rasch, freute sich Anfang November 1941 über die guten Beziehungen zur Wehrmacht mit den Worten:

»Erwähnenswert ist z. B. in dieser Beziehung die Unterstützung bei der Einnahme von Shitomir, wo unmittelbar hinter den ersten Panzern drei Wagen des Einsatzkommandos 4a in die Stadt einrückten. Die erfolgreiche Arbeit der Einsatzgruppe hat auch dazu geführt, daß die Sicherheitspolizei ein hohes Ansehen vor allem bei den Stäben der Wehrmacht genießt. Die bei den AOKs eingesetzten Verbindungsführer werden in loyalster Weise unterrichtet, und es wird ihnen außerdem weitgehendste Unterstützung zuteil. Der Befehlshaber des AOK 6, Generalfeldmarschall von Reichenau, hat auch wiederholt die Arbeit der Einsatzkommandos in anerkennender Weise gewürdigt und die Interessen des SD seinen Stäben gegenüber in entsprechender Weise vertreten.«

Laut Berichten der Mordkommandos an ihre Berliner SS-Zentrale kam die Wehrmacht den Einsatzgruppen viel weiter entgegen als mit der Verpflichtung, ihnen Lebensmittel, Kraftstoff und Munition zu beschaffen. Eine wesentliche Hilfe für die Vernichtungsaktionen war der Befehl der Wehrmachttruppenführer, Juden unmittelbar nach dem Einmarsch zu kennzeichnen und ihre Wohnsitze registrieren zu lassen. Diese Aufforderung war großen Plakaten zu entnehmen, die in den Ortschaften und Städten längs der gesamten Ostfront angeschlagen wurden und die mit »Der Oberbefehlshaber der deutschen Armee« unterzeichnet waren. Diese Maßnahme macht überhaupt erst verständlich, warum es den verhältnismäßig schwach besetzten Einsatzkommandos gelang, innerhalb weniger Monate Hunderttausende zu ermorden (neben Juden und Kommissaren auch Zigeuner, Partisanen und sonstige Zivilisten).

Daß die Wehrmacht auch direkt an der Festnahme jüdischer Sowjetbürger beteiligt war, weist ein Befehl des Armeeoberkommandos 17 vom 7. September 1941 aus, wonach »Juden beiderlei Geschlechts und jeden Alters beim Passieren der Dnjepr-Brücken als ›abwehrmäßig verdächtig‹« festzunehmen waren.

Aus der Fülle der deutschen Vernichtungsstatistik geht hervor, daß die Zusammenarbeit zwischen Wehrmacht und Einsatzgruppen im Bereich der Heeresgruppe Süd unter ihrem Oberbefehlshaber Generalfeldmarschall von Rundstedt besonders eng war. SS-Standartenführer Paul Blobel, Chef des Sonderkommandos 4a der Einsatzgruppe C, konnte dank der Förderung des Generalfeldmarschalls Walter von Reichenau Anfang Dezember 1941 die Exekution von fast 60 000 Juden und Kommissaren melden. Allein in Shitomir wurden im Juli 1941 2000 Männer, Frauen und Kinder von den Kommandos erschossen, nachdem die Wehrmacht geholfen hatte, die Ortschaft nach Juden abzusuchen.

Eine der größten Mordaktionen im Gefolge des deutschen Vormarsches im Osten ereignete sich nach der Einnahme von Kiew, der ukrainischen Hauptstadt. Am 19. September 1941 war mit den Kampfverbänden des Armeeoberkommandos 6 ein Vortrupp des Einsatzkommandos 4a in die Stadt gelangt. Am 24. September schon konnte der Stab der Einsatzgruppe C an die Berliner Mordzentrale melden:

»Exekutionen von mindestens 50 000 vorgesehen. Wehrmacht begrüßt Maßnahmen und erbittet radikales Vorgehen. Stadtkommandant öffentliche Hinrichtung von 20 Juden befürwortet.«

Nach täglichen Besprechungen zwischen Einsatzgruppe C und Wehrmacht – Stadtkommandant von Kiew war General Eberhard – wurden die Juden aufgerufen, sich zwecks Umsiedlung an zentralen Plätzen einzufinden. Von dort wurden sie am 29. und 30. September 1941 in die Schlucht von Babi Jar geführt und durch das Sonderkommando 4a der Einsatzgruppe C, den Gruppenstab und das Kommando des Polizeiregiments Süd erschossen – insgesamt 33 771 Menschen.

Nachdem auch Soldaten der Wehrmacht an Exekutionen teilgenommen hatten und es daraufhin auf unterer Ebene zu Reibereien gekommen war, erließ Generalfeldmarschall von Reichenau am 10. Oktober 1941 folgenden Befehl an die Truppe:

»Der Soldat ist im Ostraum nicht nur ein Kämpfer nach den Regeln der Kriegskunst, sondern auch Träger einer unerbittlichen völkischen Idee und Rächer für alle Bestialitäten, die deutschem und artverwandtem Volkstum zugefügt wurden.
Deshalb muß der Soldat für die Notwendigkeit der harten, aber gerechten Sühne am jüdischen Untermenschen volles Verständnis haben. Sie hat den weiteren Zweck, Erhebungen im Rücken der Wehrmacht, die erfahrungsgemäß stets von Juden angezettelt wurden, im Keime zu ersticken. Hierdurch entstehen auch für die Truppe Aufgaben, die über das hergebrachte einseitige Soldatentum hinausgehen.«

Es war auch von Reichenau, der die Gefangennahme von Partisanen ausdrücklich verbot. Nachdem der entsprechende Befehl von Hitler als »ausgezeichnet« belobigt worden war, wurde er von den Befehlshabern anderer Armeeoberkommandos übernommen, so auch vom General der Infanterie, Erich von Manstein, am 20. November 1941:

»Dieser Kampf wird nicht in hergebrachter Form gegen die sowjetische Wehrmacht allein nach europäischen Kriegsregeln geführt. Auch hinter der Front wird weitergekämpft... Das jüdisch-bolschewistische System muß ein für allemal ausgerottet werden. Nie wieder darf es in unseren europäischen Lebensraum eingreifen.
Der deutsche Soldat hat daher nicht allein die Aufgabe, die militärischen Machtmittel dieses Systems zu zerschlagen. Er tritt auch als Träger einer völkischen Idee und Rächer für alle Grausamkeiten, die ihm und dem deutschen Volk zugefügt wurden, auf...
Für die Notwendigkeit der harten Sühne am Judentum, dem geistigen Träger des bolschewistischen Terrors, muß der Soldat Verständnis aufbringen. Sie ist auch notwendig, um alle Erhebungen, die meist von Juden angezettelt wurden, im Keime zu ersticken.«

Abschließend beschwor General Erich von Manstein die »soldatische Ehre«.
Die konnte der Oberbefehlshaber des Armeeoberkommandos 11 nicht nur mit seiner persönlichen Unterstützung der NS-Ausrottungs- und Vernichtungspolitik vereinbaren, sondern später, 1949, auch mit seiner Haltung vor einem britischen Militärgericht in Hamburg, dessen Verfahren ich als Journalist beiwohnte. Von Mansteins Verteidigungssystem, eisern, aber völlig unglaubwürdig durchgehalten: sich nicht zu erinnern oder einfach zu leugnen, wo er sich unmittelbar gefährdet fühlte, aber nicht durch Dokumente belastet war; die eigene Rolle her-

unterzuspielen, sie abzuschwächen, wo eine Belastung unabweisbar war, oft durch seine eigenen, dem Gericht vorliegenden Befehle; und die Verantwortung nach oben oder unten zu delegieren, je nachdem, wie es ihm opportun erschien. Ich werde diese kümmerliche, auf Ausreden und Ausflüchte bedachte Figur, die der einstige Herr über ganze Heerscharen dort auf der Anklagebank im Hamburger Curio-Haus an der Rothenbaumchaussee machte, nie vergessen. Von dem britischen Militärgericht zu 18 Jahren Zuchthaus verurteilt, brauchte der adlige Strafgefangene durch die Gunst der Zeitläufte und das Verständnis der Adenauerära für seinesgleichen nur 4 abzusitzen – 1953 war er wieder frei, jedoch unbelehrt. »Verlorene Siege« nannte er seine Erinnerungen.

An den Befehlen von Reichenaus und ihren Folgen zeigt sich ein bestimmter Mechanismus, nämlich, daß die NS-Ausrottungs- und Vernichtungspolitik nicht nur erst durch die Beteiligung der Wehrmacht wirklich ermöglicht, sondern durch sie auch erheblich radikalisiert wurde. Das bereits zitierte Profilierungsstreben der hohen und höchsten Militärs ließ von Reichenau über die bis dahin erteilten Befehle weit hinausgehen. Bei ihm wie bei vielen anderen hatte die Formel von der Zerstörung des »jüdischen Bolschewismus« voll gezündet. Das setzte alle Armeeoberbefehlshaber unter einen gewissen Zugzwang, da keiner von ihnen vor der NS-Reichsführung als weniger zuverlässig gelten wollte. So wurde die Grenze, hinter der sich Reste von Abwehrwillen konservativ-traditioneller Herkunft hätten erhalten können, immer weiter vorgeschoben und damit Hitler die Gewißheit verschafft, es bei den Heerführern mit Erfüllungsgehilfen seiner Traumziele zu tun zu haben.

Es ist unmöglich, in diesem Zusammenhang die »Endlösung der Judenfrage« unerwähnt zu lassen.

Nicht nur, daß die territorialen Eroberungen der Wehrmacht dem Vernichtungsapparat die Voraussetzungen zu diesem Völkermord im deutsch besetzten Europa verschafft hatten; nicht nur, daß Hitler, Himmler und Heydrich rasch erkennen konnten, daß die Koordinierung zwischen Wehrmacht und Einsatzgruppen die Ausrottung der sowjetischen Juden im deutschen Machtbereich erheblich beschleunigte – viel wichtiger war die Gewißheit, daß der einzige Machtträger, der den Plänen der »Endlösung« überhaupt hätte entgegentreten können, durch seine Vorverstrickung im Ostkrieg dem viel weiter gehenden Ziel nicht im Wege stehen würde. Es ist kein Zufall, daß gleichzeitig mit dem siegreichen Vormarsch der deutschen Truppen bis vor Moskau die Maßnahmen gegen die Juden im Reich ihre letzte Stufe vor den De-

portationen erreichten, ehe diese dann rasch aufeinanderfolgten – der Auftakt für den übernationalen Holocaust.
In seinem bereits erwähnten Buch faßt Christian Streit die Ausgangssituation des Jahres 1941 so zusammen:

»Der NS-Führung war es durch das Entgegenkommen der Wehrmacht möglich geworden, das Vernichtungsziel zur letzten Konsequenz zu treiben. Es ging nun nicht mehr um die ›möglichst umfassende Beseitigung der Juden‹ im Osten, sondern um die Liquidierung aller Juden im deutschen Machtbereich.«

Um genau das ging es.

Kein Zweifel, die eigentliche Verantwortung für die Beteiligung der Wehrmacht an der NS-Ausrottungs- und Vernichtungspolitik trifft die Führung. Aber ebenso sicher ist, daß die »verbrecherischen Befehle« jedenfalls einem Teil der Truppe entgegenkamen und von ihm begrüßt wurden. Es gibt unwiderlegbares Material über die in des Wortes buchstäblicher wie auch übertragener Bedeutung mörderische Einstellung vieler Feldkommandanten gegenüber den von diesen Befehlen umrissenen Personengruppen, allen voran den Juden.
Nicht nur, daß die jüdische Bevölkerung sich auf Geheiß der Wehrmacht registrieren lassen mußte und so die Voraussetzungen für ihre Ermordung durch die Einsatzgruppen geschaffen wurden; daß Juden routinemäßig von Wehrmachtstreifen festgenommen und dem Sicherheitsdienst »zur weiteren Veranlassung« ausgeliefert wurden; daß aus vielen Meldungen der Orts- und Feldkommandanten klar hervorgeht, wie die Wehrmacht über geplante oder bereits vollzogene Erschießungen von Juden ins Bild gesetzt worden war – Wehrmachteinheiten nahmen den SS-Kommandos auch die »Arbeit« selbst ab, wie eine Meldung der Ortskommandantur Armjansk vom 30. November 1941 belegt:

»Zum Schutze gegen Partisanenumtriebe und zur Sicherung der hier liegenden Einheiten, erwies es sich ferner als unumgänglich nötig, die 14 ortsansässigen Juden und Jüdinnen unschädlich zu machen. Vollzug (durch 2./Ldsch.Btl. 836) am 26. 11. 41.«

Die Bereitschaft zur Zusammenarbeit zwischen Wehrmacht und Einsatzgruppen muß im Bereich des Armeeoberkommandos 17 besonders ausgeprägt gewesen sein. Schon wenige Tage nach Ausbruch des

Ostkrieges wandte es sich an den Chef des Reichssicherheitshauptamtes, Heydrich, um bei ihm anzuregen,

»...zunächst die in den neu besetzten Gebieten wohnhaften antijüdisch und antikommunistisch eingestellten Polen zu Selbstreinigungsaktionen zu benutzen«.

Dazu paßt der Befehl des Oberkommandierenden Karl Friedrich von Stülpnagel vom 30. Juli 1941: Wenn bei Sabotage oder Angriffen auf Armeeangehörige die Täter nicht dingfest gemacht werden könnten, sollten zur Vergeltung Juden oder Kommunisten, besonders aber jüdische Komsomolzen (Mitglieder des Jugendverbandes der Kommunistischen Partei) erschossen werden.
Befolgung und Verwicklung der »verbrecherischen Befehle« mußten offenbar mancherorts eine solche Brutalisierung mit sich gebracht haben, daß die geheiligte Disziplin aus den Fugen zu geraten drohte. Oberst Otto Wöhler, Stabschef des Armeeoberkommandos 11, am 22. Juli 1941 angesichts zahlreicher Fotografen in Wehrmachtuniform bei Massenexekutionen:

»Ein neugieriges Begaffen solcher Vorgänge liegt unter der Würde des deutschen Soldaten.«

Wohlbemerkt: Nicht der Mord, sondern sein Begaffen lag unterhalb dieser gedachten Linie. In zahlreichen anderen Befehlen sprachen sich Truppenführer gegen »das Zuschauen oder Photographieren bei der Durchführung der Maßnahmen der Sonderkommandos« aus. Offenbar kam es nicht selten vor, daß »Soldaten und Offiziere Erschießungen von Juden vorgenommen oder sich selbst daran beteiligt haben«, wie es in einer Meldung hieß. Das ging so weit, daß sich die SS-Kommandos in ihrer Mordtätigkeit behindert fühlten, wie in einer Beschwerde der Einsatzgruppe C wegen »Störung der Aktionen« nachzulesen ist:

»Entgegen der Planung kam es in Umam bereits am 21. 9. 1941 zu Ausschreitungen gegen die Juden durch Angehörige der Miliz unter Beteiligung zahlreicher deutscher Wehrmachtsangehöriger.«

In dieser Meldung vom 20. Oktober 1941 hieß es weiter, daß Wehrmachtangehörige jüdische Wohnungen geplündert hätten.
Daß viele Soldaten den Krieg im Osten so führen wollten, wie es den Wünschen und Vorstellungen der NS-Oberen entsprach, wird be-

stätigt durch einen Befehl Karl von Roques', des Befehlshabers des Rückwärtigen Heeresgebietes Süd, vom 1. September 1941:

»Jedes eigenmächtige Erschießen von Landeseinwohnern, auch von Juden, durch einzelne Soldaten sowie jede Beteiligung an Exekutivmaßnahmen der SS- und Polizeikräfte sind daher als Ungehorsam mindestens disziplinarisch zu ahnden, sofern nicht gerichtliches Einschreiten notwendig ist.«

Aber da war die »Einschränkung der Kriegsgerichtsbarkeit« davor.

Gelegentlich gab es Widerstand, nicht nur von unten, sondern auch auf höherer Ebene. Dafür ein Beispiel. Im August 1941 hatte Helmut Groscurth, Oberstleutnant im Generalstab, davon gehört, daß im ukrainischen Belaja Cerkow neunzig jüdische Säuglinge und Kleinkinder von ermordeten Eltern seit längerem ohne Nahrung und Wasser seien und nun vom Sonderkommando 4a des SS-Standartenführers Paul Blobel ebenfalls umgebracht werden sollten. Als Groscurth daraufhin bei der Heeresgruppe Süd versuchte, eine Entscheidung gegen die Mordabsicht herbeizuführen, wurde er an das Armeeoberkommando 6 des Generalfeldmarschalls Walter von Reichenau verwiesen. 24 Stunden später – so Groscurths »Tagebuch« – informierte ihn von dort ein Generalstabsoffizier, »daß der Herr Oberbefehlshaber die Notwendigkeit der Beseitigung der Kinder anerkenne und durchgeführt wissen wolle, nachdem diese Maßnahmen in vorliegendem Falle einmal eingeleitet seien«.
Die Kinder wurden erschossen.
Daß es Kritik und Widerstand gegeben hat, auch in den Stäben, geht aus einer Meldung des Majors im Generalstab und Abwehroffizier der Heeresgruppe Mitte, Rudolf-Christoph Freiherr von Gersdorff, nach einer Reise an die Front im Dezember 1941 hervor. Darin stand, daß die Erschießungen von Juden, der Gefangenen und der Kommissare fast allgemein vom Offizierskorps abgelehnt und als eine »Verletzung der Ehre der deutschen Armee« angesehen würden. Aber auch Ulrich von Hassell war zu optimistisch, als er am 1. November 1941 in seinem Tagebuch vermerkte:

»Angewidertheit aller anständigen Menschen durch das schandlose Vorgehen im Osten gegen Juden und Gefangene ... langsam zunehmende ›Disposition‹ bei der militärischen Führung, diese ganze schandbare Schweinerei nicht mehr mitzumachen.«

Die Kritik hatte keinerlei Auswirkungen auf die oberste Wehrmachtführung. Sie war weder willens noch fähig, ihr Gruppenprestige innerhalb der Rangordnung des NS-Staates wegen Juden, sowjetischer Kriegsgefangener, Zigeuner und anderer »Untermenschen« aufs Spiel zu setzen, jetzt im Kriege noch weniger als vorher schon – was nur konsequent war: Hatte sie ihre Stimme doch auch nicht erhoben, als dieser Staat seine Verbrechen zunächst innerhalb der Grenzen gegen deutsche Bürger begangen hatte.
In diesem Kapitel soll nicht mehr eingegangen werden auf die Behandlung von verwundeten sowjetischen Kriegsgefangenen und die Dezimierung der Überlebenden durch die Ausbeutung ihrer Arbeitskraft in den Jahren von 1942 bis 1945. Es galt hier vor allem, den Nachweis zu erbringen, auf welche Weise sich die Wehrmacht in die NS-Ausrottungs- und Vernichtungspolitik durch ihre Führung einspannen ließ.

An den beiden Grundvoraussetzungen der Tragödie – Hauptträger der militärischen Aggression gewesen zu sein und durch territoriale Eroberungen dem Vernichtungsapparat mit seinen SS-Einsatzgruppen sowie den SD- und Polizeiformationen den Freiraum geschaffen zu haben – war die Wehrmacht als Gesamtorganisation beteiligt, und das überall dort, wo solche Verbrechen geschahen, also nicht nur im Osten, sondern im ganzen deutsch besetzten Europa.
Hinzu kommt, daß Teilverbände der Wehrmacht direkt – auf der Basis der vier »verbrecherischen Befehle« – an der NS-Ausrottungs- und Vernichtungspolitik mitwirkten.
Nichts, oder doch so gut wie nichts, ist von den beiden Grundvoraussetzungen, dieser Mittäterschaft und dem Opferdrama selbst, auf das öffentliche Bewußtsein der Bundesrepublik durchgeschlagen. Denn wohl auf keinem Gebiet hält die zweite Schuld Ereignisse der ersten so fest hinter ihrer Maske verborgen wie auf jenem des angeblich »sauberen Waffenrocks«.
Die Entnazifizierung und Enthistorisierung von Krieg und Wehrmacht wurden bis in die Mitte der sechziger Jahre sogar in Fachkreisen der Geschichtsforschung betrieben. Die Legende wankte erst, als Professor Ernst Nolte den deutschen Angriffskrieg auf die Sowjetunion als »den ungeheuerlichsten Eroberungs-, Versklavungs- und Vernichtungskrieg, den die moderne Geschichte kennt« bezeichnet hatte. Nach den Arbeiten von Historikern wie Andreas Hillgruber, Manfred Messerschmidt und Klaus-Jürgen Möller für das Freiburger Militärgeschichtliche Forschungsamt, die aufgrund der aufgetauchten deutschen Dokumente die Rolle der Wehrmacht in ein völlig anderes Licht

tauchten, stürzte die Legende vollends ein. Mit seinem Buch »Keine Kameraden – Die Wehrmacht und die sowjetischen Kriegsgefangenen 1941–1945«, eine geringfügig überarbeitete Fassung einer Dissertation für die Philosophisch-Historische Fakultät der Universität Heidelberg, gab Christian Streit ihr sozusagen den Todesstoß.

Alle diese Arbeiten und wissenschaftlichen Erkenntnisse haben an der grundsätzlichen Ignoranz der bundesdeutschen Öffentlichkeit nichts ändern können. Wehrmacht und Krieg sind die heiligen Kühe der zweiten Schuld geblieben, über Jahrzehnte hin bis in unsere Gegenwart von Politikern aller Couleur mitgepäppelt. Entnazifizierung und Enthistorisierung der Hitlerwehrmacht sind in diesem Staat, von rechtsaußen über das gesamte konservative und neokonservative Spektrum (letzteres nennt sich gern die »politische Mitte«) und viele Rechtsliberale bis sogar an die Ränder der Sozialdemokratie, allseits geübte Selbstverständlichkeit. Werden die Mitverantwortung der Wehrmacht für die Grundvoraussetzungen der NS-Ausrottungs- und Vernichtungspolitik und manchmal sogar ihre Beteiligung daran tatsächlich einmal zugegeben, so wird dabei fast automatisch der alte Aufrechnungsmechanismus in Gang gesetzt – indem auf die furchtbaren Opfer hingewiesen wird, die der Krieg auch deutscherseits gefordert hat.

Das von der eigenen Nation im Kampf *für Hitler* vergossene Blut kann aber keine Rechtfertigung sein, ein exotisches Geschichtsbild vom »reinen Krieg« zu entwerfen – man kann das Hakenkreuz wohl aus Orden, nicht aber aus der Geschichte herauskratzen! Wer zwischen 1939 und 1945 »guten Glaubens« gewesen war, weil er der NS-Propaganda erlag, der hatte inzwischen mehr als vierzig Jahre absoluter Informationsfreiheit, sich über die wahren Geschehnisse Klarheit zu verschaffen und sein zeitgeschichtliches Bild zu korrigieren. Sollten sich aber seine Wertvorstellungen von heute als in Übereinstimmung mit denen von damals entpuppen, so stellt der Betreffende sich das Selbstzeugnis aus, als Zeitgenosse eine optische Täuschung zu sein, unberührt von der grenzenlosen Freiheit, seine humane Orientierung wiederzugewinnen.

Man tut weder den gefallenen noch den überlebenden Wehrmachtangehörigen des Zweiten Weltkrieges einen Dienst, wenn man den zweiten Anlauf einer deutschen Reichsführung auf die Weltvorherrschaft – diesmal gepaart mit Verbrechen von nie dagewesenen Dimensionen – umlügt in einen vaterländischen Verteidigungskrieg. Keine subjektive Interpretation der eigenen Rolle als Offizier oder Mannschaft kann an der objektiven Wahrheit rütteln, daß der größte Verbrecher aller Zei-

ten, Adolf Hitler, auch der Oberbefehlshaber einer Wehrmacht war, die *seinen* Krieg führte.
Natürlich wäre es völlig absurd, aufgrund dieser historischen Tatsachen den einzelnen deutschen Offizier und Soldaten von damals zu inkriminieren, sie gleichzusetzen mit den Planern, Schreibtischtätern und skrupellosen Liebedienern in Uniform. Nur ändern seinerzeitige Unwissenheit, propagandistisch verursachte Verblendung, Ahnungslosigkeit, daß der wirkliche Feind im Rücken stand, und Interessengleichsetzung von NS-Staat und Vaterland nicht das mindeste an dem kriminellen Charakter des Systems, für das man schoß. Wer immer an der Legende vom »sauberen Waffenrock« mitbastelt, er hindert die Generationen der Söhne, Töchter und Enkel, in die Nähe der Wirklichkeit zu gelangen und sich mit ihr, nicht mit ihrer Schönung, auseinanderzusetzen.
Wie sehr hinsichtlich der Rolle der Wehrmacht Begriffslosigkeit Tradition ist, beweisen Alexander und Margarete Mitscherlich mit einer Passage aus ihrem Buch, die vor mehr als zwanzig Jahren geschrieben wurde und die sich auf eine dpa-Meldung bezieht, in der der 60. Geburtstag eines bundesdeutschen Professors so gewürdigt wird:

»›Nach dreijähriger Assistenzzeit wurde er 1935 aktiver Soldat. Während des Zweiten Weltkrieges hochdekoriert – darunter mit dem Eichenlaub zum Ritterkreuz –, habilitierte er sich...‹
Dieser Hochschullehrer hat dann rasch Karriere gemacht und auch die Bundesregierung in wichtigen Fragen zu vertreten gehabt. Kein Schatten eines Makels fällt auf ihn, daß er sich in den Tagen, in denen sein Vaterland in die Hände seines ärgsten Feindes gefallen war, für diesen Herrscher und seine Lehren besonders hervorgetan hat. Es wird vielmehr – und das ist ein Anzeichen dieser desorientierten Welt, in der wir leben – ein abstraktes Heldentum konstruiert, so, als hätte dieser gezeigte Mut – so lobenswert Mut an sich sein mag – nicht der Vernichtung der Freiheit anderer Völker, nicht den finstersten Verbrechen unmittelbar gedient.«

Das »abstrakte Heldentum« siedelt den Kampf der Hitlerwehrmacht in einem geschichtlichen Vakuum an, das es nie gegeben hat, sondern das nur das Entlastungsbedürfnis der zweiten Schuld ausdrückt. Dafür liefern die Mitscherlichs ein anderes Beispiel, das eines Ritterkreuzträgers, für den das eigentlich Rühmenswerte die Leistung, die er vollbrachte, gewesen sei.

»... so, als wäre sie unter einem gänzlich unbescholtenen obersten Befehlshaber erfolgt«.

Gedrängter hätte die Entnazifizierung und Enthistorisierung der Wehrmacht im Bewußtsein einer breiten Öffentlichkeit nicht definiert werden können. Bezeichnenderweise wird ja immer noch davon geredet, der deutsche Soldat habe damals »nur seine Pflicht getan«, nicht: Er habe geglaubt, seine Pflicht zu tun. Wenn diese Pflicht *für* Hitler das Selbstverständliche gewesen sein soll, was war dann, gestern wie heute, der Widerstand *gegen* ihn? Die Interpretation der Pflicht *für* Hitler kann sich drehen und wenden, wie sie will – wer sie heute noch aufrechterhält, muß auch die Dialektik seiner überholten Auffassung auf sich nehmen: daß nämlich Pflicht *gegen* Hitler dann eben der Landes- oder Hochverrat war, für den Tausende von Deutschen damals verurteilt und hingerichtet worden sind.
Im Vorstoß auf die trüben Quellen der Unfähigkeit umzudenken heißt es in »Die Unfähigkeit zu trauern«:

»Eine auf historische Genauigkeit drängende Auseinandersetzung mit diesem Abschnitt unserer Geschichte würde sehr rasch den Erweis dafür bringen, daß sich der Mord an Millionen schutzlos Verfolgter aus sehr vielen schuldhaften Entscheidungen und Handlungen einzelner zusammensetzt, und daß er keineswegs mit jener Selbstverständlichkeit, die wir uns zu eigen gemacht haben, auf Vorgesetzte, schließlich auf den ›Führer‹ selbst, geschoben werden kann. Alles das, was geschehen konnte, ist nicht allein das Ergebnis mirakulöser Führerqualitäten, sondern eben eines unglaublichen Gehorsams.«

In dieser treffenden Charakteristik ist der Gesamtkomplex der Wehrmacht exemplarisch einbegriffen.

Es ist immer wieder ebenso erstaunlich wie erschütternd, zu erkennen, in welchem Maße unvorbereitet die Bevölkerung Ostdeutschlands bis zum 12. Januar 1945, dem Beginn der letzten sowjetischen Winteroffensive des Zweiten Weltkrieges, auf den Einmarsch der Roten Armee war. Der Glaube, daß diese Konsequenz des Überfalls auf die Sowjetunion nie eintreten könnte, muß tief verwurzelt gewesen und noch durch die irrationale Hoffnung auf irgendwelche »Wunderwaffen« heftig genährt worden sein. Gleichzeitig bestätigt sich eine fast unglaubliche Unkenntnis des Verlaufs, den die Frontbewegungen im Ostkrieg bis zu diesem Datum genommen hatten, trotz der bereits jahrelang andauernden »planmäßigen Rückzüge«, die der Wehrmachtbericht seit dem Sommer 1943 nahezu täglich meldete. Dennoch müssen sich nur wenige bis zu jenem Januartag des letzten Kriegsjahres und seinen alsbald eintretenden Folgen eine wirklichkeitsgetreue Vorstellung von der Ostfront gemacht haben, da es nach einem fast zwanzigmonatigen ununterbrochenen Vormarsch der Sowjetarmee über mehr als tausend Kilometer westwärts keinerlei Gründe für die Annahme gab, diese überlegene Walze könnte ausgerechnet an den deutschen Grenzen aufgehalten werden.

Die ungeheure Wucht, mit der die Großoffensive aus den Weichselbrückenköpfen unaufhaltsam in Richtung Oder und Ostsee vorgetrieben wurde, erzeugte dann auch jene Panik, die stets eintritt, wenn glühend gehegte Erwartungen zusammenbrechen und Menschen sich vor Situationen gestellt sehen, wie sie ihnen zuvor vielleicht höchstens in Angstträumen erschienen waren.

So geschah es im deutschen Osten Anfang 1945.

Es muß für die ab Mitte Januar einsetzende Massenflucht mannigfaltige Motive gegeben haben. Die weltgeschichtlich sozusagen »normale« Furcht jeder von feindlichen Armeen bedrohten Bevölkerung reicht als Erklärung für diesen Millionenexodus zu Wasser und zu Lande kaum aus. Immer waren Zivilisten geflohen vor siegreichen Heerscharen; immer hatten Frauen und Mädchen angesichts des uralten Erbes, daß das menschliche Männchen dem menschlichen Weibchen dank anatomischer Gegebenheiten sexuelle Gewalt antun kann, die kreatürliche Furcht vor Schändung und Schlimmerem – was sich dann in diesem Geschichtsfall ja auch massenhaft bestätigte. Mag sein, daß hinter dieser Riesenwelle von Ost nach West die alte abendländische Furcht vor so überwältigenden Anstürmen steckte, wie sie sich seit den Zeiten der Völkerwanderung in Gestalt der Hunnen, später der Mongolen und noch später der Türken tief in Gedächtnis und Lebensgefühl vieler Völker im Osten und Südosten Europas, ja bis hinein in sein Zentrum (Liegnitz 1241) eingegraben hatte. Einmal abgesehen davon, daß es, den Ostkrieg 1941–45 gar nicht mitgerechnet, genügend historische Beispiele für Eroberungen mit Mord, Brand und Vergewaltigung auch in umgekehrter Richtung gegeben hat. Dennoch dürften die traditionellen Beweggründe das Ausmaß der deutschen Massenflucht allein nicht verständlich machen. Es muß eine zusätzliche Schubkraft gegeben haben – welche?

Viele Wehrmachtangehörige werden sich mit Abscheu und Entsetzen abgewandt haben von Verbrechen, deren Augen- oder wenigstens Ohrenzeugen sie wurden, andere werden damit einverstanden gewesen sein, nach Rechtfertigungen gesucht oder sich gleichgültig verhalten haben. Aber wie auch immer – unvermeidlicherweise müssen zahllose Soldaten des Ostkrieges angesichts der nach Millionen zählenden uniformierten und zivilen Opfer im Nahbereich der kämpfenden Truppe und der rückwärtigen Gebiete von den Massakern gewußt haben. Es war unmöglich, die NS-Ausrottungs- und Vernichtungspolitik geheimzuhalten!

Als sicher kann gelten, daß die Mehrheit der damaligen Deutschen weder vom Umfang noch von den Einzelheiten dieser Politik eine deutliche Vorstellung hatte oder haben konnte. Dennoch war das allgemeine Gefühl verbreitet, daß das, was sich da im Osten zutrug, keine Ähnlichkeit hatte mit dem Kriegsgeschehen im Westen und Süden, und damit kamen Befürchtungen auf, die in dieser Intensität gegenüber den feindlichen Heeren an der Atlantikseite Europas oder im Mittelmeerraum fehlten.

Ein wesentliches, vielleicht sogar das wesentlichste Charakteristikum der deutschen Massenflucht von Anfang 1945 muß *Vergeltungsangst* gewesen sein, tiefsitzend und gegenüber der Sowjetunion viel verbreiteter als gegenüber den Westalliierten – die Summe aller möglichen Gerüchte, Halbinformationen hinter vorgehaltener Hand und Meldungen aus den verbotenerweise abgehörten »Feindsendern«. Solche Undichtigkeiten taten nun ihre Wirkung.

Hinter der Vergeltungsangst, die stellenweise dann furchtbar bestätigt werden sollte, steckte aber auch jene tiefe Unsicherheit, die typisch ist für Menschen mit künstlich erzeugter Selbstüberschätzung. Angesichts des Zusammenbruchs langgehegter Höherwertigkeitsphantasien, die nun vom Ablauf der Weltgeschichte so gar nicht honoriert wurden, schlich sich die bange Frage ein, welche Folgen die Phase der eigenen Verhärtung denn unter so gänzlich veränderten Bedingungen als den bisherigen haben könnte. Das heißt, es tauchte eine Ahnung davon auf, was die Mitscherlichs, auf einen Kernbereich der NS-Ideologie bezogen, so kommentieren:

»Mit dem militärischen Zusammenbruch wurden die Maßnahmen ›zum Schutz der deutschen Rasse‹ wieder das, was sie außerhalb des nazistischen Wahnbereiches waren: Verbrechen!«

Außerhalb des nazistischen Wahnbereiches ... Entgegen allen Erwartungen, Sehnsüchten, Wünschen, Hoffnungen und indoktrinierten Fanatismen gab es ab Januar 1945 keinen Zweifel mehr, daß der Ostkrieg sehr bald von den »Untermenschen« gewonnen werden würde.

Das namenlose Leid, das nun in der Endphase des Zweiten Weltkrieges, nach so viel von Deutschen verursachtem Fremdleid, über das eigene Volk hereinbrach (und das sich später, in grausig-ironischer Verkehrung der NS-Parole »Heim ins Reich« mit den Ausweisungen von Millionen Deutschen fortsetzen sollte), dieses Folgeleid, die *Wirkung* der deutschen Aggression, ist durch die zweite Schuld notorisch von seinen Ursachen getrennt worden. Man muß einmal nachlesen, mit welcher Kaltschnäuzigkeit die Vorstände von Vertriebenenverbänden seit mehr als vierzig Jahren die Kausalität der Verantwortung und der historischen Chronologie einfach ignorieren, die Vorvertreibungen durch Hitlerdeutschland erst aus dem Reich selbst, dann im besetzten Europa, unterschlagen oder, wenn doch erwähnt, mit der zynischen Floskel »Aber die Kriegsgegner wollen doch bessere Menschen sein als wir!« ins Lächerliche zu ziehen versuchen. Man muß sich darin einmal vertieft haben, um zu erkennen, wie total in dieser Ecke die innere Beziehungslosigkeit zur Welt der Naziopfer ist. Dazu später mehr.

Doch nicht nur dort wird so gedacht, sondern überall, wo verdrängt und verleugnet wird. An keiner anderen Einstellung läßt sich jene innere Beziehungslosigkeit so klar ablesen wie an der gegenüber den biologischen Substanzverlusten des polnischen Volkes und der Bevölkerung in den westlichen Teilen der Sowjetunion durch den Eingriff Hitlerdeutschlands. Das Gedächtnis der alten und älteren Generationen in der Bundesrepublik hat aus der Zeit des Ostkrieges zwei Vorstellungen bewahrt: die rauschhafte Ära des deutschen Vormarsches unter den Siegesfanfaren der »Sondermeldungen« vom 22. Juni 1941 bis zur Einkesselung der 6. Armee bei Stalingrad im November 1942 – und den Vorstoß der Sowjetarmee über die deutschen Grenzen von Januar bis Anfang Mai 1945.

Sonst wenig oder nichts. Es gibt in der Bundesrepublik so gut wie keine Anzeichen öffentlicher Anteilnahme an den Opfern der NS-Ausrottungs- und Vernichtungspolitik im Osten – die stattfand, ehe ein einziger Rotarmist deutsches Territorium betreten hatte. Mir ist noch jenes befremdete Raunen in bester Erinnerung, das durch die Öffentlichkeit ging, als Bundespräsident Richard von Weizsäcker in einer Neujahrsansprache die polnischen und sowjetischen Opfer des deutschen Angriffskrieges beschwor – es war *shocking!*

Die gesicherten Erkenntnisse über die Massenverbrechen im Ostkrieg durch die Organe des Reichssicherheitshauptamtes Berlin unter Beteiligung der Wehrmacht sind geeignet, endlich eine nicht zufällig weit-

verbreitete Ansicht zu korrigieren: daß die Tätigkeit des Vernichtungsapparates auf die »Endlösung«, den Völkermord an den Juden im deutsch besetzten Europa, begrenzt gewesen sei – davon kann keine Rede sein!
Selbstverständlich immer alle NS-Opfer im Blick, sollte es zur Regel werden, bei der Behandlung des Holocaust gleichzeitig stets auch den Millionenmord an den sowjetischen Kriegsgefangenen sowie an der sowjetischen und polnischen Zivilbevölkerung zu nennen. Zwar überschneiden sich in der »Endlösung« und in den anderen Großmassakern bestimmte Opfergruppen, besonders was die polnischen und russischen Zivilopfer betrifft, aber in der Gesamtzahl der Ermordeten ist die Mehrheit nichtjüdisch. Es kommt dem Verdrängungsmechanismus weit entgegen, daß diese grauenhaften Majoritätsverhältnisse nicht nur im Schatten der allseits beschworenen »Endlösung« stehen, sondern von ihr auch nahezu völlig verdeckt werden. Das sollte mehr bedacht werden, als bisher geschehen ist.
Ferner ist, gerade was die Sowjetunion betrifft, einem außerordentlich ausgeprägten Hang zur Aufrechnung zu begegnen, der immer wieder auch das Schicksal der deutschen Gefangenen in sowjetischem Gewahrsam für seine Kompensationswut mißbraucht.
Es ist wahr, daß ungezählte Gefangene diesseits und jenseits des Urals umgekommen sind, Zahlen, die der erschreckenden Opferexpansion unseres Jahrhunderts entsprechen – aber auch die Fehlkalkulationen der Aggressoren am eigenen Leibe entsetzlich belegen.
Ebenso wahr ist, daß diese Deutschen in einem Lande gefangengehalten wurden, dessen entwickeltsten und volkreichsten Teil ihre eigenen Armeen zum Schauplatz der schrecklichsten Schlachten in der bisherigen Kriegsgeschichte gemacht hatten, mit unübersehbaren Zerstörungen an Hab und Gut; daß die sowjetische Bevölkerung selbst große Not litt und doch, nach Aussagen vieler überlebender Gefangener, zahlreiche Beispiele der gelungenen und versuchten Hilfe geliefert hat (die es natürlich auch deutscherseits gab gegenüber sowjetischen Gefangenen oder Zivilisten, soweit deren Isolierung dergleichen möglich machte). Gewiß hat es auch Rache- und Willkürakte gegeben, für die in manchen Fällen sicher Vorerlebnisse familiärer Betroffenheit während der deutschen Besetzung angeführt werden können oder auch einfach der Anblick des verwüsteten Vaterlandes auf dem Vormarsch von der Wolga bis nach Berlin. Es gibt jedoch keine Anzeichen dafür, daß die Politik der Sowjetführung gegenüber den deutschen Kriegsgefangenen auf ihre vorsätzliche Dezimierung abgezielt hätte. Nirgendwo wird etwas sichtbar; was »gleichberechtigt« neben die

Ausrottungs- und Vernichtungspolitik der Naziführung und ihrer Organe gegen die in ihrer Gewalt befindlichen Sowjetbürger zwischen 1941 und 1945 gestellt werden könnte. Bei aller Unterdrückung, die charakteristisch ist für das Sowjetsystem – man male sich aus, wie es vierzig Jahre nach einem *deutschen* Sieg in den beherrschten Ostgebieten ausgesehen hätte ...

Bei ihrer Interpretation des deutschen Überfalls auf die Sowjetunion, als eines letztlich unvermeidlichen und also gerechtfertigten Präventivschlages, gibt sich die zweite Schuld besonders lautstark und im Brustton der Überzeugung. Überhaupt vermeint sie gegenüber der Sowjetunion die stärksten Trümpfe ihres festbetonierten Verdrängungs- und Verleugnungssystems in Händen zu halten. Dabei ist mir immer wieder als eines der schlimmsten Symptome des Verlustes der humanen Orientierung begegnet, daß eine makabre Zweiteilung bei der Gewichtung von Naziopfern getroffen wird: in »beklagenswerte« (Juden aller Nationalitäten in rituell-obligatorischer Beflissenheit sowie nichtjüdische Angehörige westlicher Völker) und »weniger beklagenswerte« (Angehörige von slawischen, von Ostvölkern überhaupt).
Ich hatte in diesem Zusammenhang ein erschreckendes Erlebnis. Es geschah während des Bonner Prozesses gegen die ehemaligen SS-Aufseher Gustav Sorge und Karl Schubert im Konzentrationslager Sachsenhausen-Oranienburg bei Berlin. Beide waren wegen tausendfachen Mordes an Häftlingen angeklagt in einem Verfahren, das vom 13. Oktober 1958 bis zum 6. Februar 1959 dauerte, dem Tag des Urteils für beide: lebenslanges Zuchthaus.
Während der viermonatigen Verhandlung im Schwurgerichtssaal 113 des Bonner Landgerichtes kamen die grauenhaftesten Einzelheiten zur Sprache. Unter den Zeugen und Zeuginnen, die aus beiden Teilen Deutschlands und aus aller Welt gekommen waren, befanden sich solche mit zerbrochenen Gliedern, fehlenden inneren Organen, geplatztem Trommelfell und furchtbaren Narben – Sachsenhausener Erinnerungen fürs ganze Leben. Bei der Beschwörung jener Jahre wurden viele von Weinkrämpfen geschüttelt, sie kauerten sich nieder im Gerichtssaal, weil sie den Anblick ihrer Peiniger von einst nicht länger ertragen konnten, verloren überwältigt die Sprache und rangen nach Luft. Die Zuhörer seufzten und stöhnten, und der Vorsitzende, Landgerichtsdirektor Gerhard Schroeder, mußte immer wieder Extrapausen einlegen, weil kein Mensch ohne Unterbrechung mit anhören konnte, was allein in diesem einen KZ an der Bahnstrecke Berlin–Stralsund geschehen war, wo, wie der ehemalige Lübecker Bürgermei-

ster Otto Passarge schilderte, das Grunzen der für die SS gemästeten Schweine sich mit dem Todesröcheln verhungernder Häftlinge auf der Lagerstraße mischte. Ihr Leben wurde ihnen von der SS – so ein anderer Zeuge – mit der Leichtigkeit genommen, mit der auf einer Kirmes Blechdosen von einem Ball umgeworfen würden – ein »Jahrmarkt des Todes« ...

Während Gustav Sorge, der »Eiserne Gustav«, im großen und ganzen geständig war, wenn auch auf störrische Weise, stritt Karl Schubert alles, was ihm die Anklage vorwarf, ab, alles – bis auf einen Punkt: seine Beteiligung an der Ermordung von über 10 000 sowjetischen Kriegsgefangenen in Sachsenhausen! Sonst nur auf sein stereotypes »Das stimmt nicht« eingespielt, löste sich hier seine Zunge, ging Schubert ins Detail:

»Die Sache war streng geheim, der Befehl kam vom Oberkommando der Wehrmacht. Für die Aktion standen sechs Räume zur Verfügung, mit der Leichenkammer. Ein als Arzt verkleideter SS-Mann stellte fest, ob der Russe Goldzähne hatte, dann wurde er von zwei Weißbekittelten an die Meßlatte geführt. Der Gefangene wurde bis zuletzt getäuscht. Noch an der Meßlatte mußte er eine entfernt angebrachte Zahl nennen oder eine Farbe erkennen. Auf ein verabredetes Zeichen wurde er dann von hinten durch einen Spalt erschossen. Der Tote wurde sofort in den Leichenraum gebracht und das Blut weggespritzt. Es mußte alles sehr schnell gehen. In drei Tagen hatten wir 1000 Gefangene durch ...«

Noch 24 Stunden später war Landgerichtsdirektor Schroeder fassungslos. Einem Zeugen rief er zu: »Sie hätten sehen sollen, wie Schuberts Gesicht leuchtete, als er gestern hier von den Erschießungen der Russen berichtete – ›In drei Tagen hatten wir 1000 Gefangene durch‹ ... Sie hätten hören sollen, *wie* er das sagte! Wenn er könnte, würde er noch heute den Orden dafür tragen.«

Karl Schubert hatte für seine Teilnahme an den Erschießungen nicht nur einen Orden bekommen, er war auch nach Italien zur »Erholung« geschickt worden. Jener September und Oktober 1941, jene sechs bis sieben Wochen wohlvorbereiteten Massakers an russischen »Untermenschen« – sie waren Karl Schuberts große Zeit gewesen, das entscheidende Erlebnis seines Daseins. Er, der sonst alles bestritt, bekannte sich ausdrücklich dazu, mit einem infamen Seitenblick auf die politischen Spannungen zwischen der westlichen und der östlichen Supermacht. Diesen Teil seiner Memoiren gab er freudig zum besten, hier setzte sein Gedächtnis nicht aus. Karl Schubert ließ keinen Zweifel daran, daß er die Ermordung der sowjetischen Kriegsgefangenen auch jetzt noch billigte. Wer wagt zu behaupten, daß diese Mentalität dem Massengeist fremd war, in dem der deutsche Angriffskrieg gegen die Sowjetunion geführt wurde?

Der perverse Antikommunismus

Heillos verstrickt in der NS-Vergangenheit

»Hirnlos gegen den Bolschewismus!«
Rudolf Augstein

»Viele Menschen meinen, es gäbe nur ein Übel auf der Welt – den Kommunismus. Das bedeutet, jeder Schriftsteller, Student, Politiker, der sich erkühnt, andere Formen des Bösen, die vom Westen oder einer anderen Supermacht herrühren, zu bemerken, jeder Mensch, der das ›eigene Übel‹ bekämpfen will, gilt diesen Leuten als Narr und als bezahlter Agent des KGB.«
Raissa Orlowa-Kopelew

Mitte der sechziger Jahre schrieben Alexander und Margarete Mitscherlich in ihrem Buch »Die Unfähigkeit zu trauern« bezüglich unversehrt erhalten gebliebener Teilstücke nationalsozialistischer »Weltanschauung« innerhalb der bundesdeutschen Nachkriegsgesellschaft:

»Das folgenschwerste dürfte der emotionale Antikommunismus sein. Er ist die offizielle staatsbürgerliche Haltung, und in ihm haben sich ideologische Elemente des Nazismus mit denen des Westens amalgamiert. So ist eine differenzierte Realitätsprüfung für alles, was mit dem Begriff ›kommunistisch‹ bezeichnet werden kann, ausgeblieben. Das unter Hitler eingeübte Dressat, den eigenen aggressiven Triebüberschuß auf das propagandistisch ausgenutzte Stereotyp ›Kommunismus‹ zu projizieren, bleibt weiter gültig; es stellt eine Konditionierung dar, die bis heute nicht ausgelöscht wurde, da sie in der weltpolitischen Entwicklung eine Unterstützung fand.«

Fast 15 Jahre später heißt es in Christian Streits Buch »Keine Kameraden ...«:

»Die sowjetische Expansion in Europa und der kalte Krieg boten die Möglichkeit, die Sowjetunion in ungebrochener Kontinuität als Gegner zu sehen. Dies förderte die Überzeugung, der Krieg im Osten sei im Grunde gerechtfertigt, ja notwendig gewesen und nur durch eine von der Wehrmacht ungewollte und bekämpfte Überlagerung durch die Verbrechen der SS pervertiert worden. Der nationalsozialistische Antibolschewismus konnte so, seiner antisemitischen Komponente entkleidet, nahezu bruchlos in den Antibolschewismus des kalten Krieges übergehen. In der scharfen Konfrontation beider Seiten und in der besonderen Situation der nationalen Teilung wurde eine kritische Untersuchung des Krieges gegen die Sowjetunion als Beeinträchtigung der eigenen Position, als ›Nestbeschmutzung‹ verstanden. Ein bedeutender Teil der Öffentlichkeit und nicht wenige Politiker neigten dazu, die sowjetische Politik unter Vorstellungen zu beurteilen, die vom doktrinären Antibolschewismus bestimmt waren.«

Beide Zitate lassen erkennen, mit welchem gefährlichen Gegner die Demokratie es hier zu tun hatte und immer noch hat, denn ein mächtiger Kern hat sich bewahrt bis in unsere Tage. Dabei macht das Jahrhundertwerk Michail Gorbatschows, der große Reformversuch der Sowjetgesellschaft, den eine ganze Welt staunend und hoffend verfolgt, diesem Antikommunismus das Leben schwerer, ohne ihn jedoch wirklich beeindrucken zu können. Schon heute zeigt sich an seinem Widerwillen gegen die innersowjetischen Veränderungen, an seiner lauten Alles-oder-nichts-Propaganda und an seiner tiefen Hilflosigkeit gegenüber dem welthistorischen Prozeß, der da abrollt, die Unabhängigkeit des alten Feindbildes von der Wirklichkeit neuer Entwicklungen.

Nun läßt es sich nicht leugnen, daß die bisherige Geschichte der Sowjetunion ihr System als das mächtigste und dauerhafteste Repressionsinstrument unseres Jahrhunderts ausweist; daß ihre gepanzerte Hand schwer auf den Völkern ihrer westlichen Nachbarstaaten liegt, und das mit der DDR bis nach Mitteleuropa hinein; daß auch Andrej Dimitrijewitsch Sacharows Rückkehr aus dem sibirischen Exil die Erinnerungen an den Archipel Gulag nicht aufheben kann, zumal er zwar geschrumpft, aber keineswegs schon ganz beseitigt ist; daß die gegenüber der Stalinära im Laufe der Jahrzehnte erheblich verfeinerten Methoden zur Brechung der Opfer nur das Entsetzen der gesitteten Menschheit hervorrufen können und daß die eigentliche große Lüge der Sowjetgesellschaft, die institutionalisierte Kluft zwischen Sowjetpropaganda und Sowjetwirklichkeit, die Geschichte des Riesenreiches jedenfalls so lange beherrscht hat, bis Michail Gorbatschow die gewaltigen Hammerschläge seines »Glasnost«-Willens auf das völlig versteinerte Printmedien- und TV-Gebilde niedersausen ließ. Und selbst die größten Optimisten werden nicht so töricht sein zu glauben, daß nach siebzig Jahren Duckens und Geduckt-Werdens der aufrechte Gang leichtfallen und sich schnell herstellen lassen wird. Nach wie vor belastet Afghanistan die Sowjetunion schwer, außenpolitisch und im Inneren, trotz des Rückzugs einiger Truppenkontingente 1986/87. Vor allem aber: Ehe ein so eingerasteter, allmächtiger Zentralismus wie der sowjetische sich die Gewohnheit restloser Herrschaft über Menschen und Material abringen oder auch nur einschränken läßt, wird gewiß mehr Zeit verstreichen, als die erwartungsvolle Ungeduld sich wünscht. Wie könnte da behauptet werden, es sei falsch gewesen, und sei es immer noch, einer Macht wie dieser Mißtrauen und Standfestigkeit entgegenzubringen?

Jede human und demokratisch motivierte Ablehnung des Sowjetsystems wird, neben ihrem selbstverständlichen Friedens- und Ausgleichswillen, die geschichtlichen Erfahrungen mit der Sowjetmacht nicht unberücksichtigt lassen können.

Aber der Antikommunismus, der hier behandelt wird, ist weder human noch demokratisch motiviert, wenngleich er sich dieses Etikett geben will, und zwar nur zu gern als »Vorkämpfer für die Freiheit«.

Wehe, wenn er – was derzeit bei uns nicht zu befürchten ist – obsiegte...

Seine Anhänger weisen ganz bestimmte einheitliche Grundzüge auf: erhebliche Anfälligkeit für nichtsowjetische Modelle von Staatsdiktatur; Verständnislosigkeit und Desinteresse an Entwicklungen und Differenzierungen in der Sowjetunion und ihrem Vorherrschaftsbereich, mit gleichbleibend starren Diagnosen und unerschütterlichem Feindbild; außenpolitische Radikalität gegenüber dem Osten, der innenpolitisch eine unverbergbare Intoleranz gegenüber allem entspricht, was mit dem Schandmal »links« versehen wird. Auffallende Rigorosität der Sprache und ausgeprägte Schwarzweiß-Aufteilungen des Geschichtsbildes; sehr leicht zu weckende Emotionalität mit rasch provoziertem Fanatismuscharakter; Richterposition ohne Selbstzweifel und mit Unfehlbarkeitsbewußtsein. Schon diese unvollständige Liste läßt eine verdächtige Parallele entstehen – nämlich die frappierende Ähnlichkeit des antikommunistischen Selbstzeugnisses mit dem erklärten Hauptfeind, dem klassischen Stalinisten!
Die angeblichen Extremgegner entpuppen sich, bei Licht gesehen und nur durch die jeweiligen Vorzeichen verschieden, als Brüder im gleichen Ungeist. Deshalb, wegen des tiefen Widerspruchs zwischen Vorgabe und Wirklichkeit, wird dieser Antikommunismus hier *pervers* genannt. Professionell, doktrinär, erklärt militant, ist seine bundesdeutsche Variante dazu noch im Hochofen des Dritten Reiches hartgebrannt worden. Zwischen ihm und einer human und demokratisch motivierten Ablehnung des Sowjetsystems gibt es keinerlei Beziehungen. Durchaus nicht auf die extreme Rechte oder den Konservatismus beschränkt, zieht sich seine Anhängerschaft quer durch fast das ganze politische Spektrum der Republik mit hier zunehmender, dort abnehmender Intensität.
Wir werden Zeugen einer scharfmacherischen Ideologie, die ewig unzufrieden ist mit der »Schlappheit« der Demokratie, ihren umständlichen Rechtswegen und ungewissen Rechtsentscheidungen, ja mit dem ganzen störenden und unberechenbaren Pluralismus. Es sind Zeitgenossen, deren offenkundig vordemokratisches Menschenbild und unüberwindliche Demokratieablehnung sie ständig zu Verlängerern des nationalsozialistisch indoktrinierten Antibolschewismus macht und zu heimlichen Befürwortern der Hitlerdiktatur, jedenfalls »was diesen Punkt betrifft« – aber ausgerechnet *sie* ernennen sich zum großen Gegenspieler der Sowjetdiktatur!
Die Merkmale des real existierenden Sozialismus dienen dem per-

versen Antikommunismus nur als Vorwand, nur zu vorgetäuschter Gegnerschaft gegenüber Despotie und Barbarei, Unterdrückung und Menschenrechtsverletzungen – nichtkommunistische Zwangs- und Repressionsregime bleiben in der Regel nicht nur von ihm unbelästigt, sondern genießen seine ausgesprochenen Sympathien.
Überall auf der Welt, wo der perverse Antikommunismus auch der real existierende ist, die Staatsgewalt in Händen hält, erweist sich, daß seine Herrschaftsformen eine geradezu überwältigende Ähnlichkeit mit den Zwangsmechanismen des real existierenden Sozialismus aufweisen. So, wie er vortäuscht, eine freiheitliche Kraft zu sein, so täuscht er auch die Ablehnung von Gewalt vor. Seine eigene Militanz benötigt die gegnerische, braucht sie, hängt von ihr ab. Versöhnungsmuster sind ihm unheimlich, Schritte auf Friedensmodelle hin suspekt. Der perverse Antikommunismus bedarf des Archipels Gulag, so, wie die Sowjetpropaganda über all die Jahrzehnte hin die Zuliefererdienste brauchte, die der perverse Antikommunismus ihr fortwährend für die Verteufelungskampagnen gegen die westliche Welt geleistet hat. Hinweise auf die Untaten des anderen sollten traditionsgemäß die Verbrechen im eigenen Lager vertuschen oder sanktionieren.
Was wird mit dem perversen Antikommunismus, wenn das Titanenwerk von Atlas-Gorbatschow gelänge und das alte Feindbild in der Sonne dieses Gelingens, wenn auch langsam, schmölze?

Es würde alles so bleiben, wie es ist, denn der perverse Antikommunismus ist nicht reformfähig. Sein Tun und Lassen sind unabhängig vom selbsterklärten Hauptgegner. Auch wenn die Rotarmisten sich 1945 auf deutschem Boden wie die Engel benommen hätten, hätte er kaum anders gehandelt als tatsächlich. Selbst bei jeder anderen Verhaltensweise hätte er die Vorgeschichte der Eroberung Berlins, die deutsche Okkupation der westlichen Sowjetunion und Polens samt jüdischem und nichtjüdischem Holocaust, unterschlagen, verdrängt, verleugnet oder relativiert. Es gehört zum Wesen des perversen Antikommunismus, daß ihm die deutschen Opfer im letzten Stadium des Zweiten Weltkrieges durch Flucht und Vertreibung aus dem Osten nichts als willkommen sind. Sie erfüllen jene Trost- und Rechtfertigungsfunktionen, die von den Anhängern des kollektiven Affektes »Aber die anderen haben auch Verbrechen begangen« beschworen werden. Der perverse Antikommunismus ist ein Bestandteil der zweiten Schuld, ohne daß damit schon alle ihre Träger ihm zuzurechnen wären. Die meisten von ihnen sind gewiß keine Radikalen, die Anhänger des perversen Antikommunismus jedoch sind es immer!

Von den beiden Kernlehren der Naziideologie – Antisemitismus und Antikommunismus – sieht sich der Antisemitismus öffentlich als Irrlehre gebrandmarkt. Dazu schreiben die Mitscherlichs:

»Die Einstellung zu den Juden hat eine gewisse Veränderung erfahren. Zunächst hat man ihnen gegenüber den Krieg nicht verloren, sondern in der ›Endlösung‹ nahezu das Ziel der Auslöschung einer Minorität erreicht. Die Gewissensseite wurde später immerhin so weit mobilisiert, daß eine Distanzierung von diesem Orgiasmus der Destruktion erfolgte. Korrigierend wirkte ferner die Tatsache, daß es im Nachkriegsdeutschland kaum noch jüdische Bürger gab. Das erschwerte den Fortbestand der Wahnprojektion auf sie (zum Beispiel ihre verschwörerischen Absichten); und schließlich hat die Gründung Israels eine neue Anschauungsform jüdischen Daseins geschaffen, das sich weitgehend von der jüdischen Assimilation in den Industrie- und Nationalstaaten des Westens unterscheidet.«

Ganz anders erging es dem Antikommunismus jener Herkunft. Wie tief seine Wahnprojektionen noch in die Nachkriegszeit hineinreichten, bestätigte Golo Mann in einer Veröffentlichung anläßlich der vierzigjährigen Wiederkehr der Kapitulation Hitlerdeutschlands vom Mai 1945 in der »Zeit« vom Februar 1985:
»Es ist mir öfters die Frage gestellt worden, meist wohl von ehemaligen Nazis, die sich an mich heranmachen wollten: ›Warum haben die Westalliierten nicht im Spätwinter 1944, als Hitlers Niederlage schon besiegelt war, eine ›Umkehrung der Allianzen‹ vollzogen und sich mit den Deutschen, ohne Hitler und seine Leute, gegen die Russen gewandt?‹ Rein technisch wäre dergleichen schwierig, aber möglich gewesen, denn die Vereinigten Staaten waren intakter, reicher als je zuvor, Rußland schrecklich verwüstet und ausgeblutet. Die Unmöglichkeit, auch nur einen solchen Gedanken zu fassen, lag im Psychologischen und Moralischen.«

Und noch einmal die Mitscherlichs, darüber, wie leicht die Menschen hierzulande es sich gemacht haben:

»Unter dem Diktat der Verleugnung ist der Kommunismus für Bundesdeutsche nichts als eine Irrlehre geblieben, wie einst der Mohammedanismus oder der Protestantismus. Uns als Rechtgläubige braucht das nicht zu interessieren, es genügt, wenn wir es verabscheuen.«

Angesichts des verheerenden Eindrucks, den das Beispiel der DDR auf die bundesdeutsche Bevölkerung ausübte und immer noch ausübt, hat es der perverse Antikommunismus mit seiner Holzhammerargumentation in vielem leichter als die demokratisch und human motivierte Ablehnung des Sowjetsystems, der neben politischem Interesse bestimmte Denk- und Bildungsprozesse vorausgehen müssen und die sich vereinfachenden Betrachtungen und Auslegungen entzieht. Besonders für Nazizeit und Ostkrieg kommt das Prinzip des perversen Antikommunismus, nämlich die Ursache von der Wirkung zu trennen, den Verdrängungs- und Verleugnungstendenzen weit entgegen. Dieses Prinzip zur eigenen Entlastung zu akzeptieren macht sich weit bequemer, als jenen lästigen Mahnern zu folgen, die das Sowjetsystem zwar ebenfalls ablehnen, aber nicht so tun, als habe die Weltgeschichte mit dem 8. Mai 1945 begonnen, oder die das begreifbare Sicherheitsbedürfnis der Sowjetunion nach ihren historischen Erfahrungen nicht als bloße Propaganda in den Wind schlagen.

Wie sich erwiesenermaßen der Antisemitismus keineswegs allein gegen Juden richtet, sondern der Deckbegriff für eine Haßideologie ist, die unter Hitler auch Millionen von Nichtjuden das Leben kostete, so ist auch der perverse Antikommunismus nur das Dach für eine viel umfassendere Feindschaft als die gegen den erklärten Hauptfeind. Antisemitismus und perverser Antikommunismus richten sich gegen *jede* Auffassung, die von den ihren abweicht!
Der perverse Antikommunismus zählt nicht nur die Befürworter des Sowjetsystems zu seinen Feinden, sondern erst recht jene, die es demokratisch und human motiviert ablehnen – eine Haltung, die ihm vollkommen verschlossen bleibt.
Während der perverse Antikommunismus in einer parlamentarischen Gesellschaft wie der bundesdeutschen Teil ihres Pluralismus ist, eine ihrer, wenn auch häßlichen, Farben, ist er dort, wo er die staatliche Macht hat, auf Entmachtung und Vernichtung seiner Gegner aus – und zu denen zählt er keineswegs nur Kommunisten, sondern alle Abweichler von der alleinseligmachenden Wahrheit des Antikommunismus. Es gab und gibt zahlreiche historische Beispiele dafür.
Dort, wo er nicht die Alleinherrschaft ausübt, taktiert er selbstverständlich, also auch bei uns. Er sollte jedoch nie als Bundesgenosse der Demokratie mißverstanden werden. Seine Mimikry zeigt Begabung, jedoch keine Perfektion. Überall dort, wo Maßnahmen zum Schutze der Demokratie beraten oder getroffen werden sollen, werden wir seiner überdurchschnittlichen Aktivität Zeuge. Überall, wo Ein-

griffe in liberale Normen erwogen werden, seien sie durch die Situation gerechtfertigt oder überambitioniert, begegnen wir den gestrengen Bemühungen des perversen Antikommunismus zu radikalisierender Einflußnahme. Diese stete Bereitschaft zur *Verschärfung* ist das Kennzeichen des perversen Antikommunismus unter den Bedingungen des Parlamentarismus. Wo seine Anhänger die administrative und politische Macht dazu haben, wird sie in die Praxis umgesetzt.

Wenn es ihm opportun erscheint, gibt der perverse Antikommunismus Lippenbekenntnisse gegen *jede* Diktatur ab, obschon seine Praxis dagegen spricht. Gefragt, wieso es trotzdem zur leicht nachweisbaren Monokultur des Antibolschewismus komme, antwortet er mit dem eher törichten Argument: Den Kampf gegen *rechte* Diktaturen besorgten ja schon andere in überreichem Maße...

Zum Vorschein treten zwei Wesensmerkmale des perversen Antikommunismus: die Teilung der Humanitas, die in einer Hälfte der Welt bekämpft, was sie in der anderen rechtfertigt – und die ideologische Verengung auf den gewünschten Ausschnitt der Wirklichkeit. Das kann so wörtlich genommen werden, wie es Raissa Orlowa-Kopelew, die Frau Lew Kopelews, in ihrem eingangs zitierten Satz ausdrückte: Für den perversen Antikommunismus gibt es nur *ein* Übel auf der Erde – seinen Feind! In dieser Ausschließlichkeit stecken seine große Lüge und seine tiefe Verletzbarkeit. Zwar gewahrt er nicht, was er nicht gewahren will, andere aber bemerken es sehr wohl. So hat sich denn der perverse Antikommunismus für die Flut von Unterdrückung und Menschenrechtsverletzungen innerhalb der nichtkommunistischen Welt eine Standarderklärung zurechtgelegt: Allemal sollen die eigentlichen Verantwortlichen solcher Konflikte in Moskau sitzen! Das Paradebeispiel – die Republik Südafrika. Das Bedrohungstrauma von außen ist zur Rechtfertigungsgrundlage der Apartheidspolitik geworden.

Die Burenherrschaft am Kap ohne Hoffnung ist das klassische Staatsexempel des perversen Antikommunismus in unserer Epoche. Sie verweigert sich einer Erkenntnis, die sie zunehmend in Gegensatz zur Weltmeinung treiben wird: daß nämlich die ausgebeuteten und entrechteten Millionenmassen der von der Macht ausgeschlossenen Schwarzen keine kommunistischen Anstifter benötigen, um sich gegen das ihnen von den weißen Herren für alle Ewigkeiten zugedachte Schicksal aufzulehnen. Und sei es, da kein anderer Weg übrigbleibt, mit Gegengewalt und Gegenterror gegen das Gewaltmonopol des rassistischen Systems.

Der perverse Antikommunismus ist der Absolutismus unseres Zeitalters, mit dem Unterschied, daß dessen monarchisch-historische Epoche dagegen wie ein bläßliches Vorspiel wirkt.

Das eigentliche Lebenselement des perversen Antikommunismus jedoch sind der kalte Krieg und sein eisiges Klima, eine antarktische Globalatmosphäre – er ist von Natur aus entspannungsfeindlich. Das bringt ihn, auch in der Bundesrepublik, immer wieder in Schwierigkeiten mit der offiziellen Regierungspolitik, wenn die Töne zu schrill werden. Der Zwist stellt sich immer dann ein, wenn eine Regierung, ohne selbst revanchistische Außenpolitik zu treiben (und das hat bisher kein bundesdeutsches Kabinett getan), dennoch Revanchisten in den eigenen Reihen oder höheren Staatsrängen duldet.
Der Kollisionsmöglichkeiten gibt es hierzulande viele. Da ist die Urfeindschaft des perversen Antikommunismus gegen die von der sozialliberalen Koalition der siebziger Jahre unter Gesetzes-Dach-und-Fach gebrachte – und von ihrer christlich-liberalen Nachfolgerin, wenn auch mit Ach und Krach, fortgesetzte – Ostpolitik. Da ist der Anspruch auf die Gebiete jenseits der Oder-Neiße-Linie, also die Ablehnung der territorialen Resultate des Zweiten Weltkrieges. Und da ist, neben dem Offenhalten der »deutschen Frage«, ein Alleinvertretungsanspruch gegenüber der DDR, dem der perverse Antikommunismus eine rituelle Note gegeben hat.
All das bedeutet, daß er auch Regierungen, die ihm durchaus nahestehen, von innen und außen schwer belasten kann und zu öffentlichen Distanzierungen zwingt. Solche Auseinandersetzungen innerhalb der bundesdeutschen Rechten würden sich im Falle eines Gelingens der Gorbatschowschen Reformbemühungen noch verstärken. Die Friedensfeindlichkeit des perversen Antikommunismus läßt eine gewisse Hoffnung zu, daß er in der Bundesrepublik, mit der DDR die schwerstbedrohte Region der Welt, an Boden verlieren wird. Dies erst recht, wenn ein Abrüstungsabkommen zwischen den Supermächten zustande käme, das den Namen verdiente. Denn natürlich ist der perverse Antikommunismus auch abrüstungsfeindlich.
Er ist, aus der Tiefe der Vergangenheit, eine destruktive Kraft, die Verfolgungsobjekte braucht, Hatzgeschöpfe, Erzfeinde, Pauschalgegner, denen gegenüber demokratische Grundsätze zu verletzen legitim sein soll.
Jede nähere Beschäftigung mit Anhängern der bundesdeutschen Fraktion des perversen Antikommunismus legt ihre heillose Verstricktheit in nationalsozialistische Ur-, Ausgangs- und Parallelbilder bloß. Das alte »Juden raus!« zu rufen, jedenfalls laut, gilt als inopportun. Das alte »Kommunisten raus!« gibt sich dagegen, und natürlich auch so laut wie möglich, völlig unblockiert. Aber was sich da weggenommen sieht aus der überkommenen Zwillingstradition, das könnte, unter ge-

gebenen Umständen, schnell wieder hinzugefügt werden. An der Koppelung hat sich nichts geändert.
Die Pathologie des Antisemitismus ist jedoch keineswegs auf den perversen Antikommunismus beschränkt. Sein angeblicher Extremgegner bedient sich, wie wir sehen werden, ihrer ebenso – neben anderen verblüffend gleichen Haltungen.

Der verordnete Antifaschismus

Ein Wort zum Thema »NS-Erbe und DDR«

Dieses Buch befaßt sich vorsätzlich mit dem Erbe des Nationalsozialismus in der Bundesrepublik Deutschland. Die zentrale Frage des Umgangs mit ihm muß jedoch dieses eine Mal auch auf die Geschichte der DDR ausgeweitet werden, um dem Mißverständnis vorzubeugen, das Problem sei dort bewältigt oder gar gelöst worden, wie von der alten stalinistischen Führung bis zu ihrem Untergang im Oktober/November 1989 stets noch behauptet wurde. Davon kann jedoch keine Rede sein.

So leicht allerdings, wie man es sich gegenüber der »alten« DDR jahrzehntelang in der Bundesrepublik gemacht hatte, war es nun auch wieder nicht: »Die da drüben haben ebenfalls ehemalige Nazis in leitenden Stellungen« – »Die haben es mit ihren Nazis nicht besser gemacht als wir« – »Die sind mit dem Problem ebensowenig fertig geworden«. In diesem Stil ging es bekanntlich bald vierzig Jahre lang. O Wunder – da wurde doch nichts anderes gesagt, als daß auf *diesem Gebiet* in der Bundesrepublik Zustände herrschten wie in der stalinistischen DDR! Natürlich lag solche Logik nicht in der Absicht der Gleichmacher, dennoch ließ ihr Bekenntnis keine andere Schlußfolgerung zu. Wenn man es ihnen vorhielt, war niemand verblüffter darüber als die Überführten selbst. Wo, bitte, auf welchem Terrain sonst noch, wurde im Staat der »freiheitlich-demokratischen Grundordnung« auf Parallelität mit dem SED-Staat gepocht? Wo sonst noch wurde derart besinnungs- und kopflos Gleichheit hergestellt, Nähe gesucht zu der sonst so geschmähten, ja verachteten DDR? Nirgends anders als bei der Auseinandersetzung mit der größten Schandepoche der deutschen Geschichte. Schon die innere Unehrlichkeit der beflissenen Einebner, die sich jede andere Nivellierung der beiden ungleichen Gesellschaften verbeten hätten, hätte stutzig gemacht haben sollen. Und in der Tat – da stimmte etwas nicht.

Auf die DDR trafen zahlreiche Einzelposten *der* bundesdeutschen Mängelliste, die dieses Buch aufführt, nicht zu. Es gab dort weder die pauschale Übernahme des nazistischen Verwaltungsapparats, wie in der Bundesrepublik, noch deren Voraussetzung, nämlich das 131er-Gesetz; weder die Legalisierung neonazistischer Parteien oder SS-Nachfolgeorganisationen noch überhaupt eine Restauration, die es den Dienern Hitlers so leicht gemacht hätte, wieder in Amt und Würden zu gelangen, wie der große Frieden mit den Tätern es in der Bundesrepublik zuließ. Es gab dort auch nie jene zeitgenössische Variante nazistischer Unbelehrbarkeit, wie sie sich zwischen Rhein und Elbe, Flensburg und Rosenheim in Form eines wahren Zeitungs-, Zeitschriften-, Buch- und Verlagsimperiums breitgemacht hat, das seit nunmehr

vierzig Jahren seinen rechtsradikalen Haß gegen Juden, Emigranten, Linke und Demokraten verspritzen darf. Unbestraft, unbelästigt und im Namen der demokratischen Presse- und Meinungsfreiheit.
Tatsache ist ferner, daß die großindustriellen, großagrarischen, finanzkapitalistischen und publizistischen Eliten, die für Deutschlands Weg nach 1914 über 1939 bis in den Abgrund von 1945 hauptverantwortlich waren, in der DDR vollständig zerschlagen worden sind. Während in der Bundesrepublik bekanntlich, wie bis hierher reichlich dokumentiert, die alten Konzernherren bald nach dem Ende des Zweiten Weltkrieges schon nicht nur ihre alten Reiche wiederherstellen, sondern sie zum Teil auch noch erheblich erweitern konnten.
Die diesbezüglichen Unterschiede zwischen der Bundesrepublik und dem anderen deutschen Staat wurden nicht aufgehoben durch jene periodisch wiederkehrenden Statistiken von belasteten Nazis in höheren Posten und Rängen der DDR. Ihre Verfasser waren übrigens meist solche bundesdeutschen Publizisten, die sich den Teufel scherten um die seinerzeitige Renazifizierung, um den großen Frieden mit den Tätern und die Verheerungen und Versehrungen der Generationen der Söhne, Töchter und Enkel durch die zweite Schuld. Vielmehr waren sie immer dann billig zur Hand, wenn es darum ging, einen hiesigen NS-Skandal zu relativieren oder zu kompensieren.
Nein, mit diesem kläglichen Zahlen- und Aufrechnungseifer rückt man dem Problem »NS-Erbe und DDR« nicht wahrhaftig zu Leibe. Es ist viel komplizierter, differenzierter, tragischer und infamer, als es sich die schwachköpfigen Geister der bundesdeutschen Gleichmacher ausmalen konnten.
Und ein Synonym dafür war der *verordnete Antifaschismus.*

Warum der *verordnete?*
Weil er ein Staats- und Partei-Antifaschismus war, ein von oben summarisch dekretierter, und dies unter Vergewaltigung leicht nachprüfbarer Historie. Staat und Bevölkerung waren von der stalinistischen Führung offiziell zu Mitsiegern des Zweiten Weltkrieges erklärt worden, sozusagen postum ein Teil der Anti-Hitler-Koalition, und das natürlich Seite an Seite mit der Sowjetunion – eine abenteuerliche Lüge!
Die Verwandlung der Mitverlierer in Triumphatoren kam nicht, wie im Falle der österreichischen Lebenslüge, aus dem Volk, sondern von der SED-Führung. Ihr Dekret hat im Zeitalter der stalinistischen DDR jede tiefergehende Massenauseinandersetzung mit der Nazivergangenheit von vornherein verbaut. Diese Führung hat bekanntlich die Verantwortung für das Dritte Reich ausschließlich an die Bundesrepublik

und ihre Bevölkerung delegiert, die DDR also aus der ihren entlassen – kraft staatlicher Regelung. Wie in der Bundesrepublik unter den Mantel der *demokratischen* Nächstenliebe gekehrt wurde, womit man sich nicht wirklich auseinandersetzen wollte, so wurde die kollektive, öffentliche Auseinandersetzung mit der Nazivergangenheit zwischen Elbe und Oder unter den Mantel der *realsozialistischen* Nächstenliebe geschoben. Auf dieser Strecke mußte alles bleiben, was den Begriff Antifaschismus teuer und lebendig macht.
Für mich war er immer ein Ehren-Wort, ein Versprechen von Menschlichkeit, etwas Unbesiegbares, stärker als der Todfeind, eine Weltkraft, die alle Hoffnung auf Befreiung in sich barg. Antifaschismus, das war und ist das unwandelbare Kriterium meines Lebens, über alle politischen Irrtümer hinweg, deren Korrektur ich ihm zu verdanken habe. Er ist unvereinbar mit der Bindung an eine Partei oder an eine Staatsräson, unvereinbar mit der Zugehörigkeit zu jener Fraktion der *Internationale der Einäugigen,* die auf dem linken Auge blind sind. Der verordnete Antifaschismus setzte sich damit selbst der Anklage aus, sich mit dem perversen Antikommunismus, der auf dem rechten Auge blind ist, in eine ideologisch aufgespaltene Humanitas zu teilen.
Keine der stalinistischen DDR-Regierungen, weder die Ulbrichtsche noch die Honeckersche, war an der humanen Unteilbarkeit des Antifaschismus interessiert, sondern nur daran, ihn politisch für sich auszubeuten. An den Fäden einer höheren Gewalt hängend, war der staatlich verordnete Antifaschismus eine klägliche Marionette, die jede Menschenrechtsverletzung im eigenen Bereich entweder rechtfertigte oder leugnete. Und die den Ausverkauf des Begriffes bis zur schamlosen Verfälschung der über 1300 Kilometer langen Mauer- und Zaun-Monstrosität zwischen Ostsee und Erzgebirge in einen *antifaschistischen Schutzwall* trieb. Abgesehen davon, daß man sich im Zeitalter der Interkontinentalraketen und Sternenkriegspläne ein unglaubwürdigeres Etikett für dieses Bauwerk nicht vorzustellen vermochte – das Monster konnte auch, was viele nicht wußten, nur von der westlichen Seite gewartet und repariert werden! Also von dort, woher die Aggressoren angeblich kommen sollten, und aus einer Himmelsrichtung, gegen die es sich vorgegebenerweise richtete ...
Aber neben der methodischen Teilung der Humanitas wies der verordnete Antifaschismus noch weitere Übereinstimmungen mit dem perversen Antikommunismus auf.

Eine davon war ein mühsam als Anti-Zionismus getarnter Antisemitismus. Er war dem verordneten Antifaschismus von seiner stalinistischen Abkunft her sozusagen eingeboren, ein Ausläufer der wahnhaft judenfeindlichen Phobien Jossif Wissarionowitsch Stalins. Die SED-Parteigarde hat sich später nur ungern an die von ihm befohlenen Schauprozesse der frühen fünfziger Jahre erinnern lassen, deren Opfer vor allem Juden waren. Als »entlarvte Verräter« endeten sie in Sofia, Prag und Budapest entweder am Galgen oder vor den Gewehrmündungen der Exekutionskommandos. Und nur Stalins Tod am 5. März 1953 bewahrte die bereits verhafteten jüdischen Ärzte in Moskau vor der sicheren Hinrichtung durch den Verfolgungswahn des allmächtigen Herrschers im Kreml. Auch in Ost-Berlin, das sich später wegen des Fehlens solcher Schauprozesse gern auf seine angewandte »sozialistische Gesetzlichkeit« berief, wurden solche Verfahren vorbereitet und nur durch die innersowjetischen Vorgänge nach Stalins Tod abgebrochen – an jüdischen Todeskandidaten hätte kein Mangel bestanden. Ganz abgesehen einmal von einer Justiz, die Tausende und Abertausende ohne Schauprozesse in ihre Verliese, in Qual, Wahnsinn und Tod getrieben hat ...

Niemand hat mit dem Begriff Antifaschismus so viel Schindluder getrieben wie *das* System, das ihn für sich annektiert hatte – das stalinistische. Alle die angeblich *geständigen Mörder*, die *gemeingefährlichen Klassenfeinde*, die *Handlanger des US-Imperialismus*, die da umgebracht wurden, galten vor ihrer Verfemung als lebende Vorbilder, ja Denkmale des Antifaschismus.

Antisemitisch durchweht waren auch die Diskriminierung und Ausbootung der sogenannten Westemigranten, Ende der vierziger, Anfang der fünfziger Jahre durch den regierenden Flügel der deutschen Ostemigranten in der SED-Führung. Viele Kommunisten, darunter auch Juden, waren vor Hitler nicht in die Sowjetunion, sondern in westliche Länder geflüchtet, bis nach Übersee – eine Entscheidung, die manchem von ihnen wohl das Leben rettete. Waren in Stalins »Vaterland der Werktätigen« doch zahlreiche deutsche Kommunisten von der Terrorwelle der ersten großen Schauprozeß-Ära in den dreißiger Jahren verschlungen worden (bevor gar mancher, der die Jeschowtschina, die große Säuberung, überlebt hatte, nach Abschluß des Stalin-Hitler-Paktes vom August 1939 von den Sowjets der Geheimen Staatspolizei übergeben wurde. Zumindest für die Juden und Jüdinnen unter ihnen war dies das sichere Todesurteil).

Die Aktion gegen die Westemigranten hatte ihren Teil dazu beigetragen, den ohnehin antisemitisch vorbelasteten Begriff »Emigranten« weiter abzuwerten in den Augen der Bevölkerung, die eben nicht, wie vorgegeben, ihr Verhältnis zum Nationalsozialismus ins reine gebracht

In gewisser Weise stehen Menschen meiner Biographie und meiner Erlebnisse in der Nazizeit vor den gesamtdeutschen Trümmern der Illusionen von 1945. Und an der Behandlung des Begriffes Antifaschismus in beiden deutschen Staaten über so lange Jahrzehnte hin manifestiert sich unsere Niederlage nur einmal mehr.
Was wird, weiß niemand. Sicher ist allein, daß die Deutschen auf dem Territorium der ehemaligen DDR dank des verordneten Antifaschismus nicht nur die stalinistische, sondern auch die nazistische Vergangenheit aufzuarbeiten haben und daß die Glaubwürdigkeit der einen Aufarbeitung abhängig sein wird von der Glaubwürdigkeit der anderen.

Israel-Politik der stalinistischen DDR-Staatsführung. Für Juden, für jüdische Publizisten und Schriftsteller gar, war dies eine Sondersituation, die einen zusätzlichen Druck auf sie ausübte: sie sollten sich »antizionistisch« bekennen! Mit welchem Geschick auch immer diese Forderung des verordneten Antifaschismus von den Betroffenen hinausgeschoben werden konnte – irgendwann, so wußten sie, wurde ihre Erfüllung von ihm erwartet.

Nach meinen Beobachtungen ließen sich während der stalinistischen Herrschaft unter dieser Gruppe drei Hauptreaktionen erkennen: standfeste Verweigerung, mit allen Konsequenzen; widerwilliges Sich-Fügen, mit den unausbleiblichen Folgen der Selbstverachtung bis zur Selbstzerstörung, und Prostitution – sie, die dritte der Reaktionen, sah sich keinerlei Gewissensqualen ausgesetzt, weil sie die Karriere über alles gestellt hatte. Solche Entscheidungen gab es unter Juden auch. Das Bild, das sie boten, und natürlich im nachhinein auch unter den völlig veränderten Bedingungen noch bieten, war und ist niederschmetternd.

Die eigentlich tragische Gruppe war für mich die zweite, jene, die sich eher widerwillig fügte. Ein jüdischer Publizist, der über das ständig lebensbedrohte Israel und seine arabischen Feinde schrieb, wie es der offiziellen Nahost-Politik der SED-Staatsführung entsprach, konnte kein gutes Gewissen haben, auch wenn er so tat. Der Typus existierte, er ist mir mehrfach begegnet, und wenn sein Beispiel vielleicht auch schmählich ist, er hat mich am stärksten bewegt, und tut es noch. An niemandem sonst läßt sich erschreckender ablesen, was der verordnete Antifaschismus, und die Partei- und Staatsräson hinter ihm, in Menschen anrichten konnten. Mag es anderen schwerfallen, solche Fälle als Opfer zu akzeptieren, mein Einblick in jüdische Schicksale dieser Art tut es.

Christa Wolf hat einmal gesagt: Wer sich in einer verkehrten Welt einrichtet, wird selbst verkehrt...

In diesem Buch gibt es ein Kapitel, das ausdrücklich auf der Singularität, also der historischen Einzigartigkeit und Unvergleichbarkeit des Nationalsozialismus, besteht. Ich komme also nicht in den Verdacht, mich Schulter an Schulter mit den akademischen und nichtakademischen Relativierern des Nationalsozialismus zu befinden, wenn ich sage: Die stalinistische Parteiherrschaft in der DDR hatte gute Gründe, die NS-Geschichte nicht allzu tief auszuloten! Würden dabei doch sehr bald schon nicht nur bestimmte Entsprechungen, sondern auch die Tatsache herausgekommen sein, daß die SED-Herrschaft von den

Negativtraditionen aus der Tiefe deutscher Geschichte schamlos profitierte.

Es ist ja kein Zufall, daß den nachgewachsenen Generationen in der DDR, den schuldlos Beladenen zwischen Ostsee und Riesengebirge, via verordneten Antifaschismus nie ein anderes als ein sehr pauschales Bild der Nazizeit geboten worden ist. Die stalinistische Herrschaft auf deutschem Boden hatte ja rasch erkannt, was sich an den Verhaltensweisen, Denknormen und Ängsten aus der Vergangenheit nutzbar machen ließ. Die lange, eingefleischte Tradition von Untertanengeist und Obrigkeitshörigkeit kam ihr doch keineswegs ungelegen. Der mündige Bürger war das letzte, was die über dreiundvierzigjährige SED-Herrschaft brauchen konnte. Da hat sich vieles nahtlos aneinandergefügt. Und an diesem Netz hat der verordnete Antifaschismus kräftig mitgestrickt.

Wo er Programm war – und dazu noch gefaßt in die Formel der »antifaschistisch-demokratischen Ordnung« –, konnte eine wirkliche Aufarbeitung der Nazizeit bei der Grundverlogenheit der Situation nicht stattfinden. Die Ära 1933 bis 1945 blieb für die Jungen und Jüngeren in mystisches Dunkel jenseits aller Verantwortlichkeiten gehüllt. Denn, noch einmal: Der Staat, der sich selbst zum Mitsieger der Anti-Hitler-Koalition ausgerufen und die DDR zur einzigen Heimat deutscher Antifaschisten erklärt hatte, verweigerte sich ganz folgerichtig den Lasten, die von der Hakenkreuzvergangenheit eingefordert wurden.

Der verordnete Antifaschismus, als getreues Spiegelbild seines Oberherrn, des SED-Politbüros, hat die Nazizeit propagandistisch stets unter zwei Vorzeichen behandelt: dem des – ungeheuer überhöhten – Widerstandes von Kommunisten (der nichtsdestotrotz der erste, tapferste und verlustreichste war – und der in der Bundesrepublik am meisten unterschlagene) und dem Vorzeichen des »Klassenfeindes«, also der Herrschaft der großen Eigentümer von Geld und Produktionsmitteln. Bis in die letzten Phasen des Stalinismus in der DDR galt die These von der »Monopolbourgeoisie«, als der eigentlich leitenden und lenkenden Kraft, in deren Diensten auch der Nationalsozialismus und Hitler selber standen. Dieser historisch falschen, in erster Linie ideologisch und propagandistisch geformten Sicht beugten sich gewiß nicht alle Historiker und Wissenschaftler in der DDR, und je weiter auf unsere Gegenwart zu, desto weniger von ihnen. Dennoch blieb sie die bis zum Untergang der SED unveränderte Leitlinie.

Das riesige Feld *zwischen* den beiden genannten Vorzeichen blieb so gut wie im Finstern. Um so heller konnte sich dann davon jenes Wunschbild abheben, das die Besitzer des real existierenden Sozialismus auf die selbstgespannte Leinwand ihrer verqueren und de-realisierten Weltsicht projizierten. Der verordnete Antifaschismus, gefesselt an eine Staats- und Parteiräson, war nie etwas anderes als ein Zerrbild. Das Gewaltsystem *Stalinismus* war sowohl unfähig als auch unwillens, das Erbe des Nationalsozialismus aufzuarbeiten und abzutragen. Es hat deshalb diese Aufgabe auch nie wirklich in Angriff genommen.

Aber die Misere ist nicht ost- oder west-, sie ist gesamtdeutsch.

In der Bundesrepublik hat die Restauration den alten Kräften die wirtschaftliche und damit auch die politische Macht weitgehend erhalten. Das allerdings mit dem mächtigen Gegengewicht einer pluralistischen Gesellschaft, die sich mit Fug und Recht die freieste in der Geschichte der Deutschen nennen darf. Antifaschismus aber ist von ihr nie integriert worden, sondern immer ein Fremdwort, etwas Abseitiges, Abartiges gewesen.

In der DDR dagegen ist, wie bereits ausgeführt, den alten Kräften personell und materiell die einstige Basis zerschlagen worden, die einzige Konsequenz, die angesichts des Unheils, an dem diese Kräfte maßgeblich mitgewirkt hatten, gezogen werden konnte (wobei, zwischengeschoben, angesichts des totalen wirtschaftlichen und politischen Zusammenbruchs des stalinistischen Systems und der Angewiesenheit auf Hilfe auf außen unweigerlich die Frage aufkommt: Wird das so bleiben? Werden der Untergang des real existierenden Sozialismus als Weltsystem und seine Folgen den *ewigen Gewinnern* auf westlicher, besonders aber bundesdeutscher Seite nicht die unverhoffte Chance eröffnen, doch noch zu bekommen, was ihnen zweimal durch den Widerstand der ganzen Welt versagt worden war – wenngleich diesmal nicht mit Panzern und Sturmgeschützen, sondern mit der großkalibrigen DM und dem Bombardement einer überlegenen Produktionskraft? Wie wird die laufende Geschichte diese Frage beantworten – für die DDR, aber auch für die anderen ehemals stalinistisch okkupierten Länder in der Mitte, im Osten und Südosten Europas, deren Demokratisierung sich unter in Grund und Boden gewirtschafteten Verhältnissen vollzieht?).

Der Vorsprung, den die DDR mit der Entmachtung der alten Eliten gleich nach Ende des Zweiten Weltkrieges gegenüber der Bundesrepublik gewonnen hatte, wurde dann aber dadurch aufgehoben, daß als Nachfolger ein seinerseits wieder diktatorisches Regime trat, dessen Zentralismus keinen Platz für die klassischen bürgerlichen Freiheiten, für Menschenrechte und natürliche Vielfalt ließ und das dazu noch auf die ökonomisch ineffiziente staatliche Planwirtschaft festgelegt war. Wie alles andere, verordnete es auch den Antifaschismus.

In gewisser Weise stehen Menschen meiner Biographie und meiner Erlebnisse in der Nazizeit vor den gesamtdeutschen Trümmern der Illusionen von 1945. Und an der Behandlung des Begriffes Antifaschismus in beiden deutschen Staaten über so lange Jahrzehnte hin manifestiert sich unsere Niederlage nur einmal mehr.
Was wird, weiß niemand. Sicher ist allein, daß die Deutschen auf dem Territorium der ehemaligen DDR dank des verordneten Antifaschismus nicht nur die stalinistische, sondern auch die nazistische Vergangenheit aufzuarbeiten haben und daß die Glaubwürdigkeit der einen Aufarbeitung abhängig sein wird von der Glaubwürdigkeit der anderen.

Heil! Heil! Heil!

Schamzentrum: die Liebe zum »Führer«

Es gibt ein mir unvergeßliches Erlebnis aus den ersten Monaten nach der Befreiung, vom Spätsommer 1945. Ich hatte den Publizisten Axel Eggebrecht kennengelernt, eine Art antifaschistischen Idols für mich. Er arbeitete damals im Hamburger »Nordwestdeutschen Rundfunk«, und ich besuchte ihn dort mit einem Packen Fotos des Hitlerschen Leibfotografen Hoffmann in der Rothenbaumchaussee. Alle Bilder zeigten den »Führer«, meist in Großaufnahme. Beim Durchsehen hielt Axel Eggebrecht plötzlich inne, griff zum Telefon und bat den Angerufenen, so rasch wie möglich zu ihm zu kommen. Wenig später erschien ein uniformierter Brite, offenbar ein Besatzungsgewaltiger in der Anstaltsleitung, den Axel Eggebrecht bat, sich die Fotos anzuschauen. Da ich sie gerade in der Hand hielt, trat der Brite hinter mich, nahm den Packen, blätterte wortlos, mit wachsendem Ekel im Gesicht. Dann stockte er, als hätte ihm der Anblick den Atem verschlagen, und stieß, ohne die übliche Beherrschung eines Gentleman, laut hervor: »Igittigitt!«

Für Leser, die es nicht wissen sollten: Das ist der höchste Ausdruck spontaner Ablehnung, ja Abscheu, dessen ein Hanseat in der Öffentlichkeit fähig ist – der Brite schien sich in kurzer Zeit offenbar gut eingelebt zu haben. Was ihn zu dem Ausruf verleitete, war dies: die Rechte mit seltsam abgewinkelter Bewegung zum »Deutschen Gruß« erhoben, mit der Linken ein Tuch gepackt, ein Lederriemen vom martialischen Koppelschloß hoch über die Schulter gezogen, über der Oberlippe den schmalen Schnurrbart und in der Stirn die eine Haarsträhne – Adolf Hitler mit einer »Blutfahne«, Reliquie aus der »Kampfzeit« vor 1933!

»Igittigitt!«

Aber dabei blieb es nicht. Das Foto zwischen zwei gespreizten Fingern, als fasse er etwas hoch Unappetitliches an, platzte dem britischen Offizier an diesem Spätsommertag des Jahres 1945 noch einmal die gewohnte Zurückhaltung weg mit der konsternierten, fassungslosen, fast schreiend hervorgebrachten Frage:

»*Wie konnte man diesem widerlichen Kerl nur folgen?*«

Ja – wie konnte man?

Ich lernte Friederike S. Anfang der sechziger Jahre kennen, sozusagen auf der Straße, eine Nachbarin, Witwe, deren Mann kürzlich bei einem Autounfall ums Leben gekommen war. Eine Zufallsbekanntschaft von nebenan, mit freundlichem Gruß und gelegentlichem Wetterdisput. Friederike S. war hochgewachsen, mit strenger Frisur, ein »treudeutscher« Typ, der nicht mehr nachwächst, und beinahe auf den Tag so alt wie das Jahrhundert.

Irgendwie war ich mit der stillen, unaufdringlichen Frau in weniger oberflächliche Gespräche gekommen, ohne Planung und Verabredung, aber mit dann und wann längerem Verweilen beieinander. Sehr bald machten mich bestimmte Bemerkungen von ihr neugierig, Abfälliges über die Gegenwart, beiläufig geäußert, mehr geraunt, doch tief hervorgeholt. Ich hatte den Eindruck, über die pauschale, unkonkrete Beschimpfung unserer Zeit werde Vergangenheit verherrlicht. So begann ich, das offenkundige Mitteilungsbedürfnis vorsichtig mit Fragen zu fördern. Es war nicht schwer, Friederike S. zum Sprechen zu bringen. Vielmehr schien es, als hätte sie lange darauf gewartet, es zu tun. Innerlich bewegt, mit einer Stimme, die in der Begeisterungsspitze in Diskant umkippen konnte, berichtete Friederike S. von der »schweren Bürde« vor 1933 – »Mein Mann war schon damals in der SA« –; von der »schrecklichen Systemzeit«, Umschreibung für den ihr unbekannten Begriff Weimarer Republik; vom »Versailler Schandvertrag« natürlich, nachdem die »Novemberverbrecher« 1918 der unbesiegten Front in den Rücken gefallen seien. Von der »roten Gefahr«, Sozis und Kommunisten, die es allesamt auf Deutschlands Ende abgesehen hätten, aber im Januar 1933 dann durch die »Machtergreifung« daran gehindert worden seien: Endlich sei das Vaterland wieder frei geworden! Kein Zweifel, Friederike S. war nicht nur eine waschechte Nationalsozialistin gewesen – sie war es immer noch.
Daraufhin hielt ich es für richtig, ihr meine jüdische Abstammung zu offenbaren – was wider Erwarten nicht zum Abbruch dieser ungleichen Beziehung führte. Bei der Mitteilung hatte Friederike S. nur etwas gestutzt. Irgendeine Veränderung ihres Wesens mir gegenüber stellte ich jedoch nicht fest. Was ich als angenehm empfand, war, daß Friederike S. keinen privaten Renommierjuden aus ihrer Erinnerung hervorkramte und erklärte, »in diesem Punkte« habe der Nationalsozialismus einen Fehler begangen, wie ich es so oft, und jedesmal peinlicher, erlebt hatte. Dazu war Friederike S. viel zu ehrlich. Sie und ihr Mann hatten nie jüdische Freunde oder Bekannte gehabt und wollten auch nie welche haben. Ich war offenbar der erste Jude, mit dem sie überhaupt je in persönliche Berührung gekommen war, ohne daß sie sich, wie sich weiter bestätigte, davon betroffen fühlte.
Immer ging es in ihren gesittet vorgetragenen, aber doch irgendwie mit glühender Begeisterung durchsetzten Memoiren um »Deutschland«, um sein Recht und seine Behauptung gegen eine »Welt von Feinden«. Nie sagte Friederike S. »NS-Regime« oder »Nazi« – die Identifikation zwischen Vaterland und Nationalsozialismus war vollständig. Im Laufe der Zeit wurde ich umfassend in das nationalistisch-nationalsoziali-

stische Geschichtsbild eingeführt, mit dem Friederike S. groß geworden war. Danach waren es der Neid der anderen auf die deutsche Tüchtigkeit und die Furcht vor ihr, die beide Weltkriege verursacht hätten. »Gegen England«-Grimm kam hoch, »Erbfeind«-Frankreich-Blitzer und natürlich, über allem, Erhabenheitsgefühle und Haß zugleich gegenüber dem »Bolschewismus«.
Von einem gewissen Punkt an verließ Friederike S. den Boden bloßer Schilderung ihrer Eigenwelt – NS-Frauenschaftsarbeit, »Winterhilfe«, Schulung, Aufmärsche, im Kriege Anfertigung warmer Kleidung für die Ostfront – und begab sich ebenso unbefangen wie vorher auf das Gebiet der Reflexion: Welches Unrecht Deutschland auch nach dem Zweiten Weltkrieg angetan worden sei, wie einig sich die sonst so zerstrittenen Weltmächte seien, wenn es gelte, Deutschland niederzuhalten, indem sie seine Wiedervereinigung verhinderten, und welche Verbrechen die Vertreibung und der Raub der deutschen Gebiete jenseits von Oder und Neiße seien.
Gelegentlich machte Friederike S. eine winzige Einschränkung: Wenn im Kriege tatsächlich »von unserer Seite Unrecht geschehen« sei, wieso das Ausland denn eigentlich nicht erkenne, daß dies nur von wenigen, und selbst dann noch »guten Glaubens«, verübt worden sei? Einwürfe meinerseits offenbarten, daß der Gedanke, »Unrecht« sei schon vor Ausbruch des Krieges und massenhaft an Deutschen begangen worden, Friederike S. nie gekommen war, weder damals noch gegenwärtig. Dafür kam sie immer wieder auf den »guten Glauben« zurück, mit leuchtenden Augen, diskretem Begeisterungsdiskant und bar selbst der allergeringsten Spur von schlechtem Gewissen – schien es.
Es war unheimlich – dieselbe Frau, die einer Ideologie von höchster Gewalttätigkeit angehangen hatte und sie immer noch begeistert beschwören konnte, entpuppte sich als ein Mensch, der keiner Fliege etwas zuleide zu tun vermochte. Die Spaltung in eine privat humanitäre und in eine politisch antihumanitäre Hälfte war perfekt. Ebenso klar war, daß Friederike S. nie daran gedacht hatte, gegen die Bundesrepublik, die zweite deutsche Demokratie, auch nur den kleinen Finger zu heben, obschon sie ihr gegenüber nicht viel andere Gefühle hegte wie gegenüber der ersten. Wann immer es Wahlen gab, Friederike S. ging brav zur Urne – nach wie vor blieb sie ihrer Staatsgläubigkeit treu, auch wenn dieser Staat nicht der ihre war. Ich bin sicher, daß Friederike S. niemals antidemokratisch agitierte und sich in keinem anderen als dem Sonderfall mit mir jemandem öffnete. Es ist sehr unwahrscheinlich, daß er sich irgendwann wiederholt hat. Die Zurückhaltung erstreckte sich auch auf das eigene Kind, ein Mädchen des Jahrgangs

1942. Es war bei unseren Gesprächen mehr als einmal anwesend und machte einen völlig unbeeinflußten Eindruck. Offensichtlich hatten Friederike S. und ihr Mann die Tochter nicht im Sinne ihrer politischen Überzeugung erzogen. Die zweite deutsche Demokratie hatte es im Falle der Friederike S. – und den vielen, deren Repräsentantin sie sein konnte – nicht mit einer direkten, einer aktiven Gegnerschaft zu tun, sondern weit mehr mit einer desinteressierten Passivität, einer fast neutralen Inspizierung des Neuen. Friederike S. war die verkörperte Begründung der Tatsache, daß die Bundesrepublik Deutschland zwar von dem hartnäckigen Vergangenheitspotential wesentlich mitgeprägt, von ihm jedoch nie wirklich erschüttert worden ist.
Ich muß gestehen, daß es für mich nicht immer leicht war, die Hymnen auf meine Todfeinde und die Schmähungen meiner Befreier so ruhig mit anzuhören, wie es nötig war, um die Beziehung fortzusetzen. Es träfe aber nicht die Wahrheit, wenn bis hierher der Eindruck entstanden wäre, Friederike S. sei für mich nichts anderes als ein Studienobjekt gewesen. Vielmehr stimmte es, daß ich Achtung vor ihr hatte, die sich nach dem Tode ihres Mannes, obwohl an Jahren schon beträchtlich fortgeschritten, mit der halbnächtlichen Reinigung von Büroräumen tapfer durchs Leben schlug. Trotz unterschiedlicher, ja gegenteiliger Auffassungen hatten wir uns persönlich schätzen gelernt, ja waren gegen Ende der sechziger Jahre fast so etwas wie Freunde geworden. Über Friederike S. und ihren Mann, der einst die SA-Uniform getragen hatte, wußte ich bald mehr als deren eigenes Kind.
Etwas war mir jedoch allmählich aufgefallen, seltsamerweise ziemlich spät, was den Erkenntniswert noch steigerte und zu einer gesicherten Feststellung führen konnte: In all den seit Jahren andauernden Gesprächen hatte Friederike S. den Namen dessen, um den ihre Ausführungen kreisten, den eigentlichen Mittelpunkt ihrer politischen Biographie, von dem die Wellenringe ausgegangen waren, die Energiequelle, nie genannt – *Adolf Hitler!*
Zwar bekannte Friederike S., daß sie *seinem* Programm angehangen hatte, *seiner* Partei, *seiner* Sache, und sie beschwor *seine* Zeit – aber ihn selbst nannte sie nicht. Nicht zufällig, denn hier beginnt Intimsphäre, Lustkomplex, das Libidinöse ihres Daseins, ihr politisches Schamzentrum: *die Liebe zum »Führer«!*

Alexander und Margarete Mitscherlich nennen sie ein Verhältnis zwischen *Ich* und kollektivem *Ich-Ideal.* In »Die Unfähigkeit zu trauern« heißt es dazu:

»Die Wahl Hitlers zum Liebesobjekt erfolgte auf narzißtischer Grundlage, das heißt, auf der Grundlage der Selbstliebe ... Die akute Verliebtheit in den Führer steigerte die masochistische Lustbereitschaft ebenso wie die Neigung zum aggressiven Ausagieren gegen die Feinde des Führers.«

Als ich fast 15 Jahre nach dem ersten Gespräch mit Friederike S. an das Buch der Mitscherlichs geriet, stellte ich nicht ohne innere Erregung fest, daß mir ihre wissenschaftlichen Erkenntnisse vom Ich und vom kollektiven Ich-Ideal sozusagen schon am lebenden Modell vorgeführt worden waren.
Hitler war zur Verkörperung des Ego geworden, war so, wie der lange absolutistisch verkrüppelte Untertan nur zu gern gewesen wäre, wie er in seinen glühendsten, kaum vor sich selbst zugegebenen Träumen und Wachphantasien sein wollte, ohne dazu je, wie er wußte, fähig zu sein. Nun bot sich die Chance, von diesem Stärkeren, diesem Stärksten zu zehren und an seinem unvergleichlichen Dasein teilzuhaben – indem das Subjekt Ich in das Objekt des Ich-Ideals schlüpft! Das erzeugt ein wahnhaftes Selbstgefühl, das sich über das eigene Ungenügen hoch emporhebt. Maßstäbe der Ästhetik, wie sie den britischen Offizier zu seinem »Igittigitt!« und der schrillen Frage »Wie konnte man diesem widerlichen Kerl nur folgen?« bewegten, sehen sich außer Kraft gesetzt. Gerade das Bizarre der Erscheinung, die unsägliche Gewandung, das Stakkato ihrer Stimme, die keine Normallage kennt, das Ritual der Herausgehobenheit bei allen öffentlichen Aufzügen, diese ganze unappetitliche, verklemmte, abschreckende Gestalt – all das verwandelt sich in der Beziehung zwischen Ich und Ich-Ideal in ein vergottetes Objekt, an das man sich lehnen und dem man alle Verantwortung übertragen kann. Liebe macht nicht nur privat, sie macht auch politisch blind. Sie setzt Kritikempfinden, Ästhetik und die Regeln eines natürlichen Geschmacks matt, allerdings nur unter den von der Wechselwirkung zwischen Ich und kollektivem Ich-Ideal selbst geschaffenen Bedingungen. Gerade die Abwesenheit dieses künstlich herbeigeführten Erhöhungspathos wird es sein, was den Generationen der Söhne, Töchter und Enkel das Verständnis für den Jubel, die Hingabe, die Verfallenheit an den Massenführer später so schwer verständlich macht. Die Mitscherlichs:

»Im Zustand ihrer Hörigkeit erniedrigen sich die Massen vor Führerfiguren, um neues Selbstgefühl zu erlangen. Was die deutsche Szene betrifft, leistete die hier übliche Gehorsamskultur solcher Verdrehung Vorschub.«

Der »Führer« erfüllt die Erwartungen der Massen, indem er das Füllhorn seiner Größen(wahnsinnigen)ideen von Volk und Rasse über ihnen ausschüttet, den Deutschen besondere Vorrechte auf der Welt verspricht und ihre Empfängnisgier mit Höherwertigkeitsideologien befriedigt. All das wird verkörpert durch das kollektive Ich-Ideal, in das sich das schmachtende Ich kraft seiner Identifikation mit dem Einzigen selbst einbezieht. Verkündet werden Geborgenheit unter dem schützenden Dach nationaler Einheit, Aufhebung der sozialen Gegensätze in der alles umfassenden »Volksgemeinschaft«, mit der auch die Herrschaft *einer* Partei erklärt und gerechtfertigt wird, und schließlich schonungslosestes Vorgehen gegen solche, die sich widersetzen. Stärke wird auch bezogen von der selbstbewußten Sprache des Ich-Ideals gegenüber dem Ausland. Nach den verbreiteten Minderwertigkeitsgefühlen, die sich durch die unverwundene Niederlage des Ersten Weltkrieges angesammelt hatten, tut das dem angeschlagenen Selbstgefühl wohl. Die Auslieferung des Ichs an den Retter ist leidenschaftlich. Jeder, der damals in Deutschland lebte und sich nicht von der Massenhysterie anstecken ließ, wird sie bezeugen können.
Die Beziehungen zwischen Ich und kollektivem Ich-Ideal, die Verliebtheit in den »Führer«, hatten ihre Etappen auf dem Wege eines komplizierten Steigerungsprozesses, wie die Mitscherlichs beschreiben:

»Man darf sich diesen Vorgang zunächst nicht als ein jubelndes Einschwenken in eine angebotene Glaubenslehre vorstellen, sondern viele Individuen empfanden erst einmal Angst, von einer neuen Entwicklung aus ihren persönlichen Lebenssicherungen, aus ihrer Karriere und auch aus dem Kreis ihrer Bekannten und Freunde ausgeschlossen zu werden, wenn sie sich nicht rasch den neuen Forderungen anpassen würden. Dieser für das Selbstgefühl nicht sehr ruhmreiche Opportunismus wird aber rasch vergessen, vor allem, wenn die Anpassung neue Sicherungen und Gewinnchancen bietet.«

Aussicht auf materielle Sicherung und ideelle Hingabe an die Macht, die sie zu bieten scheint, gehen eine enge Verbindung ein. Sie schafft die Voraussetzungen, die bisherigen Grenzen des Verantwortbaren zu überschreiten, im »Dienste einer großen Sache«, die von dem kollektiven Ich-Ideal, dem »Führer«, personifiziert wird. Sigmund Freud hat das lange vor dem Triumph des Nationalsozialismus in seiner Schrift »Massenpsychologie und Ich-Analyse« prophezeit:

»Das Gewissen findet keine Anwendung auf alles, was zugunsten des Objektes geschieht. In der Liebesverblendung wird man reuelos zum Verbrecher. Die ganze Situation läßt sich restlos in die Formel fassen: Das Objekt hat sich an die Stelle des Ich-Ideals gesetzt.«

Und die Mitscherlichs ergänzen:

»Wenn sich dieser Vorgang millionenfach gleichzeitig wiederholt, sind nach statistischer Wahrscheinlichkeit genügend Extremvarianten von Anbetern darunter, die bedenkenlos agieren, was der Führer befiehlt.«

Auch das ist in nahezu jedem der vielen NS-Prozesse vor bundesdeutschen Schwurgerichten aufs neue bestätigt worden: Wann immer es der Mörder bedurfte, waren sie zur Stelle.
Der Zustand, der durch das Vertrauen der Führung in den unbehinderten Vollzug ihrer Vernichtungspläne und deren energisch betriebene Verwirklichung geschaffen wird, führt in zahlreichen Fällen, wenn nicht zu Komplikationen, so doch zu einem gewissen Stocken im Verhältnisfluß zwischen Ich und Ich-Ideal. Zwar bleibt das Ausmaß des Massen- und Völkermordes weitgehend unbekannt, wird nur ein grobes Kenntnisraster hergestellt im Bewußtsein der Deutschen zur Zeit der Täterschaft, aber manche Details dringen doch durch. Auch tut die Lehre von dem »Körnchen Wahrheit« eines jeden Gerüchts ihre Wirkung, vor allem wenn sich die Gerüchte häufen. Trotz aller Propaganda, trotz fortgeschrittenen Verlustes der humanen Orientierung wird Schuld wahrgenommen. Beim Übertritt über die Grenzen des bisher Verantwortbaren konnte das innere Alarmsystem aus früheren Lebensepochen nicht gänzlich ausgeschaltet werden. Manches war ja auch sozusagen vor der eigenen Tür geschehen, so die Pogrome und Zerstörungen in der sogenannten »Reichskristallnacht« vom 9. November 1938 oder die Deportationen der Juden Deutschlands von öffentlichen Plätzen zu den Stätten der Vernichtung von 1940 bis 1943/44. Durch diese Wahrnehmungen stutzt etwas im liebenden Ich, auch wenn es gewohntermaßen alle Verantwortung an das Ich-Ideal delegiert. Angesichts eingestandener oder uneingestandener Schuldgefühle entsteht im Ich doppelte Strafangst: die erste vor dem eigenen Gewissen, die zweite vor dem »Führer«, dem Ich-Ideal, weil die erste nach dessen Lehre gar nicht existieren dürfte und im Falle ihrer Entdeckung geahndet werden würde.
Aus dem Konflikt dieser doppelten Strafangst wußten viele Deutsche während der Nazizeit keinen anderen Ausweg, als sie zu entrealisie-

ren – die kollektive Verdrängung und Verleugnung von Wirklichkeit setzte weit vor 1945 ein. Die Verlängerung dieses »Auswegs« durch die zweite Schuld zu einem festen, über Jahrzehnte hin durchgehaltenen Abwehrsystem führte dann wahrscheinlich tatsächlich zu massenhaften Blackouts, zu einem totalen, sorgsam gezüchteten Erinnerungsausfall, soweit er der eigenen Rechtfertigung und Entlastung diente. Jenseits davon arbeitet das Erinnerungsvermögen bis in die erstaunlichsten Winzigkeiten des NS-Alltags. Auch dies ist, wie bereits erwähnt, eine Offenbarung aus den NS-Prozessen vor bundesdeutschen Schwurgerichten.

Als ich eines Tages Friederike S. auf den Kopf zu fragte, warum sie eigentlich den Namen des »Führers« nie nenne, warum sie wohl ständig von der »Sache« rede, nie aber von Adolf Hitler selbst, erschrak sie zuerst sichtlich, faßte sich dann rasch und – schickte ihre Tochter, die dem Gespräch beiwohnte, hinaus. Gleich darauf bat Friederike S. mich, künftig über »diesen Punkt« nur noch zu sprechen, wenn ihr Kind nicht dabei sei.

Erst jetzt, in der zweiten Etappe dieses seltsamen Monologs einer Nationalsozialistin vor einem überlebenden Opfer des Nationalsozialismus, erfuhr ich mehr von den persönlichen Ich-Beziehungen der Friederike S. zu ihrem Ich-Ideal – banale Entdeckungen insofern, als sie ganz offensichtlich für viele Millionen anderer Anhänger gegolten haben müssen.

Die Anerkennung einer neuen Realität nach dem Mai 1945 war eine nach außen möglichst verschwiegene, innerlich aber sehr schmerzhafte Entwicklung in den Individuen des nationalen Kollektivs, dem auch Friederike S. angehörte.

Die Verwandlung des angebeteten Ich-Ideals in einen Feind der Menschheit und eines so hehren Begriffs wie »Nationalsozialismus« in ein international gebräuchliches Schimpfwort – diese beispiellose Abwertung muß eine heftige Erschütterung hervorgerufen haben. Die abrupte Verwandlung des kollektiven Ich-Ideals in einen Verbrechensanstifter von universalen Dimensionen stürzte das bis vor kurzem noch liebende Ich und sein Vertrauen in einen Wirbel widerstreitender Gefühle. Neigung, die Anschuldigungen gegen das Ich-Ideal – und damit natürlich auch gegen das eigene, in ihm aufgegangene Ich – zu bezweifeln oder völlig zu bestreiten; gleichzeitig Betroffenheit über die ungeheuerliche Ausweitung des Anklagegegenstandes, wobei die schrumpfhaften Vorstellungen darüber schon lange vor den neuen Eröffnungen unterdrückte Schuldgefühle mobilisiert hatten; das Empfinden, Verrat zu begehen, wenn nun doch Zweifel die Figur des einst so charismatischen Ich-Ideals anfraßen; dann, im Laufe der Zeit, bei vielen Unverständnis, ja Schrecken über die einstige Hingabe und – über allem – Unwille und Unfähigkeit, die Gründe dieser tragikomischen Verliebtheit in den untergegangenen »Führer« kritisch und offen zu untersuchen. Es war nicht wenig, was auf Friederike S. damals einstürmte, und sie wehrte sich dagegen auf ihre Weise.

Ihr ungeheurer, bleibender Zorn auf »die Sieger« von damals, noch zwanzig Jahre nach Etablierung der Bundesrepublik Deutschland, die inzwischen längst Bündnispartner dreier von ihnen geworden war, hatte seine Wurzeln tief in der Abwertungsperiode der ersten Nachkriegszeit. Während Friederike S. sich durch den ungerechten Gang der Weltgeschichte in ihrem Selbstwertbewußtsein so schwer wie nie zuvor getroffen fühlte, erfuhren die verhaßten Sieger eine Aufwertung, von der die ganze Welt tönte. Die Niederlage, die so vernichtend war, daß sie keine Dolchstoßlegende mehr zuließ, ging einher mit der moralischen Erniedrigung durch den bestürzenden Vorwurf der kollektiven Teilhaberschaft an den aufgedeckten Großverbrechen. – »... von denen wir nichts gewußt haben!« wie Friederike S. zu wiederholen nicht müde wurde, wenn sie »ähnliches« oder »dergleichen« einmal zugab.

Diese Etappe in ihrem Leben, und dem der damaligen Generationen, faßt »Die Unfähigkeit zu trauern« programmatisch so zusammen:

»Der Verlust des Führers war für Millionen Deutsche nicht der Verlust irgendeiner Person (so spurlos der Untergang und so rapide die Abkehr von ihm erfolgte), sondern mit seiner Person verbanden sich Identifikationen, die im Leben der Anhänger zentrale Funktionen erfüllt hatten... Der Tod des Führers brachte für die Massen eine Entblößung von Schutz. Vom Führer verlachte Mächte konnten ihn vernichten. Da sein Imago das Ich-Ideal seiner Anhänger ersetzt hatte, waren sie in seinen Untergang mit hineingezogen, der Schande preisgegeben. Mit diesem Zusammenbruch des Ich-Ideals hörte notwendigerweise die Möglichkeit der gegenseitigen Identifizierung im Führerglauben auf. Auch wenn man nicht reuelos gemordet hatte, die bedingungslose Kapitulation nach soviel Hochmut mußte ein intensives Schamgefühl auslösen; jedermann versuchte, dieses gescheiterte und gefährliche Ich wieder ›auszuspucken‹, zu externalisieren. Jetzt hieß es: Die Nazis waren an allem schuld. Diese Verdrehungen der Wirklichkeit dienten, wie wir sehen, dem Schutz des eigenen Ichs, des eigenen Selbstgefühls, vor schroffen Entwertungen...

Auch die Tatsache, daß man sich zur Projektion seiner eigenen Aggressionen auf Mitmenschen verleiten ließ, die sich unter diesem Akt zu Untermenschen, Ungeziefer verwandelten, hat später die kindliche Ausrede provoziert, daß man ›guten Glaubens‹ nur dem gefolgt sei, was der Führer von einem verlangt habe. Das erklärt die Neigung vieler Deutscher nach dem Kriege, die Rolle eines unschuldigen Opfers einzunehmen.«

Das traf in hohem Maße auf Friederike S. zu. Das alles hat sie gekannt und – verdrängt: Angst, Schuldgefühle, Scham. Im Dreigestirn ihrer Abwehr zur Erhaltung des Selbstwertes aber stand eines von ihnen an besonderer Stelle – Scham. Genauergenommen: eine bestimmte Scham. Welche?

Friederike S. gab sich immer ganz sicher, wenn sie von ihres Mannes und ihrer »Kampfzeit« vor 1933 sprach, von ihrer Eingebundenheit in das Dritte Reich, von ihrer Zustimmung zu ihm, ihrer Bereitschaft und ihrer Aktivität seinerzeit. Sie zeigte eine gewisse Aufrichtigkeit, wenn es um »die Sache« ging, ohne daß diese von ihr innerlich vielleicht noch so vorbehaltlos vertreten wurde, wie sie sich den Treueanschein gab. Immerhin sah sie keinen Anlaß, mit irgend etwas hinter dem Berg halten zu müssen, was sie mit dem Nationalsozialismus verbunden hatte. Daß sein Zentrum ein mörderischer Antisemitismus war und daß sie ihre »Beichte« jemandem ablegte, der ihm eher zufällig entkommen war, stand für Friederike S. keinen Augenblick zur Überlegung an – soweit es die politische Hälfte ihrer Persönlichkeit betraf, war der Verlust der humanen Orientierung vollständig.

Die ebenso naive wie erschreckende Unbefangenheit, die Friederike S. bei ihren Reminiszenzen an eine nun schon so weit zurückliegende Lebensphase an den Tag legte, erstreckte sich jedoch nicht auf alles, sie deckte nicht das gesamte Erinnerungspotential. Es hatte *eine* Blöße: das persönliche Aufgehen ihres Ichs im kollektiven Ich-Ideal!

Hier verlor Friederike S. ihre sonstige Sicherheit, hier begann ihre Stimme zu schwanken, hier wirkte sie wie selbstentwaffnet. So weit sich die Schleusentore öffneten, wenn sie von der »Sache« sprach, so fest klappten sie zu, wenn diese »Sache« sich personifizierte, ihre physische Gestalt bekam. Hier hatte das sonst so geschlossen rückwärtsgewandte Weltbild einen Riß, der das Schamzentrum preisgab: die Liebe zum »Führer« – *sie war nicht mehr vertretbar!*

Nur durch besondere Umstände machte Friederike S. mit mir eine Ausnahme, die selbst für ihr eigenes Kind nicht galt – was unserem ohnehin ungleichen Duo noch zusätzlich eine makabre Note verlieh.

Vor keiner anderen Facette der ersten Schuld wird die Maske der zweiten so hartnäckig gehalten wie vor dieser »Liebe«. Auf nichts trifft das »Davon spricht man nicht« mehr zu, nichts türmt höhere Bekenntnisbarrieren auf als dieses – für beide Geschlechter gültige – Intimverhältnis von Ich und Ich-Ideal dermaleinst. Die Mitscherlichs bestätigten zehn Jahre nach meinem »Riß-Erlebnis«:

»Der Zustand der Exaltation, die Erinnerung an die Verliebtheit in den Führer, muß in der Wiederbegegnung Scham erwecken.«

Scham über diese »Liebe« – ja. Aber auch Trauer um sein Dahinschwinden? Die Trauer um Hitler schien mir bei Friederike S. ausgesprochen unterentwickelt zu sein. Sicher war sie einst vorhanden gewesen, jetzt aber war davon wenig oder gar nichts zu spüren. Das hatten mir andere Beobachtungen bereits vielfach bestätigt. Nein, die zweite Schuld trägt kein Hitler-Konterfei verzückt vor sich her, sie bejubelt das alte Ich-Ideal durchaus nicht, läßt von der früheren Begeisterung kaum etwas ahnen. Mir ist in diesen mehr als vierzig Jahren seit der Befreiung nur ein einziger Jünger begegnet, der sich ungebrochen, laut und öffentlich zu Hitler bekannte, ihn zum »größten aller Deutschen« ausrief und sein Andenken ehren wollte »bis ins kühle Grab« – womit es noch eine Weile hin sein mochte, da der begeisterte Propagandist dem Jahrgang 1965 entstammte. Das war Oberfläche, Kenntnislosigkeit, Politspielzeug.
Das Trauerdefizit der von ihrem Lebensalter her für das Dritte Reich verantwortlichen Generationen um Hitler entsprang dagegen einem Leidensdruck, der Entlastung suchte, und dies wiederum innerhalb eines nationalen Kollektivs, in das Friederike S. eingebettet war. Die Mitscherlichs schreiben dazu:

»Wird der Führer durch die Wirklichkeit widerlegt, verliert er im weltpolitischen Spiel der Kräfte, dann geht er nicht nur unter, sondern mit ihm die Inkarnation des Ich-Ideals der von ihm faszinierten Massen. Metaphorisch spricht man von einem ›Erwachen aus dem Rausch‹... Nach dem Erlöschen des symbiotischen Zustandes können sich Millionen aus der Faszination entlassene Subjekte um so weniger erinnern, als sie den Führer eben nicht ihrem Ich assimiliert hatten, wie man sich etwa das Vorbild eines Lehrers einverleibt, sondern ihr Ich zugunsten des Objektes, des Führers, aufgegeben hatten. So verschwindet, der narzißtischen Objektbesetzung entsprechend, der Führer wie ein ›Fremdkörper‹ aus dem psychischen Haushalt. Es bleibt keine Erinnerung an ihn selbst zurück, und auch die Verbrechen, die in seinem Namen begangen wurden, entwirklichen sich hinter einem Schleier der Verleugnung.«

Die Unfähigkeit, über die NS-Verbrechen zu trauern, weitet sich aus zur Unfähigkeit, überhaupt noch trauern zu können – auch nicht über den »Führer«. Der gleiche Mechanismus ist uns schon bei den kollektiven Affekten der Schuldabwehr begegnet: Die innere Beziehungslosigkeit zur Welt der NS-Opfer stumpfte die Mitleidensfähigkeit insgesamt so weit ab, daß auch die eigenen, die deutschen, die Opfer im Kampf *für* Hitler davon betroffen wurden. Die Bilanz der Mitscherlichs:

»Wir können jetzt also zusammenfassend formulieren, die Unfähigkeit zur Trauer um den erlittenen Verlust des Führers ist das Ergebnis einer intensiven Abwehr von Schuld, Scham und Angst.«

Der »Führer« entschwand, aber nicht die intime Erinnerung an diese persönliche »Liebe« – sie war das Schamzentrum ganzer Generationen und ist es geblieben, soweit sie noch leben. Dabei hat die Erfindung der Fotografie und des Films für alle Zeiten festgehalten, wie sehr sie ihrem Ich-Ideal verfallen waren.
Der Kreis schließt sich: Die Fähigkeit, so zu »lieben«, und die Unfähigkeit zu trauern – sie sind die Kehrseiten ein und derselben Ich-Medaille.
Zu diesem bestürzenden Kausalschluß der Mitscherlichs war ich durch die Begegnung mit Friederike S. selbst gekommen.

FJS und die Zwangsdemokraten

Über die verbliebene Sehnsucht nach dem starken Mann

Mit der Katastrophe Hitler hat die deutsche Sehnsucht nach dem starken Mann eine schwere Niederlage erlitten – gestorben ist sie mit ihm keineswegs. Obwohl sie sich heute weit schwächer äußert als in der Weimarer Republik und nicht im entferntesten so epidemisch auftritt wie in den Jahren ihrer höchsten Erfüllung 1933–45, bedeutet ihr gleichsam geschichtsbetäubtes Stadium nicht, daß das Verhältnis zwischen Ich und kollektivem Ich-Ideal schon ausgestanden ist. Eine offene Gesellschaft wie die unsere entblößt ein angeschlagenes, aber unerloschenes Bedürfnis, das sich nach dem großdeutschen Führerkult sozusagen seinen bundesdeutschen Verschnitt sucht.

Vaterfiguren wie Konrad Adenauer, aber auch ein »Macher« wie Helmut Schmidt, dürften jedenfalls einen Teil ihres Erfolges dem untergründigen Massenwunsch verdankt haben, von sicherer Hand straff gelenkt zu werden. Aber weder der alte Autokrat noch der demokratische Sozialist waren die Auserkorenen der Sehnsucht nach dem starken Mann. Hauptauserkorener war und ist seit nunmehr fast vierzig Jahren *Franz Josef Strauß!* Es gibt niemanden in der Geschichte der Bundesrepublik, auf den sich diese Sehnsucht schamloser, inbrünstiger und dauerhafter konzentriert hätte als auf ihn – der Bayer ist zu ihrer Symbolfigur geworden.

Dazu zwei Einschübe, die die Verhältnismäßigkeit klären sollen: Erstens wäre jeder Vergleich zwischen der Bundesrepublik Deutschland und Hitlerdeutschland ebenso absurd wie der zwischen Hitler und Strauß, und die Behauptung, dieser wolle die demokratische Republik in eine Diktatur umwandeln, ginge weit hinaus über die Grenzen der Albernheit. Zweitens: Die Straußsche Biographie lediglich abzuklopfen auf den Aspekt des Zusammenhanges zwischen ihm und der Sehnsucht nach dem starken Mann verengt den Blick auf nur *einen*, wenn auch nicht unbedeutenden Ausschnitt seines politischen Lebenswerks, kann also niemals dessen endgültige Würdigung bedeuten.

Dies vorausgeschickt, scheinen mir dennoch die Fragen legitim, weshalb ausgerechnet Strauß zum Ich-Ideal überregionalen Stils geworden ist und welcher konkrete Fall hier zu untersuchen wäre.

Es lassen sich rasch drei Elemente ausmachen, die von großer Suggestivkraft auf die Anhängerschaft sein müssen und die sich in zahlreichen Aussprüchen des Idols selbst formuliert finden. Um dem Vorwurf zu begegnen, sie aus dem Zusammenhang gerissen zu haben, werden hier drei von ihnen zitiert, die in sich geschlossen sind und deren Bündigkeit Mehrdeutungen kaum zulassen.

»Die einen brauchen die Unwahrheit, um sich zu behaupten, und wir müssen die Wahrheit durchsetzen.«

Das erste Suggestivelement stellt das Grundmuster überhaupt dar: Es teilt die Welt in Gute und Böse, wobei die eigene Person und ihre Anhänger das Gute verkörpern. Sie sind im Besitz der alleinseligmachenden Wahrheit, die den Bösen verschlossen bleibt. Nicht zufällig taucht hier die Gedankenverbindung zur religiösen »Gnade« auf.

»Freiheit oder Kollektiv heißt die Grundentscheidung in der geistesgeschichtlichen und politischen Auseinandersetzung im letzten Viertel unseres Jahrhunderts.«

Der Gegensatz ist unüberbrückbar, die Gegebenheit absolut, das Feindbild holzschnittartig, ohne die Zwischentöne von Kompromissen – das zweite Element. Und doch sind beide nur die Aufbereitung für das dritte, das ein endgültiges, eingeborenes Prinzip enthält, eine Art höherer Fügung, Auserkorenheit, die geschenkt wird, nicht erworben werden kann:

»Ich bin, der ich war, und bleibe, der ich bin.«

Diese Selbsteinstufung in den Zustand statisch-entwicklungsloser Frühvollendung ist es, die, über Jahrzehnte stramm durchgehalten, wie nichts sonst eine persönliche Unbeirrbarkeit bestätigt, deren Aura in die Unfehlbarkeit führt. Selbstbewußtsein ohne Selbstzweifel, vom Ich-Ideal ununterbrochen demonstriert, macht den tiefsten Eindruck auf das schwächere Ich, es baut sich zu einer autoritären Kraft auf, die durch die dynamische, immer unter Volldampf stehende Erscheinung ständig aufs neue am Leben gehalten wird.
»Davon zehre ich ein ganzes Leben!« bekannte ein Teilnehmer mittleren Alters in die Fernsehkamera, nachdem es ihm auf einer Wahlkundgebung vergönnt gewesen war, Franz Josef Strauß die Hand zu drücken. Und das war ernst gemeint. Bei solchen Zusammenkünften wird eine Atmosphäre hergestellt, wie sie jenseits Bayerns wohl nur schwerlich anzutreffen wäre. Es gärt und brodelt, und ein öffentliches Widerwort von jemandem, der dem Hexenkessel nicht zugehörig ist, täte ihm gewiß nicht gut. Isolations- und Aggressionstrieb vereinigen sich unentwirrbar zu einer hochexplosiven Mischung, die manch geschockten Berichterstatter anderer Breiten zu dem Schluß kommen ließ: Stimmung wie auf einem Nürnberger NS-Reichsparteitag!

Kaum, aber gruselig genug. Und das beschränkt sich nicht auf Bayern. Das hat seine bundesdeutsche Diaspora.

In einem vollbesetzten Gartenlokal des Sylter Kurortes Kampen, zweite Hälfte der siebziger Jahre, noch während der sozialliberalen Koalitionsregierung Schmidt/Genscher. Plötzlich, alles übertönend, hängt ein Ausruf in der klaren Seeluft, gleichsam geronnen, wie ablesbar: »Da kann doch nur noch *einer* helfen – Franz Josef Strauß!«
Das kam aus einem Kreis, dessen Mittelpunkt Peter Boenisch war, damals Chefredakteur der »Bild«-Zeitung, später kurzfristig Sprecher der ersten Regierung Kohl. Einen deplacierteren Ort für eine solche Agitation als diesen konnte es nicht geben, und dennoch war er da, hoch im Norden – der Ruf nach dem überregionalen Retter!
Dabei ist es nicht geblieben. Die Sehnsucht nach dem starken Mann schlägt sich auch außerhalb Bayerns gedruckt nieder. Tiefsten Einblick gewähren jene Postillen, die einem, unerbeten und keineswegs nur zu Bundestagswahlen, nördlich des Mains ins Haus flattern. Ihr einziger Sinn: hemmungslos das Ich-Ideal anzupreisen! Von diesen Blättern gibt es bis hinauf nach Schlewig-Holstein zahlreiche Varianten, denen allen eines gemeinsam ist: das Entzücken, in Franz Josef Strauß den starken Mann gefunden zu haben.
Wer eine dieser Gazetten gelesen hat, der kennt auch schon sämtliche anderen. Wir können uns deshalb beschränken auf ein »Kölner Bürgerblatt«, in dem sich Exemplarisches ausschnitthaft widerspiegelt. Darin wird Strauß über zwei Seiten einer Nummer folgendermaßen besungen:

»Fixstern am politischen Himmel« – »Seherisches Auge« – »Von fast unglaublicher seherischer Schärfe« – »Politisches Genie« – »In der Rangordnung selbst noch über Konrad Adenauer«.

Abgesehen davon, daß hier schlechtes Deutsch mit fortwährender Substantivierung von Tätigkeitswörtern und bis zu dreimal aufeinanderfolgenden Genitiven (wie im SED-Organ »Neues Deutschland« üblich) ein durchgehendes Merkmal ist, türmen sich rings um das Ich-Ideal enthusiastische Eigenschaftswörter: »allumfassend« und »unerschütterlich«, besonders wenn Strauß' Kampf gegen »Anwürfe«, »Rufmordversuche« und »Verleumdungen« geschildert wird.
Dann geht es weiter:

»So gehört er zu den großen politischen Mahnern unserer Zeit. Er ist ein politischer Philosoph, von denen Hugo von Hoffmannsthal (das fehlerhafte zweite f steht im Originaltext; Anm. d. Verf.) vor fast hundert Jahren sagte: ›Wie wundervoll sind diese Wesen, die, was nicht deutbar, dennoch deuten, was nie geschrieben wurde, lesen, verworrenes beherrschend binden und Wege noch im Dunkeln finden‹.«

Obwohl derart vorbereitet, erschrickt der Leser doch, wenn er auf diesen Satz stößt:

»So steht Strauß am Anfang und am Ende einer Epoche ...«

Amen! – möchte man unwillkürlich hinzufügen, wird da doch selbst im theologischen Laien mächtig die Erinnerung an die Offenbarung des Johannes provoziert, Kapitel 1, Vers 8:

»Ich bin das A und das O, der Anfang und das Ende, der da ist und der da war und der da kommt – der Allmächtige.«

Absicht oder einfältiger Zufall? Alle Zweifel werden unwiderruflich beseitigt, wenn der erschrockene Blick auf den Titel fällt, die Überschrift des Ganzen, die in chronologischer Umkehrung die höchste Stufe der Verherrlichung, das hymnische Finale bildet:

»DIE BAYERISCHE BERGPREDIGT«

Nun ist es raus!
Spätestens an dieser Stelle der Lektüre wäre der Argwohn verständlich: Haben sich hier vielleicht erklärte Gegner des dann nur zum Schein Angebeteten unter der Maske von Diaspora-Anhängern zusammengeschlossen, um ihn mittels solcher Lästerungen lächerlich zu machen? Wer denn sonst als seine Feinde könnte ihn aufbauen in Jesu Christi Nähe, nachdem sie das Ich-Ideal vorher schon, wenn auch etwas diffus, beängstigend nah an Gottvater herangerückt hatten? Jedoch auch dieser Verdacht wird rasch zerstreut, da alle Anzeichen dafür fehlen, daß hier atheistisch ironisiert wird ...
An dieser Stelle fragt man sich auch, was der Vergottete selbst zu soviel byzantinischer Übertreibung sagt. Verborgen geblieben kann sie ihm kaum sein, liegt die treibende Kraft des anbetenden Ichs doch gerade darin, dem Ich-Ideal seine Liebe zur Kenntnis zu bringen, zumal schwarz auf weiß. Doch wer hat je vernommen, daß der Erhöhte an solchen Erhöhungen Anstoß genommen hätte?

Es fällt schwer, dem Drang nach Verspottung dieses unlesbaren Personenkultes zu entsagen und die zeitgenössische Sehnsucht nach dem starken Mann auf den Boden ihrer alltäglichen Unsäglichkeit zu stellen.

Dabei fällt auf, daß sie, bayerisch und überregional, mit ununterbrochenen Bekenntnissen zur Demokratie verbunden ist. Es wimmelt darin nur so von hohen und vollständig für die eigene Sache beschlagnahmten Begriffen wie »freiheitlich-demokratische Grundordnung«, »Rechtsstaat«, »Freiheit des Individuums«, »Würde des Menschen«, »Grundwerte«, »Christsein« – die Überbetonung läßt sie verkommen zu bloßen Worthülsen, inflationiert sie zu floskelhaften Leeradressen. Was stutzig macht, ist die unkontrollierte Häufung, der offene Widerspruch zwischen den angeeigneten Werten und der persönlichen Aggressivität, die hinter allem lauert. Denn jede eingehendere Beschäftigung deckt sehr bald autoritäre Fundamente auf, Ansichten, die rasch einschränken oder gar aufheben, was sie kurz zuvor noch lautstark bekannten. Dazu noch einmal aus dem besagten »Kölner Bürgerblatt«:

»Toleranz aus politischem Opportunismus, aus Rücksicht auf die modische Freizügigkeit im Moralischen, eine solche situationsbedingte Toleranz ist unverantwortlich. Das leichtfertige Geltenlassen aller, auch der extremsten Meinungen und Bestrebungen wird von unserem Grundgesetz nicht gedeckt.«

Mit anderen Worten: Toleranz ist, was *wir* dafür halten ...
Die Übertragbarkeit dieser Intoleranz auf Ideologien mit anderen autoritären Vorzeichen ist offensichtlich und alarmierend. Hier waltet wieder jene versteckte Brüderlichkeit im Ungeist, die sich nach außen so gern als politische Gegnerschaft zur extremen Linken ausgibt.
Sichtbar wird nicht demokratische Verläßlichkeit, sondern ein autoritärer Legalismus, der die Demokratie wie eine Keule handhabt und sie gegen alle schwingt, die sich einfallen lassen, anders zu denken und zu handeln als man selbst. Was sich hier ausdrückt, ist die hohe verbale Anpassungsfähigkeit des Autoritären, von Rigorismus und Radikalitätsbedürfnis an die jeweiligen Herrschaftsverhältnisse, ohne daß diese Anpassung durch die innere Haltung gedeckt wäre.
Von solcher Erkenntnis führt die Spur zu jenem politischen Typus, der von mir der »Zwangsdemokrat« genannt wird – weil die Demokratie ihn bisher immer noch gezähmt, ihn buchstäblich domestiziert hat. Tatsächlich aber will er eine andere Republik.

Namen können entfallen, weil dieser Typus auswechselbar ist und seine individuelle Aktualität schnell dahinschwinden kann. Ablösung ist jedoch immer bald zur Stelle, denn es hat ihn durch die ganze Geschichte der Bundesrepublik gegeben. In den fünfziger Jahren mit ihrer Nähe zum Dritten Reich sicherlich häufiger als heute, jedoch hat er sich bis in die Gegenwart erhalten, und reicher an Erfahrungen ist er in den achtziger Jahren auch.

Der »Zwangsdemokrat« führt kein leichtes Leben, muß er doch dauernd taktieren zwischen dem, was er eigentlich will, und dem, was er darüber äußert – ohne sich zu enttarnen. Die Welt um ihn herum, der Staat, die Gesellschaft, sie sehen ganz anders aus, als er sie haben möchte, da er fortwährend auf Schranken stößt, die er nicht ohne weiteres durchbrechen kann. Aber gegen sie anlaufen, mit dem Zepter der Demokratie in der Hand, das kann er. Und das tut er auch, sozusagen fortwährend testend, wie belastbar sie ist und wie weit die Verfassung sich dehnen läßt. Dabei fällt es ihm schwer, sich zu zügeln, vor allem, weil manische Rechthaberei ein prägendes Merkmal dieses Typus ist. Es gibt ihn lokal, regional und national, in Kommunalgremien, in Landesparlamenten und im Bundestag – dort verfügt er, auf dem Bildschirm, über sein größtes Publikum und das höchste Maß an Öffentlichkeit und Wirksamkeit. Dort in Bonn, in Regierung oder Opposition, ist er in vollster Aktion, muß er aber auch am vorsichtigsten sein, steht er da doch seinen kritischsten und scharfäugigsten Gegnern gegenüber. Dennoch verrät er sich, denn verbergen kann der »Zwangsdemokrat« bei aller Taktik sein eigentliches Credo schließlich doch nicht. Und so rennt er denn mit großer Leidenschaft im Namen aller gesellschaftlichen Werte gegen die Wände des parlamentarischen Spielraums an, immer bemüht, das demokratische Gesicht zu bewahren, wenn er mehr Staat und weniger Freiheiten fordert und dafür eintritt, Verbote auszuweiten und Gesetze durchzubringen, mit deren Hilfe Polizei und Gerichte reibungsloser als bisher bemüht werden können. Der Mechanismus dieses Typus läuft darauf hinaus, immer etwas radikaler zu sein als der »konventionelle« Konservatismus und die Verfassungswirklichkeit in diese Richtung zu drücken. Das wird meist scharf formuliert und brüsk vorgetragen, der Gegner dabei schnellzüngig und häufig ungebremst verteufelt (was, ganz allgemein, natürlich nicht auf ihn beschränkt, sondern interfraktionelles Gebaren ist). Der »Zwangsdemokrat« ist permanent unzufrieden, weil er eingesponnen ist in eine Demokratie, wie er sie nicht will.

Nun existieren im politischen Spektrum der Bundesrepublik zahlreiche Variationen von Nicht- und Antidemokraten, die das ohne weiteres

zugeben und gar nicht erst einen falschen Schein erwecken wollen. Nicht so der »Zwangsdemokrat«. Es ist ein fester Bestandteil seines Programms, Vorstöße, mit deren Hilfe Demokratie eingeengt werden soll, als ihrem Wohle dienend zu erklären. Daß sie in Gefahr sei, davon redet niemand so häufig wie er. Und natürlich kommt diese Gefahr immer von der gegnerischen Partei, die es leider nun einmal gibt.
Von dieser Trübsal leitet eine Nebenspur zu einer generellen Schwäche, an der der bundesdeutsche Parlamentarismus von Beginn an bis in unsere Tage krankt und die unausrottbar scheint: die Ansicht, daß die jeweils »andere Partei«, die institutionelle Vertretung des politischen Gegners, eigentlich entbehrlich sei und, ginge es nur mit rechten Dingen zu, er gar keine Existenzberechtigung habe.

Ich werde nie die Mienen der konservativen Führungsriege vergessen, als sich am Abend der Bundestagswahl vom Herbst 1969 der historische Machtwechsel abzeichnete, der Sieg der Sozialdemokratischen Partei Deutschlands, seit Dezember 1966 Juniorpartner der CDU/CSU in der großen Koalition, der eine Vorherrschaft beendete, die Ewigkeitscharakter zu haben schien! Das war für Kanzler Kurt Georg Kiesinger und seine Getreuen keine natürliche Wachablösung, keine Bestätigung der goldenen Regel, Macht demokratisch abzuberufen und sie durch eine andere zu ersetzen, diese höchste Errungenschaft gesellschaftlichen Zusammenlebens überhaupt. Das Wahlergebnis war, der Betroffenheit der Unterlegenen nach zu urteilen, etwas, das nicht sein konnte, weil es nicht sein durfte – nämlich nicht mehr und nicht weniger als eine nationale Katastrophe.
Nach zwanzig Jahren Regierungsverantwortung hatte sich dort so etwas wie eine Erbhofmentalität des Machtbesitzes ausgebreitet, die Vorstellung, die einzig legitimierte Vertretung der Demokratie zu sein. Was die Fernsehkamera an jenem Septemberabend aufdeckte, war die alte Gleichsetzung des Absolutismus: »L'état – c'est moi!« – ein Königswort, das hier wohl besser übersetzt wäre mit: »Der Staat – sind *wir!*« Und zu diesem Entsetzen trug das in Teilen des deutschen Bürgertums immer noch vorhandene grundlegende Mißtrauen gegenüber der staatspolitischen Zuverlässigkeit der Sozialdemokraten, der »vaterlandslosen Gesellen« von einst und »Roten« von später und heute, kräftig bei.
Der Wechsel von der Regierungsbank auf die der Opposition wurde als ungerecht und verfehlt empfunden, und zwar nicht nur von den abgewählten Kabinettsmitgliedern und Abgeordneten, sondern auch von den unterlegenen Wählermassen, wie deren Kollektivhaltung erkennen ließ. Zu diesem undemokratischen Politikverständnis hat die traditionelle

Führungsschicht, das Bürgertum und seine Parteien, viel stärker beigetragen als die Sozialdemokratie, die in beiden deutschen Republiken zeitlich einen verhältnismäßig geringen Anteil an der Regierungsgewalt hatte, davon den dauerhaftesten in der historisch außerordentlich wichtigen Phase von 1969 bis 1982.
Aber wenn auch viele konservative Köpfe lange brauchten, um den Machtwechsel als legitimes Resultat des parlamentarischen Mehrheitsprinzips innerlich anzuerkennen, und dies manchem vielleicht nie gelungen ist – es bedeutet nicht, daß Anhänger der Sozialdemokratischen Partei Deutschlands etwa frei wären von der These, die »andere« Partei sei eigentlich entbehrlich. Mir ist eine ganze Reihe ihrer Mitglieder und Wähler bekannt, die der festen Überzeugung sind, daß die bürgerlichen Parteien überflüssig seien und, wenn es nur mit rechten Dingen zuginge, die SPD im Dauerbesitz der Macht zu sein habe. So trifft denn wohl, abgewandelt, auf sämtliche Anhänger der These von der Entbehrlichkeit der Opposition, denn darauf läuft es hinaus, das lakonische Brecht-Wort nach dem Aufstand vom 17. Juni 1953 in der DDR zu: Das Beste wäre wohl, die Regierung würde sich ein anderes Volk wählen... So mancher bundesdeutsche Politiker hätte sich am Abend seiner Wahlniederlage nur zu gern genau dies gewünscht!
Die Treulosigkeit der Demokratie gegenüber bestehenden Machtverhältnissen, ihre Lüsternheit, zu wechseln, ihre kraftvolle Undankbarkeit gegenüber den Leistungen von gestern, all das, was ihre wahre Stärke, ihre einmalige Kostbarkeit ausmacht, ist auch nach vierzig Jahren von den Gruppierungen des politischen und parteipolitischen Pluralismus in der Bundesrepublik immer noch nicht wirklich akzeptiert worden. Und das gilt keineswegs nur für die professionellen Politiker, sondern wahrscheinlich für nahezu jeden von uns.
Es ist offenbar leichter, der Demokratie einen staatlichen Rahmen zu geben, als sie in den Herzen zu errichten.

Für mich ist Franz Josef Strauß immer der klassische Zwangsdemokrat gewesen. Aber noch unheimlicher fast wird mir, wenn ich mir seine Nachfolger und -ahmer anschaue, die Frischlinge auf den Spuren des Alten, die Jünger mit den harten Kerben zwischen Nase und Mund – die Epigonen. Aids bringt es an den Tag! Was sie wollen – nun kam es ganz offen, ganz unaufhaltsam heraus: die Vervollkommnung der staatlichen Übermacht über das Individuum, Behördenhatz auf einzelne, die große Einschüchterung, all das weit über den schrecklichen Anlaß hinaus und zu nichts anderem nütze, als die Bekämpfung der Seuche zu komplizieren und die Befallenen zu kriminalisieren. Diesem Aggressionstrieb ist jeder Anlaß recht, derzeit ist es Aids. Was morgen? Werden diese Bürokraten als Gesetzesinitiatoren gezähmt werden können, wie ihre Galionsfigur bisher immer noch von der Demokratie domestiziert worden ist?

Was Strauß betrifft, so hat nicht etwa eine vulgäre Anhängerschaft mit einem ahnungslosen Ich-Ideal Schindluder getrieben, keineswegs. Hier haben sich kollektives Ich und Ich-Ideal durchaus entsprochen. Die Reaktionen des anbetenden Ichs stimmen beklemmend mit der Haltung des Ich-Ideals überein. Alle Kriterien, die auf den Zwangsdemokraten zutreffen, individualisieren sich unverkennbar in der Person von Franz Josef Strauß. Aber vor dem Hintergrund der Epigonen mit den langen Zähnen will mir scheinen, daß auf ihn eine Art abgeschwächter Charakteristik des Zwangsdemokraten paßt, daß er zwar auch die »andere Partei«, die Opposition, für entbehrlich hält und Zeter und Mordio gegen sie schreit, sich dann jedoch, wenn auch zähneknirschend, den demokratischen Regeln fügt. Wie werden die hartkerbigen Nachdränger verfahren?

Strauß ist die bisher ausdrucksstärkste Verkörperung der bundesdeutschen Sehnsucht nach dem starken Mann, aber sein Erfolg in der republikanischen Gesellschaft hat sich als begrenzt erwiesen. Das Idol hat viele Niederlagen hinnehmen müssen, darunter die schwerste bei der Bundestagswahl von 1980, als es, der Kanzlerkandidat der Union, von Helmut Schmidt überlegen besiegt wurde. Damit war der jahrzehntelange Kampf des Bayern um das höchste Amt der politischen Exekutive endgültig verloren. Strauß als Bundeskanzler war der Mehrheit nicht geheuer. Neben diesem Tiefpunkt der Lebenskarriere hat es auch vorübergehende Unmutsbekundungen und mehr im eigenen Parteinest gegeben, etwa wegen der persönlichen Initiative des großen Vorsitzenden in der Frage bundesdeutscher Kredite an die DDR. Der perverse Antikommunismus sah sich brüskiert, und bei einem Teil ging das bis in die Abspaltung von der CSU, die sich den Tarnnamen »Republikaner« gab und seither das Kunststück vollbringt, noch weiter rechts als die einstige Mutterpartei zu agieren.

Nein, die nationalen Blütenträume des Franz Josef Strauß sind nie ihrer höchsten Vollendung entgegengereift. Der wirklich starke Mann war er allein in Bayern, dort allerdings mit Mehrheiten, von denen andere Politiker nur träumen können. Das mag viele Gründe haben, aber ein erhebliches Stück seines schließlich doch gewaltigen Lebenserfolgs hat der in jeder Hinsicht Schwergewichtige ganz gewiß der unerloschenen Sehnsucht so vieler Massen-Ichs nach einem kollektiven Ich-Ideal zu verdanken.

Dieses Potential ist keineswegs nur in den Reihen der etablierten Parteien zu finden, die es zwar als Teilelement beherbergen, jedoch nicht von ihm beherrscht werden. Das ist im Rechtsextremismus und Neonazismus ganz anders, in einem Organisationsgefüge, das von der Sehnsucht nach dem starken Mann lebt, ja förmlich auf ihm fußt – ohne ihn je hervorgebracht zu haben. Darunter befinden sich auch die »neuen Jahrgänge«, so etwa ab 1965, also de jure und de facto am Dritten Reich völlig schuldlose Hitleranhänger, die mit eben diesem Umstand selbstbewußt hantieren. Wäre es nicht so gefährlich, so könnte man ihr von keiner Geschichtskenntnis getrübtes Imitationsgebaren für grotesk halten – sei es in Form des »Führerschnurrbarts«, des Flecks zwischen Nase und Oberlippe oder der in die Stirn fallenden Haarsträhne des verblichenen Idols oder auch seines rhetorischen Stakkatos mit den gequetschten Höhen und der Unfähigkeit zu normaler Stimmlage – erbarmungswürdige Übernahmen von umwerfender Lächerlichkeit. Und doch kann einem bei ihrem Anblick das Blut in den Adern gerinnen.
Quantitativ mögen Rechtsextremismus und Neonazismus unbedeutend sein bei uns (wenngleich solche Gruppierungen in anderen Staaten Mittel-, Süd- und Westeuropas eine wahre Renaissance erfahren). Im Zusammenhang mit der Sehnsucht nach dem starken Mann ist dieses bundesdeutsche Gewaltpotential auch nicht das zentrale Problem. Das zentrale Problem ist vielmehr die Virulenz rechtsextremistischer Ideen über den organisierten Kreis hinaus, und da wird es viel bedenklicher. Die von der extremen Rechten offen verbreiteten Erreger sind mit ihren krankmachenden Eigenschaften in einer viel größeren Gruppe wirksam. Es war die noch von der sozialliberalen Regierung Schmidt/Genscher in Auftrag gegebene sogenannte »Sinus-Studie«, die es an den Tag brachte. Die bisher umfangreichste und detaillierteste Untersuchung über »Rechtsextreme politische Einstellungen in der Bundesrepublik Deutschland« kam im Oktober 1980 zu dem folgenden bestürzenden Ergebnis:

»Insgesamt 13 Prozent der Wahlbevölkerung haben ein ideologisch geschlossen rechtsextremistisches Weltbild, dessen Hauptstützen ein nationalsozialistisches Geschichtsbild, Haß auf Fremdgruppen, Demokratie und Pluralismus sowie eine übersteigerte Verehrung von Volk, Vaterland und Familie sind.«

Das ist der Klartext einer Wirklichkeit, die die Politiker der etablierten Parteien in Jahrzehnten beflissener Wählerumschmeichelung bis zur

Ignoranz verkleidet hatten. Er ist der Gegenbeweis zu den abwiegelnden Verfassungsschutzberichten, nach denen die einzig ernst zu nehmende Gefahr für die Demokratie allzu lange und allzu notorisch von links kommen sollte. Die Bilanz der »Sinus-Studie« beweist ferner, wie trügerisch der Hinweis auf die Mikroziffern des organisierten Rechtsextremismus bei Kommunal-, Landtags- und Bundestagswahlen ist. Der überwältigende Teil von Anhängern seiner Ideen wählt durchaus »demokratisch«, aus Gründen, deren taktischer und strategischer Opportunismus jeder Untersuchung wert wäre!

Der Teilaspekt der politischen Wirklichkeit, der hier behandelt wird, ist beunruhigend genug, jedoch nicht akut gefährlich. Und das Beispiel von Friederike S. personifiziert es. Die Sehnsucht nach dem starken Mann bedroht die Republik nicht, heute nicht und morgen auch nicht. Der Humus gärt zwar noch, aber die historischen Wetterbedingungen begünstigen die Wurzeln derzeit nicht. Nur sollte man sich dadurch nicht einlullen lassen. Ein so tiefes Bedürfnis gibt sich erwiesenermaßen nicht immer offen zu erkennen, sondern paßt sich mehr oder weniger geschickt den jeweiligen Möglichkeiten an. Dabei steckt das Autoritäre unlöslich im Fundament der Sehnsucht nach dem starken Mann. Da, wo sie von den großen Parteien aufgesogen wird, korrespondiert sie unvermeidlich mit anderen autoritären Strömungen und gerät dabei dauernd in Versuchung, viel weiter gehende Haltungen und Gesinnungen bei der Partei ihrer Wahl zu fordern. Allemal ist die Sehnsucht nach dem starken Mann nationalistischen Tönen zugänglich.

Dabei können solchen Rattenfängern allerdings auch herbe Enttäuschungen bereitet werden, wenn sie die Verführungsquote überschätzen. Die unverhüllten Appelle der Unionsparteien an chauvinistische Instinkte bei der Wahl des 11. Deutschen Bundestages im Januar 1987 haben sich nicht ausgezahlt! Im Gegenteil, manche der verlorenen Stimmen sind wohl auf die zu dicken Töne zurückzuführen.

Dennoch schließen Enttäuschungen und Mißerfolge der Sehnsucht nach dem starken Mann nicht aus, daß ihr künftig schwerer wirtschaftlicher oder politischer Druck mehr Chancen einräumen könnte, als Vergangenheit und Gegenwart geboten haben.

Die Bereitschaft der empfängnisbesessenen Ich-Schwäche, mit einem potenten Ich-Ideal neue Varianten ihrer alten Wechselbeziehung einzugehen, wird uns wohl noch lange erhalten bleiben.

Kollektivschuld?
Kollektivunschuld?
Kollektivscham?

Von der Verantwortung des nationalen Kollektivs ehemaliger Hitleranhänger

»In Auschwitz arbeitete unsere ganze Gesellschaft mit.«
Martin Walser

Der Brockhaus vermeldet unter *Kollektivschuld:*

»Der nach dem Zweiten Weltkrieg erhobene Vorwurf einer K. des dt. Volkes für die Taten des Nationalsozialismus war oft in dem Sinne gemeint, daß die große Masse des dt. Volkes den Aufstieg des Nationalsozialismus gebilligt habe und sich deshalb auch für die im Namen dieser Weltanschauung begangenen Verbrechen zur Rechenschaft ziehen lassen müsse.«

Das liest sich auf den ersten Blick wie eine klassische Definition von Kollektivschuld unter Hitler, schon beim zweiten aber läßt der Text das tiefe Unbehagen an dem heiklen Stichwort erkennen, deshalb seine Blumigkeit. Die »Taten des Nationalsozialismus« waren weder etwas von der damaligen Gesellschaft abstrakt Losgelöstes, noch sind sie »im Namen dieser Weltanschauung« begangen worden, sondern von konkreten Tätern an konkreten Opfern, und das mit Hilfe eines riesigen Apparates, der keinen anderen Zweck als die Vernichtung großer Menschenmassen hatte und Zig-, ja Hunderttausende von indirekt und direkt Beteiligten zählte. Außerdem hatte die Mehrheit des deutschen Volkes keineswegs nur den »Aufstieg des Nationalsozialismus« gebilligt, sondern sein Deutschland bis zum Ende gegen den Ansturm fast der gesamten übrigen Welt verteidigt.
Es gibt in der Geschichte der Bundesrepublik kein stärkeres Reizwort als das von der Kollektivschuld. Keine Schuldkategorie – nicht die strafrechtliche, die politische, die moralische, die religiöse – ist hierzulande von allem Anfang an so heftig abgelehnt worden wie sie. Die Ablehnung ist nahezu einhellig und sieht in ihren Reihen auch erklärte Gegner des Nationalsozialismus. Verfechter der Kollektivschuldthese hatten nie eine Massenbasis. Diese numerische Ungleichheit besagt natürlich gar nichts und stellt für sich keinerlei Argument dar. Ich werde an gegebener Stelle meine Antwort auf die umstrittene Frage bekennen. Ganz allgemein ergeben meine Studien, daß auch bei der Behandlung der Kollektivschuldthese der Bezug auf den Vernichtungsapparat des Reichssicherheitshauptamtes beschränkt wird, ganz im Stile des kollektiven Affektes »Aber wir haben doch von nichts gewußt!«. Fast alle Abhandlungen über die Kollektivschuldthese sehen ihren Hauptbezug im Völkermord an den europäischen Juden im deutsch besetzten Europa, also in Auschwitz, als Tatort und Symbol, sie sparen also die Jahre 1933 bis 1942 so gut wie aus. Ebenfalls und nahezu schon ganz selbstverständlich wird der Massen- und Serienmord an Nichtjuden seit 1939 kaum oder gar nicht erwähnt.

Diese ausschnitthafte Beschäftigung mit der Geschichte Hitlerdeutschlands im Zusammenhang mit der Kollektivschuldfrage kann sowohl aus Berechnung als auch aus inhumaner Blindheit erfolgen. In beiden Fällen jedoch zerstört sie die einzig zulässige Sicht, unter der die Frage »Kollektivschuld – ja oder nein?« gesehen werden kann: nämlich unter dem Dach der *gesamten* historischen Existenz Hitlerdeutschlands, der Totalität der nationalsozialistischen Herrschaftsepoche. Da sie diese Sicht nicht beachtet haben, schließen sich die meisten Gegner der Kollektivschuldthese von vornherein von jeder ernsthaften Diskussion über die Frage selbst aus.

Auf der Suche nach Kriterien zur Beurteilung des Problems drängen sich zwei wie von selbst auf. Das erste: *Wie viele* haben *was* gewußt? Dazu schrieb Eugen Kogon, Verfasser des Klassikers »Der SS-Staat«, in einer 1946 erschienenen Arbeit mit dem Titel »Das Gewissen der Deutschen und die Konzentrationslager«:

»Kein Deutscher, der nicht gewußt hätte, daß es Konzentrationslager gab. Kein Deutscher, der sie für Sanatorien gehalten hätte. Niemand, der nicht Angst vor ihnen gehabt hätte. Wenige Deutsche, die nicht einen Verwandten oder Bekannten im KZ gehabt oder zumindestens gewußt hätten, daß der und jener in einem Lager war. Alle Deutschen, die Zeugen vielfältiger antisemitischer Barbarei geworden, Millionen, die vor brennenden Synagogen und in den Straßenkot gedemütigten jüdischen Bürgern gleichgültig, neugierig, empört oder schadenfroh gestanden haben. Viele Deutsche, die durch den ausländischen Rundfunk einiges über die KZ erfahren haben. Mancher Deutsche, der mit Konzentrationären durch Außenkommandos in Berührung kam. Nicht wenige Deutsche, die auf Straßen und Bahnhöfen Elendszügen von Gefangenen begegnet sind. In einem am 9. November 1941 an alle Staatspolizeistellen, an alle Befehlshaber, Kommandeure und Inspekteure der Sicherheitspolizei und des Sicherheitsdienstes sowie an alle Kommandanten der Konzentrationslager und Inspekteure der KZ ausgegebenen Rundschreiben der Sipo und des SD heißt es: ›Insbesondere ist festgestellt worden, daß bei Fußmärschen, zum Beispiel vom Bahnhof zum Lager, eine nicht unerhebliche Zahl von Gefangenen wegen Erschöpfung unterwegs tot oder halbtot zusammenbricht... Es ist nicht zu verhindern, daß die deutsche Bevölkerung von diesen Vorgängen Notiz nimmt.‹ Kaum ein Deutscher, dem nicht bekannt gewesen wäre, daß die Gefängnisse überfüllt waren, und daß im Lande unentwegt hingerichtet wurde. Tausende von Richtern und Polizeibeamten, Rechtsanwälten, Geistlichen und Fürsorgepersonen, die eine allgemeine Ahnung davon hatten, daß der Umfang der Dinge schlimm war. Viele Geschäftsleute, die mit der Lager-SS in Lieferbeziehungen standen, Industrielle, die vom SS-Wirtschaftsverwaltungs-Hauptamt KZ-Sklaven für ihre Werke anforderten, Angestellte von Arbeitsämtern, die wußten, daß die Karteikarten der Gemeldeten Vermerke über ihre politische Zuverlässigkeit trugen, und daß große Unternehmen SS-Sklaven arbeiten ließen. Nicht wenige Zivilisten, die am Rande von Konzentrationslagern oder in ihnen selbst tätig waren. Medizinprofessoren, die mit Himmlers Versuchsstationen, Kreis- und Anstaltsärzte, die mit den professionellen Mördern zusammenarbeiteten. Eine erhebliche Zahl von Luftwaffenangehörigen, die zur SS kommandiert worden sind und etwas von den konkreten Zusammenhängen erfahren haben. Zahlreiche höhere Wehrmachtsoffiziere, die über die Massenliquidierungen russischer Kriegsgefangener in den KZ, außerordentlich viele deutsche Soldaten und Feldgendarmen, die über die entsetzlichen Greueltaten in Lagern, Ghettos, Städten und Dörfern Bescheid gewußt haben. Ist eine einzige dieser Feststellungen falsch?«

Nein, keine einzige. Diese Kenntnisse sind bei der Beurteilung der Kollektivschuldfrage einzubringen, sie auszulassen wäre völlig unzulässig – sie beginnen ab 1933. Jetzt wird auch erkenntlich, wird die Absicht durchschaubar, warum die Einheit der NS-Epoche in für die Kollektivschuld relevante und angeblich nichtrelevante Phasen zerlegt wird: Ist es doch viel leichter, Kenntnisse von Ausmaß und Einzelheiten des Massen-, Serien- und Völkermords weit hinten im Osten, dieser fernen Dunkelzone unter dem Deckmantel des Krieges, zu bestreiten als von jenen öffentlichen Barbareien und Verbrechen, die vom 30. Januar 1933 an hierzulande und im »Frieden« geschahen – und von denen jedermann wußte, ob er wollte oder nicht.
Das zweite, sich aus dem ersten ergebende Kriterium bei der Beurteilung der Kollektivschuldthese besteht in der Frage: Wie groß war, trotz dieses Allgemeinwissens, die *Zustimmung* zu jener Herrschaft, unter der sich die von Eugen Kogon aufgezählten Zustände hergestellt hatten?
Dazu noch einmal aus seiner oben zitierten Schrift:

»Aus dem bayerisch-österreichischen Innviertel, wo die Überlieferungen des wilden Heerbanns zwischen Weihnacht und Epiphanie noch am lebendigsten sind, kam ein Mann, dem die Niedrigkeit in Form einer schwarzen Haartolle in die Stirn gestrichen und die Lächerlichkeit unter die Nase gewachsen war, ein Mann mit dem stechenden Blick des Gezeichneten. Er trommelte, trommelte über das Land hin – in einem Advent des Hasses sich selbst als Erlöser kündend, bis um die Zeit der Wende sein Sturm brausend sich erhob und Deutschland mitriß. Ob sie ängstlich am Boden kauerten in der Hoffnung, es werde ohne Schaden über sie hinwegziehen, oder erhobenen Hauptes der nationalsozialistischen Streitkraft sich beigesellten: Parteigenossen, Wehrwirtschaftsführer, HJ-Bannerträger, Frauenschaftsleiterinnen, Blockwarte, Maiden, Soldaten, Soldaten, Soldaten, deren Blitzkriege Europa zerschmetterten – sie waren alle gebannt von Ihm. Eingehüllt in ein gleißendes nationalistisches Blendwerk, jagte er sie in den apokalyptischen Feuer- und Bombenregen der jüngsten Tage. In den Abgrund der Not und Verkommenheit gestürzt, erwachte schließlich der Rest inmitten von Trümmern und Leichen zur Dumpfheit eines neuen Bewußtseins. Was war geschehen? Wie war es geschehen? Es war nicht möglich! Das alles haben wir gar nicht gewußt!«

Diese große Lebenslüge der Deutschen unter und nach Hitler, der betroffenen und verantwortlichen Generationen, hat Eugen Kogon schon oben widerlegt.
Bis zu dieser Stelle sind zwei Fakten sichtbar geworden: das Ausmaß des kollektiven Wissens um die Kriminalität des staatlich institutionalisierten Nationalsozialismus und das Ausmaß der Zustimmung zu ihm, die ebenfalls kollektiven Charakter trug. Es waren wohl diese beiden Elemente, die die Mitscherlichs veranlaßten, das Wort vom »nationalen Kollektiv der Hitleranhänger« zu prägen, dies bis 1945, und vom »nationalen Kollektiv ehemaliger Hitleranhänger« für die Zeit danach zu formulieren. Der Begriff *Kollektiv* ist unvermeidlich im Spiel, er drängt sich angesichts der Massenverhältnisse immer wieder auf – es war eine Mehrheit, die Verantwortung für die NS-Diktatur trug. Kann die Verantwortung, die dieser Mehrheit unter Hitler zukommt, durch das Gegenbeispiel andersdenkender und -handelnder Minderheiten reduziert oder gar aufgehoben werden?

Der deutsche Widerstand gegen Hitler bildet den häufigsten Einwand gegen die Bejahung der Kollektivschuld, mit der ganzen Skala unterschiedlicher Motivationen: von der – mich immer wieder erschütternden – Besorgtheit ehemaliger Widerstandskämpfer zur Ehrenrettung des eigenen Volkes bis zum plattesten Opportunismus in Wahrheit nazistisch gebliebener Bundesbürger.

Nach meinen persönlichen Lebenserfahrungen wird die Kollektivschuldthese am heftigsten von einer Seite abgelehnt, die dazu am wenigsten Berechtigung hat, da gerade sie die Ursache für die Entstehung der These war: von den ehemaligen – und oft genug auch noch späteren – Anhängern Hitlers. In dieser Debatte haben die Unkritischsten über die Jahrzehnte hin immer das große Wort geführt. Der Gipfel der Impertinenz und der inneren Unaufrichtigkeit aber wird von diesen Kreisen erklommen, wenn ausgerechnet aus ihrer Mitte zur Widerlegung der Kollektivschuld eben der deutsche Widerstand gegen den Nationalsozialismus angeführt wird. Denn so sicher, wie für sie damals aktive Hitlergegner jene Landes- und Hochverräter waren, als die Tausende und Abertausende verfolgt, erschlagen, erschossen und gehängt worden sind, so sicher sind die Toten und die Überlebenden des deutschen Widerstandes auch nach 1945 in der Bevölkerungsmehrheit ungeliebt geblieben. Ich selbst habe mehr als einmal das entlarvende Schauspiel erlebt, daß innerhalb *eines* Gesprächs Leute, die die Männer und Frauen des 20. Juli 1944 als Kronzeugen für die Unhaltbarkeit der Kollektivschuldthese beschworen hatten, wenig später schon von »diesen Verrätern und Vaterlandsfeinden« schwadronierten.
Aber abgesehen davon, daß die Berufung auf den deutschen Widerstand opportunistischer Motive wegen ständig aus unberufenem Munde ertönt, muß die Frage gestattet sein, ob dieser tapfere und aussichtslose Kampf einer, gemessen am Volksganzen, kleinen Gruppe die Kollektivschuldthese wirklich aufheben könnte. Macht dieses Häuflein mit erhobenem Haupt inmitten eines Meeres geduckt Jubelnder die wahren Proportionen von damals nicht nur noch sichtbarer? Nämlich die unermeßliche Übermacht eines völkischen Unterpfandes, auf das die Staatsführung sich voll verlassen konnte, über die – in Deutschland nicht erst seit 1933 verpönte – Auflehnung gegen die geheiligte Obrigkeit? Wird da nicht den Verfechtern der These von der deutschen Kollektiv*unschuld* auf den Leim gekrochen, die behaupten, erst wenn *alle* Angehörigen der damaligen Nation schuldig geworden wären, könnte von Kollektivschuld die Rede sein? Wobei sie, unverkennbar demagogisch, den Verfechtern der These unterstellen, daß nach deren Ansicht auch noch das Embryo im Mutterleib einzubeziehen sei – um dem Ganzen den Anstrich des Absurden zu geben.
Bei der Suche nach einer Antwort auf die Frage »Kollektivschuld – ja oder nein?« können die Proportionen zwischen der Zustimmung zu Hitler und dem Widerstand gegen ihn nicht unberücksichtigt bleiben, und dies auch unter dem Aspekt der Frage nach der Zulässigkeit oder Unzulässigkeit von Aufrechnungstheorien. Kann man den Widerstand

verrechnen mit der Schuld, die eine überwältigende Mehrheit auf sich geladen hat? Wird die Schuld also geringer, weil es Widerstand gab? Die unterschiedlichen Einschätzungen der Größenordnung von Zustimmung und Widerstand reichten übrigens seinerzeit bis in die Emigrantenkreise hinein. Es gab unter ihnen einen langen, tragischen Streit, der sowohl die Illusionen vieler Exilierter über die wahren Verhältnisse in Hitlerdeutschland auf beklemmende Weise aufdeckte als auch scharfsichtigere Beobachtungen erkennen ließ, die sich als die historisch genaueren herausgestellt haben, weil sie die Proportionen von Zustimmung und Widerstand realistischer einschätzten. Ein Beispiel.
In der New Yorker Exilzeitschrift »Aufbau« wandte sich ein ehemaliger Abgeordneter der Sozialdemokratischen Partei Deutschlands, Gerhart Seger, im November 1943 gegen die Kollektivschuldanklage eines jüdischen Schriftstellers mit diesen Sätzen:

»Ich nenne diejenigen das deutsche Volk, die unter Hintansetzung ihrer eigenen Sicherheit zahlreichen Juden Zuflucht in ihren Häusern und Wohnungen gegeben haben; die für jüdische Freunde Lebensmittel eingekauft und sie ihnen gebracht haben; ich nenne, kurzum, alle diejenigen das deutsche Volk, die sich anständig, mutig, aufrecht benommen haben und, wie die überfüllten Konzentrationslager, Zuchthäuser und Gefängnisse beweisen, noch benehmen... Allein in Oranienburg-Sachsenhausen, einem von 71 Konzentrationslagern, sitzen 18 000 politische Gefangene: Deutsche, nicht Hunnen!«

Darauf antwortete der ebenfalls in die USA emigrierte katholische Moraltheologe Friedrich Wilhelm Förster:

»Wie können Sie es wagen, sehr geehrter Herr Seger, angesichts unserer heiligen Pflicht, keine neuen Illusionen über das deutsche Volk zu verbreiten, aus solcher verschwindenden Minorität ›das deutsche Volk‹ zu machen? Ist es wirklich Ihre Ansicht, daß jenseits der Nazis (die einen weit größeren Teil des deutschen Volkes erfaßt haben, als es viele Emigranten wahrhaben wollen) nichts vorhanden ist als das ›deutsche Volk‹, das Ihre Beispiele beschreiben? Da sage ich nein, dreimal nein!... Wer nicht zugibt, daß der militaristische Pan-Germanismus schon lange vor Hitler eine Volkskrankheit, eine nationale Trunkenheit, eine kollektive Besessenheit geworden war, der zu widerstehen nur ganz wenige wagten, und der sich darum auch die deutsche Sozialdemokratie in immer weitergehender Weise unterwarf – der ist entweder blind oder hat nicht das nötige Verantwortungsgefühl für seine Worte.«

Angesichts dieser unterschiedlichen Deutungen kann postum nur gesagt werden, daß die rührende Verteidigung Gerhart Segers historisch auf der Strecke geblieben ist, während die Härte des Katholiken Förster in Übereinstimmung mit der nachweisbaren Wirklichkeit steht.
Wir Heutigen verfügen bei der Beurteilung der Lage ja noch über eine Dimension, die sich erst später aufgetan hat, nämlich über die Erfahrungen *nach* 1945, von denen dieses Buch handelt, eine Periode, in der bewußt oder unbewußt demonstrierte NS-Gesinnung sich nicht mehr auf eine äußere Drucksituation herausreden konnte. Diese Erfahrungen bestätigen die Förstersche Interpretation auf geradezu fatale Weise, und sie suggerieren förmlich, daß die gesamte Nachkriegsatmosphäre und -entwicklung grundverschieden vom tatsächlichen Verlauf gewesen wäre, wenn die Segersche Auffassung zugetroffen hätte. Gerade die freiheitlichen Bedingungen in der Bundesrepublik haben auf die nachdrücklichste Weise die hohe Identität zwischen Herrschenden und Beherrschten der NS-Epoche verraten.
Erst eine bestimmte Menge von beteiligten Individuen eines Volkskörpers kann die Bezeichnung »Kollektiv« rechtfertigen. Sie trifft auch dann zu, wenn Randgruppen dem nationalen Konsensus nicht verfallen sind. Beide Hauptkriterien einer möglichen Kollektivschuld – das quantitative, also das Ausmaß der Zustimmung, und das qualitative, das Wissen um die Staatskriminalität – lassen sich gerade an der ehrlichen Einschätzung des Widerstandsumfangs messen. Die bodenlose Verlassenheit des deutschen Widerstands gegen Hitler verdeutlicht nur noch einmal die grotesk ungleichen Proportionen zwischen Zustimmung und praktizierter Ablehnung. Auch die Zwischenschicht einer labilen, passiven Resistenz änderte an den realen Kräfteverhältnissen wenig. Und so wohnt denn allen Aufrechnungsversuchen angesichts einer – vorsichtig ausgedrückt – indifferenten Haltung der bundesdeutschen Gesellschaft gegenüber den Widerständlern über alle Etappen ihrer Geschichte hin die Note tiefer Unwahrhaftigkeit inne.
Zur Widerlegung der Kollektivschuldthese ist die Zitierung des deutschen Widerstands gegen den Nationalsozialismus ganz und gar untauglich.

Sehr häufig taucht die Ansicht auf, ja die Interpretation einer ganzen Schule: Das Verhalten der Deutschen nach dem Zweiten Weltkrieg sei entscheidend geprägt worden von der durch die Alliierten erhobenen

Kollektivschuldthese – genauer: durch die Westalliierten, da sich die Sowjetunion daran nie beteiligt habe. Für die Haltung der Briten wird dann gern Lord Vansittart angeführt, der die Deutschen schlechthin für moralisch und charakterlich minderwertig betrachtet habe und mit seiner hartnäckigen Abscheu Begriffe wie den »Vansittartismus« oder dessen Personifizierung, »Vansittartist«, gezeugt habe.

Eine westalliierte Verantwortlichkeit für das Schuldverhalten der Deutschen nach 1945 sieht zum Beispiel Barbro Eberan, eine in der Bundesrepublik Deutschland lebende Schwedin, die mit ihrer 1985 erschienenen Publikation »Wer war schuld an Hitler? Die Debatte um die Schuldfrage 1945–1949« eine der umfassendsten Untersuchungen des Problems vorgelegt hat. Dabei geht die Autorin grundsätzlich von der These aus, daß den Deutschen von außen vorgeworfen wurde, sie seien alle ausnahmslos schuldig geworden. Das vor allem habe die dergestalt Angeklagten bewogen, sich sowohl mit der Individualschuld- als auch mit der Kollektivschuldthese verdrängerisch zu befassen.

Obwohl man Barbro Eberans reich dokumentierte Abhandlung hinsichtlich der darin gebotenen Informationen nur mit Gewinn lesen kann, halte ich diese Prämisse für grundfalsch. Ich berufe mich da wieder – von meinen eigenen und später zu behandelnden Erfahrungen ganz abgesehen – auf die Mitscherlichs als Kronzeugen. In »Die Unfähigkeit zu trauern« wird wohl auf die Kollektivschuldthese eingegangen, aber nirgends wird in dieser gründlichsten und deprimierendsten Durchleuchtung der deutschen Durchschnittsseele vor 1945 und während der ersten zwanzig Jahren danach irgendeine tiefere Wirkung der westalliierten Kollektivanschuldigung sichtbar. Die Verdrängung ist ohne Sonderaufwand mit ihr fertig geworden. Dazu kommt, daß die Kollektivschuldthese durch die neuen internationalen Machtkonstellationen und -rivalitäten, mit der entsprechenden Verlagerung des Feindbildes vom Nationalsozialismus auf den Kommunismus, bald schon fallengelassen wurde. Wie schnell verflog die harte Anklage doch angesichts der von westalliierter Seite erstrebten neuen Bündnisfähigkeit des größeren deutschen Teilstaates! Schon lange vor Gründung der zweiten deutschen Demokratie war von Kollektivschuld der Nation unter Hitler keine Rede mehr – aber das Verhalten gegenüber dem Schuldkomplex veränderte sich nicht im mindesten, so daß man sehr wohl den Anteil der These an diesem Verhalten bezweifeln darf.

Die verhältnismäßig kurze Dauer der Kollektivschuldanklage durch die Westalliierten könnte die Langlebigkeit der viel erfolgreicheren Gegenthese auch gar nicht erklären: nämlich der von der deutschen

Kollektiv*unschuld* unter Hitler! Danach sei nur eine »kleine Machtclique« schuldig gewesen.
Die These von der deutschen Kollektivunschuld, im Sinne einer vom Nationalsozialismus verführten, aber ansonsten gutmütigen Nation, mehr passiv geschoben als aktiv beteiligt – diese These hat in der Bundesrepublik in Wahrheit triumphiert und lebt noch in vielen als herrschende Idee. Die Ablehnung der Kollektivschuld der Deutschen unter Hitler geht immer einher mit verdächtig kollektiv klingenden Anschuldigungen gegen andere. Als exemplarisches Beispiel dafür soll hier ein Leserbrief vom Januar 1985 in der »Frankfurter Allgemeinen Zeitung« angeführt werden. Verfasser war ein Dr. Walter H., seines Zeichens Pfarrer im Ruhestand aus Worms. Anlaß gab die damals öffentlich geführte Diskussion, ob der 8. Mai 1985, die vierzigjährige Wiederkehr der deutschen Kapitulation, als Trauertag für die Opfer des Nationalsozialismus, als Tag der Befreiung, begangen werden solle oder nicht. Da heißt es unter dem von der Redaktion ausgewählten Zitattitel »Die Behauptung der Kollektivschuld ist unhaltbar« zunächst:

»Welche Rolle hat sich die Bundesregierung in den Siegesfeiern der Alliierten zum 8. Mai 1945 zugedacht? Die Römer, deren Staatsauffassung bis heute weiterwirkt, hatten für die Siegesempfänge ihrer Feldherren ein besonderes Ritual: Sie zeigten ihre überwundenen Feinde im Triumphzug dem Volk, anschließend wurden die besiegten Könige und Heerführer erdrosselt und die gefangenen Krieger als Gladiatoren an den Zirkus verkauft. So ähnlich ist es ja auch 1945ff. zugegangen.«

Nach diesem Einblick in das Arsenal seines historischen Vergleichsbedürfnisses und der Belehrung, daß NS-Haupttäter nicht ihrer Verbrechen wegen zur Verantwortung gezogen worden seien, sondern weil sie das Pech hatten, besiegt zu werden, fährt Dr. Walter H. fort:

»Wer von uns den 8. Mai 1945 erlebt und erlitten hat, weiß, daß ab diesem Tag der Deutsche vogelfrei wurde. Da begannen die Willkürakte und Beraubungen aller Art, die Vertreibung von Haus und Hof, die Gewalttätigkeiten der Menschenjagd, der Hunger in den Lagern – nicht nur im Osten –, die Demontage unserer Industrie, der Diebstahl unserer Patente und so weiter...«

Nun wissen wir also, wann nach Ansicht dieses Pfarrers im Ruhestand das große Unrecht der Weltgeschichte begann: *nach* jenem Maientag, der den Zweiten Weltkrieg mit seinen zig Millionen Toten beendete.

Daß sein Katalog eine treffliche, wenngleich sehr unvollständige und verharmlosende Aufzählung der Zustände im deutsch besetzten Europa *vor* dem 8. Mai 1945 sein könnte, kommt dem pensionierten Gottesmann nicht in den Sinn. Und dann geht Dr. Walter H. aus Worms in die Schlußrunde, kommt er auf unser Thema:

»Vor einer Kriminalisierung der Geschichte kann nur gewarnt werden. Daß die nationalsozialistische Staatsführung ungeheure Verbrechen begangen hat, deren schlimmstes der Judenmord war, steht leider fest. Damit jedoch den Staat als Ganzes zu belasten und seine Diener, seine Beamten, ja das ganze in diesem Staat lebende Volk als Mittäter einzustufen, ist rechtlich und moralisch falsch. Die Behauptung einer Kollektivschuld ist unhaltbar und einer Verleumdung gleichzusetzen. Wer die Geschichte, insbesondere die deutsche, als Kriminalgeschichte sieht, hat ein abartiges Geschichtsverständnis. Es gibt wohl nur wenige Staaten und Regierungen, die nicht von ihren Feinden als ›verbrecherisch‹ bezeichnet wurden. Wollte man dem Glauben schenken, so wäre die Menschheit seit Jahrtausenden, seit der Bildung von Staaten, von Bösewichtern und Verbrechern regiert worden.«

Allerdings! – möchte man ausrufen, als Spontanreaktion darauf, wie recht Dr. Walter H. ausgerechnet mit *dem* hat, was er so vehement verneint. Und in der Tat – in diesem Leserbrief ist alles beieinander, was gesammelt wurde, um die These von der deutschen Kollektiv*unschuld* unter Hitler zu begründen, ein Kahlschlag totaler Exkulpierung, der *allen* Absolution erteilt – dem Staat, den Beamten und Soldaten, dem ganzen Volk, eine kollektive Ent-Schuldung, so daß man sich unwillkürlich fragt, wer eigentlich die ungeheuren Verbrechen, die »leider« feststehen, begangen hat. Daß der Staat unter dem Hakenkreuz selbst die Quelle der politischen Kriminalität war, kommt dem eingefleischten Untertan aus Worms nicht in den Sinn. Staatsverbrechen und Verwaltungsmassenmord sind ihm, trotz mehr als vierzig Jahren absoluter Informationsfreiheit, ein Buch mit sieben Siegeln. Deshalb also die typische Begrenzung der NS-Kriminalität auf den Vernichtungsapparat und seine Praktiken, die Entkriminalisierung der halben NS-Epoche. Wie zu erwarten bei dieser Gesinnung, erfolgt selbstverständlich die Nivellierung Hitlerdeutschlands mit der übrigen Geschichte, entsprechend dem Gleichmachermotto »Überall ist Adolf Hitler!«. Und schließlich kommt, abermals, die sattsam bekannte Wendung zum Vorschein, daß Aburteilungen von NS-Tätern nicht ihrer Untaten, sondern ihrer Niederlagen wegen erfolgt seien.

Die Ausführlichkeit, mit der dieser kennzeichnende Leserbrief hier behandelt wird, rechtfertigt sich aus seinem exemplarischen Charakter – so haben wahrscheinlich die meisten Deutschen nach 1945 gedacht, und viele, wenngleich vielleicht nicht mehr ganz so viele wie einst, denken heute noch genauso. Nur natürlich, daß für diesen Pfarrer im Ruhestand der 8. Mai kein Grund zu Feier und Freude ist, obwohl er die Voraussetzung für die zweite deutsche Demokratie war, der Dr. Walter H. die Freiheit verdankt, seine antihumane und antidemokratische Welt- und Geschichtssicht im Ton unerträglicher nationaler Selbstbeweinung zu publizieren. Sorgsam konservierte Bewußtlosigkeit gegenüber den Geschehnissen *vor* dem 8. Mai 1945, Blindheit gegenüber den Zusammenhängen von Ursache und Wirkungen, Vertauschung der Rolle von Opfern und Tätern – das unfreiwillige Eingeständnis eines totalen ethischen Bankrotts. Was hat dieser Mann im Laufe seines Lebens an den Generationen der Söhne, Töchter und Enkel gesündigt? Der Verlust der humanen Orientierung ist nicht mehr meßbar und vollständig unregenerierbar. Eine demoskopische Umfrage jedoch würde erweisen, daß Pfarrer Dr. Walter H., der in Worms seinen Ruhestand genießt, auf eine hohe zeitgenössische Zustimmung zählen kann.
Wie nahezu alles, was sich gegen die Kollektivschuldthese erklärt, hat auch die These von der deutschen Kollektiv*unschuld* unter Hitler kollektiven Charakter.

Das schlimme, tief unwahrhaftige Wort von der »Kollektivscham« stammt aus dem Munde des ersten Präsidenten der Bundesrepublik Deutschland, Theodor Heuss. Es fiel zum erstenmal im Dezember 1949, bei einer Ansprache vor der »Gesellschaft für christlich-jüdische Zusammenarbeit«. Es lohnt sich, näher darauf einzugehen. Der Passus lautet:

»Man hat von einer ›Kollektivschuld‹ des deutschen Volkes gesprochen. Das Wort Kollektivschuld und was dahintersteht ist aber eine simple Vereinfachung, es ist eine Umdrehung, nämlich der Art, wie die Nazis es gewohnt waren, die Juden anzusehen: daß die Tatsache, Jude zu sein, bereits das Schuldphänomen in sich eingeschlossen habe. Aber etwas wie eine Kollektivscham ist aus dieser Zeit gewachsen und geblieben. Das Schlimmste, was Hitler uns angetan hat – und er hat uns viel angetan –, ist doch dies gewesen, daß er uns in die Scham gezwungen hat, mit ihm und seinen Gesellen gemeinsam den Namen Deutscher zu tragen.«

Das ist, in mehrfacher Hinsicht, ungeheuerlich.
Da werden also, erstens, jene, die sich um die Kollektivschuld Gedanken machen, sei es gar im Sinne ihrer Bejahung, in eine Reihe gestellt mit dem mörderischen Antisemitismus und seinen Anhängern, die sich in Auschwitz ausgetobt haben. Die Verlogenheit dieser Gleichsetzung ist unüberbietbar. Und dann wird, zweitens, noch so getan, als würde im Zusammenhang mit der Kollektivschuldthese angeklagt, weil es sich um Deutsche handle – nicht aber um reale Geschichte.
Das wird, drittens, fortgesetzt durch den Satz: »Das Schlimmste, was Hitler uns angetan hat ...«
Uns? Hitler und wir? Welche Rechtfertigung läßt die Geschichte des Dritten Reiches für eine solche Spaltung zwischen Volk und »Führer«, mit dem zur selben Nation zu gehören und in *einer* Epoche zu leben der Stolz der Millionen war? Hier wird eine Trennung konstruiert, die es nie gab, die angesichts der historischen Tatsachen völlig unglaubwürdig ist und mich an den bereits zitierten angeekelten Ausspruch des Strafrechtlers Jürgen Baumann erinnert: »*Ein* Täter – und sechzig Millionen Gehilfen. Das deutsche Volk – ein Volk von Gehilfen.« Diese Nation stand, bis auf Ausnahmen, kollektiv hinter Hitler. Hinter den Worten von Theodor Heuss aber profiliert sich nur noch einmal der Tabucharakter der Kollektivschuldthese innerhalb der bundesdeutschen Gesellschaft, damals und heute immer noch. Dieser Begriff darf auf keinen Fall berührt werden, wenn aber doch, dann nur zum Zwecke striktester Ablehnung. Nur, ganz kann man sich nicht herausstehlen, so gern man möchte – und weicht aus: in »Kollektivscham«. Diese Ablaßthese hat dann auch ihre Wirkung getan, bis in unsere Tage und wohl noch lange über sie hinaus. Sie ist begierig aufgegriffen worden von der Nachkriegsgesellschaft, als eine Art mildernden Ersatzes für die härtere Urthese. Daher ihr Erfolg.
Das bedeutet nicht etwa, daß es keine Scham gegeben hätte! Es gab sie, durchaus, und zwar in kollektivem Ausmaß – und es gibt sie immer noch, ausgelöst durch etwas, das nicht verleugbar war: Schuldbewußtsein! Dazu schreiben die Mitscherlichs:

»Der Führer erfüllte das größte Ideal des lange absolutistisch verkrüppelten Untertans und projizierte umgekehrt seine Größenideen auf die Rasse, welche das deutsche Volk auszeichnen sollte ... Die Realitätsverleugnungen setzten schon im Dritten Reich ein, etwa angesichts des Abtransportes der Juden, der Motive der Partisanentätigkeit. Trotz aller ideologischen Beeinflussung hatte Wahrnehmung von Schuld stattgefunden.«

Hier haben wir den ganzen elementaren Unterschied zwischen »Schuld« und »Scham«: Schuld ist das Resultat von Unterlassung oder Beteiligung an einem schrecklichen Geschehen, Scham die Reaktion auf diese Haltung. Schuld hat eine ursächliche Beziehung zum Tatgeschehen, Scham eine moralische – sie ist die Sekundäretappe. Das ist von den Massen, die sich entgegen ihrer ganzen äußeren Haltung tief schuldig fühlten, sehr genau gespürt worden. Deshalb ist der diskriminierte Begriff *kollektiv* in Zusammenhang mit *Scham* viel gnädiger aufgenommen worden.

Ich bin immer der Überzeugung gewesen, daß bei der Verdrängung und Verleugnung der ersten Schuld *Scham* im Spiele war, sogar als ein auslösender Faktor der Verdrängung. Die Kombination von tatsächlichem Wissen über den Charakter des NS-Staates und seine Kriminalität mit den späteren Eröffnungen über die uferlosen Verbrechen ließ die Massen sehr wohl schockhaft spüren, wie tief sie durch ihre Zuwendung zu ihm schuldhaft verstrickt waren. Ihre Scham bestätigte zunächst nichts weiter und vor allem, daß der Verlust der humanen Orientierung kein vollständiger war. Aber Scham konnte nur die erste Etappe in der Auseinandersetzung mit Schuld sein. Ohne ihren produktiven Fortgang durch Ehrlichkeit, ohne das Ziel, durch innere Aufrichtigkeit zur Erlösung zu gelangen, mußte bei Verharrung in der ersten, der Schametappe eintreten, was sich dann im Ergebnis der Langzeitverdrängung als typisch erwiesen hat: innere Versteinerung. Der ausschließliche Verbleib in der Schametappe hat bei nur allzu vielen aus den betroffenen Generationen *das* herbeigeführt, was 1945 nachweisbar noch nicht erloschen war: den Verlust der humanen Orientierung. Die befreiende Wirkung gelebter Einsicht blieb aus, oft mit der Folge, daß die verborgene, nach innen geschlagene Beschäftigung mit Schuld das ganze Leben vergiftete, je uneingestandener nach außen, desto schmerzhafter.

Das Präsidentenwort von der Kollektivscham ist eine Unterthese von der deutschen Kollektiv*unschuld* unter Hitler. Die in demselben Kontext eingefügte Wendung »Das Schlimmste, was Hitler uns angetan hat...« bestätigt die Absicht, egal, ob sie bewußt oder unbewußt erfolgte: *ein* Täter – und sechzig Millionen Gehilfen ... die A-Historie schlechthin.

Die These von der Kollektivscham kann die kritische Frage nach der Kollektivschuld weder beantworten noch gar aufheben.

Welchen Beitrag hat der deutsche *Nationalcharakter* zum Triumph des Nationalsozialismus geleistet? Immer wieder taucht bei der Auseinandersetzung um die Frage »Kollektivschuld – ja oder nein?« dieser Gedanke auf. Verfechter der These meinen, daß wesentliche Seiten des über Generationen hin organisch gewachsenen deutschen Nationalcharakters dem Nationalsozialismus weit entgegengekommen seien, eine Ansicht, die von den Gegnern der Kollektivschuldthese als »deutschfeindlich« oder gar »rassistisch« denunziert wird. Unbestreitbar ist, daß sich Völker ganz gewiß durch ihren Nationalcharakter unterscheiden, andererseits aber auch, daß es sich dabei um keine unwandelbare, für alle Zeiten konstante Größe handelt – Nationalcharakter ist wie alles, auch das Zählebigste, dem Wandel unterworfen, wenngleich, wie dieses Buch ausweist, die *Überwindungen* äußerst langsam vor sich gehen. Barbro Eberan, wie gesagt, eine leidenschaftliche Gegnerin der Kollektivschuldthese, faßt in ihrer genannten Schrift unter dem Titel »Wie ist der ›Deutsche‹? – Ein Selbstporträt« Stimmen deutscher Selbstcharakteristik zusammen. Die lesen sich nun allerdings wie ein Katalog von Eigenschaften, ohne die es kaum zu einer Kollektivschuldthese gekommen wäre. Fast überdeutlich wächst daraus ein Nationaltypus der Deutschen hervor, der unter dem Zugriff einer rigorosen Staatsführung äußerst anfällig für die Inflationierung persönlicher Schuld war – und immer noch wäre! Denn die Charakteristik bezieht sich keineswegs nur auf die Jahre 1933 bis 1945 oder auf deren Vorgeschichte, sondern ist durchaus als Gegenwartsbeschreibung gemeint. Aus freiwillig getanen Äußerungen werden zahlreiche Negativtraditionen sichtbar:

»Da dem Deutschen für die schwierige Gratwanderung zwischen den Gegensätzen seiner Anlage die innere Ruhe, der sichere Tritt fehle, stürze er leicht von einem Extrem ins andere: Dichter und Denker, aber auch Hetzer und Schwätzer; musisch, gemütstief, schöpferisch, aber gleichzeitig pedantisch, intolerant, engstirnig. So spielt er sich als Herrenmensch auf und krieche in servilem Gehorsam vor der Autorität... Er könne, wie Himmler, ein guter Ehemann und Vater sein, ein liebevoller Mensch, der keiner Fliege was zuleide tut, und gleichzeitig ein Massenmörder. Er sehe darin keine Diskrepanz – das eine ist Privatleben, das andere Beruf, zwei getrennte Welten, für die getrennte ethische Maßstäbe gälten: ›Ich habe nur meine Pflicht getan.‹
Seine innere Unsicherheit, seine persönlichen und nationalen Minderwertigkeitskomplexe kompensiere der Deutsche durch überhebliches, forsches Auftreten. Selbstglorifizierung aus Mangel an echtem Selbstbewußtsein. Dies mache es ihm schwer, die Meinung des andern sachlich zu prüfen und Kompromisse zu schließen.
Der Hang zur Verdrängung sei beim Deutschen besonders stark ausge-

prägt: der deutsche Michel, der sich die Schlafmütze über die Ohren zieht – oder sich ziehen läßt ... Er sucht nach einer Vorlage, der er sein Urteil und Verhalten anpassen könne, eine Autorität, an die er sich anlehnen könne ... Seine innere Unsicherheit macht es ihm schwer, klar zu seiner Meinung zu stehen und offen Kritik zu üben: ihm fehle die Zivilcourage.«

Diese Charakteristik ist, wohlgemerkt, keine Ausgeburt des »Vansittartismus«, es sind Aussagen von Deutschen über Deutsche. Eugen Kogon ergänzt sie in seiner bereits zitierten Arbeit aus dem Jahre 1946 »Das Gewissen der Deutschen und die Konzentrationslager« so:

»Auch der Deutsche fürchtet, einzeln, den Tod, mag ihm das Knochengesicht durch allerlei nationale Mystik noch so verschönert werden. Sobald er sich aber in fester Gemeinschaft weiß, fürchtet er ihn nicht: denn er idealisiert die Gemeinschaft, wie immer sie ist, sofort und fühlt sich ihr durch ›Pflicht‹ und ›Ehre‹ verbunden. Selbst im kleinsten Stoß- und Spähtrupp oder als Einzelkämpfer bleibt er mutig, solange er das Kollektiv geistig und seelisch hinter sich weiß. Kaum soll er aber revolutionär – für das Recht etwa – aus den schützenden Reihen der vorhandenen, der konkret gegebenen Gruppe heraustreten und, auf sich ganz allein gestellt, für einen hohen menschlichen Inhalt, selbst unter Verfemung kämpfen, scheut er zurück und duckt sich. Als Mensch, individuell, ist er politisch ein Nichts, Objekt und Massenbestandteil so sehr, daß ihm jede Surrogatpolitik das individuelle Recht und die individuelle Freiheit zerschlagen kann, ja daß er noch, Parsifal und Faust in einem, mithilft, sich selbst in Ketten zu bringen, vertrauensvoll und sehnsüchtig wähnend, es sei die Freiheit, die ihm gebracht werde. Deutschland ist gegen den Terror des Nationalsozialismus nicht aufgestanden, weil es bis jetzt ein politisches Volk im vollen Sinne des Wortes nicht gewesen ist. Alle zivilen Helden in Deutschland waren Ausnahmen und mußten Ausnahmen bleiben – Tausende unter achtzig Millionen.«

Und noch einmal, wie eine Bestätigung der viel früheren Kogonschen Ausführungen, Stimmen deutscher Selbstcharakteristik aus Barbro Eberans Buch:

»Mutig sei er nur in der Gemeinschaft. Seine stark ausgeprägten bürgerlichen Tugenden – Fleiß, Treue, Loyalität, Sparsamkeit, Ordnungsliebe – könne er am besten in einem engen Raum entfalten, wenn ihm klare Anweisungen gegeben wurden. Durch die Angst vor Verantwortung und Eigeninitiative spiele die Frage der Zuständigkeit in Deutschland eine vorrangige Rolle, auch in Fällen, wo unmittelbare Abhilfe not täte. Dem deutschen Beamten sei Unterlassungssünde kein konkreter Begriff, Befehlsverweigerung dagegen eine Untat – er tut, was man ihm sagt, nicht mehr, aber auch nicht weniger: Befehl ist Befehl!«

Das sind deutliche Worte, und sie kommen nicht von außen, sie kommen von innen. Der Mangel an Zivilcourage, die Pervertierung des Pflichtbegriffes, die Autoritätsgläubigkeit aus tiefer innerer Unsicherheit, das alles als exemplarische Eigenschaften, also als kollektives Verhalten, geradezu gebrandmarkt. Hier werden beängstigende Dispositionen sichtbar, die erklären könnten, warum der Nationalsozialismus es in Deutschland so leicht hatte – genau diesen Deutschen brauchte er. Hitler hat ihn nicht geschaffen, er fand ihn bereits vor, um ihn dann allerdings, in Wechselwirkung zwischen Führung und Volk, in eine grauenhafte Extremität zu treiben.
Wie hartnäckig *Nationalcharakter* sein kann, also kollektive Eigenschaften, von denen, Ausnahmen bedenkend, ein ganzes Volk geprägt ist, analysieren die Mitscherlichs dort, wo sie die Brücke zwischen Reichsgeschichte und bundesdeutscher Gegenwart schlagen: Es müßte deutsche Charakterformung daran beteiligt gewesen sein, daß die Weimarer Republik nicht funktioniert habe und Millionen Menschen depressiven Ideen vom starken Befreier nachhingen, die sie prompt zur Beute politischer Abenteurer werden ließen. Über die Aktualität des Problems heißt es in dem 1966 erschienenen Buch »Die Unfähigkeit zu trauern«:

»Wie jedermann tragen wir an jenen Zügen unseres Charakters weiter, die vor dreißig Jahren den Nazistaat zur Macht gebracht haben und die uns ohnmächtig machten, diese einmal gerufenen Machthaber wieder loszuwerden – etwa durch einen Bürgerkrieg, den wir so sehr verabscheuen, daß wir uns lieber dem Irrsinn unterwerfen. So bedurfte es einer der ganz großen Katastrophen der Geschichte, um uns zu ›befreien‹. Wir bringen unweigerlich aber unseren historisch gewachsenen Charakter auch in unseren neuen Staat mit; nicht anders ist es in der DDR, wo sich rigider Untertanengeist in neuer politischer Einkleidung zur Macht gebracht hat.«

Und dann, nach zwanzigjährigen Erfahrungen seit dem Ende des Dritten Reiches, Mitte der sechziger Jahre:

»Es scheint ein nicht weltfernes Unternehmen, ein typisches Individuum zu konstruieren, das in die Nazizeit hineinwächst, sie durchlebt, in den neuen Staat Bundesrepublik hineinwächst und sich ihm anpaßt.
Dieser Typus hat bis heute die Geschichte der Bundesrepublik in seinen Händen gehalten; er hat auch die heute Zwanzig- bis Dreißigjährigen erzogen. Weil er tief in sich selber gespalten ist, muß das unverkennbare Spuren in den Jüngeren hinterlassen. Denn wir alle durchlaufen Identifikationen mit Älteren, die nach ihrer Eltern-, Lehrerrolle als ›Vorbilder‹ wirken müssen, ehe wir die eigene Identität finden. Es ist deshalb illusionär, anzunehmen, eine junge Generation könne leicht das Joch von geheiligten Traditionen und Vorurteilen abwerfen. Sie wird das Erbe an Verhaltensmustern modifizieren. Das ist die Chance, mehr nicht.«

Nach abermals gut zwanzig Jahren kann die zutreffende Prophetie dieser Generationenanalyse nur bewundert werden.
Alle die Zeugnisse von Deutschen über Deutsche, die hier, höchst lückenhaft und dennoch äußerst eindrucksvoll, zusammengefaßt worden sind, stellen schwere Brocken dar für die Gegner der Kollektivschuldthese. Und sollte man denn zu dem Schluß kommen, daß es diese Schuld der Deutschen unter Hitler gibt, so dürfte außer Frage stehen, daß ein lange vorgeformter Nationalcharakter dabei entscheidende Assistenz geleistet hat.
Schließlich – wäre ein solcher Schluß gerechtfertigt?
»In Auschwitz arbeitete unsere ganze Gesellschaft mit.«
Wer wagt es, dieses Wort von Martin Walser zu bestreiten, das Schuld nicht auf Auschwitz reduziert, sondern diese Stätte zum Zentralsymbol Hitlerdeutschlands macht? Welchen Einwand, welchen ernst zu nehmenden Einwand kann es dagegen geben? Keinen! Dies ist, aufs höchste komprimiert, die klassische Formel für die Kollektivschuld der Deutschen unter Hitler – der Widerstand gegen ihn, »Tausende unter achtzig Millionen«, bestätigt sie nur. Der Begriff Kollektivschuld bezieht sich hier auf die ebenso verantwortliche wie überwältigende Mehrheit der damaligen Deutschen, die den Nationalsozialismus unterstützt, Hitler blind geglaubt, für ihn gekämpft, besetzt und getötet haben. Es kann nicht den geringsten Zweifel geben, daß die kaum meßbaren Anstrengungen, die der NS-Staat forderte, nur durch Übereinstimmung vollbracht werden konnten, niemals bloß »unter Druck« oder gar innerem Widerstreben. Ohne die Hingabe einer übergroßen Mehrheit wären die Energien, die im Kriege dann fast sechs Jahre eine

ganze Welt in Atem hielten, nicht mobilisierbar gewesen. Darin, in dem, was das nationale Gesamtgeschehen, Auschwitz eingeschlossen, möglich machte, was zwischen der staatlichen Institutionalisierung des Nationalsozialismus und der Mehrheit der damaligen Nation *korrespondierte*, darin ist das Wesen, die eigentliche Natur der Kollektivschuld zu suchen und zu finden: begrenzt auf bestimmte Generationen und einen bestimmten Abschnitt in der Geschichte der Deutschen und nicht als nationale Erbsünde und unter Einschluß des Embryos im Mutterleib, wie die Demagogen der Kollektiv*unschuld* der Öffentlichkeit weismachen wollen, um die Verfechter der Kollektivschuldthese zu diskriminieren und eine Dimension von Absurdität zu konstruieren.

Die Schuldfrage muß anhand der effektiven, der realen Kräfteverhältnisse bestimmt werden. Erst eine große Mehrheit rechtfertigt den Begriff »kollektiv«. Von daher ist es völlig richtig, vom »nationalen Kollektiv der Hitleranhänger« zu sprechen, wie die Mitscherlichs es taten. Die Tatsachen sind eindeutig gewesen.

Ich bin immer, ohne je geschwankt zu haben, ein Anhänger der Kollektivschuldthese gewesen – aus den zwölfjährigen Erfahrungen meiner eigenen Lebensdemoskopie zur Tatzeit selbst! Wie eine weit genug gespannte Befragung zuverlässig auf die Gesamtheit schließen läßt, so kann das Individuum die Erfahrungen seines naturgemäß beschränkten Kommunikationsbereiches sehr wohl auf die ihm anonyme Mehrheit ausdehnen – die exemplarischen und die nichtexemplarischen Haltungen der ihm bekannten Gruppe werden mit denen der Gesamtheit übereinstimmen. Nach meinen empirischen Erlebnissen während der Nazizeit lassen sich drei Kategorien von Zeitgenossen bestimmen: die aktiven Widerständler – nahezu Null. Die Fanatiker – nicht selten, aber keineswegs die Regel. Zwischen diesen beiden Polen die Regel, die tatsächliche Haltung der Mehrheit, des Kollektivs: wachsende Unterstützung, wachsende Zustimmung, bis zu äußeren Jubelgesten und innerer Jubelkontinuität; selbstverständliche Identifikation von Staat und Vaterland; völliges Widerstandsdefizit, nicht aus Angst, sondern weit mehr aus Konsens mit dem Status quo; dies trotz genauer Kenntnis so öffentlicher Maßnahmen und Ereignisse wie der organisatorischen Gleichschaltungen jeder Art, der Bücherverbrennungen, antijüdischer Boykotte, der Massenverhaftungen politischer Gegner des Nationalsozialismus vor 1933 und der Einrichtung von Lagern für sie, der Proklamierung der Nürnberger Rassengesetze, dieses großen summarischen Schlags gegen die deutschen Juden vom November 1938, um nur die Ära der ersten fünf Jahre zu betrachten. So gut wie völlige

Blindheit gegenüber dem Unglück, das der von Hitlerdeutschland vom Zaun gebrochene Krieg für die überfallenen, besiegten und unterdrückten Völker Europas bedeutete. Und irgendwo dennoch, tief ins Innere verdrängt und dort erst zögernd wiederentdeckt nach der Götterdämmerung von Stalingrad und der sich ab 1943 immer klarer abzeichnenden Möglichkeit einer katastrophalen Kriegsniederlage: ein verhemmter Zweifel, ob dies alles Rechtens sei. Schuldgefühl und Vergeltungsangst waren die Kehrseiten ein und derselben Seelenmedaille. Lange ehe der Begriff Kollektivschuld in mein Bewußtsein gedrungen war – ich bin ihm erst nach der Befreiung begegnet –, hatte ich längst die Verfolgtenerfahrung gewonnen, daß wir unser Los *dieser Mehrheit* zu verdanken hatten.
Die Majorität der damaligen Deutschen war vielleicht nicht zu *den* Nazis geworden, wie die NS-Führung es gern gesehen hätte, mag sein, aber sie war entschieden pronazistisch. Die Zustimmung war groß genug, um die Führung machen zu lassen, was sie machen wollte. Daran gehindert hat sie nichts als der bewaffnete Sieg der Anti-Hitler-Koalition.
Es hat einen einzigen Einwand gegen die Kollektivschuld gegeben, der mich vorübergehend beeindrucken konnte: ob die Bejahung der Kollektivschuld nicht die Hauptverantwortlichen entlaste, ihren Schuldanteil von ihnen hinweg auf die Schultern der Allgemeinheit verlege, also jenen zugute komme, die sich weit überdurchschnittlich mit Schuld beladen hätten. Aber diese Beeindruckung ging vorüber, weil der Einwand die Wechselwirkung leugnet – die NS-Oligarchie wäre nichts ohne die aktiv-willfährige Mehrheit gewesen. Die Differenzierung der Kollektivschuld in ihre individuellen Anteile kann die Kollektivschuld selbst nicht aufheben, sondern legt nur ihre Verzahnungen bloß – die Schuld der Hauptverantwortlichen ist ein Teil von ihr, überproportional, auf das betreffende Individuum berechnet, aber ohne Macht, die »Restschuld« der vielen zu tilgen. Die Schuldunterschiede zwischen zwei zahlenmäßig ungleichen Gruppen gleichen sich im Tatgeschehen wieder aus.
Die Kollektivschuld der Deutschen unter Hitler hatte für mich nie auch nur die geringste *justitielle* Bedeutung gehabt, sondern stets allein eine moralische. Sie hatte in meinen Augen nie etwas zu tun mit Gerichten, Gefängnissen, Zuchthauszellen – Kollektivschuld ist nicht justitiabel. Für mich sollte das Eingeständnis der Kollektivschuld nie etwas anderes als *Erlösung* herbeiführen, ich habe es nie in einem anderen Sinne gesehen als einen Akt innerer Befreiung, als die einzige Voraussetzung der Millionen, sich nach der Wahnperiode selbst wie-

derzufinden. Das Ziel, die Wirkung eines Eingeständnisses, eines Bekenntnisses zur Kollektivschuld konnte nur sein: Ent-Wahnung, Wiedergewinnung der humanen Orientierung.
Niemand hat das klarer und »professioneller« ausgedrückt als der Schweizer Psychoanalytiker Carl Gustav Jung in jenem berühmten Interview, das er bald nach dem Ende des Zweiten Weltkrieges der Zeitschrift »Weltwoche« gab und in dem es heißt:

»Die Frage der Kollektivschuld, die die Politiker so sehr beschäftigt und beschäftigen wird, ist für den Psychologen eine Tatsache, und es wird eine der wichtigsten Aufgaben der Therapie sein, die Deutschen zur Anerkennung der Schuld zu bringen...
Der Deutsche ist heute wie ein Betrunkener, der am nächsten Tag mit einem Katzenjammer erwacht. Er weiß nicht, was er getan hat, und will es nicht wissen. Das einzige Gefühl ist das eines ungeheuren Elends. Er wird den Anklagen und dem Haß der Welt gegenüber krampfhaft versuchen, sich zu rehabilitieren, aber das ist nicht der richtige Weg. Die einzige Erlösung liegt in der restlosen Anerkennung der Schuld. ›Mea culpa, mea maxima culpa!‹«

Zu dieser Erlösung ist es bekanntlich nicht gekommen, dieser Weg ist von der Mehrheit der betroffenen Generationen nicht eingeschlagen worden. Was dabei herausgekommen ist, hat der Philosoph Karl Jaspers, ein anderer Großer der untersuchenden Schulddebatte, 1966 in seinem Werk »Wohin treibt die Bundesrepublik?« zusammengefaßt, das andere zentrale Buch, »Die Unfähigkeit zu trauern«, adäquat flankierend: Es ist die niederschmetternde Bilanz einer Gesellschaft, deren Geschichte ohne das Eingeständnis der Kollektivschuld geblieben ist. Und so sieht die Bundesrepublik Deutschland dann auch aus. Eine andere gibt es nicht. Die inbrünstige Hoffnung Eugen Kogons auf das Bekenntnis des Volkes hat sich nicht erfüllt:

»Es wird die Richter nicht mehr fürchten, weil es sich selbst gerichtet hat...«

An der historischen Realität der deutschen Kollektivschuld unter dem Hakenkreuz, wie sie in diesem Kapitel analysiert wurde, kann die kollektive Schuldverdrängung nach 1945 nichts ändern. Die subjektive Verleugnung hebt die objektive Tatsache nicht auf. Auch das preßte Eugen Kogon in die Nußschale eines einzigen Satzes:

»Als ob die Verwerfung des Wortes ›Kollektivschuld‹, das der moraltheologischen Kritik nicht standhält, die Schuld selbst aufheben könnte, die eben die Anteilnahme jedes Einzelnen des nationalen ›Kollektivs‹ gewesen wäre!«

Apropos »Charta der deutschen Heimatvertriebenen«

Überfälliges Nachwort zu einem verkannten Dokument

»Historische Erfahrungen werden in den Wind geschlagen, und man sieht darüber hinweg, daß zum politisch-psychischen ›Normalzustand‹ der Deutschen ganz allgemein die Unzufriedenheit mit dem jeweiligen Status quo und der Drang, Streit mit dem Nachbarn anzufangen, gehören. Es ist die Haltung derer, die sich immer als die Zukurzgekommenen bedauern.«

»In keinem andern Volk wären Kohorten von Spießbürgern in Uniform so leicht für beispiellose Verbrechen zu mobilisieren gewesen, für die Vernichtung von Menschen, die sie weder fürchteten noch haßten. Sie haßten sie so wenig wie die Wanzen, die sie in ihren Truppenunterkünften zerdrückten.«

Erich Kuby

Am 5. August 1950 erblickte in Bad Cannstatt bei Stuttgart auf einer Großkundgebung in Anwesenheit von Mitgliedern der ersten Bundesregierung, der Kirchen und der Landesparlamente eine Urkunde das Licht der Öffentlichkeit, die sich »Charta der deutschen Heimatvertriebenen« nennt und die folgenden Wortlaut hat:

»Im Bewußtsein ihrer Verantwortung vor Gott und den Menschen, im Bewußtsein ihrer Zugehörigkeit zum christlich-abendländischen Kulturkreis, im Bewußtsein ihres deutschen Volkstums und in der Erkenntnis der gemeinsamen Aufgabe aller europäischen Völker, haben die erwählten Vertreter von Millionen Heimatvertriebenen nach reiflicher Überlegung und Prüfung ihres Gewissens beschlossen, dem deutschen Volk und der Weltöffentlichkeit gegenüber eine feierliche Erklärung abzugeben, die die Pflichten und Rechte festlegt, welche die deutschen Heimatvertriebenen als ihr Grundgesetz und als unumgängliche Voraussetzung für die Herbeiführung eines freien und geeinten Europas ansehen.

1. Wir Heimatvertriebenen verzichten auf Rache und Vergeltung. Dieser Entschluß ist uns ernst und heilig im Gedenken an das unendliche Leid, welches im besonderen das letzte Jahrzehnt über die Menschheit gebracht hat.
2. Wir werden jedes Beginnen mit allen Kräften unterstützen, das auf die Schaffung eines geeinten Europas gerichtet ist, in dem die Völker ohne Furcht und Zwang leben können.
3. Wir werden durch harte, unermüdliche Arbeit teilnehmen am Wiederaufbau Deutschlands und Europas.

Wir haben unsere Heimat verloren. Heimatlose sind Fremdlinge auf dieser Erde. Gott hat die Menschen in ihre Heimat hineingestellt. Den Menschen mit Zwang von seiner Heimat zu trennen bedeutet, ihn im Geiste zu töten. Wir haben dieses Schicksal erlitten und erlebt. Daher fühlen wir uns berufen zu verlangen, daß das Recht auf die Heimat als eines der von Gott geschenkten Grundrechte der Menschheit anerkannt und verwirklicht wird. So lange dieses Recht für uns nicht verwirklicht ist, wollen wir aber nicht zur Untätigkeit verurteilt beiseite stehen, sondern in neuen, geläuterten Formen verständnisvollen und brüderlichen Zusammenlebens mit allen Gliedern unseres Volkes schaffen und wirken. Darum fordern und verlangen wir heute wie gestern:

1. Gleiches Recht als Staatsbürger nicht nur vor dem Gesetz, sondern auch in der Wirklichkeit des Alltags.
2. Gerechte und sinnvolle Verteilung der Lasten des letzten Krieges auf das ganze deutsche Volk und eine ehrliche Durchführung dieses Grundsatzes.
3. Sinnvollen Einbau aller Berufsgruppen der Heimatvertriebenen in das Leben des deutschen Volkes.
4. Tätige Einschaltung der deutschen Heimatvertriebenen in den Wiederaufbau Europas.

Die Völker der Welt sollen ihre Mitverantwortung am Schicksal der Heimatvertriebenen als der vom Leid dieser Zeit am schwersten Betroffenen empfinden.
Die Völker sollen handeln, wie es ihren christlichen Pflichten und ihrem Gewissen entspricht.
Die Völker müssen erkennen, daß das Schicksal der deutschen Heimatvertriebenen, wie aller Flüchtlinge, ein Weltproblem ist, dessen Lösung höchste sittliche Verantwortung und Verpflichtung zu gewaltiger Leistung fordert.
Wir rufen Völker und Menschen auf, die guten Willens sind, Hand anzulegen ans Werk, damit aus Schuld, Unglück, Leid, Armut und Elend für uns alle der Weg in eine bessere Zukunft gefunden wird.«

Diese »Charta der deutschen Heimatvertriebenen« trägt die Unterschriften der Sprecher der Landsmannschaften der Vertriebenen sowie der Vorsitzenden des Zentralverbandes der vertriebenen Deutschen und seiner Landesverbände.
Sie ist nie anders als gepriesen und als Zeugnis politischer Vernunft und moralischer Größe hingestellt worden. Zum Beispiel so:

»Die ›Charta der deutschen Heimatvertriebenen‹ ist mit dem feierlichen Verzicht auf Rache und Vergeltung und dem Bekenntnis zum Gewaltverzicht, zur Versöhnung und zur Zusammenarbeit mit den Ländern des Ostens ein Zeugnis von historischer Bedeutung. Dieses Vermächtnis der ersten Generation gilt heute und künftig.«

Oder so:

»Ein besonderes Zeichen setzten die Heimatvertriebenen bereits 1950 mit der Verkündung der ›Charta der deutschen Heimatvertriebenen‹. Dieses Dokument, das zu den bedeutendsten der Nachkriegszeit zählt, wirkte beispielhaft mit seinem moralischen Engagement für eine bessere Zukunft.«

Das erste Zitat stammt von Helmut Kohl, das zweite von Friedrich Zimmermann, beide entnommen der Sonderausgabe 1/1985 des Organs »Deutscher Ostdienst« (Informationen des Bundes der Vertriebenen – Vereinigte Landsmannschaften und Landesverbände), eine 24seitige Schrift, veröffentlicht unter den Motti »40 Jahre danach – Trauer und Besinnung« und »Treue zu Deutschland – 40 Jahre nach Krieg, Vertreibung und Teilung«. Die obigen Zitate könnten endlos fortgesetzt werden, über die Stuttgarter Urkunde wird man nur Gutes, Zustimmendes lesen.
Sie ist ein verkanntes, nein *das* verkannteste Dokument überhaupt.

Die »Charta der deutschen Heimatvertriebenen« ist ein klassisches Beispiel historischer Unterschlagungen. Sie kappt jede Kausalität zwischen Ursache und Wirkung, ignoriert die Chronologie der Ereignisse, verschweigt also die Vorgeschichte der Vertreibung, trägt damit ihren Teil zur Verdrängung und Verleugnung der ersten Schuld bei und macht sich zu einem Unikat der zweiten.
Spätestens bei der Beschwörung »... an das unendliche Leid, welches im besonderen das letzte Jahrzehnt über die Menschheit gebracht hat« (womit die fünf Jahre nach 1945 bis zur Abfassung der »Charta« gleich in die Relativierung der NS-Verbrechen mit einbezogen sind), spätestens an dieser Stelle wäre die Kehrung gegen den Nationalsozialismus und Hitlerdeutschland fällig, wären konkrete Namen zu erwarten gewesen. Aber sie kommen nicht, weder hier noch später. Es erscheinen weder Hitler noch seine Nächsten, noch das nationale Kollektiv seiner verschworenen Anhängerschaft, noch gar Hinweise auf die überdurchschnittliche Zustimmung, die das Dritte Reich gerade aus der ostdeutschen Bevölkerung erhalten hatte.
Kein Wort über das ausgemordete Polen, kein Wort über die unermeßlichen Opfer des deutschen Überfalls auf die Sowjetunion! Hier fehlt selbst der kleinste Hinweis, was deutsche Besetzung gerade für die Länder Osteuropas bedeutet hat, bleiben Auschwitz, Treblinka, Sobibor, Belzec, Chelmno, die grausigen Schädelstätten des Verwaltungsmassenmords, unerwähnt, existiert der nichtjüdische Holocaust, die Massaker an Kriegsgefangenen und Zivilisten, überhaupt nicht, hat es nie die Ausrottungspläne und Vernichtungswirklichkeit der sogenannten »Eindeutschung« bis zum Bug und weit darüber hinaus hinter der gigantischen Abschottung eines »germanischen Ostwalls« gegeben.

Die »Charta der deutschen Heimatvertriebenen« unterschlägt, daß es im deutsch besetzten Osteuropa zu Massenvertreibungen von Millionen Menschen gekommen war, zu wahren Völkerzwangswanderungen unter den unsäglichsten Bedingungen, und all dies, bevor auch nur ein einziger Deutscher aus dem Osten vertrieben worden ist.
Da seien doch ein paar Reminiszenzen an die Bilanz des Schreckens erlaubt, wie sie dem bereits zitierten Buch Erich Kubys »Als Polen deutsch war – 1939–1945« zu entnehmen sind. In dem ungleichen, nur wenige Wochen währenden Kampf nach dem Angriff der überlegenen deutschen Militärmaschine am 1. September 1939 fallen etwa 70 000 Polen. Die Kriegshandlungen haben eine nach Tausenden zählende Gruppe von Ziviltoten zur Folge, Opferziffern, die schon im ersten Monat deutscher Besetzung durch die Mordaktionen der SS-Todesschwadronen, vor allem an Juden, überholt wurden.
Die polnischen Verluste an Menschen sind mit 200 je 1000 Einwohner die höchsten aller am Krieg gegen Hitlerdeutschland beteiligten Völker (was auf die deutsche Bevölkerungsziffer von damals übertragen 13 bis 14 Millionen Tote bedeutet hätte). Zwei Drittel der polnischen Industrie wurden ganz oder teilweise zerstört, ein erheblicher Prozentsatz der polnischen Kulturgüter geraubt, die Denkmale polnischer Geschichte systematisch vernichtet und die Hauptstadt Warschau in drei Etappen nahezu dem Erdboden gleichgemacht: durch Bombardierung aus der Luft und Artilleriebeschuß im September 1939, durch die Zerstörung des Warschauer Ghettos im April und Mai 1943 und durch die Zerschlagung des allgemeinen bewaffneten Aufstandes von August bis Oktober 1944. Kein Wort in dieser »Charta« über die Abstempelung eines ganzen Volkes zu Untermenschen, kein Wort von der sogenannten »Eindeutschung«, deren Zweck es war, riesige Gebiete »polen-« und natürlich »judenfrei« zu machen. So hatte die »Eindeutschung« des »Reichsgaues Wartheland« die Vertreibung von 400 000 Juden und von über 3,5 Millionen christlichen Polen zur Folge. Die »Aktion Zamosc« ist ein schauerliches Beispiel für die »Eindeutschung wertvollen Blutes« und die gleichzeitige Massenvernichtung »minderwertigen Blutes« mit dem Ziel, sogenannte »Volksdeutsche« in den leer gewordenen Räumen anzusiedeln. In der Amtskorrespondenz der »Aktion Zamosc« wurden die Polen als »Fremdvölkische« geführt.
In den Plänen eines Dr. Erhard Wetzel, Beamter im Rassenpolitischen Amt der NSDAP, der entsprechende Pläne für Heinrich Himmler ausgearbeitet hat, wuchs die Ziffer der in Osteuropa »umzusiedelnden« Bevölkerung rasch auf ein halbes Hundert Millionen an, und diese Pläne blieben bekanntlich nicht nur Papier.

Kein Wort in der »Charta« von der Einpferchung großer Menschenmassen im sogenannten »Generalgouvernement«, zum Beispiel im Ghetto von Lodz, damals Litzmannstadt: eine Fläche von zunächst 4,13 Quadratkilometern, die später noch um ein Viertel verkleinert wurde, mußte Hunderttausende deportierter Juden aufnehmen, Vorhof von Auschwitz.

Man lese nur nach, was der Generalgouverneur Dr. Hans Frank am 19. Juni 1943 in einem 14seitigen Brief an Hitler schrieb. Der Statthalter des größten Menschenschlachthauses in der Geschichte war in Nöten: Der welthistorische Paukenschlag von Stalingrad dröhnte noch nach, die deutsche Sommeroffensive an der Ostfront blieb aus, Nordafrika war verloren – die Götterdämmerung des Dritten Reiches war angebrochen. In dieser Situation wollte Frank eine Änderung der deutschen Polenpolitik – nicht aus humanitären Erwägungen, sondern um aus den Unterworfenen mehr als bisher für die Unterdrücker herauszuholen. Und so listete Frank dann in seltener Offenheit anhand von neun Punkten auf, wie die bisherige Polenpolitik ausgesehen hat:

1. völlig unzureichende Ernährung – 2. Beschlagnahme eines großen Teils des polnischen Grundbesitzes, entschädigungslose Enteignung und Aussiedlung polnischer Bauern aus Truppenübungsplätzen und deutschen Siedlungsgebieten – 3. Eingriffe und Enteignungen auf dem industriellen Sektor – 4. Massenverhaftungen und -erschießungen durch die deutsche Polizei – 5. rigorose Methoden der Arbeitererfassung – 6. weitgehende Lahmlegung des kulturellen Lebens – 7. Schließung der Mittel-, höheren und Hochschulen – 8. Einschränkung, ja völlige Beseitigung des polnischen Einflusses auf allen Gebieten der staatlichen Verwaltung – 9. Beschneidung des Einflusses der katholischen Kirche Polens, der vielfach Klöster, Schulen und von ihr geleitete und errichtete Wohltätigkeitsanstalten oft in kürzester Frist und bis in die letzte Zeit stillgelegt und weggenommen worden seien.

Obwohl Frank den Völkermord an den europäischen Juden, der in vollem Gange war, nicht für erwähnenswert hielt, liest sich seine Aufzählung wie ein Kriminalkatalog *der* Ereignisse, die in Polen der Vertreibung der Deutschen vorausgegangen waren – und die in der »Charta« mit keinem Wort erwähnt werden.

Hans Frank, in Nürnberg zum Tode durch den Strang verurteilt, hat sich übrigens noch an einer anderen Stelle unfreiwillig als Entlarver der wahren deutschen Vernichtungsabsichten verdient gemacht – und damit gleichzeitig bestätigt, daß Vernichtungsplanung und -praxis in der Gewißheit absoluter Straflosigkeit vor der Geschichte erfolgten, ohne jede Voraussicht, ohne jede Vorahnung vom 8. Mai 1945. In

Franks Diensttagebuch vom 16. Dezember 1941 ist die Wiedergabe seiner Ansichten hinsichtlich der Behandlung von Juden in den eroberten Westgebieten der Sowjetunion auf den Seiten 457 ff. so vermerkt:

»Glauben Sie, man wird sie in Siedlungsdörfern unterbringen? Man hat uns in Berlin gesagt: Weshalb macht man diese Scherereien; wir können im Ostland oder im Reichskommissariat auch nichts mit ihnen anfangen, liquidiert sie selber! Meine Herren, ich muß Sie bitten, sich gegen alle Mitleidserwägungen zu wappnen. Wir müssen die Juden vernichten, wo immer wir sie treffen und wo es dringend möglich ist, um das Gesamtgefüge des Reiches hier aufrechtzuerhalten ... Die Juden sind auch für uns schädliche Fresser. Wir haben im Generalgouvernement schätzungsweise 2,5, vielleicht mit den jüdisch Versippten und dem, was alles dranhängt, jetzt 3,5 Millionen Juden. Diese 3,5 Millionen Juden können wir nicht erschießen, wir können sie nicht vergiften, werden aber doch Eingriffe vornehmen können, die irgendwie zu einem Vernichtungserfolg führen, und zwar im Zusammenhang mit den vom Reich her zu besprechenden großen Maßnahmen. Das Generalgouvernement muß genau so judenfrei werden, wie es das Reich ist.«

Das war der Geist, von dem auch Osteuropa unter deutscher Besetzung regiert wurde, gerade Osteuropa und seine Völker, mehr als alle anderen im NS-Okkupationsbereich. Und seine praktischen Vernichtungskonsequenzen sind nur begrenzt worden durch die militärische Niederlage Hitlerdeutschlands. Selbstverständlich spart die »Charta« auch die Tatsache aus, daß der Krieg selbst das größte Verbrechen Hitlerdeutschlands war, da er die Voraussetzungen für die alles in den Schatten stellende Vernichtungspraxis jenseits der Grenzen Deutschlands schuf. Natürlich ebenfalls kein Wort über die Rolle der deutschen Wehrmacht in diesem Zusammenhang, die mit ihren territorialen Eroberungen nicht nur die NS-Ausrottungspolitik möglich machte, sondern tief in sie verstrickt war.
Die Akkumulation der Triebkräfte, die nach der Zerschlagung der deutschen Militärmaschine zur Vertreibung geführt haben, wird vollständig unterschlagen.

Die »Charta der deutschen Heimatvertriebenen« ist auch ein Dokument der *Umschreibungen* und der *Verschwommenheit*. Man nehme den Satz:

»Wir rufen Völker und Menschen auf, die guten Willens sind, Hand anzulegen ans Werk, damit aus Schuld, Unglück, Leid, Armut und Elend für uns alle der Weg in eine bessere Zukunft gefunden wird.«

Was hier verschwommen umschrieben wird, ist die Aufhebung der Grenze zwischen Opfern und Tätern, ist die Einebnung der grundverschiedenen Ursachen für Unglück, Leid, Armut und Elend von Angreifern und Angegriffenen, Mördern und Gemordeten bis zur Unkenntlichkeit und zu jenem Versöhnungsschmus, den Helmut Kohl neben dem US-Präsidenten Ronald Reagan zum 8. Mai 1985, der vierzigjährigen Wiederkehr der Kapitulation Hitlerdeutschlands, über den Gräbern von Bitburg demonstriert hat.
Peinlich vor der Blutkulisse des deutsch besetzten Osteuropas ist die Berufung der »Charta« auf den »christlich-abendländischen Kulturkreis«, auf Volkstum, auf Religiöses – davon hatten die Verlautbarungen des »Tausenjährigen Reiches« nur so gestrotzt, aber das wird nun, als wäre es unbeschadet, blauäugig weitertransportiert. Peinliche Behauptungen wie »Gott hat die Menschen in ihre Heimat gestellt« oder Wendungen falscher Poesie wie »Heimatlose sind Fremdlinge auf dieser Erde«. Nur sollte dieser Ton niemanden verwundern, da die »Charta« angesichts einer Vergangenheit, deren Verwesungsgeruch den Deutschen von 1950 noch ganz nahe war, nicht auf Aufrichtigkeit, auf wirklicher Trauer, sondern, unmißverständlich dokumentiert, auf Verdrängung und Verleugnung der deutschen Schuld und deren Relativierung beruht. Der gesamte Wortlaut ist von dem Bedürfnis nach umschreibender Verschwommenheit gekennzeichnet. Ausgenommen jene Passage, die der Selbstdarstellung gilt. Da heißt es unmißverständlich:

»Die Völker der Welt sollen ihre Mitverantwortung am Schicksal der Heimatvertriebenen als der vom Leid dieser Zeit am schwersten Betroffenen empfinden.«

Es ist furchtbar, seine Heimat zu verlieren, niemand kann und wird das bestreiten. Aber einmal ganz davon abgesehen, wieviel Selbstverantwortung die Heimatvertriebenen an ihrem Schicksal durch ihre politische Haltung zu Nationalsozialismus und Hitler gehabt haben: Wieso sollen die Heimatvertriebenen schwerer betroffen gewesen sein als die Juden, die durch unerklärliche Zufälle Auschwitz entkamen, dort im Gas jedoch ihre Familien gelassen hatten? Oder als die Frau eines deutschen Widerstandskämpfers, die erfahren mußte, daß ihr Mann und Vater ihrer Kinder mittels einer Klaviersaite zu Tode stranguliert worden war? Wieso soll das Los der Heimatvertriebenen schwerer gewesen sein als das exemplarische Schicksal der KZler, deren Erinnerungshöllen um so plastischer werden, desto mehr sie sich zeitlich von ihrer Erlebnisrealität entfernen?

Die »Charta der deutschen Heimatvertriebenen« ist ein überzeugendes Dokument innerer Beziehungslosigkeit zur Welt der Naziopfer, der unaufhebbaren, unkaschierbaren Ferne zu ihrer Gefühls- und Leidensgeschichte. Es ist »die andere Seite«, die hier spricht, antifaschismusfremd, ohne nazigegnerischen Tenor. Der einzige Superlativ, den die Unterzeichner dieser Schrift der Umschreibungen und der Verschwommenheit finden, dient der Beschwörung des eigenen Leids.

Die Umschreibung der Wirklichkeit ist ein Charakteristikum der »Lingua Tertii Imperii«, LTI, der »Sprache des Dritten Reiches«: »Umsiedlung« statt Deportation, »Eindeutschung« statt Ausrottung Nichtdeutscher, »Endlösung« statt Völkermord – der Beispiele sind unzählige. Sie demonstrieren die Gewohnheit, die Dinge nicht beim Namen zu nennen, eine Tradition, die sich bis in unsere Tage fortgepflanzt hat, aber eindeutigen Ursprungs ist.

Ein geradezu klassisches Beispiel dafür ist die Umschreibung eines deutschen Massenverbrechens auf polnischem Boden: des Tötungsverfahrens mit Gaswagen im Vernichtungslager Chelmno, wie es dem Dokument 1443 aus den Akten des Eichmann-Prozesses in Jerusalem zu entnehmen ist.

Darin wird die jüdische Todesfracht als »Beschickung« oder »Stückzahl der Beschickung« bezeichnet. Der Tötungsprozeß selbst durch Einleiten der Motorabgase in den hermetisch abgeriegelten Innenraum des Gaswagens wird als »Betriebsdauer« bezeichnet, die im Todeskampf verlorenen Ausscheidungen der Opfer als »anfallende Flüssigkeit«. Auch bei der Schilderung jenes sinnreichen Mechanismus, mittels dessen die »anfallende Flüssigkeit« abfließen konnte, wird streng auf die Umschreibung des Mordgeschehens geachtet: »Um eine handliche Säuberung des Fahrzeugs vornehmen zu können, ist der Boden in der Mitte mit einer dicht verschließbaren Abflußöffnung versehen. Der Abflußdeckel mit etwa 200 bis 300 mm Durchmesser erhält einen Syphonkrümmer, so daß dünne Flüssigkeit auch während des Betriebs ablaufen kann.« Nicht *was*, wohl aber *daß* mit angesehen werden konnte, wie die Insassen langsam unter den entsetzlichsten Qualen erstickten, liest sich so: »Die bisher angebrachten Beobachtungsfenster können entfallen, da sie praktisch nie benutzt werden.« Das Verhalten der Opfer, die den Tod nur zu genau vorausahn-

ten, ließ folgenden sorgfältig umschriebenen Verbesserungsvorschlag entstehen: »Es wurde aber in Erfahrung gebracht, daß beim Schließen der hinteren Tür und somit bei eintretender Dunkelheit immer ein starkes Drängen der Ladung nach der Tür erfolgte. Dieses ist darauf zurückzuführen, daß die Ladung bei eintretender Dunkelheit sich nach dem Licht drängt. Es erschwert das Einklinken der Tür. Ferner wurde festgestellt, daß der auftretende Lärm wohl mit Bezug auf die Unheimlichkeit des Dunkels immer dann einsetzt, wenn sich die Türen schließen. Es ist deshalb zweckmässig, daß die Beleuchtung vor und während der ersten Minuten des Betriebes eingeschaltet bleibt.«
»Ladung« – die Todgeweihten, »Betrieb« – der Tötungsprozeß. Gleich hinterher ein weiterer Verbesserungsvorschlag im Stile der Umschreibung: »Um eine schnelle und leichte Entladung des Fahrzeugs zu erreichen, ist ein ausfahrbarer Rost anzubringen« – auf dem die Leichen in einem Zug herausgeholt werden konnten ...
Dann zum Schluß: »Da die Herstellerfirma betonte, daß konstruktive Abänderungen z. Zt. nicht oder nur kleinste Abänderungen möglich sind, ist bei einer anderen Firma der Versuch zu unternehmen, mindestens eines dieser 10 Fahrzeuge mit allen Neuerungen und Abänderungen, die sich bisher aus der Praxis ergaben, auszustatten.«
Die Methode der Umschreibung wird streng durchgehalten. Wie vieles andere aus der »Lingua Tertii Imperii«, der »Sprache des Dritten Reiches«, ist nach dessen Untergang auch diese Methode fortgesetzt worden, oft un- oder unterbewußt. Dabei kann, bei aller inhaltlichen Unterschiedlichkeit, eines als Grundmotivation gelten: Wer etwas umschreibt, will etwas verbergen.

Bezeichnenderweise steht in der »Charta der deutschen Heimatvertriebenen« kein Wort von *den* Deutschen, die als erste vertrieben worden sind: von den *Emigranten!* Kein Wort von diesen wegen ihrer Gegnerschaft zum Nationalsozialismus Zwangsvertriebenen der »ersten Stunde« und der Jahre bis zum Kriegsausbruch 1939. Den Vätern des angeblichen »Grundgesetzes der Heimatvertriebenen« scheint auch nicht einmal der Anflug eines Gedankens an sie gekommen zu sein – und das entsprach völlig der öffentlichen Bewertung der Emigranten in der bundesdeutschen Gesellschaft, damals und bis heute noch. Sie standen und stehen nicht hoch im Kurs, diese Vertriebenen aus Notwehr, die ohne ihre Flucht, ohne ihre Ausreise aus dem bald nach 1933 schon von einer frenetischen Mehrheit getragenen »neuen Deutschland« gerade so mißhandelt, gefoltert, ermordet worden wären wie jene Hitlergegner, die nicht herausgekommen waren.

Unter der Überschrift »Emigration als Makel« schreiben die Mitscherlichs in »Die Unfähigkeit zu trauern«, bezogen auf bezeichnende Vorwürfe gegen Willy Brandt, der zu jenen Emigranten gehörte:

»Von der Sache her gesehen ist es gleichgültig, ob Brandt geschossen hat oder nicht und was immer er zu seiner ›Entlastung‹ vorgebracht haben mag. Kein einziger der in diesem Zusammenhang gegen ihn vorgebrachten Vorwürfe ist ehrenrührig. Im Gegenteil, jeder einzelne charakterisiert ein lobenswertes Verhalten. Wer emigriert, um die Freiheit seines Vaterlandes, das in die Hände seines größten Feindes gefallen ist, wiederherzustellen, tut nichts Verwerfliches. Wer sich um der Freiheit seines Landes willen mit denen verbündet, die sich dem Terror unter Mißachtung der nationalen Freiheit anderer Länder widersetzten, und in dieser Sache sein eigenes Leben aufs Spiel zu setzen bereit war, hätte Grund, den Dank seines Vaterlandes zu erwarten. Bei einem politisch erfahreneren Volk hätte es durchaus geschehen können, daß ein deutsches Emigrantenkorps gegen die Armee einer Terrorherrschaft kämpfte; es wäre das ein auf den internationalen Schauplatz verlegter Bürgerkrieg gewesen – der deutsche Bürgerkrieg in dem seit den Bauernkriegen wichtigsten historischen Augenblick. Im vertrauten Kreis pflegte Max Weber öfter zu sagen: ›Das nationale Unglück Deutschlands sei, daß man noch nie einen Hohenzollern geköpft hat.‹ Man hat bis heute auch nicht Hitler, weder in Wirklichkeit noch bildlich, geköpft, wie es auch dieses deutsche Résistance-Armeekorps nicht gab.«

Nein, der Geist, der aus diesen Zeilen spricht, ist nicht der eines breiten Teils der bundesdeutschen Bevölkerung, weder damals, Mitte der sechziger, noch heute, Ende der achtziger Jahre – und es ist auch nicht der Geist, in dem die »Charta der deutschen Heimatvertriebenen« geschrieben wurde.
Der Emigrant, in diesem konkreten Fall eben Willy Brandt, sollte schon 1933 mehr gesehen, richtiger entschieden haben als die Mehrheit?

»Falls der Gedanke überhaupt zugelassen wird, weckt er Neid auf die größere Schuldlosigkeit, beweist er überhaupt, daß es zu der angeblich unausweichlichen Wehrpflicht, zum Zwang der Diktatur eine Alternative gegeben hat. Sie wird sofort abgewertet: Emigration war Feigheit; Fahnenflucht ist unentschuldbar etc. Zunächst bleibt es von geringem Wert, daß wir den Scheincharakter dieser Argumente erkennen und sie als ›Rationalisierungen‹ ansprechen. Im Kollektiv der deutschen Öffentlichkeit ist ihre Überzeugungskraft offensichtlich weniger erschüttert... Wir erkennen unsere Vergangenheit besser im Ritterkreuzträger als im deutschen Emigranten ... Man trägt die Orden des 3. Reiches wieder, nachdem man das damalige Hoheitszeichen, das Hakenkreuz, daraus entfernt hat. Der vom Führer so Dekorierte gibt sich ohne kritische Besinnung seinem Stolz hin. Er isoliert seine als solche möglicherweise honorige Leistung, er isoliert sie und setzt sie zudem nicht in Beziehung zu dem, was gewesen ist. Die Betrachtung unserer stilisierten Vergangenheit wird also nicht zu einer Erschütterung unserer nationalen Identität, die tiefer gehen würde, führen.«

Die »Charta der deutschen Heimatvertriebenen« hat das Hakenkreuz so gründlich aus ihrem Text herausgekratzt, daß von ihm keine Spur mehr nachgeblieben ist. So gerät alles ins Vage, ins Unbestimmte und Vieldeutige. Diese Verschwommenheit läßt die Möglichkeit offen, sich herauszureden, also von einer unterschlagenen oder umschriebenen Opfergruppe zu behaupten: Selbstverständlich sei sie mit einbezogen! Die »Charta« ist ein Dokument bewußter *Anonymisierung*.

Und sie ist ein Dokument deutscher Anmaßung, dies vor allem. Denn sie rückt die Opfernationen Osteuropas in die Position von Schuldnern, die Täternation aber in die eines Gläubigers von Großmut und Verzeihen:

»Wir Heimatvertriebenen verzichten auf Rache und Vergeltung.«

Wem gegenüber denn? Den Polen, die die deutsche Besetzung ein Sechstel ihres biologischen Bestandes gekostet hat? Oder den Völkern der Sowjetunion, in der es so gut wie keine Familie gibt, die nicht durch Kriegshandlungen und Mord betroffen worden ist? Was ist das für ein großmütiger Verzicht, der sich blind und ahnungslos gibt gegenüber dem, was zur Vertreibung von Millionen Deutschen aus dem Osten geführt hat? Welche Antwort könnten denn die Väter der »Charta« und ihre damaligen und postumen Anhänger, die sich seit fast vierzig Jahren im »Verzicht auf Rache und Vergeltung« zu sonnen versuchen, auf die Forderung der überfallenen und ausgemordeten Völker geben: »Gebt uns unsere Kriegstoten, gebt uns unsere Ermordeten wieder!«
Da wird unentwegt von gewisser Seite über die »offene Frage der deutschen Grenzen« geredet – allerdings: Land, Territorien könnten im-

merhin zurückgegeben werden, jedenfalls bleibt solche Rückgabe, ob nun historisch erfüllbar oder nicht, eine theoretische Möglichkeit. Tote, Ermordete aber kehren bekanntlich nicht zurück. Sind Menschen weniger wert als Land?
Ganz gewiß hat bei der Vertreibung der Deutschen aus dem Osten mit grauenhaften Begleiterscheinungen neben rationalem Kalkül auch Rache eine Rolle gespielt. Zu welchen Übermenschen sollten denn die bisherigen »Untermenschen« nach all ihren Erfahrungen mit der deutschen Besetzung plötzlich geworden sein? Und da nun noch obendrauf – sozusagen 2:1 – eine deutsche Rache, auf die man lautstark verzichtet, nachdem man gleichzeitig damit ihre Möglichkeit bekundet hat?

»Wir Heimatvertriebenen verzichten auf Rache und Vergeltung.«

Wirklich? Verzichtet der Geist, der die historische Chronologie so bedenkenlos verschiebt, wirklich darauf? Und eine Mentalität, die in unverhüllter Relativierung und Aufrechnung den Zeitgenossen von damals und einer weitgehend ignoranten Nachfolgegesellschaft suggerieren will, es sei Gleiches mit Gleichem vergolten worden? Hätte, angesichts der ungeheuerlichen Vorgeschichte der Vertreibung, Gleiches mit Gleichem vergelten nicht bedeuten müssen, daß kein einziger Deutscher aus polnischem und sowjetischem Gewahrsam entkommen wäre? Dies hätte der Vernichtungspraxis während der deutschen Besetzung Osteuropas entsprochen, einer Praxis, der nur durch die militärische Niederlage Hitlerdeutschlands Einhalt geboten wurde! Dieser weiterführende Gedanke jedoch taucht in der »Charta« überhaupt nicht auf. Nichts lag den Unterzeichnern der »Charta« ferner als das Bekenntnis zur deutschen Schuld, die einzige Position, von der aus Trauer über und Anklage gegen die an Deutschen begangenen Verbrechen glaubwürdig geklungen hätten. Deshalb sind die Zweifel an der Aufrichtigkeit des Rache- und Vergeltungsverzichts von den Ingredienzen der »Charta« her vollauf berechtigt. Vor allem aber sind sie durch niemanden überzeugender provoziert worden als durch die Stimmen eben jener Riege von Berufsvertriebenen und ihrer unvertriebenen Politlobby, die seit nunmehr vierzig Jahren geradezu klassisch die Lexikondeutung des Begriffes *Revanchismus* verkörpern: »Politisches Schlagwort, bezeichnet eine nach Vergeltung strebende Außenpolitik«.
Eine Verleumdung meinerseits? Lassen wir diese Stimmen doch selbst sprechen. In der bereits zitierten Sondernummer »Deutscher Ostdienst« heißt es aus der Feder Franz Josef Strauß':

»Die deutsche Frage ist nach wie vor offen! Das Grundgesetz fordert uns auf, in freier Selbstbestimmung die Einheit und Freiheit Deutschlands zu vollenden. Im Urteil des Bundesverfassungsgerichts vom 31. Juli 1973, das auf meine Initiative hin vom Freistaat Bayern erwirkt wurde, wird klargestellt, daß die rechtlichen und politischen Vorgaben unserer Verfassung für jede Deutschland- und Ostpolitik bindend sind. Das Deutsche Reich besteht also rechtlich in den Grenzen von 1937 fort. Seine endgültigen Grenzen können erst in einem Friedensvertrag mit einem wiedervereinigten Gesamtdeutschland festgelegt werden. In diesem Zusammenhang muß auch festgestellt werden, daß die Vier-Mächte-Verantwortung für ganz Deutschland nach wie vor existiert. An dieser Rechtslage haben auch die von den früheren Bundesregierungen Brandt und Schmidt geschlossenen Verträge – die uns deutschlandpolitisch nicht weiterbrachten, sondern lediglich tragende Grundsätze der bis dahin gemeinsamen Deutschlandpolitik zur Disposition stellten – nichts geändert!«

Das ist in seiner berechnenden Infamie unüberbietbar. Ihr sei jedoch ebenso deutlich entgegnet: Wer das Deutsche Reich in den Grenzen von 1937 gegen die von der Anti-Hitler-Koalition des Zweiten Weltkrieges blutig erkämpfte Wirklichkeit fordert, ist Revanchist! Die Ablehnung der polnischen Westgrenze als endgültige ist Revanchismus! Wer die Überwindung der deutschen Teilung mit der Verschiebung der Grenze nach Osten verknüpft, ist Revanchist! Und der immer wieder aus der Mottenkiste der Geschichte hervorgekramte *Friedensvertrag*? Was, um Himmels willen, vermöchte der denn anderes, als den Status quo der europäischen Grenzen festzuschreiben? – Und zwar mit dem offenen oder heimlichen Einverständnis der ganzen übrigen Welt, eingeschlossen die derzeitigen Allianzpartner der Bundesrepublik Deutschland. Was wäre also die Folge eines solchen Friedensvertrages? Daß er zum bevorzugten Angriffsobjekt des bundesdeutschen Revisionismus und Revanchismus werden würde, und sonst gar nichts! Hierher paßt der unter dem Kapiteltitel zitierte Satz aus Erich Kubys Buch »Als Polen deutsch war – 1939–1945« wie die Faust aufs Auge:

»Historische Erfahrungen werden in den Wind geschlagen, und man sieht darüber hinweg, daß zum politisch-psychischen ›Normalzustand‹ der Deutschen ganz allgemein die Unzufriedenheit mit dem jeweiligen Status quo und der Drang, Streit mit dem Nachbarn anzufangen, gehören. Es ist die Haltung derer, die sich immer als die Zukurzgekommenen bedauern.«

Geradezu abenteuerlich empfinde ich die Konstruktionen der Vertriebenenführung, daß sich die Zahl der Vertriebenen gegen alle biologischen Gesetze der Natur nicht verringern darf: Nach dem Bundesvertriebenengesetz von 1953 ist der Vertriebenenstatus erblich. Die Nachkommen von Vertriebenen gelten ebenfalls als Vertriebene, auch wenn sie die Heimat ihrer Eltern und Großeltern nie gesehen haben. Das gleiche gilt für Ehepartner von Vertriebenen. Auf einem Landestreffen in Hessen vom August 1983 erklärte der Sprecher der Sudetendeutschen Landsmannschaft, Walter Becher, ein Mann mit tiefbrauner Vergangenheit:

»Selbst das übernächste Enkelkind kann noch stolz darüber sein und aufhorchen, wenn es erfährt, daß seine Familie rechtlich über die Schlüssel zu den Häusern verfügt, die unser waren, unser sind und aus dem Titel unabdingbarer Rechte auch förderhin unser bleiben werden.«

Und in der Einladung zum »Deutschlandtreffen der Schlesier« vom 17. bis 19. Juni 1983 in Hannover schrieb Herbert Hupka:

»Gibt es überhaupt noch Schlesier? Auf diese freche Frage wollen wir hunderttausendfach antworten. Solange es Deutschland gibt, wird es auch Schlesier geben. Wir sind zur Stelle, wir Geburtsschlesier. Aber auch die nächste und übernächste Generation ist herzlich eingeladen und wird zur Stelle sein. Das sind die Abstammungsschlesier, und das sind die Bekenntnisschlesier.«

Die Geister, die hier gerufen werden, erhalten von hohen und höchsten Staatsstellen Schützenhilfe. So faßte die Kultusministerkonferenz im Februar 1983 einen »Beschluß über die Darstellung Deutschlands in Schulbüchern und kartographischen Werken im Schulunterricht«: Auf politischen Karten Europas sind die Grenzen des Deutschen Reiches vom 31. Dezember 1937 zu kennzeichnen. Dieser beharrliche Grenzrevisionismus zeigt Wirkung – in Teilen der Generationen von Söhnen, Töchtern und Enkeln.
Am 18. Januar 1985 schrieb der zwanzigjährige Verfasser eines »Offenen Briefes an Bundeskanzler Helmut Kohl« im Organ »Der Schlesier«:

»Viele hoffen, daß sich das Problem ›Ostdeutschland‹ von selber regeln wird, wenn die Generation der Vertriebenen erst einmal ausgestorben ist. Aber eine neue Generation wächst heran, die ein neues Verhältnis zu Begriffen wie Heimat, Volk und Vaterland hat, eine Generation, die sich nicht mehr mit der ›Schuld, die das deutsche Volk auf sich geladen hat‹, erpressen läßt. Was werden Sie dieser Generation sagen, wenn sie das Land ihrer Vorfahren fordert, auf das sie völker- und privatrechtliche Ansprüche hat?«

Unvergessen, was dieser zwanzigjährige Thomas Finke, Angehöriger einer Bundeswehreinheit für Psychologische Verteidigung, dann eine Woche später, am 25. Januar 1985, unter dem Titel »Nachdenken über Deutschland« im selben Organ von sich gab: In einer Horrorvision läßt er die Streitkräfte der Bundesrepublik Deutschland quer durch das Gebiet der Warschauer-Pakt-Staaten in Mittel- und Osteuropa bis zur sowjetischen Grenze marschieren:

»Der überwiegende Teil der Bevölkerung begrüßte die Deutschen als Befreier. Während des ganzen deutschen Vormarsches blieben die sowjetischen und die anderen Warschauer-Pakt-Streitkräfte in ihren Kasernen; die Regierung der Sowjetunion unternahm keine Anstrengungen, den Vormarsch zu stoppen oder auch nur in irgendeiner Weise zu behindern. Sowjetische Truppen räumten sogar das sowjetisch verwaltete Ostpreußen und Memelland wie auch die Karpato-Ukraine. Der Tag der deutschen Wiedervereinigung war gekommen – ohne Krieg!«

Die Auslassungen eines Tagträumers? Die Reaktionen der Scharfmacher belehrten die Öffentlichkeit eines anderen – nun schrien sie »Haltet den Dieb!«. Herbert Czaja nannte den Artikel die »wahnwitzigen Auslassungen eines unreifen Jungen«, Herbert Hupka sprach von einem »verrückten und grausamen Zeitungsartikel«, und Alfred Dregger behauptete gar, Thomas Finke sei ein »vorgeschickter Agent des Kreml«. Nun ging es dem unvorsichtigen Ausplauderer aus den eigenen Reihen an den Kragen. Die »Süddeutsche Zeitung« vom 29. Januar 1985:

»Wie schnell Sündenböcke gefunden werden, ohne daß man der Sünde selbst zu Leibe rückt, dies kann man an der Art studieren, in der jener Autor des absonderlichen ›Schlesier‹-Artikels als ›Verrückter‹ isoliert wird. Die Hast, mit der ihn nun all seine Freunde, Förderer und Anstifter – einer heißen Kartoffel gleich – schnell und tief fallen lassen, wirkt verdächtig. Wer sich so heftig distanziert, will in aller Regel frühere Nähe vergessen machen. Aber auch der simultane Hinausschmiß aus Junger Union, CDU und Schlesier-Jugend kann nicht vertuschen, daß jener Thomas Finke nicht ein Phantom, sondern ein Mitglied mit Bindungen war. Ohne die schlimmen Thesen, die Herbert Hupka im ›Schlesier‹ und anderswo vertritt, hätte es diesen noch schlimmeren Aufsatz nicht gegeben ... «

In diese Kerbe schlug auch der heutige sozialdemokratische Parteivorsitzende Hans-Jochen Vogel:

»Herr Hupka ist schuldiger als der junge Mann, der nur zu Ende dachte, was andere thematisiert haben.«

Und die »Nürnberger Nachrichten«:

»Nur die zu Ende gedachte Konsequenz aus all den markigen Sprüchen, mit denen die Scharfmacher unter den Vertriebenen jahrelang durch die Lande zogen.«

Die Horrorvisionen des Thomas Finke beruhen nachweislich auf einer Gefahr, die als der Versuch einer »Europäisierung« der revisionistischen Zielsetzungen bezeichnet werden könnte. Nachdem Finke in seinem Artikel »Nachdenken über Deutschland« die Frage gestellt hatte: »Wie war es zu dem völligen Zusammenbruch der sowjetischen Macht in Mittel- und Osteuropa gekommen, der den Weg zur deutschen Wiedervereinigung und zur Lösung der europäischen Frage freimachte?«, beantwortete er sie so:

»Der neue Bundeskanzler hatte konsequent die wirtschaftliche, politische und militärische Stärke der Bundesrepublik Deutschland in der EG, in der NATO und in der UNO dafür eingesetzt, eine Lösung der deutschen Frage zu erreichen. So wurde der Alleinvertretungsanspruch der Bundesrepublik Deutschland von nahezu allen nichtkommunistischen Staaten wieder anerkannt. Österreich schloß sich freiwillig der Bundesrepublik an, die Bundesrepublik Deutschland erhielt die volle Souveränität.«

Diese Mobilisierungstheorien einer »Europäisierung der deutschen Frage« decken sich mit den Thesen, die Franz Josef Strauß in dem Vertriebenenorgan »Deutscher Ostdienst« zum 8. Mai 1985 in seinem Artikel »Wiedervereinigung Deutschlands – eine historische Aufgabe« so vertritt:

»Die Ursachen für die schmerzliche Teilung unseres Vaterlands und damit die Teilung Europas sind ein und dieselben, nämlich der brutale und expansive Machtwille Moskaus. Die deutsche Frage wird sich deshalb nicht isoliert lösen lassen, sondern nur in einem gesamteuropäischen Rahmen. Die Stunde der deutschen Einheit schlägt dann, wenn alle europäischen Völker im Besitz des Selbstbestimmungsrechtes sind und alle Staaten ihren Bürgern die Rechte und Freiheiten gewähren, die mit einer Demokratie untrennbar verbunden sind. Die Frage der Wiedervereinigung Deutschlands ist daher auch die Frage nach Freiheit und Selbstbestimmung für alle Europäer.«

Bündiger noch faßte der damalige Staatsminister im Auswärtigen Amt, Alois Mertes, den Versuch zur Europäisierung der deutschen Frage im Frühjahr 1984 auf einer Vertriebenenveranstaltung in die kategorische Formulierung:

»Die deutsche Frage bleibt so lange offen, wie die europäische offen ist.«

Das Referat des Staatsministers wiederum veranlaßte das Vertriebenenorgan »Unser Schlesien« am 18. Mai 1984 zu folgendem Kommentar:

»Mertes unterstrich die Bedeutung des Rechts in der Politik, warnte aber davor, daß es genügen könne, sich in der ständigen Wiederholung von Rechtstiteln gegenüber dem Osten zu erschöpfen. ›Wir haben unseren Verbündeten im Westen die Bedeutung unserer nationalen Aufgabe nahezubringen, daß sie aus eigener Überzeugung erkennen, wie eng verknüpft ihr Interesse mit der Lösung des Kerns der deutschen Frage ist. Hierbei handeln wir aus der Einsicht, daß kein deutsches Interesse, kein deutscher Rechtsanspruch ohne die Solidarität des Bündnisses zu verwirklichen ist.‹«

Die Vertriebenenführung und ihre Politlobby im konservativen Lager wissen also, daß sie ihren revisionistischen Zielen aus bundesdeutscher Kraft allein nicht näherkommen können. Hier wird mit dem Feuer gespielt! Denn die Ideologie der Grenzkorrektoren geht ja nicht davon aus, daß jenes »freie Europa«, von dem dauernd die Rede ist, wenn von einer Lösung der »offenen deutschen Frage« gesprochen wird, durch den Abbau der militärischen Spannungen zwischen den Blöcken der NATO und des Warschauer Paktes zustande kommen soll, durch die Stabilisierung der noch labilen Beziehungen zwischen westlichen Ländern und denen des real existierenden Sozialismus, durch die engere Verknüpfung politischer und wirtschaftlicher Fäden oder die Vermehrung von Vertrauen durch freundschaftliche Bindungen. Diese Politik hätte ja unvermeidlich eine Stärkung des Ostblocks und ihrer Vormacht Sowjetunion zur Folge. Genau das ist aber nicht beabsichtigt. Die Träume von einer Umwandlung der Warschauer-Pakt-Staaten in Gesellschaften nach dem Vorbild westlicher Demokratien basieren auf dem Wunsch, die Staaten Osteuropas und die UdSSR zu *destabilsieren*. Auch in diesem Punkt hat Thomas Finke in seinem Artikel »Nachdenken über Deutschland« nur offen ausgesprochen, was sonst hinter vorgehaltener Hand bekannt wird:

»Ziel der ›Neuen Ostpolitik‹ war die Destabilisierung des sowjetischen Machtbereichs. Zum erstenmal in der Geschichte der Bundesrepublik Deutschland wurde die Deutschland- und Ostpolitik auf eine realistische Grundlage gestellt; zum erstenmal erkannte eine Bundesregierung, daß nur durch eine entscheidende Schwächung der Sowjetunion die deutsche Frage gelöst werden konnte, und arbeitete eben auf diese Schwächung hin.«

Und Philipp von Bismarck, Sprecher der Pommerschen Landsmannschaft und Europaparlamentarier, setzte in der »Pommerschen Zeitung« vom 21. April 1984 noch eins obendrauf:

»Wie soll Pommern die Freiheit wiedererlangen, wenn nicht Europa bis zum Schwarzen Meer geht?«

In welchem Umfeld gedeihen die blutigen Irrationalismen solcher Erlösungsapostel? Und wieviel von diesen wahnwitzigen Vorstellungen wird in die Bestrebungen des bundesdeutschen Revisionismus übernommen, die angeblich »offene deutsche Frage« zu europäisieren?
Es ist wahr, und das sei hier ausdrücklich vermerkt: Es hat seit Gründung der Bundesrepublik Deutschland keine Regierung gegeben, die außenpolitisch einen erklärt revanchistisch-revisionistischen Kurs gesteuert hat, wenngleich konservative Kabinette streckenweise nur knapp daran vorbeischrammten. Aber immer hatte der Irredentismus der Vertriebenenführung überproportionalen Einfluß innerhalb des konservativen Denk- und Handlungsgebäudes, brach Anfälligkeit auf Anfälligkeit durch in die Öffentlichkeit, wurde hinter sporadischen Distanzierungen eine unzerschneidbare Nabelschnur sichtbar. Eben

dank dieser Rückendeckung vermag der Revisionismus der Vertriebenenprofis und ihrer mächtigen Sympathisanten immer wieder nationale und internationale Beunruhigungen hervorzurufen.
Nein, Polen braucht um seine Westgrenze nicht zu fürchten, heute nicht mehr. Außer den bundesdeutschen Irredentisten gibt es niemanden auf der Welt, keine Regierung, auch nicht die verbündeter und befreundeter Nationen, weder im Westen noch im Osten, die eine Revision der deutschen Grenzen im Sinne der Irredenta unterstützen würde. Es wäre gut, wenn das offiziell eingestanden würde.
Und die Wiedervereinigung Deutschlands? Für sie gilt das gleiche, und der italienische Außenminister Giulio Andreotti hat es 1984, wie schon erwähnt, ausgesprochen, ein Bände sprechendes, lapidares Bekenntnis: Niemand wolle in Wahrheit dieses einheitliche Deutschland. Kein Wunder angesichts der Drohung, daß die Konzentration von achtzig Millionen Deutschen im Rahmen eines Nationalstaates nicht nur die kontinentalen, sondern auch die internationalen Kräfteverhältnisse, und dies zum drittenmal, unerträglich und explosiv strapazieren könnte. Bände sprachen jedoch auch die Reaktionen des bundesdeutschen Konservatismus auf die von ihm tabuisierte, überall sonst aber völlig klare weltweite Übereinstimmung mit dem Andreottischen Bekenntnis. Dieser Gegensatz bestätigt, daß eine äußerst gefährliche Kontinuitätslinie der Reichsgeschichte in einflußreichen Kreisen der zweiten deutschen Demokratie erhalten geblieben ist: Realitätsgestörtheit.
Sie sitzt nirgends so tief wie in den Führungsetagen der bundesdeutschen Vertriebenenorganisationen.

Für all das steht eine Doktrin Pate, auf die meine Thesen vom perversen Antikommunismus geradezu exemplarisch zutreffen. Er vermengt ganz selbstverständlich die Primär- mit den Folgeverantwortlichkeiten, etwa wenn Franz Josef Strauß, wie oben zitiert, erklärt, die Ursachen für die schmerzliche Teilung Deutschlands und damit für die Teilung Europas seien ein und dieselben, nämlich der brutale und expansive Machtwille Moskaus. Sichtbar wird hier eine von Bedrohungs- und Verfolgungsängsten gespeiste Anti-*Phobie*, die sich auf das engste verzahnt mit schwerer geschichtlicher und politischer Realitätsgestörtheit. Denn natürlich ist die Ursache für die Präsenz der Sowjetunion im Herzen Europas, an der Elbe, die Ausdehnung ihrer Herrschaft nach Osten über Berlin hinaus, auf den Angriff Hitlerdeutschlands vom 22. Juni 1941 zurückzuführen. Dort liegen natürlich auch die eigentlichen Wurzeln der deutschen Spaltung, wenn man die histo-

rischen Verantwortlichkeiten nicht beim 8. Mai 1945 beginnen lassen will.
An anderer Stelle will der doktrinäre Antikommunismus das durchaus nicht, ja ist geradezu erpicht darauf, diesen Tag nicht als Beginn der Weltgeschichte zu proklamieren – wenn es um die Vermengung der deutschen Primär- mit der Sekundärverantwortung der »anderen« geht. So schreibt Herbert Czaja in seinem Leitartikel »40 Jahre danach – Trauer und Besinnung«:

»Wir verdrängen auch nicht die Tatsache, daß Sorglosigkeit, Fehlentscheidungen, selbstverursachte Schwächen und Verkennung der Diktatur seitens freier Staaten dem Durchbruch der Unterwerfungspolitik Hitlers vorangegangen sind. Die Folgen dieser fundamentalen Fehler sollte man nicht übersehen. Sie sind eine bittere Mahnung, daß man im Bereich freier Staaten und Völker die Abschreckung militärisch-politischer Erpressung, Verteidigungswillen und Verteidigungskraft nicht zu spät entfalten darf.«

Unnachahmlich, wie da Versuche zur Exkulpierung einer vergangenen Geschichtsepoche mit einem Appell, der zeitgenössischen Aufrüstung zuzustimmen, verquickt werden! Und wieder wird umschrieben, denn natürlich ist München 1938 gemeint, die Appeasement-, die Beschwichtigungspolitik der schwächlichen britischen und französischen Ministerpräsidenten Chamberlain und Daladier gegenüber dem Aggressor Hitler. Worauf, abermals, zu erwidern wäre, daß alle Primärverantwortung bei ihm lag; daß jeder vermehrte äußere Druck auf Hitler die völlig verblendete Mehrheit der damaligen Deutschen nur um so fester hinter ihren »Führer« gerückt hätte; und daß es keine andere Nation als die deutsche gab und gibt, die je die Verantwortung für die eigene Geschichte an fremde Regierungen zu delegieren versucht hat.
Das Studium der Vertriebenenpresse landauf, landab und über Jahre hin weist einen Antikommunismus mit drei hervorgehobenen Merkmalen auf. Erstens – er empört sich zu keiner Stunde, keiner Zeit und bei keinem der nur allzu zahlreich gegebenen Anlässe gegen Missetaten, Unmenschlichkeiten, Folter und Mord, die Kommunisten in der nichtkommunistischen Welt von antikommunistischen Gewalttätern angetan werden – die ideologische Teilung der Humanitas ist unerschütterlich. Dieser Versteinerung der Vertriebenenorgane entspricht, zweitens, ihre demonstrative Unfähigkeit, Taten von Kommunisten, die anerkennenswert sind, auch anzuerkennen, zum Beispiel den Widerstand vieler deutscher Kommunisten gegen den staatlich institutiona-

lisierten Nationalsozialismus und deren Blutzoll, den höchsten nach den Opfern des Rassenwahns.
Diese Unfähigkeit bestätigt Herbert Czaja nur noch einmal, wenn er in dem besagten Leitartikel schreibt:

»Die Kräfte des nichtkommunistischen Widerstands, von den Sozialdemokraten über die Christen bis zu den Konservativen, die aufs Schafott gingen, wußten um die Untaten und wollten das Grauen beenden.«

Aber die stärkste Gruppe derer, die aus politischen Gründen nach 1933 aufs Schafott zu steigen hatten, wird einfach unterschlagen. Warum? Waren die Konservativen, die genannt werden, der ersten deutschen Demokratie, der von Weimar, weniger feindlich gesinnt als die Kommunisten unter Ernst Thälmann? Hier wird eine realitätsgestörte Verkrampfung erkennbar, um so deutlicher, je klarer man sich an die befreiende Wirkung erinnert, die Bundespräsident Richard von Weizsäcker mit seiner berühmten Rede vom 8. Mai 1985 im Deutschen Bundestag gerade durch die ausdrückliche Nennung ansonsten notorisch tabuisierter Opfergruppen der nationalsozialistischen Gewaltherrschaft erreichte – eben der Kommunisten, neben Homosexuellen, Sinti und Roma. Stehen sich hier im gleichen politischen Lager unversöhnliche Welten gegenüber – oder bleibt Richard von Weizsäcker nur ein einsamer Rufer in der Wüste des bundesdeutschen Konservatismus?
Das dritte Merkmal dieses Antikommunismus ist eine dritte Unfähigkeit, nämlich die Unfähigkeit, die vielfältigen Differenzierungen innerhalb der Gesellschaften des real existierenden Sozialismus seit Stalins Tod wahrzunehmen. Eine holzschnittartige, auf Schwarzweißmalerei fußende und von unflexiblen Feindbildern beherrschte Weltsicht läßt eine wirkliche Analyse, eine produktive Diagnose, nicht zu – und damit natürlich auch kein außenpolitisches Eingehen auf solche Veränderungen. Das Destabilisierungsdenken erweist sich als unüberwindbar.
Das gleiche gilt für Relativierung und Kompensierung der deutschen Schuld unter Hitler. Es zeigt sich eine totale Gefangenschaft im Denksystem nivellierender Vergleiche, ein unüberwindbarer Zwang zur Aufrechnung auch dort, wo die deutsche Schuld scheinbar offen beim Namen genannt wird. Wieder Herbert Czaja in der Sondernummer »Deutscher Ostdienst«:

»Wir wollen nicht aufrechnen, nicht über Zahlen streiten, nicht Haß schüren. Ebensowenig wollen wir die Erinnerung an zahllose Untaten, die auch Deutsche begingen, verdrängen. Jeder gemordete Mensch, Nichtdeutscher und Deutscher, ist ein unschätzbarer Wert, jede Folter grauenvolles Leid.«

Das oberflächlich Deklamatorische dieser Sätze kann vielleicht nur der voll und ganz ermessen, der die innere Beziehungslosigkeit der Vertriebenenfunktionäre zur Welt der Naziopfer kennt und der dabei eine unüberbietbare Fremdheit gegenüber dem Leid, Dasein und Tod der Opfer entdecken mußte. Dagegen läßt sich unschwer Verwandtschaft ausmachen zu Blut-und-Boden-Ideologien, chauvinistischem, deutschnationalem Denken und festbetonierten Geschichtsinterpretationen im Stile nationalsozialistischer Historiensicht.
Ein paar Absätze in dem Artikel Herbert Czajas weiter entblößt sich die innere Ferne zu Auschwitz noch einmal:

»Eine Welle der Beschuldigung in bezug auf Holocaust und Revanchismus rollt auf uns zu. Wir müssen dem mit tapferer Haltung und einem festen und klugen Maß der Offenlegung auch deutschen und fremden Unrechts bis zur gerechten Selbstbehauptung, unter Hervorhebung von Dokumenten der Menschlichkeit und konstruktiver Taten, begegnen.«

Darüber steht *ein* Wort, *ein* Begriff: taktieren! Man muß das zweimal lesen, um die ganze Abgründigkeit solcher Denkweise zu dechiffrieren: der Völkermord an den Juden im deutsch besetzten Europa – eine »Beschuldigung«, deutsches und fremdes Unrecht steht wie Gleiches zu Gleichem, während mit »Dokumenten der Menschlichkeit und konstruktiver Taten« von seiten dieser Mentalität wohl kaum anderes gemeint sein kann, als das Unexemplarische im nationalsozialistischen Abschnitt der deutschen Geschichte hervorzukehren, statt seine exemplarischen Züge bloßzulegen. Also wie gehabt: die verlorenen Atolle des deutschen Widerstandes im Meer der braunen Zustimmung ausmachen, den Ausnahme-SS-Mann im KZ, der Häftlinge warnt, oder den deutschen Landser, der in einer Kampfpause mit Kindern des eroberten Landes spielt.
Die gesamte Argumentation der Vertriebenenpresse ruht auf drei Säulen: auf dem Zusammenfluß von Relativierung und Nivellierung der NS-Verbrechen beim Exkulpierungsversuch, auf der Aufhebung der Chronologie von Ursache und Wirkung im Ablauf des deutschen Ver-

triebenenschicksals und auf der Vermengung der deutschen Primärverantwortung mit der sekundären der »anderen«, bei den Gutwilligeren – die Böswilligen in der Vertriebenenszene schanzen eben diesen »anderen« die Primärverantwortung an Hitler zu (von dem sie sich bei anderen Gelegenheiten keineswegs so opportunistisch schroff distanzieren wie in diesem Falle...).

Nach der nationalsozialistischen Vernichtungs-, Ausrottungs- und Eindeutschungspraxis war es keineswegs unverständlich, daß sich die Völker Osteuropas nach ihren Erfahrungen mit deutschen Minderheiten im geschichtlichen Vorfeld der Besetzung dieser vollständig und für immer entledigen wollten. Es fehlt in der »Charta der deutschen Heimatvertriebenen« jeder Hinweis, in welcher Weise die Betroffenen durch Zustimmung zum Nationalsozialismus vor und während der deutschen Okkupation an ihrem eigenen Schicksal mitverantwortlich sind. Die Vertriebenenorgane, die breit über vor allem polnische Gewalttaten gegen Angehörige der deutschen Minderheit vor dem 1. September 1939 berichten, unterschlagen grundsätzlich deren Funktion als Trojanisches Pferd der nationalsozialistischen Expansionspolitik und die frenetische Zustimmung, die die Annexionsdrohungen Hitlers und deren Verwirklichungen in ihr fanden.
Es ist wahr, dieses scheindemokratische Pilsudski-Polen zwischen den beiden Weltkriegen, auch nach dem Tode des autoritären Marschalls 1935, war durchaus kein sympathischer Staat gewesen – wegen des unverdrossenen Hochmuts seines heruntergekommenen Schlachta-Adels, seines politischen Immobilismus, seiner eingeborenen Judenfeindschaft und einer durch nichts gedeckten Großmäuligkeit. Und die Teilung der polnischen Beute mit Hitler durch den Einmarsch der Roten Armee am 17. September 1939 in das militärisch bereits niedergeprankte Land macht die Stalinsche Außenpolitik gewiß nicht sympathischer, dieser Akt risikoloser Leichenfledderei mit den über 4000 erschossenen polnischen Offizieren von Katyn als orgiastischem Höhepunkt. Der Massenmord enthüllte düstere Ziele, und die Sowjetunion bemüht sich bis heute, wenn auch vergeblich, die Täterschaft zu leugnen.
Aber die Summe der Erfahrungen mit Deutschland bis 1945, die die Völker Osteuropas noch schwerer trafen als die anderen besetzten Nationen, trug den Stempel der Endgültigkeit – das Weltgewissen blieb stumm, als Deutschland ein riesiges Stück seines Territoriums verlor und das Gros der Deutschen von dort und von weiter östlich noch ausgewiesen wurde. Das hat seine tiefen historischen Gründe, und sie

wirken bis heute fort. Es ist nicht schwer, sich auszumalen, was geschehen wäre, wenn Millionen Deutsche unter polnischer Flagge und Oberhoheit geblieben wären. Jedenfalls, was die ehemaligen deutschen Gebiete jenseits der Oder-Neiße-Linie betrifft, wäre ein Unruheherd von europäischer, ja internationaler Dimension geblieben. Dann hätten die Deutschen nicht nur von außen, sondern auch von innen um Rückgabe und um Wiedereingliederung nachgesucht. Alle geschichtlichen Erfahrungen mit deutschen Minderheiten im »Frieden« standen dagegen. Die Stimmen, die heute die Vertreibung Deutscher nutzen, um revisionistische und revanchistische Forderungen zu erheben, und das seit über vierzig Jahren tun, hätten dann gegen die Unterdrückung der Deutschen und die Fremdherrschaft gepredigt – und der Status quo nach 1918 hätte sich in noch verschärfter Form wiederholt und damit die Vorgeschichte wie 1939.

Es war Willy Brandt, der die Sache auf den Punkt gebracht hat mit dem Satz:

»Wir konnten nichts verlieren und haben nichts verloren, was Hitler nicht schon verspielt hatte.«

Dieser Einsicht verweigern sich nicht nur seit 1945 der deutsche Revisionismus und Revanchismus, sondern ihr ideologisches Grundgesetz, die »Charta der deutschen Heimatvertriebenen«, aus dem Jahre 1951 tut es auch.
Ihre Beton-Mentalität vermauert auch den Zugang zu *den* Teilen, denen jedermann nur zustimmen kann, so »Gleiches Recht als Staatsbürger nicht nur vor dem Gesetz, sondern auch in der Wirklichkeit des Alltags«, oder »Gerechte und sinnvolle Verteilung der Lasten des letzten Krieges auf das ganze deutsche Volk und eine ehrliche Durchführung dieses Grundsatzes« (denn es hat ja keineswegs nur Deutschlands Osten dem »Führer« zugejubelt). Auch gegen den »sinnvollen Einbau aller Berufsgruppen der Heimatvertriebenen in das Leben des deutschen Volkes« läßt sich nichts einwenden.
Diese Forderungen sind inzwischen längst erfüllt, vorbildlich, bewunderungswürdig. Niemand bestreitet die unerhörte Leistung, Millionen Vertriebene und Flüchtlinge, die aus der DDR nicht zu vergessen, gesellschaftlich und ökonomisch integriert zu haben. Aber genau da liegt auch die Achillesferse der »Charta«, weil sie der Integration einen provisorischen Charakter gibt und einer imaginären Rückkehr in die verlorene Heimat den Primat zuschiebt. Rückkehr wohin? Und mit

wem? Schon heute ist die vierte Generation der Nachkommen im Spiele, und zwar auf *beiden* Seiten!
Dem Wort von Willy Brandt ist nichts hinzuzufügen. Gleichwohl sei angemerkt, daß auch er in der Sondernummer »Deutscher Ostdienst« vom Mai 1985 das Loblied der »Charta« singt. Hatte er sie nicht mehr in Erinnerung? Ja, hat Willy Brandt dieses in der Öffentlichkeit am meisten verkannte Dokument der Nachkriegszeit überhaupt je gelesen? Ich habe, über Jahre hin, die Probe aufs Exempel gemacht: Alle sprechen von der »Charta der deutschen Heimatvertriebenen«, und alle loben sie – gekannt jedoch, gekannt wird sie nur von wenigen, von sehr wenigen.
Deshalb dieses längst überfällige Nachwort, das angesichts der weit zurückliegenden Erstpublikation der »Charta« jede Berechtigung verloren hätte, wenn sie seither nicht in Geist und Wort Quelle des deutschen Revisionismus und Revanchismus gewesen wäre. Neben ihren Unterschlagungen, ihren Umschreibungen und ihren Anonymisierungen, mit denen sie sich selbst disqualifiziert, ist es vor allem die angemaßte Gläubigerposition, mit der sie den vorgegebenen Ausgleichswillen zwielichtig, ja unglaubwürdig macht. Hinter ihr und ihren Apologeten steht das eine große Stigma der zweiten Schuld – Unbußfertigkeit.

Gegenradikalismus plus Terrorismus – die Hauptgefahr

Plädoyer für eine wehrhafte Demokratie

Wir werden an einem geradezu klassischen Beispiel zu zeitgenössischen Zeugen der traditionellen inneren Abhängigkeit äußerlich extremer Gegner voneinander: des *Terrorismus* und jenes *Gegenradikalismus,* der ihn zum Vorwand nimmt, um seine eigenen autoritären Vorstellungen von Staat und Gesellschaft in der Bundesrepublik Deutschland durchzusetzen.
Angeblich in polar entgegengesetzten Positionen, bedingen Terrorismus und Gegenradikalismus einander, und deshalb ist es nur logisch, daß der eine seine Existenz mit der des anderen zu rechtfertigen sucht – das gemeinsame Zeichen ist Unglaubwürdigkeit.
Ihr Zusammenspiel ist die innenpolitische Hauptgefahr unserer Epoche.
Zunächst zum Terrorismus.
Er ist die öffentlich spektakulärere, staatspolitisch jedoch offenkundig kleinere Gefahr. Völlig isoliert, besteht sein Schrecken in der Ungewißheit, wann und wo er das nächste Mal zuschlägt. Die Zahl der Terroristen ist winzig, und ihre Methoden sind so, daß sie jede Hoffnung, die Bevölkerung zu gewinnen, fahrenlassen können – und das auch längst getan haben. Die dritte und vierte Terroristengeneration, das sind Politkiller mit bloßem Selbstzweckaktionismus. Mag sein, daß bei manchem späteren Terroristen der ursprüngliche Antrieb sozial und human motiviert war. Bürgerliche Ungleichheit durch unterschiedliche Eigentumsverhältnisse, Triumph und Übermacht des Geldes, unerträgliches Konsumverhalten hatten eine nicht unbegreifbare Empörung angehäuft – und das in einer Republik, die mit dem Erbe des Nationalsozialismus so umgegangen ist, wie es in diesem Buch geschildert wird –: Für den sensiblen, für den moralisch denkenden Teil der Jungen und Jüngeren muß dieser bundesdeutsche Aggregatzustand schwer oder überhaupt nicht zu verkraften gewesen sein. Aber die Umsetzung solcher Empörung in die Großkriminalität der Bubak-, Ponto- und Schleyer-Mörder kann durch keine noch so gewagten ideologischen Bocksprünge mit einer etwaigen humanen Motivation in Übereinstimmung gebracht werden. Von einem bestimmten Stadium an ist die Entmenschung offenbar unumkehrbar.
Jeder erinnert sich wohl noch an die Entführung der Lufthansa-Maschine »Landshut«, die dann in Mogadischu, der Hauptstadt des ostafrikanischen Landes Somalia, gestürmt wurde. Man muß einmal Wort für Wort die Aufzeichnungen des Funkverkehrs zwischen dem Flughafentower und den palästinensischen Terroristen in der gekaperten Maschine nachlesen, um zu begreifen, wer dort Schicksal spielte. (Und es gibt keinen Grund zu der Annahme, daß deutsche Terroristen

nicht der gleichen Unbarmherzigkeit frönen.) Man muß sich die Rhetorik des Anführers der Geiselnehmer, des »Märtyrers Mahmud«, einmal Silbe um Silbe zu Gemüte führen, um zu erkennen, mit wem die Geiseln es zu tun hatten. Zum Vorschein kommt eine pathologische Mischung aus unsicherer Anmaßung, aus jener denkwürdigen Kombination aus Brutalität und Weinerlichkeit, aus der grundsätzlichen Delegierung der eigenen Verantwortung an andere, aus politisch schwachsinnigen Parolen (»faschistisches, imperialistisches westdeutsches Regime«) und aus einer völligen Empfindungslosigkeit gegenüber den Opfern.

Schwerbewaffnete Hysteriker, die ihre erbärmliche Selbstbestätigung aus der Not der von ihnen zu Tode Geängstigten saugen – in der Pose von Welterneuerern!

Kaltblütige Mörder mit antiimperialistischen Schlagwörtern auf den Lippen – der Imperialismus könnte einem beinahe sympathisch werden!

Dazu muß man wohl geboren sein: anonyme Angriffe auf ahnungslose Personen, mit Schußwaffen, Bomben oder Raketen, und Drohungen, wahllos Zivilflugzeuge vom Himmel herabzuholen – aber sich selbst zu Pächtern der Zukunft ausrufen!

Gibt es ein widerwärtigeres Verbrechen als Geiselnahme? A bemächtigt sich bei seiner Auseinandersetzung mit B des – meist in jedem Sinne völlig unbeteiligten – C, um die Durchsetzung seiner Forderungen zu erpressen. Das Vorgehen des Erpressers gründet sich stets auf die bezeichnende Spekulation, daß der Erpreßte humaner ist als der Geiselnehmer. Dies gilt für den bundesdeutschen Terrorismus ebenso wie für die internationalen Varianten.

Jedermann kann sich vorstellen, wie eine Welt aussähe, die beherrscht würde von Leuten, die lachend die Gesichter waffen- und wehrloser Gefangener mit Kugeln zerfetzen. Es bedarf keiner überdurchschnittlichen Phantasie, um sich ein Regime auszumalen, dessen Repräsentanten ihre Kommunikationsfähigkeit mit der Außenwelt zur bloßen Fäkaliensprache verkommen lassen. Die Lektüre der Stammheimer Gerichtsprotokolle gibt darüber unmißverständlich Auskunft. Der ebenso törichten wie unverantwortlichen Faselei vom »staatlich organisierten Massenmord« im dortigen Gefängnis dies ins Stammbuch: Die Selbstmorde von Baader, Ensslin und Raspe 1977 nach dem Scheitern des Freipressungsversuchs waren die erste ehrliche Handlung der Terroristen seit langem – nämlich das Eingeständnis ihres vollständigen politischen und moralischen Bankrotts nach sinnlosen Mordversuchen, Morden und Sprengstoffanschlägen. Die Herostraten

unserer Epoche haben unter dem Deckmantel der sozialen Revolution und des gesellschaftlichen Fortschritts nichts anderes getan, als den eigentlichen Feind zu entblößen, mit dem sie sich auf Kosten einer von ihnen billig in Panik versetzten Welt herumschlugen: die als minderwertig empfundene eigene Persönlichkeit.
Über den Maßnahmen zur Ächtung des Terrorismus, dieser Zeitpest, muß als oberstes Gebot der zivilisierten Menschheit stehen: Glaubt ihm die vorgegebenen Motive, glaubt ihm den sozialrevolutionären Dekor nicht!
Noch einmal: Ohnmächtig, eine in der Tat oft genug mehr als unbefriedigende Wirklichkeit mit den Mitteln der Vernunft, des Scharfsinns, der Geduld und des Vertrauens in die Gaben und Fähigkeiten der eigenen Person, den Nachbarn und Mitmenschen verändern zu helfen, haben sich die Terroristen längst als das entlarvt, was sie tatsächlich sind – Politkiller mit bloßem Selbstaktionismus. Mit den großen Befreiungsbewegungen der Welt haben sie nichts gemein.

Die bundesdeutsche Variante des internationalen Terrorismus nun hat einen Gegenradikalismus beflügelt, der lange auf solch glänzenden Vorwand gelauert hat, seine Ziele erfolgreicher als bisher durchzusetzen: mehr Staat, mehr Polizei, rigorosere Gesetze, Abbau der demokratischen Rechte und Freiheiten, ein Klima geistiger Reglementierung, Diskriminierung von Intellektuellen – im ganzen Reaktionen, die haargenau den Erwartungen des Terrorismus entsprechen, nämlich die andere Hälfte zur Zerstörung des Rechtsstaates beizutragen.
Keine Mißverständnisse – der Gegenradikalismus ist nicht das Produkt, ist kein Geschöpf des Terrorismus, sondern die zeitgenössische Spielart einer konservativen Kraft, die aus der Tiefe der deutschen Reichsgeschichte bis in unsere Gegenwart hinein wirkt. Er ist die Entsprechung des Terrorismus auf der Palette der heutigen Gewaltskala – mit dem Unterschied, daß dem Gegenradikalismus der Staatsapparat zur Verfügung steht.
Welche Artikel des Grundgesetzes sollen nächstens eingeschränkt, welche Freiheiten weiter eingeengt werden? Ohne die Zwillenchaoten, ohne die Bombenleger aus dem Hinterhalt hätten es diese Absichten viel schwerer, per Gesetz durchzukommen. Immerhin gibt es schon den ZAG-Paragraphen, über die informationelle »Zusammenarbeit der Sicherheits- und Strafverfolgungsbehörden des Bundes und der Länder in Angelegenheiten des Staats- und Verfassungsschutzes und nachrichtendienstlicher Tätigkeit«, also den totalen Datenverbund aller Behörden. Die schier unbezähmbare Lust des Gegenradika-

lismus und seines politischen Umfeldes zu erhöhter Datenüberwachung sucht dauernd nach neuen Rechtfertigungsvorwänden. Diese zu liefern ist eine Funktion, die jede Bombe nationaler oder internationaler Terroristen prompt erfüllt. Das ist, um mit Thomas Manns Wehsal im »Zauberberg« zu sprechen, »des Teufels beschissene Zwickmühle«, in der unsere Epoche steckt, ein Mahlwerk, das von der Wechselwirkung zwischen Gegenradikalismus und Terrorismus angetrieben wird.
Als Sammelstelle und Ausdruck des rechtskonservativen Gewaltpotentials reichen die Wurzeln des Gegenradikalismus weit in die deutsche Geschichte zurück. Nach dem Untergang des Dritten Reiches hielt er sich, aus guten Gründen, für erledigt, entpuppte sich dann jedoch, wie der Lektüre dieses Buches zu entnehmen ist, lediglich als scheintot, ehe er sich auf den Flügeln der Restauration aus der Gruft von 1945 hoch in die Lüfte hob. Dort hat er sich bis heute gehalten, eine mächtige, fast schon bewundernswerte Kontinuität, wenn sie nicht so schauerlich wäre. Zu selbstverständlich haben sich konservative Denk- und Wertvorstellungen als herrschende Ideen über ganze Generationsreihen hin bewahrt, als daß sie sich innerhalb von vierzig Jahren schon verflüchtigen könnten. Der Gegenradikalismus fordert keineswegs die Monarchie zurück oder läßt sich auf sonstige offenkundig anachronistische Proklamationen ein. Er beweist vielmehr ein beträchtliches Anpassungsvermögen an moderne Entwicklungen – und kann sein wahres Gesicht dennoch nicht verbergen. Dem Staat Macht und immer mehr Macht zuzuschanzen, das ist sein Grundprinzip. Davon ist seine Laufbahn nach dem Zweiten Weltkrieg in der Bundesrepublik gekennzeichnet. Seit der Wahl zum 10. Deutschen Bundestag von 1983 und deren Bestätigung im Januar 1987 räumt er sich größere Chancen ein als je zuvor. Legislative Triumphe winken, natürlich vom »Zwangsdemokraten« voll unterstützt. Da der Gegenradikalismus sehr weitgehend institutionalisiert ist, stellt er nach meiner Auffassung eine größere Gefahr für die bundesdeutsche Verfassungswirklichkeit dar als der Terrorismus, mit dem ihn ein Grundmuster verbindet, das er anders handhaben kann als dieser, weil ihm andere Mittel zur Verfügung stehen: die innere Bereitschaft zur Gewalt.

Geprägt ist der Gegenradikalismus von einer tiefen Furcht vor sozialen Veränderungen und von schwerer Verängstigung vor bisher nicht erfahrenen Umverteilungen, deren Notwendigkeit immer wuchtiger auf die postindustrielle Computergesellschaft zukommt Deshalb: Mißtrauen gegen den Pluralismus der Demokratie, Skepsis gegenüber

dem Gebrauch der Freiheit durch wechselnde parlamentarische Mehrheiten und Nähe zur staatlichen Gewalt, als der eigentlichen Ultima ratio, an die der Gegenradikalismus glaubt.
Auch hier keine Dämonisierungen! Es hat seit Bestehen der Bundesrepublik keine einzige Regierung gegeben, die den Gegenradikalismus verkörpert hätte. Aber es hat in vielen Kabinetten Gegenradikale gegeben, die die Regierungspolitik innen- und auch außenpolitisch mitbestimmten. Das gilt auch für den gegenwärtigen, den 11. Deutschen Bundestag und seine christlich-liberale Koalitionsregierung.
Der Gegenradikalismus ist jedoch stärker, als es die parlamentarische Bühne reflektiert. Nicht nur darin ähnelt er dem Rechtsextremismus. Wie dieser lebt auch der Gegenradikalismus nicht nur in eigenen Organisationen, sondern hat sich in den großen, etablierten Parteien integriert. Vor allem jedoch und hauptsächlich wirkt er als weitgestreute Übereinstimmung mit vielerlei Gewaltideen, von denen derzeit die sichtbarste und aktuellste die Ausländerfeindlichkeit mit ihrer antitürkischen Hauptrichtung ist.
Natürlich wird der Gegenradikalismus seine autoritären Gesinnungen immer im Namen der Demokratie formulieren, denn diese zähmt ihn – wie den Zwangsdemokraten – immer noch, wenn auch heute mühsamer als zuvor. Ein gewisser Druck, sich zu verstellen, ist geblieben. Dennoch scheint innenpolitisch immer deutlicher durch, was er will. Der Gegenradikalismus will eine Staatsform, die härter, schärfer, rücksichtsloser umgeht mit denen, die er zu Feinden und Staatsfeinden erklärt hat. Und die, wen wundert's, natürlich allemal links angesiedelt sind oder was der Gegenradikalismus dafür hält. Er hat sich eingeschossen auf die Anti-Atomkraft-Szene, und genau bei deren Bekämpfung demonstriert er seine Vorstellungen von der »wehrhaften Demokratie«. Es hat dabei Bilder staatlichen Eingreifens gegeben, wie es sie – nach dem Dritten Reich – nie, niemals hätte geben dürfen.
Aber die »wehrhafte Demokratie« dürfte erst sein halbes Programm sein. Was der Gegenradikalismus innenpolitisch aus taktischen Gründen leugnet und verborgen hält, entlarvt er durch seine außenpolitischen Anfälligkeiten. Sie gelten allemal den *rechten* Diktaturen rund um den Globus!
Diese Sympathien platzen den selbsternannten Antipoden von Linksdiktaturen förmlich aus allen Nähten. Das war so gegenüber dem Spanien Francos, dem autoritären Portugal Salazars, dem griechischen Obristenregime, der brasilianischen Militärdiktatur. Und ist es heute noch – gegenüber dem Chile Pinochets oder der Rassentrennungspolitik der unverbesserlichen Burenherrscher an Südafrikas Kap

ohne Hoffnung für den weißen Mann. Das Verbot oder die Einschüchterung von Gewerkschaften, die Unterdrückung des gesprochenen und geschriebenen Wortes, die Diskriminierung von Opposition, die Verteufelung der kritischen Intelligenz, die Schaffung einer Atmosphäre von öffentlicher Willkür und Unsicherheit, die der Erhaltung des Status quo dient, und schließlich die heuchlerische, pastorale, moralisierende Verdammung von Gewalt, soweit sie nicht vom Staat ausgeübt wird – das ist ganz nach dem Gusto des Gegenradikalismus, das ist seine Art von »Sympathisantentum«. Die in rechten Diktaturen herrschende Gewalt wird entweder als legale Gewalt oder als aus den Umständen heraus vertretbare Maßnahme mit »einigen Schönheitsfehlern« erklärt. Diesen hanebüchenen Positivismus hält der Gegenradikalismus, eine gewichtige Fraktion der »Internationale der Einäugigen«, natürlich nicht nach *allen* Seiten durch. Linksdiktaturen wird nichts von dieser Nachsicht und Zuneigung entgegengebracht.

Die Feindschaft zwischen dem Gegenradikalismus und der kritischen Intelligenz in der Bundesrepublik ist elementar und unaufhebbar. In Abwandlung des an anderer Stelle bereits erwähnten Brechtschen Spottverses, der nach dem Aufstand vom 17. Juni 1953 in der DDR entstand: die Regierung Ulbricht solle sich doch als Ausweg aus ihrem Dilemma ein anderes Volk wählen, könnte man sagen: Der Gegenradikalismus brauchte eine andere kritische Intelligenz, als die Bundesrepublik sie hervorgebracht hat. Heinrich Böll, Günter Grass, Siegfried Lenz, Walter Jens, Willy Brandt – nicht zufällig sind die international anerkannten Stimmen des zeitgenössischen deutschen Humanismus die Symbolfeinde des Gegenradikalismus.

Er hat Heinrich Heine immer noch nicht »vergeben«, für den Gegenradikalismus ist der Dichter immer noch der destruktive Schmierfink in der Interpretation des deutschen Spießertums aus der Mitte des vorigen Jahrhunderts. Von dieser Konfrontation hat sich bis heute etwas erhalten: Weltgeist gegen Provinzialismusmief, Leiden am Vaterland gegen ein Patriotismusgetue, das so unsäglich geblieben ist wie eh und je. Da vergehen anderthalb Jahrhunderte, aber die Präsenz des bundesdeutschen Gegenradikalismus, seines politischen Umfeldes und seines Reservoirs machen es leicht, auch heute noch mühelos heinesche Bezüge zur Gegenwart herzustellen und diese so sarkastisch anzuprangern.

Die Gewaltnähe ist dem Gegenradikalismus eingeboren, und sie fließt in sein Obrigkeitsverständnis ein. Er integriert sie in das »Gewaltmonopol des Staates« – alles, was in dessen Namen geschieht, ist unantastbar und stets Rechtens. Dieser Ungeist täuschte in Celle mit Sprengstoff einen Ausbruchsversuch vor, um die Terroristenszene besser erkunden zu können. Die von keinem Gesetz gedeckte Tat wurde offiziell gerechtfertigt. Wann kommt der nächste Anschlag? Und wie sollen wir, nach diesem einen schon, seither und künftig wissen, *wer was* getan hat – Terroristen oder seine Bekämpfer?

Das fürchterlichste: Da bekämpft sich Verwandtes, führen sich ähnliche Gesinnungen als angebliche Extremgegner auf. Wir werden allenthalben auf die Verwandtschaft von Gegenradikalismus und Terrorismus gestoßen. Ein Geheimnis tut sich dabei übrigens nicht auf. Die wissenschaftliche Erforschung menschlichen Verhaltens und seiner psychologischen Ursachen hat ja längst entdeckt, daß gerade extremer Haß häufig nichts anderes als unbewußter Selbsthaß ist. Man haßt im anderen das dort entdeckte oder vermutete eigene Ich. Der Gehaßte spielt die Rolle eines Mediums: Er ist der Spiegel, auf den man einschlägt, weil man darin die Entstellungen im eigenen Antlitz erkennt. Die Entlarvung des Egos als möglichen, aber durch viele Umstände verhinderten Gewalttäter, das ist ein Massenproblem – niemand wird schärfere Bestrafung für wirkliche Täter fordern als die potentiellen Verbrecher! Das bestätigt sich unschwer auf einem speziellen Gebiet der Kriminalität: dem des Sittlichkeitsverbrechens. Nicht zufällig sehen sich diese Täter den heftigsten Reaktionen in der Öffentlichkeit ausgesetzt, allen voran Vergewaltiger. Dabei ist die Geschichte bis zum Überfluß voller Beispiele, daß Vergewaltigung und Sexualverbrechen in Zeiten von Krieg und aufgehobener Ordnung die selbstverständliche Praxis der Sieger waren – und sind. Und solche Gewalttaten werden keineswegs von abnormen Individuen oder irgendwelchen atypischen Gruppen begangen, sondern vom durchschnittlichen Massenmenschen. In Friedenszeiten kann sich dieses Gewaltpotential naturgemäß nicht kollektiv entfalten, sondern richtet seine Triebaggressionen gegen Einzelpersonen um den Preis strafrechtlicher Ahndung. Sowie aber die konventionellen Bande gelockert sind, explodiert es. Offenbar ist jedermann dafür disponiert, oder doch fast jeder – es kommt nur auf die Gelegenheiten an. Und so kann man denn dort, von woher notorisch die härteste Bestrafung solcher Täter gefordert wird, auch die heftigste Unterdrückung der eigenen Triebanfälligkeit vermuten.

Der Mechanismus dieses Verhaltensmusters paßt auf die Wechselbeziehungen zwischen Terrorismus und Gegenradikalismus wie die Faust aufs Auge.

Wie jede andere politische Kraft heutzutage versucht auch der Gegenradikalismus, das Fernsehen, *das* Medium unseres Zeitalters, in seinen Dienst zu stellen.

Natürlich ist er der Erzfeind des Systems der öffentlich-rechtlichen Rundfunk- und Fernsehanstalten, als Teil jener konservativen Lobby, die ein Ziel nie aus den Augen verloren hat: die völlige Machtübernahme in den Häusern des Ersten und des Zweiten Deutschen Fernsehens.

Nach Ansicht des Gegenradikalismus und seines konservativen Umfeldes leidet das öffentlich-rechtliche System an einem Geburtsfehler, der sich als schwer behebbar herausgestellt hat: am Geist seiner angloamerikanischen Gründungsväter, darunter allen voran und – in des Wortes buchstäblicher und übertragener Bedeutung – über alle herausragend der Brite Hugh Carleton Greene! Dessen Geist kann exemplarisch so umrissen werden: scharf antifaschistisch, lebendig liberal, bewußt human, antikonservativ und ohne jede Bereitschaft, stalinistischen und nationalsozialistischen Stimmen Gehör zu verschaffen. Entsprechend war die personelle Auslese in entscheidenden Positionen, die von Deutschen besetzt und bald ganz übernommen wurden. Ein Dorn im Fleische der Restauration.

Der enorme Gegensatz zwischen der öffentlichen Meinung, »Volkes Stimme«, und der veröffentlichten Meinung in nahezu allen Hauptfragen der politischen Ethik im Zusammenhang mit der Auseinandersetzung um das NS-Erbe war bereits in den fünfziger Jahren überdeutlich geworden. Der konservativen Herrschaft paßte die »ganze Richtung« nicht, die Gesinnung des großen Friedens mit den Tätern widerspiegelte sich dort kaum oder gar nicht. Ich erinnere mich an keinen Beitrag, der ihn propagiert hätte.

Die Bemühungen, in den Anstalten »rote« Positionen in »schwarze« zu verwandeln, sind so alt wie das öffentlich-rechtliche System selbst. Als sie bis in die zweite Hälfte der fünfziger Jahre keinen oder nicht den gewünschten Erfolg hatten, versuchte Konrad Adenauer, das Staatsfernsehen zu etablieren – der erste konservative Versuch, dem öffentlich-rechtlichen System den Todesstoß zu versetzen. Das wurde, durch höchstrichterlichen Spruch, ein Fehlschlag, aus dem dann 1961 bis 1963 das Zweite Deutsche Fernsehen, das ZDF, entstand, als Zentralanstalt und nicht aufgesplittert in neun verschiedene Häuser wie die schillernde ARD, das Erste Deutsche Fernsehen. Zwar war das ZDF nun auch Teil des verabscheuten öffentlich-rechtlichen Systems, aber schon von seiner Entstehungsgeschichte und seinem Geburtsdatum her ohne die Nähe zum Gründungsgeist der ARD.

Seither hat der Austausch von »roten« gegen »schwarze« Sessel in allen Häusern und Aufsichtsgremien enorme Fortschritte gemacht, haben die schweren Pranken der Parteien auf den Programmen, Proporzdenken, Ausgewogenheitsmanie, haben Druck und Willfährigkeit gegenüber Druck, ja die verinnerlichten Traditionen einer offenbar angeborenen deutschen Fähigkeit zur Disziplin und zur Disziplinierung überhaupt, den kritischen Journalismus in den Anstalten nurmehr zu bloßen Inselexistenzen im Meer des gewöhnlichen Opportunismus gemacht. Das ist das Ergebnis eines Prozesses von fast dreißig Jahren. Mit ihm hat der Konservatismus sich seinem Ziel, der absoluten Machtübernahme in den Funkhäusern, weitgehend genähert, es jedoch immer noch nicht vollständig erreicht. So ist er nun darauf aus, den Baum des öffentlich-rechtlichen Rundfunks und Fernsehens vollends zu fällen – mit der Axt des kommerziellen Fernsehens. Das ist *seine* Schöpfung, nicht technisch, aber ideell und materiell, ist ganz das Kind des Konservatismus. Zwar kommt es noch etwas schwindsüchtig und blaßblütig daher und entspricht bis dato keineswegs den hohen Erwartungen seiner Erzeuger. Aber es wird aufgepäppelt und gepflegt unter der Perspektive der stetigen Schrumpfung, langfristigen Verdrängung und schließlichen Auflösung des öffentlich-rechtlichen Systems zu Beginn des nächsten Jahrhunderts. Daran ändert auch der Anfang 1987 endlich zustande gekommene »Staatsvertrag« mit seiner trügerischen Bestandsgarantie für die ARD und das ZDF gar nichts. Er wäre jederzeit aufhebbar, wenn die politischen Kräfteverhältnisse in der Bundesrepublik es nur gestatten würden.
Was die überschaubare Zukunft anbetrifft, ist diese Möglichkeit eher unwahrscheinlich – es gibt starke Gegenkräfte. Kein Zweifel jedoch kann daran bestehen, wer in diesem Kampf zwischen heftig divergierenden Gewalten innerhalb der bundesdeutschen Gesellschaft die Spitze des Speeres gegen das freiheitliche System der öffentlich-rechtlichen Rundfunk- und Fernsehanstalten, dieses schönste Nachkriegsgeschenk moderner westlicher Demokratiepraxis an die Deutschen, gerichtet hat – der Gegenradikalismus. Und Bayern ist sein Zentrum.

Zum Abschluß: Der Gegenradikalismus ist über Jahrzehnte der Nachkriegsgeschichte hin, auch von manchem seiner Gegner, belächelt worden als ein Relikt, das nicht wirklich ernst zu nehmen sei. Mir klingen noch all die Argumente in den Ohren, mit denen beschwichtigt und abgewiegelt wurde. Heute, angesichts so frappierender Zählebigkeit, kann es keinen Zweifel mehr geben, daß eine derart beharrliche Kraft aus dem Innern der nationalen Geschichte heraus jeder Demokratie, auch der stabilsten, gefährlich werden könnte. Dabei mag es durchaus stimmen, daß der Gegenradikalismus dazu aus eigener Stärke noch nicht einmal imstande wäre, jedenfalls nicht ernsthaft. Im Zusammenspiel mit dem Terrorismus jedoch bieten sich ihm Chancen, an die er selbst nicht mehr geglaubt hatte.

Wir müssen die Phantasie aufbringen, uns die erschreckenden Möglichkeiten dieser unheiligen Allianz, dieser latenten Partnerschaft zwischen angeblichen Extremgegnern auszumalen. Müssen uns eingestehen, welche Horrorvisionen durch die gegenseitige Aufstachelung Wirklichkeit werden könnten: gnadenloses Kalkül der Terroristen mit einer Massenbedrohung und -einschüchterung von nie dagewesenem Ausmaß – nicht mehr Menschen, Atomkraftwerke *als Geiseln*!

Wie leicht hätte es der Gegenradikalismus bei dieser Hantiererei mit dem Wahnsinn, Grundgesetz, Verfassung, Rechtsstaat als überflüssigen Ballast einer gnädigeren Vergangenheit zu diffamieren? Dabei gäbe es für beides – eine »Geiselnahme« zu verhindern oder sie im Falle eines Falles zu meistern – nur eine wirkliche Voraussetzung: die *unversehrte* Demokratie!

Aber schon weit unterhalb dieser Schwelle kann die Demokratie angetastet werden. Gegenradikalismus plus Terrorismus – das ist die Hauptgefahr unserer Epoche. Nur eine könnte noch größer sein: die Bereitschaft der bundesdeutschen Gesellschaft, sich durch das Zusammenspiel beider radikalisieren zu lassen.

Vom Versuch, einen Schlußstrich zu ziehen

Die Dauerverdrängung eines Zeitalters

»Die Leute, die unsere Geschichte zuschaufeln wollten, haben sich als ihre Ausgräber erwiesen.«
Hans Magnus Enzensberger

Der sinnlose Totentempel

Der Volksbund Deutsche Kriegsgräberfürsorge veröffentlichte im Jahre 1983 eine Idee, die bis heute in der Öffentlichkeit herumspukt und von der keinesfalls sicher ist, daß sie nicht verwirklicht wird: die Errichtung eines zentralen »Ehrenmals«, einer gemeinsamen »nationalen Mahn- und Gedenkstätte für die Kriegstoten des deutschen Volkes«, das »Opfer und Geopferte in einem versöhnenden Gedanken vereinen« soll. Die seltsamerweise in die frankophile Form eines »Aide-mémoire« – übersetzt etwa »Gedächtnisstütze« – gebrachte Idee wird folgendermaßen begründet: Es sei der noch vom letzten Krieg unmittelbar betroffenen Generation aufgegeben, gegenüber den Toten der Kriege eine als moralische Pflicht empfundene Aufgabe zu erfüllen. Angesichts ihrer ungeheuren Zahl sei es ein Gebot der Pietät und Humanität, den Kriegstoten ein ehrenvolles Gedenken zu bewahren. Dies aber müsse über alle Trennungen politischer, religiöser und sonstiger Art hinweg ein Anliegen unseres ganzen Volkes sein.
Ließen schon die verbalen Leerhülsen des Volksbundes nichts Gutes ahnen, so übertraf sein Vorschlag hinsichtlich der äußeren Gestaltung noch die schlimmsten Befürchtungen: auf dem 40 000-Quadratmeter-Areal in der Nähe des Bonner Abgeordnetenhochhauses eine Dornenkrone anzubringen – »schwebend oder bodennah«.
Noch während man hoffen konnte, das Projekt verfalle dem einzigen Schicksal, das es verdient hätte, nämlich vergessen zu werden, griff Bundeskanzler Helmut Kohl die Idee nicht nur auf, sondern erweiterte sie:

»Ihnen allen, den Opfern der beiden Weltkriege, den Opfern der Gewaltherrschaft und des Massenwahns, den Opfern des Widerstandes, der Vertreibung und der Spaltung unseres Vaterlandes und auch den Opfern des Terrorismus, ein gemeinsames würdiges Mahnmal zu schaffen – dies ist ein wichtiges Vorhaben, das jetzt endlich Gestalt annehmen muß.«

So gesprochen in einer Rede am Volkstrauertag November 1983. Im Oktober 1984 fand in Darmstadt eine Diskussion über das Projekt statt, zu der der Deutsche Kulturrat eingeladen hatte, eine Arbeitsgemeinschaft von über 140 Verbänden des Kultur- und Medienbereichs. Grundtenor der Versammlung: Skepsis.

Den herausragenden Beitrag lieferte Dr. Helmut Dahmer, Professor für Soziologie an der Technischen Hochschule Darmstadt und Herausgeber der Zeitschrift »Psyche«:

»Das geplante nationale Ehrenmal für die deutschen Kriegstoten wird an der depressiven Gleichgültigkeit, mit der die Bevölkerung den Millionen Kriegstoten gegenübersteht, nichts ändern. Und weder die geplante überdimensionale Dornenkrone noch die (der Jerusalemer Holocaust-Gedenkstätte ›Yad Washem‹ nachempfundenen) Mosaiksteinchen auf dem Boden werden das nicht zu Veranschaulichende veranschaulichen können.«

Das imperative Muß des Volksbundes und des Bundeskanzlers steht auf tönernen Füßen. Ohne persönliche, individuelle Trauer bestreiten zu wollen – um Ehepartner, Freunde, Verwandte, Bekannte oder Nachbarn, die der Krieg verschlungen hat –: Das kollektive Phänomen der Unfähigkeit zu trauern beschränkt sich keineswegs nur auf »die Leichenberge der Konzentrationslager, die Nachrichten über den millionenfachen Mord an Juden, Polen, Russen«, sondern – so die Mitscherlichs weiter – »die auffallende Gefühlsstarre« habe »auch das Verschwinden der deutschen Heere in Gefangenschaft« eingeschlossen.
Hier werden Mechanismen von Kollektivverhalten sichtbar: Es schließt individuelle Gegenbeispiele keineswegs aus, jedoch ohne sich allgemein in ihre Richtung zu korrigieren. Der Verdrängungszwang, unter dem der Schuldbesetzte steht, schafft eine innere Beziehungslosigkeit nicht nur zur abgelehnten Gruppe der NS-Opfer, sondern zu allen Toten ihres historischen Kontextes. Darin einbegriffen ist auch jene Gruppe, die von den Planern des Bonner Totentempels ausdrücklich genannt wird: die deutschen Kriegstoten. Tatsächlich besteht weder ein nationaler Druck noch ein verbreiteter Wunsch nach Errichtung einer solchen Mahn- und Gedenkstätte, wohl aber der Wille jener sich hier unverblümt äußernden Kraft, deren bis heute unkorrigierte Traditionen ihren Teil zu den Toten zweier Weltkriege beigetragen haben.
Jeder kennt die Gefallenenmale, die in keinem deutschen Weiler fehlen, ebenso monoton gestaltet wie beschriftet: »Den Helden« die gefallen seien »Für uns« oder »Für Volk und Vaterland« – »Ehre ihrem Andenken«. Oft sind Orte und Daten von Schlachten aufgeführt, aber immer heißt es »gefallen«, nicht »geschlachtet für...«. Die Tradition der Verschleierung und Verdrängung ist alt, sie hat nicht mit den Gedenk-

malen für die Toten des Zweiten Weltkrieges begonnen, vielmehr kann sie als ein Bindeglied zwischen den nationalen deutschen Katastrophen von 1914–1918 und 1939–1945 gelten. Auf welchem dieser steinernen oder metallenen »Ehrenmale« wurde beim Namen genannt, für wen oder was gestorben worden ist. Kein Wort von nationaler Machtpolitik, von Hegemonialstreben, nackten Besitzinteressen, Beutegier, Eroberungsgelüsten und Weltherrschaftsphantasien, für die Millionen von deutschen und fremden Soldaten umgekommen sind. Diese Motive werden ebensowenig genannt wie die Namen derer, die in den beiden Weltkriegen aus dem Massensterben Profit geschlagen, Blut in Geld verwandelt und zu ihrem eigenen militärischen Ruhm gewissenlos ganze Armeen geopfert haben.
»Gefallen für das Vaterland«? Dazu Helmut Dahmer im Oktober 1984 in Darmstadt:

»Millionen von Menschen sind in den Weltkriegen, die die ökonomisch und politisch herrschenden Gruppen vorbereitet und ausgelöst haben, umgekommen – darunter auch Millionen von Menschen deutscher Nationalität. Das Leiden und Sterben dieser Deutschen, die sich von Ludendorff oder Hitler führen und kommandieren ließen, hatte keinen Sinn (was immer sie selbst sich eingebildet haben mögen und was immer man ihnen eingeredet haben mag). Dies sich einzugestehen ist für ihre Angehörigen, die Hinterbliebenen, schwer. Für das Sterben dieser Millionen Menschen gibt es weder eine Rechtfertigung noch einen Trost. Das geplante neue Ehrenmal soll uns, den Hinterbliebenen der Kriegstoten, eben jene Erfahrung der Sinnlosigkeit ihres Sterbens, der Verzweiflung vor den Gräbern ersparen. Es soll die Illusion erzeugen, die Kriegstoten seien irgendwo doch ›für uns‹ gestorben, also seien nicht Verzweiflung und Wut, sondern Ehrfurcht und Andacht geboten. Darum sagt das ›Aide-mémoire‹, die neue Gedenkstätte gehöre zu den ›geistigen Richtlinien‹, die unser Volk auch heute benötigt ... Der geplante Totentempel soll, heißt es da weiter, ›die Elemente der Weihe, der Dokumentation und der Information (in eben dieser Reihenfolge) beinhalten‹. Der inflationäre Gebrauch feierlicher Leerformeln wie ›Ehre‹ und ›Weihe‹ indiziert die Wiederkehr von Verdrängtem. Waren es nicht gerade diese Leerformeln, mit deren Hilfe die Toten, deren neuerlich pietätvoll gedacht werden soll, zum Kriegführen, zur Gefolgschaft verführt wurden? Die geplante Gedenkstätte ist ein zum Scheitern verurteilter Versuch der nachträglichen Sinngebung für das schlechthin Sinnlose.«

Und weiter, nach dem Hinweis, Trauerarbeit sei, solle sie den Trauernden zum Weiterleben verhelfen und sie von der Gewalt des Wiederholungszwanges wegführen, ein getreues Vergegenwärtigen der Vergangenheit:

»Deren Geheimnis soll aufgedeckt, nicht zugedeckt werden. Trauer ist eine Angelegenheit der Lebenden. Und uns, den möglichen Toten des letzten, mit Kernwaffen geführten Weltkriegs, der, wenn er ›ausbricht‹, hier ausbricht, ist nicht mit ›Pietät‹ und ›Weihe‹ zu helfen, sondern nur dadurch, daß wir auf falsche Gefühle, zu denen man uns animieren will, verzichten, Leichenberge als Leichenberge wahrnehmen lernen und auf tröstliche Sinngebungen des Sinnlosen verzichten.«

Andacht und Weihe? Wut und Verzweiflung vor diesen Gefallenenmalen! Und gegenüber einer deutschen Verlogenheit, die sich mit dem Bonner Totentempel selbst die Krone ihrer Verewigung aufs Haupt setzen möchte.

Wer soll hier in einem »versöhnenden Gedanken« vereint werden? Wer soll da postum nebeneinander? Das polnische Geiselopfer neben seinen SD-Henker? Der erschossene Säugling aus dem Massengrab neben den Einsatzgruppen-Pistolero, der gnadenlos abgedrückt hatte? Die jugoslawische Widerstandskämpferin und ihre Partisanenkameraden neben die Toten jener Wehrmachtformation, die nichts als verbrannte Erde hinterließ? Sollen hier die Ermordeten von Lidice, die lebend Verbrannten von Oradour-sur-Glane neben ihre etwaig später gefallenen Mörder mit der SS-Rune? Oder Roland Freisler, der Massenmörder in der »Volksgerichtshofs«-Robe, der doch auch zu den Kriegstoten zählt, neben General Erwin von Witzleben oder die anderen an Klaviersaiten aufgehängten Männer des 20. Juli 1944? Soll sich der an der Meßlatte rücklings niedergestreckte sowjetische Kriegsgefangene im KZ Sachsenhausen-Oranienburg, einer von 10 000, neben seinem Genickschuß-Exekutanten wiederfinden?
Welche mystifizierende Totenauffassung steht hier Pate und maßt sich dümmlich-greulich an, Täter und Opfer, Mörder und Ermordete unter dem Glorienschein einer unstatthaften »Versöhnung« in ein gemeinsames Grab zu werfen?
Welche Umbettung! Helmut Dahmer:

»Was gibt den heute Lebenden das Recht, den Unterschied zwischen Verfolgern und Verfolgten, zwischen Nazis, Nichtnazis und Nazigegnern, zwischen Mördern und Ermordeten zu ignorieren – und wem ist damit gedient?«

Ja, wem?
Nein und abermals nein! Diese von einem völlig unautorisierten »versöhnenden Gedanken« beschworenen Toten sind weder aus denselben Gründen umgekommen noch in denselben Gräbern bestattet worden – ganz abgesehen davon, daß Millionen Ermordete nie auf eine Weise bestattet wurden, die den Namen *Grab* verdient hätte, sondern buchstäblich in Rauch aufgingen oder in Massengruften geworfen worden sind.
Achtung – auch bei der Argumentation gegen den Bonner Totentempel keine Konzentration der deutschen Schuld auf die beliebten Alibigruppen der SS und des sonstigen Vernichtungsapparates! Gerade im Kampf gegen den Plan, Soldaten im altverlogenen Geist zu »ehren«, muß darauf hingewiesen werden, daß die Armeen die entscheidenden Unglücksbringer gewesen sind, weit mehr noch als die deutschen Streitkräfte des Ersten Weltkrieges natürlich die Wehrmacht des Zweiten:

»Haben die von Wilhelm und seinen Generälen, dann von Hitler und seinen Feldherren in den Krieg geführten Millionen Landser wirklich unser ›ehrendes Gedenken‹ verdient? Warum? Löscht, daß sie darin umgekommen sind, die Schande aus, daß der Krieg 1914 wie 1939 (beziehungsweise 1941) von Deutschland ausging und ohne sie nicht hätte geführt werden können? Und ist es nicht so, daß wir ohne die Aktionen der deutschen Heere, für deren Gefallene das neue Monument errichtet werden soll, weder um gestorbene Kriegsgefangene noch um Flucht-, Vertreibungs- und Heimatopfer trauern müßten?«

So Helmut Dahmer in seinem Darmstädter Referat – ein seltenes, gerade in seiner schmerzenden Wahrheit kostbares Wort, das sich um so schärfer abhebt von dem Plan jenes überdimensionalen Zeugnisses deutscher Verdrängung, als dieser die viel höheren Totenziffern der angegriffenen, überfallenen, eroberten und ausgemordeten Nationen zu nichtexistenten Unpersonen machen will. Wo so plakativ und tendenziös zur »Trauer« aufgerufen wird wie im Fall des Bonner Projektes, da gebiert die Unfähigkeit zu trauern ihr scheußlichstes Geschöpf: die Pseudo-Trauer! Sie ist der Ausdruck der amtlichen Bundesrepublik, die von ihrer politischen Geschichte her, wie dieses Buch sie sichtbar gemacht hat, nichts anderes hervorbringen kann: In allen Fragen des

NS-Erbes geht es grundsätzlich unehrlich zu, sowie die Offiziellen im Spiele sind. Um ehrlich zu trauern, hätte es einer anderen bundesdeutschen Geschichte bedurft. Dazu Helmut Dahmer:

»Die heute Lebenden leben in ihrer Mehrzahl so, als hätte es die Millionen Kriegstoten nie gegeben. Ihr Weltbild und ihre Lebenspraxis würden sich in einem Prozeß nachholender Trauerarbeit radikal ändern. Die deutsche Innen- und Außenpolitik der Nachkriegszeit fände in den Augen derer, die die Lektion, die die Kriegstoten uns erteilen können, verstanden hätten, keine Gnade mehr. Das ›Aide-mémoire‹ aber lehrt, daß mit der nationalen Gedenkstätte für die Kriegstoten ein Bollwerk gegen solche Trauerarbeit errichtet werden soll. Diese Denkweise blockiert die Möglichkeit, aus der Mordgeschichte unseres Jahrhunderts etwas zu lernen, das zur Abwendung aktueller Gefahren taugt.«

So war es mit der Denkmalweihe zwischen den beiden Weltkriegen, und so ging es auch nach 1945 mit der Gefallenenandacht weiter, bis hin zur projektierten Bonner Gigantomanie. Hier macht sich eine *Schwerkraft des Untergegangenen* bemerkbar, wie sie auf keiner anderen Nation lastet und die die Bundesrepublik Deutschland zu einem beispiellos konservativen Trauma macht – trotz ihres hochmodernen Äußeren, ihrer technologischen Spitzenposition, ihrer ungestümen Wirtschaftskraft. All das ändert nichts an jener Verfangenheit, die von Helmut Dahmer in die Sätze gefaßt wurde:

»Je weniger unsere Vergangenheit bewältigt wurde, desto mehr steht auch die Gegenwart unvermerkt in ihrem Bann. Das Verdrängte bestimmt das Verhalten des Traumatisierten; er wird zum ewigen Wiederholer, der nicht weiß, wie ihm geschieht. Dafür haben die Nachbarn im westlichen wie im östlichen Ausland, von Deutschen gebrannte Kinder, einen guten Blick. In ›typisch deutschen‹ Vorgängen der deutschen Innen- und Außenpolitik vermeinen sie immer wieder aktualisierte Bilder deutscher Vergangenheit zu erkennen. Der unverarbeitete Alptraum der zwölfjährigen Terrordiktatur beherrscht immer noch die Gemüter, nicht nur *der* Generation, die ihn miterlebt hat, sondern auch die ihrer Kinder und Kindeskinder, die die im Tausendjährigen Reich erworbenen Denkformen und Reaktionsweisen mimetisch (nachahmend; Anm. d. Verf.) von den von der Diktatur Geprägten übernommen haben. Darum werden Befürworter gesellschaftlicher Alternativen bei uns so leicht zu ›Nicht-Demokraten‹, ›Chaoten‹,

›5. Kolonne‹, wenn nicht gleich zu ›Terroristen‹ gestempelt. Und darum werden die Hüter der Ordnung im Verlaufe der unfreiwilligen Nachspiele der verleugneten Vergangenheit selbst leicht zu terroristischen Fahndern und Jägern.«

Hier wird der gefährliche Bezug zwischen den gesellschaftlichen Kräften, die den Ungeist des Bonner Totentempel-Projektes repräsentieren, und der Bedrohung der Demokratie durch sie in unserer Gegenwart sichtbar. Erst der Einblick in diese Kausalzusammenhänge macht verständlich, warum es so schwer war, ist und wohl auch noch lange sein wird, Denkmale für Heinrich Heine, für Carl von Ossietzky, für die Geschwister Scholl durchzusetzen, um ein paar stellvertretende Namen zu nennen. Auf denkbar überzeugende Weise stellt sich dar, wie verwoben unbewältigte Vergangenheit stets mit unbewältigter Gegenwart ist!
Niemand ist von der NS-Vergangenheit so hartnäckig gezeichnet worden wie ihre Verdränger, auch und erst recht jene, die von »der Gnade der späten Geburt« sprechen (womit nichts anderes gemeint sein kann, als daß sie unterm Hakenkreuz nicht anders gehandelt hätten als ihre Eltern und Großeltern). Ihren professionellen Repräsentanten in unserer Epoche, Helmut Kohl, hat der unverblümte Hans Magnus Enzensberger in einem »Spiegel«-Interview auf das treffendste so charakterisiert:

»Er gleicht einem Mann, der einen Leimtopf aus dem Wege räumen will. Bei diesem Versuch muß er den Leimtopf aber anfassen. Der Leim zieht Fäden. Der Mann ist nach einiger Zeit über und über mit Leim bekleckert. Er verteilt den Leim, den er weghaben wollte, nach allen Seiten. Seine Krawatte trieft jeden Tag von neuem. Herr Kohl kann hinkommen, wo er will, er kann reden, wovon er will, immer fällt ihm der Faschismus ein, alles erinnert ihn an Hitler, an Goebbels, an den ›Stürmer‹, an die Hitler-Jugend. Der Faschismus ist seine Obsession. Seine Fixierung an die Nazizeit ist phantastisch. Das ist schon sehr interessant. Psychisch gesprochen ist das ein klarer Fall von Wiederkehr des Verdrängten. Moralisch gesprochen nennt man das, glaube ich, den Fluch der bösen Tat.«

Kohls »böse Tat« ist eben nicht die persönliche Beteiligung an den Naziverbrechen, sondern die Dauerverdrängung ihres Zeitalters – wodurch er ununterbrochen mit ihnen beschäftigt ist. Dahmer wird von Enzensberger bestätigt.

Die *Schwerkraft des Untergegangenen* ist – wer hätte es 1945 geglaubt? – nach vier Jahrzehnten bundesdeutscher Geschichte zu einem nationalen Haupthindernis für die aufrichtige Auseinandersetzung mit dem Nationalsozialismus geworden.
Der Bonner Totentempel würde diese Schwerkraft auf plastische Weise materialisieren. Müßig auszuführen, daß es keine künstlerische Umsetzung der Idee geben kann, weil ihr zu keiner Zeit Humanität Pate gestanden hat, sondern stets nur der aussichtslose Versuch, dem Sinnlosen einen Sinn zu geben. Ist schon die Reduzierung der Erinnerungswürdigkeit ausschließlich auf Deutsche bezeichnend, so mehr noch die eigentlich widerwillige Einbeziehung der den Vätern des Totentempels völlig fremden und ungeliebten Welt der Naziopfer – aber leider kommt man an ihr wohl nicht vorbei. Kern der Sache ist und bleibt, ungeachtet allen lästigen Zwangsbeiwerks, der gefallene *Soldat* des Ersten und des Zweiten Weltkrieges, gemäß der Auffassung von »Gedenken« und »Ehrung«, die in jener Organisation herrscht, der der ganze Plan zu verdanken ist – dem Volksbund Deutsche Kriegsgräberfürsorge. Er hat zwar nie zur Avantgarde der Aufklärung über den Nationalsozialismus gezählt, aber wohinein der Volksbund sich nun mit der »zentralen nationalen Mahn- und Gedenkstätte« nur für Deutsche verheddert hat, dröselte Helmut Dahmer in Darmstadt folgendermaßen auf:

»Das ›Aide-mémoire‹ nennt die Kategorien von Menschen, deren nun gedacht werden soll, in dieser Reihenfolge: Gefallene und Kriegsgefangene, Geflüchtete und Vertriebene, ›die Opfer der (aber welcher?) Gewalt‹, die (welche?) Opfer in der Heimat. Insgesamt geht es ausschließlich um Tote, die ›Deutsche‹ waren. Primär um Soldaten, die um der imperialistischen Traumziele der Ludendorff und Hitler beziehungsweise ihrer Auftraggeber und Nutznießer aus der deutschen Bourgeoisie willen Krieg, Unterdrückung und Ausrottung verbreiteten. Doch Hitlers Wehrmacht hatte wechselnde nichtdeutsche Bundesgenossen und Hilfstruppen. Wer will da trennen? Und erst die Opfer von Wehrmacht, SS und Verwaltung! Soll nur der deutschen gedacht werden? Und wie steht es mit den Insassen der Konzentrationslager? Soll auch da, etwa bei Juden und Zigeunern, in der neuen Gedenkstätte nur derer gedacht werden, die zufällig die deutsche Staatsangehörigkeit besaßen oder deutsch (und nicht etwa jiddisch) sprachen? Und standen nicht die nichtdeutschen Opfer des Hitlerregimes den deutschen Opfern sehr viel näher als den deutschen Herrenmenschen, die im Schatten des großen Krieges im Schutze der deutschen Heere ihr Vernichtungswerk vollbrachten?«

Als Reaktion auf diese Fragen kann man sich bei den Vätern des Bonner Totentempels nichts als erstarrte Hilflosigkeit vorstellen. Hier waltet eine eigene, wenngleich keineswegs sympathische Schlichtheit, die der von ihr heraufbeschworenen Problematik intellektuell nicht gewachsen sein dürfte, ewige Vereinfacher, die sich, wie man sieht, nicht auf die Geschichte des Deutschen Reiches von 1871 bis 1945 beschränkt haben. Sie sind weder willens noch fähig, den Circulus vitiosus des »Ich hatt' einen Kameraden...« zu sprengen, und sie fallen deshalb, entgegen ihrer mit dem Totentempel vorgegebenen Maxime, in unserem Zeitalter des atomaren Overkills als Bundesgenossen zur Verhinderung neuer gefallener »Kameraden« durch die nukleare Apokalypse ohne alle Abstriche aus.
Die Schwerkraft des Untergegangenen errichtet sich ihre eigenen Schutzzonen, und ihre Anhänger bleiben durch die Jahrzehnte ausdauernd und phantasiereich auf der Flucht vor sich selbst – und vor den Nachgeborenen, denen sich zu stellen sie nie gewagt haben. Das Resultat ist die Pein des Dauerleugnens, der der Vorrang vor dem einmaligen Schmerz des Erlösungsbekenntnisses gegeben wurde. Und die Stafette ist von einem Teil der am Nationalsozialismus vom Lebensalter her de jure und de facto schuldlosen Generationen übernommen, das Verhängnis der Verdrängung verlängert worden.
Die Idee des Bonner Totentempels ist nicht über Nacht gekommen, ihr ist eine lange Ära der Ausbrütung vorangegangen. Keiner hat der Philosophie dieser »zentralen nationalen Gedenk- und Mahnstätte«, dem hoffnungslosen Versuch der »Harmonisierung des Nichtharmonisierbaren«, so klassisch Ausdruck gegeben wie Alfred Dregger am Volkstrauertag im November des Jahres 1986. In seiner Rede sind alle Stoffe eines falschen, absichtsvoll montierten und streng durchgehaltenen Versöhnungsbegehrens einzeln enthalten. Daraus diese exemplarische Passage:

»Was bleibt uns Lebenden angesichts der Brüche und Katastrophen unserer jüngsten Geschichte? Wenn wir ihr ehrlich begegnen, müssen wir uns zunächst der tiefen Tragik des Geschehens bewußt werden, einer Tragik, der man mit schlichten Schwarzweiß-Klischees, wie sie um Bitburg aufbrachen, nicht gerecht werden kann. Im Bewußtsein dieser Tragik haben wir das Andenken der Toten zu schützen, das der Verfolgten ebenso wie das der Vertriebenen, das der Widerstandskämpfer ebenso wie das der Soldaten und der Zivilbevölkerung. Die Toten fordern uns. Bevor wir uns mit ihnen versöhnen und sie mit uns, müssen wir uns miteinander versöhnen, mit unserer Geschichte und mit dem

Schicksal unserer Nation. Erst wenn es uns gelungen ist, können wir den Toten ein Zeichen setzen, das uns zusammenführt und nicht trennt. Dieses Zeichen kann, wenn wir ein Volk bleiben wollen, nur ein für alle unsere Toten gemeinsames sein. Angesichts der tragischen Konfliktsituation unseres Volkes zwischen äußerem Feind und innerer Unterdrückung und angesichts des nach menschlichen Maßstäben durchaus respektwürdigen Verhaltens der meisten Deutschen, die diese schlimme Konfliktsituation durchzustehen hatten, sollte es uns möglich sein, eine Haltung anzunehmen, die christlicher Ethik und dem Ehrenkodex Europas allein entspricht: Wer sich persönlich ehrenhaft verhalten hat, der hat Anspruch darauf, daß wir seiner in Ehrfurcht gedenken. Das gilt für alle und für jeden, gleichgültig, welchem Volk er entstammt und welcher Waffengattung er angehört hatte.«

An diesen Sätzen, die auf die Ehrenrettung der Waffen-SS hinauslaufen, stimmt nichts, kein einziger Gedanke, kein einziges Wort. Sie sind der Versuch einer Exkulpierung der deutschen Nation unter Hitler, die sich in ihrer Mehrheit niemals einer tragischen Konfliktsituation »zwischen äußerem Feind und innerer Unterdrückung« ausgesetzt gefühlt hat, sondern ihre Verbundenheit mit den angeblichen Unterdrückern bis weit über deren militärisches Ende hinaus demonstrierte. Erst die zweite Schuld hat, unter den Bedingungen größtmöglicher Freiheit, in vollem Ausmaß die tiefe Verstrickung des nationalen Kollektivs der Hitleranhänger in die erste Schuld entblößt.
Dreggers Rede vom Volkstrauertag 1986 im Bundestag war ein bewußter Gegenschlag zur Ansprache des Bundespräsidenten Richard von Weizsäcker vom 8. Mai 1985 am selben Ort anläßlich des 40. Jahrestages der Kapitulation Hitlerdeutschlands – größere Distanzen, ja verschiedenere Welten zwischen Politikern ein und derselben Partei wie zwischen diesen beiden sind kaum denkbar. Von Weizsäckers Kernsatz lautete bekanntlich: »Das Geheimnis der Versöhnung heißt Erinnerung.« Erinnerung – nicht Zukleisterung. Die deutsche Geschichte ist nicht im Sinne Alfred Dreggers harmonisierbar. Der Mann personifiziert wie selten jemand sonst die Unfähigkeit zu trauern – und das im Trauergewand eines Versöhnungsapostels. Dieser Unfähigkeit entspringt die »Unfähigkeit zur Wandlung« und ihr wiederum der *bleibende* Verlust der humanen Orientierung – der Kreis der zweiten Schuld schließt sich.

Bedeuten meine Auffassungen von der Notwendigkeit andauernder *Teilung* der Toten, wie sie auf diesen Seiten und durch das ganze Buch verfochten werden, bedeuten sie nun Gefühllosigkeit gegenüber *den* Gestorbenen, die im Rahmen des Kampfes *für* die Ziele des Nationalsozialismus, *für* die Aufrechterhaltung seiner Macht umgekommen sind? Kälte gegenüber den deutschen Soldaten, die nicht nur töteten, sondern auch zu Millionen getötet wurden? Mitleidlosigkeit gegenüber den lebenden Phosphorfackeln von Hamburg im Juli 1943 und Dresden im Februar 1945; gegenüber den 6000 Flüchtlingen, vorwiegend Frauen und Kindern, die mit dem torpedierten Stahlleib des ehemaligen KdF-Schiffes »Wilhelm Gustloff« in den eisigen Fluten der winterlichen Ostsee versanken? Verhärtung gegenüber den Erfrorenen, die auf den langen Fluchttrecks nach Westen oder später bei der Vertreibung auf offenen Güterwagen zu Eissäulen erstarrt waren? Schmerzverweigerung gegenüber den deutschen Frauen und Mädchen, ja Kindern, deren grausiges Schicksal der Einzel- oder Massenvergewaltigung bis in den Tod hinein von niemandem so getroffen, so anklägerisch beschworen worden ist wie von dem russischen Humanisten Lew Kopelew, dem Rotarmisten von damals, der nicht zuletzt wegen seiner Mitmenschlichkeit für wehrlose Angehörige des Feindes seinen langen Leidensweg durch Stalins Lager gehen mußte?

Nein und abermals nein! Nicht Gefühllosigkeit gegenüber diesen deutschen Toten ist der Grund, die *Teilung* aufrechtzuerhalten, sondern die Notwendigkeit, die geschichtliche Lehre zu ziehen, daß ganz verschiedenartige Ursachen, Antriebe und Verantwortlichkeiten auch zu ganz verschiedenem Sterben führten. Die Konstruktion eines postumen Massengrabes der »Versöhnung« verschleiert in unerträglicher Verfeierlichung die Wurzeln, die dahin geleitet haben, es fördert die lange und verhängnisvolle Tradition fehlenden Unrechtsbewußtseins und erteilt den Tätern eine anmaßende Generalabsolution, zu der niemand autorisiert worden ist. In diesem Massengrab für alle wird gleichzeitig auch der arbeitsteilige Charakter der NS-Gesellschaft bei der Aggressions- und Vernichtungspraxis mitbestattet, während jeder, der diese »Versöhnung« ablehnt, angeklagt wird, die Ruhe der Toten zu stören, ja Leichenschändung zu betreiben. Ich habe diesen Anwurf bereits mehr als einmal gehört.

Was hier versucht wird, was hinter all diesem Aufwand, dieser beharrlichen Energie und unentwegten Agitation für den Bonner Totentempel steckt, sind *ein* Wille und *ein* Wunsch: die deutsche Geschichte unseres Jahrhunderts, speziell die Epoche Nazideutschlands, als Winzling vor der kolossalen Kulisse tausendjähriger Vergangenheit bis zu den Ursprüngen der Nation zu *entsorgen* und nun endlich den großen Schlußstrich zu ziehen!

Fallen wir dieser Absicht in den Arm – aber nicht nur dieser. Denn, so unglaublich es klingt, die Monstrosität des geplanten Totentempels könnte durch eine andere, ebenfalls in der Planung befindliche noch überboten werden.

Das falsche Museum

In West-Berlin soll ein Großbauwerk entstehen, auf einer Fläche von 19 000 Quadratmetern, eingeschlossen darin ein geplantes Foyer von 2000 Quadratmetern. Symbolträchtiger Standort: das Vorfeld des restaurierten Reichstages. Der Name: »Deutsches Historisches Museum«. In ihm sollen sich tausend Jahre Geschichte widerspiegeln, von Karl dem Großen bis in unsere Gegenwart. Die Idee stammt von Bundeskanzler Helmut Kohl.
Zu diesem Zweck trat am 7. Oktober 1985 eine Sachverständigenkommission zusammen, die im April 1986 eine »Konzeption« veröffentlichte. In dem Papier heißt es:

»Das Museum soll Ort der Selbstbestimmung und der Selbsterkenntnis durch historische Erinnerung sein. Es soll informieren ... Es soll zur kritischen Auseinandersetzung anregen, aber Identifikationsmöglichkeiten bieten, weder überheblich noch anklägerisch, sondern nüchtern, selbstkritisch, selbstbewußt sein. Es darf sich weder in Problematisierung erschöpfen, noch darf es Weihestätte noch Identifikationsfabrik sein. Vielmehr soll es der Aufklärung und Verständigung im Umgang mit der gemeinsamen Geschichte dienen.«

Das klingt ebenso ausgewogen wie unverbindlich. Es kommt Ratlosigkeit auf, die sich bei weiterer Lektüre des Konzeptionspapiers fortsetzt. Da soll gesucht werden nach »gemeinsamen Wurzeln der westeuropäischen und deutschen Entwicklungen wie nach ihren Divergenzen und Konvergenzen (Abweichungen und Annäherungen; Anm. d. Verf.) im 19. und 20. Jahrhundert«. Wobei sich sogleich die Frage stellt, ob die Konzeptoren die blutige Spur der deutschen Geschichte in die große Vorkatastrophe von 1914–18 und in die endgültige von 1933–45 auch als »Divergenzen« bezeichnen? Ist »Abweichung« nicht eine viel zu schwache Charakteristik, und dies schon, was den verhängnisvollen deutschen Sonderweg weg von den Ideen der Französischen Revolution von 1789 und den parlamentarisch-demokratischen Strukturen Englands betrifft? Und was ist mit den mannigfaltigen Wechselbeziehungen mit dem Osten Europas, zwischen Deutschen und Polen, Deutschen und Russen? Werden diese interessanten und vielfach unbekannten Beziehungen mit gleichem Eifer behandelt werden wie die

viel besser in die derzeitige Bündniskonstellation passenden mit dem Westen? Oder sollen solche Verbindungen ebenso tabuisiert werden, wie der opferreiche Widerstand deutscher Kommunisten gegen den Nationalsozialismus offiziell über vierzig Jahre hin notorisch unterschlagen worden ist?
Es schwant einem nichts Gutes, wenn in der »Konzeption« die Zerstörung der Weimarer Republik gleichermaßen Kommunisten und Nationalsozialisten angelastet wird. Welchen Anteil daran hatten denn die Deutschnationalen, ein hoffnungslos rückwärtsgewandtes Bürgertum, die konservativen Steigbügelhalter Hitlers aus der Industrie und dem Hugenbergschen Presseimperium? Was hat denn der aus dem Kaiserreich fast vollständig übernommene Staats- und Verwaltungsapparat zum Untergang der ersten deutschen Demokratie beigetragen, die Reichswehr und ihre Generalität, ein durch und durch reaktionärer Justizstand?
Nein, beruhigen kann einen die »Konzeption« der Sachverständigenkommission zur Errichtung eines »Deutschen Historischen Museums« wahrlich nicht, zumal kritische Historiker nicht nur die Unausgewogenheit der Kommissionsbesetzung zugunsten eher konservativer Wissenschaftler scharf gerügt haben, sondern auch warnend erklärten:

»Die pluralistische Gesellschaft hat für mehrere konkurrierende Geschichtsbilder Platz. Dies ist ihre Stärke.«

Genau das aber scheinen die Konstrukteure dieser Museumsidee gerade nicht zu wollen. Und es gibt noch andere Indizien für gerechtfertigten Argwohn. Schon der Standort spricht für sich, das Vorfeld des alten Reichstages, der nichts sein kann als das Symbol des total verfehlten deutschen Nationalstaates. Natürlich sehen es die Museumsväter nicht so, ganz im Gegenteil. Das »Deutsche Historische Museum« soll vielmehr Kontinuität verkörpern, soll daran gemahnen, daß es an der Zeit sei – so Alfred Dregger schon 1977 –, »... die von Hitler pervertierten und mißbrauchten Grundwerte in ihrer Reinheit wiederherzustellen« (darauf ist, als zentrales Delikt der ganzen Planung, noch zurückzukommen). Die ausgewählte Plazierung erzeugt, neben der gestelzten Geschichtspose, auch noch den Verdacht bundesdeutschen Imponiergehabes gegenüber der DDR, so nahe an der Berliner Mauer – die Republik von Bonn, der einzige Sachverwalter der deutschen Geschichte! Die zweite deutsche Demokratie doch noch Juniorpartner der (westlichen) Sieger des Zweiten Weltkrieges, spät, aber nicht zu spät ... Die unsägliche, in Bitburg neben Ronald Reagan Gott sei Dank

optisch flüchtige Kohl-Pose würde hier neben dem Reichstag in Form dieses Museumsprojektes endgültig in das Dauergrinsen falschen Überlegenheitsgefühls und unerträglicher Genugtuung gerinnen.
Ohne die Konzeptoren vorverurteilen zu wollen oder zur Stunde dieser Niederschrift den Gang der Dinge über die erreichte Etappe hinaus bereits für vollzogen zu halten: Was da geplant wird, ist nichts anderes als das Riesenpanorama eines Jahrtausends deutscher Geschichte, das Monumentalfresko vom Entwicklungsschicksal der Deutschen unter dem Aspekt einer Revitalisierung alter deutscher Tugenden, wie Pflichtbewußtsein, Disziplin, Opferbereitschaft. Mit einem Wort – viel »gute Geschichte«, innerhalb deren das winzige Dutzend Jahre Hitlerdeutschland kaum mehr sein dürfte als ein häßlicher Klecks auf der ansonsten glanz- und machtvollen Palette historischer Größe.
Noch einmal – dies mag mit den Absichten und Ansichten manches Mitglieds der Sachverständigenkommission nicht übereinstimmen. Aber wer von ihnen übrigbleiben wird, wer sich als Mitarbeiter auf die Idee- und Sinnstiftung dieses Westberliner Museums sowie des ebenfalls geplanten Bonner »Hauses der Geschichte der Bundesrepublik Deutschland« (sozusagen die letzten vierzig Jahre unter dem Vergrößerungsglas) einläßt, der muß wissen, daß die Bauherren ihm keine andere Wahl lassen werden als die Anpassung an die Unwandelbarkeit ihres konservativen Weltbildes.
Sollten das »Deutsche Historische Museum« und das Bonner Haus je zustande kommen, so würden beide nichts anderes reflektieren als die Verewigung eines historischen Deutungsmonopols, das eine amtierende, jedoch abwählbare Regierung irreparabel durchgesetzt hätte.
Dieses Deutungsmonopol ist ganz auf den Schlußstrich angelegt, die Geschichtsauffassung hinter ihm völlig eingeschworen auf die Relativierung des Nationalsozialismus als *eine* von vielen Gewalt- und Unrechtsformen im »Zeitalter der Tyrannen«.
Dafür ein Beispiel. Der »Epochenraum 1933–1945«, also die Jahre der NS-Herrschaft, wird als »totalitäre Diktatur« bezeichnet. Kraft dieses Terminus sollen gleich zwei Fliegen mit einer Klappe geschlagen werden: Die damalige Nation wird ausdrücklich exkulpiert, indem der Begriff »Diktatur« sie unter das wahrheitswidrige Vorzeichen stellt, sie habe sich durch Hitler unterdrückt gefühlt, was tatsächlich nur für eine verhältnismäßig kleine Minderheit galt – erstens. Zweitens: Mit dem Eigenschaftswort »totalitär« wird zwecks Relativierung des Nationalsozialismus eine strukturelle Übereinstimmung zu anderen antidemokratischen Staatsformen hergestellt, allen voran natürlich zu jener der Sowjetunion. Es wäre übrigens ein Fehler, dies als »Gleichstellung«

zu mißdeuten. Wir haben es vielmehr mit einer weiteren Minimalisierung des Nationalsozialismus zu tun, insofern seine staatliche Epoche der Vergangenheit angehört, das Sowjetsystem aber ein gegenwärtiges ist. Man muß das festhalten: Der aggressive Vorwurf nach Osten, der dem Museumsprojekt in unmittelbarer Nähe des Brandenburger Tors innewohnt, wird erhoben von den Organisatoren und Inspiratoren der Relativierung des Nationalsozialismus, gehört zu jener hemmungslosen Vergleichssucht, die seit Mitte 1986 auf wohlvorbereitetem Boden in bestimmten Historiker- und Publizistenkreisen epidemisch ausgebrochen ist. An diesem Werk wird aber nicht erst seit jenem Sommer gearbeitet, seine Spur ist viel weiter zurückverfolgbar. Auch sind die Bemühungen um die Relativierung der Hakenkreuzepoche mittels der Geschichte und der Geschicke anderer Nationen keineswegs nur rhetorischer Art, sondern bereits in Gesetze gefaßte Methode – so § 194 Abs. 2 StGB. Der Paragraph bedroht denjenigen, der die Vernichtung der Juden im deutsch besetzten Europa anzweifelt, also die Verfechter der sogenannten »Auschwitz-Lüge«, mit Gefängnishaft bis zu zwei Jahren. Gleichzeitig aber stellt § 194 auch unter Strafe, wer Verbrechen an Ostdeutschen bei Flucht, Vertreibung und Besetzung leugnet. Nun ist letzteres allerdings niemals ein öffentliches Problem in der Bundesrepublik gewesen, da niemand solche Verbrechen leugnet. Ganz anders steht es jedoch bekanntlich mit der Leugnung von Auschwitz, derentwegen das Gesetz ja überhaupt erst initiiert wurde. Es ging ja durch alle Zeitungen, daß da ein »Spiel« im Stile von »Mensch ärgere dich nicht« erfunden worden war, dessen Sinn und Regeln darin bestanden, über die Namen bestimmter Vernichtungslager als Voretappen möglichst rasch zum Endpunkt »Auschwitz« zu gelangen. Feinsinnigerweise wurden Hunderte von Exemplaren dieses »Spiels« an Juden verschickt, und einer, den man dabei ertappte oder der gar der Erfinder war, kam vor Gericht, aber nicht in Haft. Er ging straffrei aus. Nun würde man allerdings vergeblich nach einem ähnlichen »Spiel« mit den Vorzeichen der Vertreibung fahnden, da es dergleichen nicht gibt, nicht gab und nie geben wird. Wie es ja bezeichnenderweise wohl »Witze« über Auschwitz, nicht jedoch über das Phosphorinferno von Dresden gibt.

Mit anderen Worten: Der Gesetzgeber hat mit § 194 – Leugnung von Verbrechen *an* Deutschen in Zusammenhang mit Flucht und Vertreibung – Ereignisse unter Strafe gestellt, die von niemandem je angezweifelt worden sind. Dies ganz im Gegensatz zum Delikt von § 194 Abs. 2 – Leugnung der Judenvernichtung *durch* Deutsche.

Der Widersinn enträtselt sich erst durch die Erkenntnis, worauf es dem

Gesetzgeber, also der konservativ-liberalen Mehrheit des 10. Deutschen Bundestages, ankam: nämlich ein Gleichgewicht herzustellen zwischen den von Deutschen *begangenen* und den von Deutschen *erlittenen* Verbrechen!

»Endlösung« und Vertreibung als gesetzlich geschützte Wahrheiten – wer macht uns dergleichen nach? Man will quitt sein mit dem Holocaust an Juden und Nichtjuden – die Verrechnung ist so alt wie die Bundesrepublik, ja noch älter. Ihr Ergebnis ist die zynische Verallgemeinerung *besonderen Leids* – amtlicherseits. Bei diesem Deutungsmonopol bleibt Auschwitz – wie erwünscht – auf der Strecke.

Notabene: Die Lüge, »von alldem nichts gewußt zu haben«, ist auch heute noch so straffrei wie eh und je.

Es ist *eine* Linie der Relativierung des Nationalsozialismus vom Paragraphen 194 und von der Kohl-Reagan-Farce auf dem Soldatenfriedhof in Bitburg (dieser tragikomischen Halberfüllung deutscher Wunschträume im Endstadium des Zweiten Weltkrieges nach gemeinsamem Kampf und Sieg mit den Westmächten gegen und über die Sowjetunion), *eine* Linie von der unautorisierten Absicht der Opfer-Täter-Eindickung im Fundament des Bonner Totentempels über die Planung eines Museums der nationalen Verklärung in West-Berlin bis hin zum »Haus der Geschichte der Bundesrepublik Deutschland« in Bonn. Wo man, da bin ich ganz sicher, nichts, aber auch gar nichts finden würde von den Daten und Tatbeständen des großen Friedens mit den Tätern oder überhaupt von der gesamten Ungeheuerlichkeit der zweiten Schuld.

Es ist die Linie des *Schlußstriches* »Ein Ende der Miesmacherei, ein Ende der Selbstquälerei«, den niemand so fett gezogen hat wie Franz Josef Strauß mit der dumpfen Allegorie:

»Wir müssen endlich aus dem Schatten Hitlers treten.«

Dabei gibt es heute in der Bundesrepublik viele ermutigende Beispiele der Beschäftigung mit der eigenen Geschichte. Überall fanden sich in den letzten Jahren regional und lokal Gruppen, die die Geschichte ihrer Heimat ergründen wollen, an Ort und Stelle, direkt, im Kreis, im Stadtteil, manchmal nur auf dem Areal weniger Straßen. Dahinter stecken Kraft, Motiviertheit, ehrliche Absicht, gerade hinsichtlich der verdrängten und verleugneten Nazizeit – Söhne, Töchter, Enkel versuchen, die elterliche und großelterliche Maske zu lüpfen. Ob es sich dabei um die »Geschichtswerkstatt Barmbek« im Hamburger »Museum der Arbeit« handelt oder um die Broschüre »Leben und Sterben un-

serer jüdischen Mitbürger in Königswinter«, eine Initiative der dortigen Stadtdirektion und erster Band einer Schriftenreihe, die sich mit der vergangenen und der gegenwärtigen Entwicklung lokaler Gemeinwesen in der Region befaßt, oder um die geradezu klassische Ausgrabung von Spezialgeschichte der »Juden an Rhein und Sieg«, ein in Siegburg erschienenes Buch – immer ging und geht es dabei um eigenen Antrieb.
Solche Energien regen sich gegenwärtig mächtig, ohne alle Blut-und-Boden-Ideologie, bereit, kritisch auszuloten, was sich getan hat und warum. Das arbeitet ohne Verdrängungsblockade, ohne den Willen zu historischer Schönung, wie zu beobachten bei einem angeschlagenen Selbstbewußtsein der älteren und alten Generationen, die mit ihrem bockigen »Dennoch« doch nur immer wieder in Selbstrechtfertigung enden und zu den mentalen Wurzeln des nationalen Unglücks zurückkehren. Arbeiter-, Industrie-, Regionalgeschichte werden da zur lebendigen Aufgabe der Gegenwart, auf der Suche nach sozialer, kultureller, politischer Wirklichkeit von damals. Gelebtes Leben, das nicht nachträglich im Dienste verdrängter Vergangenheit künstlich umkonstruiert wird. Kurz – da meldet sich Erfreuliches. Solche dezentralisierten, experimentierfreudigen Museen, wenn sie daraus hervorgehen, gut auszustatten – das sollte die Aufgabe des Staates sein.
Die Westberliner und Bonner Großprojekte sind der Gegenpol dazu. Zu unfertig ist die Auseinandersetzung mit der Vergangenheit – und also mit der davon bestimmten Gegenwart –, als daß die Zeit zur Legitimation deutscher Selbstdarstellung schon herangereift sein könnte. Die Nachfahren von Generationen, deren einst glühend verehrte Repräsentanten der Weltgeschichte das Novum eines industriellen Massenschlachtens bescherten, das nur durch die militärische Niederlage beendet wurde, müssen erkennen, daß vierzig Jahre für solche Legitimation nicht ausreichen – wenn vier Dezennien so zugebracht worden sind, wie es geschah.
Wie die deutsche Geschichte des 20. Jahrhunderts nun einmal verlaufen ist, wäre einzig die Ehrung *der* Opfer legitim, die nicht im Kampf *für* Hitler, sondern *gegen* ihn sterben mußten. Den Sozialdemokraten, Gewerkschaftern, Kommunisten, den christlichen Widerstandskämpfern, den Sinti und Roma, die durch die Kugel, durch Gas, auf dem Schafott umkamen – ihnen ein Denkmal! Ein Denkmal auch den tapferen Bibelforschern, den Zeugen Jehovas, den Homosexuellen in den Lagern, den sozial Verfolgten außerhalb der Lager, die bis heute absichtsvoll vergessen werden, wie die Sterilisierten, denen staatlicherseits durch die ganze Geschichte der Bundesrepublik hindurch, gleich-

gültig, welche Parteicouleur die parlamentarische Mehrheit hatte, jegliche moralische und materielle Hilfe versagt wurde – ihnen allen ein Denkmal! Ein Denkmal auch den geistig Kranken, die nicht wußten, wie ihnen geschah, aber den Gewalttod so spürten wie die »Normalen«; den Kriminellen in den Konzentrationslagern, da auch Kriminalität deren Existenz nicht rechtfertigte. Schließlich den Millionen, die in deutscher Kriegsgefangenschaft umgekommen sind, den Deportierten aller ehemals besetzten Länder, den Geiselopfern zwischen Narvik und Palermo, Brest und Smolensk – ihnen allen ein Denkmal!
Die Toten dieses Morduniversums, sie haben ein Anrecht auf Gedenken, und jene damals Verfolgten, die ohne Schuld, aber auch ohne Verdienst der Apokalypse entkamen, sie sind aufgerufen, die Traditionen der unglücklicheren NS-Opfer zu schützen. Das war und wird nicht leicht sein in einem Land, dessen halbe Nation stets dem Verdacht huldigte, »Wiedergutmachung« sei nichts anderes, als aus persönlichem Schicksal klingende Münze zu schlagen, während sie gleichzeitig die staatlich garantierte Versorgung und Überversorgung der Tätergenerationen entweder für gerechtfertigt hält oder aus mangelndem Interesse an der Gerechtigkeit davon – wieder einmal! – nichts weiß.

Die ungeheuerliche Selbstzerstörung der Deutschen in unserem Jahrhundert entsprang einem kollektiven Macht- und Eroberungswahn, dem eine kollektive Gedächtnisstörung, ein gigantischer Erinnerungsschwund, folgte. Diese Gesellschaft hat sich der Herausforderung, die der Name Auschwitz in sich birgt, nicht gestellt. Das jedoch wäre die Voraussetzung eines »Deutschen Historischen Museums« gewesen.
Welche Gesinnung hinter ihm steht, hat niemand offener ausgedrückt als Walter Wallmann, als er, damals noch Frankfurts Oberbürgermeister, anläßlich des geplanten, zum Glück jedoch unterbliebenen Umbaues des Platzes vor der Paulskirche erklärte:

»Uns fällt es heute mit mehr Abstand leichter, die ganze deutsche Geschichte und damit auch – über den Abgrund der jüngeren Vergangenheit hinweg – jene Epochen und Ereignisse wiederzuentdecken, die uns mit Stolz erfüllen können.«

Erbauung ist erwünscht, eine nationale Weihe- und Wallfahrtsstätte, der man sich, wie schon dem Bonner Totentempel, nur mit Schauern nähern darf. Natürlich ist in ihr, da jedes konkurrierende Geschichtsbild fehlen dürfte, die Langeweile vorprogrammiert.

Diese von Helmut Kohl stramm verfolgte Idee, sich mit den Westberliner und Bonner Museumsprojekten noch zu Lebzeiten unabreißbare Denkmäler zu setzen, kann nach Auschwitz nur eine Farce werden – wie auch das Beharren auf dem deutschen Nationalstaat. Mit ihm ist es aus, und das für immer. Alle anderen Demonstrationen und Bekundungen sind ebenso töricht wie gefährlich. Sollte es je wieder – in der Ferne einer unsichtbaren Zukunft – ein einheitliches Gehäuse für die Deutschen geben, so wird es keine Ähnlichkeit haben mit dem 1871 aus der Taufe gehobenen und 1945 endgültig untergegangenen Nationalstaat.

Dieses »Deutsche Historische Museum« will Auschwitz als schwarzen Fleck inmitten einer sonst »guten« Geschichte. Jeder Versuch aber, Auschwitz und alles, was der Name symbolisiert und materialisiert, in das Arsenal eines solchen Museums zu integrieren, wäre Beschönigung.

Auschwitz ist nicht darstellbar.

Ist Auschwitz vergleichbar?

Wie bereits erwähnt, kam im Sommer 1986 bei uns eine Diskussion in Gang, die weit über unsere Gegenwart hinaus fortwirken wird, weil sie alles überbot, was sich in den an Entschuldungsversuchen wahrlich nicht armen Jahren seit 1945 in der Bundesrepublik zugetragen hat. Ausgelöst wurde die scharf kontrovers geführte Debatte durch die Frage »Ist Auschwitz singulär?« – also von unvergleichbarer Einzigartigkeit. Die Fragesteller gaben sich selbst die Antwort, die konzentriert, aber unverfälscht wiedergegeben werden kann durch die Formulierung: Ohne das stalinsche Vorbild, ohne den Archipel Gulag, das sowjetische Lager- und Repressionssystem, wäre Auschwitz nicht errichtet worden. Mit anderen Worten: Frage und Antwort in Personalunion machen die Bolschewiki zu den eigentlichen Urhebern des Völkermords an den Juden im deutsch besetzten Europa des Zweiten Weltkrieges, zu den wahren Vätern und Urhebern des Vernichtungsapparates unterm Hakenkreuz.

Dieser Versuch, *das* nationale Verbrechen in die Ursprungsverantwortlichkeit einer fremden Macht zu delegieren, ist beispiellos! Zwar ist die Singularität der NS-Verbrechen und ihres Synonyms Auschwitz in der Bundesrepublik seit eh und je bezweifelt worden, und zwar in Form des schon vorn behandelten kollektiven Affektes »Aber die anderen haben auch Verbrechen begangen«. Seit dem Juni 1986 jedoch bekommt die plebejische Artikulation der Unbelehrbarkeit, dieses Zeugnis der Unfähigkeit zu trauern, dieses Beweisstück eines nicht mehr meßbaren Verlustes an humaner Orientierung, seine *intellektuelle*, seine *akademische* Weihe!

Initiator des neuen Zweifels an der Einzigartigkeit von Auschwitz war der renommierte Berliner Historiker Ernst Nolte mit seinem Artikel »Vergangenheit, die nicht vergehen will« in der »Frankfurter Allgemeinen Zeitung« vom 6. Juni 1986. Augenfällig darin ist der *spekulative* Charakter der vertretenen Thesen, eine Beobachtung, die, wie die sich anschließende Diskussion bestätigt hat, typisch ist für die Verfechter des Zweifels. Man kann sogar ohne Einschränkung behaupten, daß ihr Thesenfundament überhaupt Spekulation sei: Es müsse, so Ernst Nolte, zwischen dem »braunen und dem roten Terror« ein »kausaler Nexus«, also ein ursächlicher Zusammenhang, bestehen. Wieso eigentlich?

Das Problem vertieft sich noch, wenn man dem weiteren Verlauf der Nolteschen Spekulationen folgt: Sei der Archipel Gulag nicht ursprünglicher als Auschwitz? Und der Klassenmord der Bolschewiki nicht der logische und faktische Vorläufer des Rassenmords der Nationalsozialisten? Sei all das, was diese später getan hätten, »mit alleiniger Ausnahme des technischen Vorgangs der Vergasung«, nicht bereits in einer Literatur der frühen zwanziger Jahre als Zustände in der Sowjetunion beschrieben worden – Massendeportationen und -erschießungen, Folterungen, Todeslager, Ausrottung ganzer Gruppen? Man dürfe, so Ernst Nolte weiter, nicht allein auf den einen Massenmord sehen und den anderen ignorieren. Gegenfrage: Wer tut denn das – außer denen, die als unentwegte Primitivverfechter der deutschen Verdrängung »Aber die anderen haben doch auch Verbrechen begangen« nun den Berliner Historiker als hochwillkommenen Bundesgenossen in ihre Arme geschlossen haben? Wieso muß denn derjenige, der beide Arten von Staatsverbrechen sieht – wie etwa der Autor dieses Buches –, daraus den Schluß ziehen, daß das deutsche unter Hitler die zwangsläufige Folge des russischen unter Stalin gewesen sei?
Auf Noltes Spekulation warf der Frankfurter Soziologe und Sozialphilosoph Jürgen Habermas ihm »apologetische Tendenzen« und einen »fragwürdigen Revisionismus« vor (»Die Zeit«, 11. Juli 1986). Diese Reaktion wiederum nahm der Mitherausgeber der »Frankfurter Allgemeinen Zeitung«, Joachim Fest, zum Anlaß, um darin unter dem Titel »Die geschuldete Erinnerung – Zur Kontroverse über die Unvergleichbarkeit der nationalsozialistischen Massenverbrechen« Jürgen Habermas zu entgegnen.

Joachim Fests Artikel vom 29. August 1986 führte zu einer vehementen Verschärfung der Diskussion und provozierte noch heftigere Gegenwehr.
Wie schon bei Ernst Nolte Widersprüchliches sichtbar wird (er unterschied zunächst die Vernichtungspraxis der Nazis qualitativ von der »sozialen Vernichtung« der Bolschewisten, um den Unterschied dann doch durch seine Spekulationen über den Gulag als Vorbild selbst aufzuheben), so auch bei Joachim Fest.
Denn eingangs schreibt der Mitherausgeber der »Frankfurter Allgemeinen Zeitung« klipp und klar:

»Zur Auseinandersetzung über die Frage der Unvergleichbarkeit der NS-Verbrechen ist aber auch zu sagen, daß Schuld schlechterdings nicht aufrechenbar ist. Kein fremdes Vergehen verkleinert das eigene, kein Mörder hat sich je mit dem Hinweis auf den andern exkulpieren können.«

Dem kann nur zugestimmt werden. Aber nun geschieht mit dem Text etwas, das die Klarheit aufhebt, nämlich die Vertiefung jenes spekulativen Elements, das schon den Thesen Ernst Noltes von vornherein innewohnte:

»Man muß nicht der Auffassung sein, daß Hitlers Vernichtungswille ganz überwiegend von der Vernichtungsdrohung der russischen Revolution inspiriert war; er kam, dem Ursprung nach, doch eher aus den frühen Ängsten und Überwältigungsphantasien des Deutsch-Österreichers. Aber daß er ganz und gar unbeeinflußt davon blieb, läßt sich schwerlich denken, und jedenfalls ist die Resonanz, die seine lange Zeit einsamen Wahnideen fanden, ohne die panischen Empfindungen, die sich von Rußland her ausbreiteten und München im Frühjahr 1919 immerhin gestreift hatten, nicht zu begreifen.«

In dieser einen Spekulation über das Innenleben Hitlers wird, im Rahmen der Leitidee vom Vorbildcharakter des Gulag für Auschwitz, ein Trend, eine Tendenz sichtbar:

»Die Berichte über das Deportieren, Morden und Austilgen ganzer Bevölkerungsgruppen waren sicherlich übertrieben. Doch enthielten sie einen zutreffenden Kern, der durch das Pathos der nahenden Weltrevolution zusätzlich an Glaubwürdigkeit gewann. In aller Verzerrung gaben sie Hitlers Ausrottungskomplexen einen realen Hintergrund. Und daß unter denen, die der schon bald in Chaos und Schrecken auslaufenden Münchener Räterepublik vorgestanden hatten, nicht wenige Juden gewesen waren, verschaffte überdies seinen antisemitischen Obsessionen eine scheinbare und jedenfalls agitatorisch nutzbare Bestätigung.«

Es fröstelt unsereinen, Antisemitismus, und gar noch den von Hitler, aus Existenz und Taten von Juden erklärt zu bekommen. Aber die obigen, unter jedem Gesichtspunkt angreifbaren blanken Spekulationen erfahren nun ihre Krönung durch die Sätze:

»Er (Hitler) ebenso wie die verängstigten Massen mochten glauben, daß eine Rettung, wenn überhaupt, nur durch den Entschluß möglich sei, in der Gegenwehr genauso zu verfahren, wenn auch ›zehnmal‹ terroristischer. Es kann nicht unzulässig sein, diese Überlegungen vorzutragen und einen Zusammenhang herzustellen zwischen den Greuelmeldungen aus dem Osten und Hitlers Bereitschaft zum Exzeß.«

Es kann nicht unzulässig sein? Auschwitz – ein Exzeß? Der Völkermord an den europäischen Juden – ein Akt der Gegenwehr? Eine Art Präventivmord also, inspiriert von einem Gegner, den Deutschland ohne Kriegserklärung überfallen hatte und den es nun – nach einem früheren Wort eben desselben Ernst Nolte – »dem größten Raub- und Mordfeldzug der Weltgeschichte« unterzog? Hat es je einen jämmerlicheren, abwegigeren Exkulpierungsversuch deutscher Originalschuld gegeben als diesen von Joachim Fest in seiner eigenen Zeitung?
Für seine Spekulationen zur Untermauerung der These vom russischen Vorbild für Auschwitz und dessen Präventivcharakter, gleichsam die Vorwegnahme einer »asiatischen Tat«, die nach einem Sieg der Sowjetunion über Hitlerdeutschland von dieser an Deutschen vollzogen worden wäre – für diese Thesen gibt es keine Entschuldigungen mehr. Sie nehmen einem jede Hoffnung, daß es nützlich sein könnte, die Diskussion fortzusetzen, zumal aus Fests Feder noch der Rat floß, »Zweifel an der monumentalen Einfalt und Einseitigkeit der vielfach herrschenden Vorstellung über die vorbildlose Besonderheit der NS-Verbrechen zu wecken«.
Das ist ein Bekenntnis zur *Relativierung* des Nationalsozialismus, an dem es nichts mehr zu deuteln gibt. Das Ungeheuerliche liegt nicht darin, daß Nolte und Fest simple Aufrechner wären – das sind sie subjektiv ganz sicher nicht. Das Ungeheuerliche liegt vielmehr darin, daß sie, auf der Basis von Spekulationen, Hitler zum Epigonen, zum Schüler Stalins machen und eine so genuine Kreatur der deutschen Reichsgeschichte wie den Nationalsozialismus und seine staatliche Institutionalisierung zu einer Art Ableger des Bolschewismus.
So wird die nationale Verantwortung für die katastrophalste Epoche in der Gesamtgeschichte der Deutschen auf einen Rest diffuser Selbstbeteiligung reduziert; wird die der ganzen Menschheit fast sechs Kriegsjahre hindurch schmerzhaft spürbar gewordene tödliche Aggressions- und Destruktionskraft des Nationalsozialismus kastriert und im Mantel der Wissenschaftlichkeit die bisher intellektuell höchste Form aller deutschen Ent-Schuldungsversuche dargeboten.
Die Spekulation um den »kausalen Nexus«, den angeblich ursächlichen Zusammenhang zwischen dem »roten« und dem »braunen Terror«, wie es heißt, sie ist das eigentliche Delikt, um das es hier geht.

Die Gegenwehr war erfreulicherweise äußerst lebendig.
Der Stuttgarter Professor Ernst Jäckel in seinem Aufsatz »Die elende Praxis der Untersteller« in der »Zeit« vom 12. September 1986:

»Was würde sich denn ändern, wenn der nationalsozialistische Mord nicht einzigartig gewesen wäre? Soll die Bundesrepublik dann etwa keine Wiedergutmachung zahlen, der Bundeskanzler sich nicht mehr in Yad Washem verneigen?«

Es müsse doch unstreitig sein, so Jäckel, daß die NS-Greueltaten das besondere Interesse der Deutschen auf sich lenkten und »nicht durch unklar angedeutete Parallelen relativiert werden sollten«.
Der Münchener Professor Martin Broszat, der, ebenfalls in der »Zeit«, sein Erschrecken äußerte über die Relativierung des nationalsozialistischen Völkermords, die Nolte »in hochmütiger Verachtung« wissenschaftlicher Vorgehensweisen vorgenommen habe, schrieb:

»Wer den Bürgern der Bundesrepublik den selbstkritischen Umgang mit ihrer älteren und jüngeren Geschichte wegschwatzen will, raubt ihnen eines der besten Elemente politischer Gesittung, das seit den späten fünfziger Jahren allmählich in diesem Staatswesen entwickelt worden ist. Am verräterischsten ist dabei die fundamentale Verkennung, als sei die durch die Not erworbene moralische Sensibilität gegenüber der eigenen Geschichte ein kultureller und politischer Nachteil, verglichen mit anderen Nationen, und als gelte es, deren aus historischen Gründen oft robusteres oder naiveres und politisch meist schädliches historisches Bewußtsein zu kopieren.«

Des weiteren der Bielefelder Professor Jürgen Kocka:
Es bleibe »ein qualitativer Unterschied zwischen der bürokratisierten, leidenschaftslosen, perfekten Systematik des Massenmords im durchindustrialisierten, vergleichsweise hochorganisierten Reiche Hitlers und der brutalen Mischung von Bürgerkriegsexzessen, Massenliquidierungen, Sklavenarbeit und Verhungernlassen im rückständigen Reiche Stalins«.

Dazu ergänzend der Berliner Historiker Hagen Schulze in der »Zeit« vom 26. September 1986:

»Die Rationalität und Technizität der nationalsozialistischen Judenmorde finden weder in Stalins Rußland noch in Pol Pots Kambodscha ihre Entsprechungen – die Industrialisierung des Massenmords ist eine deutsche Erfindung.«

Der schon zitierte Jürgen Kocka empfiehlt den Vergleich

»... mit den Gesellschaften der westlichen Welt, mit denen wir uns sonst traditionell gern vergleichen, die uns nach Entwicklungsstand, Gesellschaftsstruktur und politischen Ansprüchen verwandter, ähnlicher sind, und die nicht faschistisch bzw. totalitär pervertierten. Die sich in diesem Vergleichsfeld ergebende Singularität der deutschen Entwicklung sollte durch Vergleiche mit Stalin und Pol Pot nicht verdrängt werden; sie bleibt wichtig, bedrohend und beschämend.«

Durch diese Sätze wird etwas ganz Zentrales auf seiten der Relativierer demaskiert: die Auswahl ihres Meßmodells! Sonst duldet man im Westen keine Parallelen mit dem Osten, verabscheut man jede Art von Vergleichen und Gleichsetzungen. Plötzlich aber, im konkreten Fall höchster deutscher Schande, wird das mit guten Gründen verabscheute östliche Gewalt- und Repressionssystem zum großen Vorbild.
Gibt es dieses Relativierungsbedürfnis irgendwo anders auf der Welt? Gibt es Angehörige einer anderen Nation, die so argumentieren, wie es die akademischen Relativierer tun? Hat man je von einem Sowjetbürger gehört oder gelesen, daß er Auschwitz als Entlastung für Workuta angeführt oder sich mit dem Hinweis auf den deutschen Vernichtungsapparat über den Archipel Gulag hinweggetröstet habe? Gibt es irgendwo auf der Erde ein zweites Beispiel für diese bundesdeutsche Kompensationswut, für diese Fähigkeit, Gewaltsysteme aneinanderzuhalten, mit dem Sinn und Zweck, nationale Schuld in die Verantwortung einer fremden Schuld zu delegieren?
Alle diese Fragen können eindeutig mit Nein beantwortet werden. Es ist eine deutsche Abstrusität und Singularität, die verschiedenen Formen des Staatsverbrechens in unserem Jahrhundert als Meßmodelle gegenüberzustellen – und den Staat des nationalsozialistischen Verwaltungsmassenmords eben nicht gegen das parlamentarische System der klassischen europäischen und überseeischen Demokratien zu halten.
Keiner von den plebejischen Verdrängern und Verleugnern, aber auch keiner der akademischen Relativierer ist jemals auf diesen Gedanken gekommen.

Es ist äußerst charakteristisch für den historischen Bewußtseinsstand, daß sich die Diskussion – und zwar bis hinein in die Reihen der Gegenstimmen zu Nolte und Fest – ganz auf den Völkermord an den Juden konzentriert. Ganz ausgespart bleibt die quantitativ stärkste nichtjüdische Opfergruppe der bewaffneten deutschen Aggression – die durch Kriegseinwirkungen sowie durch Vernichtungs- und Verschleppungsmaßnahmen getöteten und ermordeten Sowjetbürger. Hinweise auf die Opfer jenseits des jüdischen Holocaust fehlen so gut wie vollständig – es ist immer dasselbe.

Jene, die die These vertreten, die NS-Massenverbrechen seien mit denen des Sowjetsystems vergleichbar, kommen im Rahmen ihrer kompensatorischen Leitidee zu sehr eingehenden Schilderungen der letzteren. Indes tauchen die Millionen von systematisch und vorsätzlich umgebrachten sowjetischen Kriegsgefangenen im Zusammenhang mit dem »kausalen Nexus« überhaupt nicht auf. Dies übrigens, wie bereits angemerkt, in voller Übereinstimmung mit der bundesdeutschen Ignoranz gegenüber dem nichtjüdischen Holocaust, also dem Massenmord überall im deutsch besetzten Europa an Menschen, die nach der NS-Rassenarithmetik »arisch« waren. Ihre Opferzahlen zwischen Narvik und Palermo, Brest und Smolensk reichen, auch dies noch einmal, durchaus an die des jüdischen Holocaust heran, vor allem in Polen. Es hieße also, die volle Dimension der Vernichtung zu halbieren, wenn ihre Darstellung, wie üblich, auf den Völkermord an den Juden beschränkt bliebe. Ich als Jude werde nicht dazu beitragen, durch solche Unterschlagung den jüdischen Holocaust zu einem bloßen Alibi für die erstrebte Reduzierung der Gesamtopfer auf fünfzig Prozent ihrer tatsächlichen Größe verkommen zu lassen.

Es gibt noch eine andere Frage, die in dieser Diskussion nicht gestellt wurde, nämlich: was eigentlich aus Welt und Menschheit geworden wäre, wenn Hitlerdeutschland, wo nicht für dauernd, so aber doch für lange Zeit siegreich geblieben wäre? Was ja, wenn England 1940/41 in die Knie gegangen oder Moskau im Winter 1941/42 erobert worden wäre, durchaus hätte der Fall sein können. Und was, wenn Hitlerdeutschland, wie später die tatsächlich siegreiche Sowjetunion, in den Besitz der Atombombe gelangt wäre? Ich höre schon die grellen Einwände, die Frage sei hypothetisch, sei historischer Konjunktiv – unbezweifelbar! Und doch können solche Stimmen mich nicht daran hindern, aus diesen Überlegungen Schlußfolgerungen zu ziehen, die sehr wohl zur Erkenntnis der Singularität des staatlich institutionalisierten Nationalsozialismus und seines Synonyms Auschwitz beitragen können. Man stelle sich vor, dieses Deutschland hätte, wenn nicht über die ganze Welt, so aber doch über weite Teile des eurasischen Kontinents vierzig Jahre länger als tatsächlich geherrscht. Und damit

auch der Vernichtungsapparat des Reichssicherheitshauptamtes, dessen Repräsentanten auf der Wannseekonferenz vom 20. Januar 1942 mit einer Gesamtzahl von elf Millionen Juden als potentiellen Opfern der »Endlösung« rechneten. Man stelle sich die Hybris eines auf nicht absehbare Zeit triumphierenden Hitlers vor (der doch erst Mitte Fünfzig war, als er sich in den Mund schoß, weil die Weltgeschichte anders verlief, als er es sich vorgestellt hatte). Was im allgemeinen, und so auch in dieser Historikerdiskussion, nicht einbezogen wird, ist die Tatsache, daß der NS-Vernichtungsapparat eben nur durch den militärischen Sieg der Alliierten zerstört, die Gaskammern allein durch ihn für immer geschlossen worden sind. Was, wenn Nazideutschland so viel Zeit gehabt hätte, wie die Sowjetunion sie wirklich gehabt hat? Wir kennen die Inflation an Entsetzlichkeiten seit 1945 bis in unsere Tage; wir kennen die Hekatomben von Blut und Tränen, die seither in regionalen Kriegen geflossen sind; kennen die Auftürmung der Gegensätze zwischen den beiden rivalisierenden Weltmächten USA und UdSSR; die unlösbar scheinenden Globalprobleme einer förmlich explodierenden Bevölkerungsziffer in der Dritten Welt; wir kennen die Gefahr der Selbstvernichtung der Menschheit durch die nukleare Apokalypse, deren Verhinderung nicht auf Vertrauen, sondern immer noch auf der dünnen Decke des gleichgewichtigen Schreckens beruht. Und dennoch, niemand, niemand kann im unklaren darüber sein, daß die Irrationalität, die Realitätsgestörtheit und die Bestialität des Nationalsozialismus als Staatswesen im Range einer Supermacht das Schicksal der Menschheit auf unausdenkbare Weise besiegelt hätten!
Die Singularität des NS-Staates bestand in seiner absoluten Unreformierbarkeit. Er ist nach dem Gesetz, nach dem er angetreten ist, auch zugrunde gegangen. Seine eigene, zu seinem Untergang entscheidend beitragende Leistung bestand darin, die bis dahin unvereinbaren Interessen der Westmächte und der Sowjetunion angesichts der alles überwölbenden Bedrohung in eine Allianz zu zwingen, die ihm schließlich den Garaus machte. Die historischen Voraussetzungen für den kurzen, aber mörderischen Triumph des Nationalsozialismus waren singulär; seine staatliche Geschichte war singulär; sein Vernichtungsapparat war singulär – Auschwitz war singulär.

Dazu einen deutschen Kronzeugen, dessen Zitierung und dessen Ausführungen in diesem Zusammenhang zu einer ironischen Pointe geraten, auf die weiter vorn in dem Kapitel »Absage an das Deutsche Reich 1871–1945 – Zur Geschichte des Verlustes der humanen Orientierung« bereits hingewiesen worden ist.

Es geht um den Kölner Neuhistoriker Andreas Hillgruber, der mit seinem Buch »Zweierlei Untergang – Die Zerschlagung des Deutschen Reiches und das Ende des europäischen Judentums« neben Ernst Nolte zu den Auslösern der Relativierungsdiskussion zählt, von der hier die Rede ist. In seinem Werk kommt Hillgruber zu außerordentlich umstrittenen Thesen eines Identifikationszwanges zwischen damaliger Nation und NS-Staat aus der Natur des östlichen Großgegners heraus, als der sich 1945 anschickte, den deutschen Aggressor auf dessen eigenem Territorium endgültig zu überwältigen.
Zu dieser These wäre grundsätzlich zu bemerken, daß dies eine Situation war, in die sich der NS-Staat mit Unterstützung der Volksmehrheit selbst aussichtslos hineinmanövriert hatte. Die Identifikation zwischen NS-System und der Bevölkerungsmajorität datierte also keinesfalls erst aus den Jahren 1944/45. Dazu kommt, daß die These von »Zweierlei Untergang« irreführend und außerdem relativierend ist – der Untergang des Reiches ergibt sich aus dem Charakter einer Herrschaft, deren Zentrum der Antisemitismus war, der sich vor allem, aber nicht ausschließlich, gegen Juden wandte, sondern auch gegen jeden, den er nicht für seinesgleichen hielt. Den Untergang dieses Staats- und Geschichtsmonsters wollte die ganze übrige Menschheit. Seine Gleichsetzung mit dem Untergang der europäischen Juden ist eine der vielen Varianten, mittels deren der Nationalsozialismus relativiert werden soll. Dies mag nicht in der Absicht des Historikers gelegen haben, ergibt sich aber aus dem, was er vorlegte. Und so sah sich dann Andreas Hillgruber in einer Reihe mit den Bezweiflern der Auschwitzer Singularität.
Es ist derselbe Historiker, der in seinem 1982 erschienenen Buch »Die gescheiterte Großmacht – Eine Skizze des Deutschen Reiches 1871–1945« mit überzeugender Beweiskraft dokumentarisch belegt hat, welche Kontinuitäten aus der Tiefe der deutschen Reichsgeschichte zu »Subventionselementen« Hitlerdeutschlands wurden. Darin heißt es, wie in meinem Kapitel »Absage an das Deutsche Reich 1871–1945« schon einmal zitiert:

»Je weiter wir uns von der weltgeschichtlichen Zäsur des Jahres 1945 entfernen, die den Untergang der Großmacht Deutsches Reich markiert, um so stärker erscheint dem Historiker das Dreivierteljahrhundert ihrer Geschichte als eine in sich geschlossene Einheit. Die durchgängigen Linien, die verbindenden Elemente über die Epocheneinschnitte hinweg, welche Bismarck-Zeit, Wilhelminische Ära und Ersten Weltkrieg, Weimarer Republik und schließlich ›Drittes

Reich‹ und Zweiten Weltkrieg voneinander trennen, treten viel deutlicher heraus, als es den meisten Zeitgenossen bewußt war, die, namentlich in Deutschland selbst, gerade die vielen auch zu verzeichnenden Brüche und Neuansätze als das Charakteristische der jüngsten deutschen Geschichte ansahen.«

So Andreas Hillgruber 1982. Kein Wort vom stalinschen Vorbild seiner Mitstreiter in der Historikerdiskussion vom Sommer 1986, kein Wort vom »kausalen Nexus« zwischen Hitlerdeutschland und Sowjetsystem. Dafür aber die unwiderlegbaren Zeugnisse, daß hier selbständig-nationale Traditionen, Interessen, Weltmachtansprüche wirkten, deren Ursprünge in einer Zeit liegen, da es die Sowjetunion noch gar nicht gab. Mit seinem Buch »Die gescheiterte Großmacht« führt Hillgruber, den viele heute als einen Relativierer sehen, die gesamte Spekulation von der Vorbildhaftigkeit des Sowjetterrors für den nationalsozialistischen Vernichtungsapparat ad absurdum.
Aber es kommt noch besser. Als wäre der Bezug auf die Frage, ob Auschwitz singulär oder ob es vergleichbar sei, beabsichtigt, schreibt Andreas Hillgruber, vier Jahre bevor sie öffentlich gestellt wurde, in dem »Fazit« genannten Schlußkapitel von »Die gescheiterte Großmacht«:

»In überschießender weltpolitischer Irritation (Wilhelminische Ära), in Überanstrengung (Erster Weltkrieg), in Verkrampfung (Weimarer Republik) und im Fanatismus (Drittes Reich und Zweiter Weltkrieg) das Unmögliche doch noch erreichen zu wollen, schließlich auch um den Preis *singulärer* Verbrechen wurde eine ›Antwort‹ auf diese ›Herausforderung‹ gesucht. Diese ›Antwort‹ ist aus dem Zusammentreffen von epochalen Tendenzen mit Besonderheiten der nationalen deutschen Geschichte in vielem erklärbar, wenn auch in manchen Einzelheiten des Verlaufs und im Entscheidenden in der Schlußphase die irrationalen Elemente nicht zu übersehen sind. Die *singulären* Verbrechen, die dieser Schlußphase ihren exzeptionellen Charakter geben, gehören zur Geschichte der Großmacht Deutsches Reich...« (Hervorhebungen v. mir, R. G.)

Dem wäre nichts hinzuzufügen. Außer daß die pluralistische Gesellschaft der Bundesrepublik Deutschland gegen Ende des Jahrhunderts, also in ihrem fünften Jahrzehnt, es den konservativen Versimplern und NS-Relativierern doch nicht so leicht macht, den großen Schlußstrich zu ziehen, wie sie es sich vorgestellt und ausgemalt hatten.

Von der Last, Deutscher zu sein

Ein Nachwort

1.

Es war nach der abendlichen Ausstrahlung einer Fernsehsendung von mir, mit dem Titel »Jahrmarkt des Todes«, einer Dokumentation über NS-Prozesse vor bundesdeutschen Schwurgerichten. Am selben Tag noch, gegen Mitternacht, übertrat ich mit dem Auto irgendein Verkehrsverbot, ich habe vergessen, welches, und wurde deshalb von zwei Polizisten angehalten. Als ich ausstieg, unter Laternenlicht, stockten sie, ließen die Arme sinken und fragten: »Haben Sie nicht vorhin ... war das heute abend nicht Ihre Sendung über ... über ...?«
Ich nickte. Wir stellten uns in einen Hauseingang und sprachen miteinander, eine gute Stunde ließen sie Dienst Dienst sein. Das heißt, ich sagte wenig, sie sprachen. Wie von etwas lange Zurückgehaltenem, in ihnen Gestautem. Ich habe den Tenor behalten, als wäre es gestern gewesen: Sie fühlten sich schuldig. Sie sagten mir, wieder und wieder, ratlos, sie fühlten sich verantwortlich für das, was da über den Bildschirm gelaufen und von mir kommentiert worden war, kämen sich mitbeteiligt an dem Entsetzlichen vor – »... obwohl das doch gar nicht stimmt, verdammt noch mal, und wir persönlich gar nichts damit zu tun hatten – trotzdem!«
Drang nach Antwort, Mienen wie lebende Fragezeichen. Ich stand da und sah sie an. Die Sendung hatte die Stätten gezeigt – Esterwegen, Dachau, Sachsenhausen-Oranienburg, Auschwitz – und einige der Mörder – darunter Gustav Sorge und Karl Schubert, Martin Sommer vom KZ Buchenwald. Auch den Bulldozer, der nach der Befreiung von Belsen die Leichenhaufen ins Massengrab schob und ihm mit seinen wirbelnden Armen und Beinen den Anschein einer gespenstischen Wiedererweckung verlieh.
Ich fragte die beiden nach ihrem Alter, obwohl es eigentlich überflüssig war, denn sie waren die Jugend in Person. »Zwanzig«, sagte der eine. »Einundzwanzig«, der andere. Dies ereignete sich im Jahre 1965.

2.

Es war ein elementares Erlebnis für mich.
Die Zeit war herangereift zu erkennen, was die zweite Schuld angerichtet hatte unter denen, die nichts als schuldlos am Dritten Reich gewesen sein konnten. Sie stellten Fragen, ohne Antworten zu wissen. Sie und alle, die zwar vor 1945 geboren waren, jedoch von ihrem Lebensalter her ebenfalls nichts als schuldlos sein konnten, entdeckten sich nun vor dem Vergangenheitsschutt, den die Generationen der

Eltern und Großeltern zwei Jahrzehnte vor sich her- und ihren Nachkommen zugeschoben hatten. Sie hatten ja angeblich keine Zeit gehabt, diese Trümmer abzutragen, da sie den Schutt der zerbombten Städte wegräumen mußten. Das war 1965 längst geschafft. Inzwischen sind abermals zwei Jahrzehnte und mehr ins Land gegangen, doch die Jungen fühlen sich immer noch dem gleichen Druck ausgesetzt, tragen die nämliche Last, sehen sich schuldlos beladen. Ihre Eltern und Großeltern, jedenfalls deren Mehrheit, hatten sich endgültig entpuppt als Leute, die ganz offenbar unter gar keinen Lebensumständen bereit gewesen wären, mit sich und dem Nationalsozialismus ins reine zu kommen – durch Offenheit, Ehrlichkeit und nun doch längst ohne jegliches Risiko. Denn sie haben es nie versucht.
Das ist die Welt, die die schuldlos Beladenen vorfinden – die ohnehin nicht rosig aussieht, mit der zähen Massenarbeitslosigkeit, bedrohter beruflicher Zukunft, dem Fünf-vor-Zwölf, oder schon später, der ökologischen Versäumnisse – und all das auf dem raketengespicktesten Territorium der Erde.
Natürlich, und zum Glück, ist das nicht alles, nicht das ganze Leben. Da sind Raum und Platz für anderes, einfach für die Normalität, die gesegnete und verfluchte, mit ihren Freuden und Nöten, Stolz und Ärger, all ihrer Lachbereitschaft und ihren unvermeidlichen Enttäuschungen, dem Bedürfnis nach Entspannung, nach kulinarischer und auch geistiger Nahrung, kurz, für den Alltag des Jedermann-Lebens. Das ist der Primärzustand der bundesdeutschen Gesellschaft, und das ist gut so. Er ist sichtbar und wird bewußt wahrgenommen, viel sichtbarer und bewußter als die Auseinandersetzung mit dem Nationalsozialismus, den die Mehrheit schon gar nicht mehr selbst erlebt hat, und mit seinem Erbe. Und doch ist beides überall da, begegnet es einem ständig, ja schlägt auch immer wieder hohe Wellen. Die Erfahrung sitzt ganz tief. Es ist eine Massen-, eine nationale Erfahrung. Der Nationalsozialismus und die Auseinandersetzung mit seinem Erbe sind ein bundesdeutsches Dauerthema. Der Leichenberg im Keller der deutschen Geschichte fragt nach dem Befinden weder der Tätergenerationen noch ihrer Kinder und Kindeskinder. Er ist da.
Von der Last, Deutscher zu sein.

3.

Bis heute haben sich die beiden großen Trägergruppen der zweiten Schuld deutlich zu erkennen gegeben: die von ihrem Lebensalter her für Aufkommen und Bestand des Dritten Reiches verantwortlichen

Generationen – mit nach oben und unten fließenden Grenzen etwa die Jahrgänge um die Jahrhundertwende herum bis in deren zweites Dezennium hinein, die »Großeltern«, vom Standort der Söhne, Töchter und Enkel aus. Diese Gruppe hat sich nach 1945 in ihrer überwältigenden Mehrheit für Verdrängung und Verleugnung entschieden. Alle Resultate einschlägiger demoskopischer Befragungen weisen sie notorisch als außerordentlich vergangenheitsverhaftet aus, wobei sich unverkennbar Deutschnationales mit Nationalsozialistischem verbindet.
Die zweite Gruppe besteht aus jenen Generationen, die zu jung waren, um für die politische Entwicklung der Reichsgeschichte auf 1933 zu verantwortlich gemacht werden zu können, die jedoch wie niemand sonst von Hitlerdeutschland geprägt worden sind – die Jahrgänge etwa ab 1928 bis in die dreißiger Jahre hinein, ebenfalls mit fließenden Grenzen nach oben und unten. An der oberen können sie in die Generation der Söhne und Töchter, an der unteren in die der »Großeltern« übergehen: Es sind die »Eltern«-, die Hitlerjugend-Jahrgänge. Ohne einer totalen Verantwortungsabstinenz für das Tatgeschehen im Dritten Reich das Wort zu reden, beginnt ihre volle Haftung für das eigene Tun und Lassen von der biographischen Reife her erst nach 1945: bei der Auseinandersetzung mit ihrer Prägung durch das Hakenkreuz und mit dem Rausch einer unter wahnhaften und realitätsgestörten Vorzeichen verbrachten Jugend. Haftung vor allem aber für die Entscheidung: verdrängen, verleugnen – oder bekennen, was zu bekennen gewesen wäre. Es hätte sich, bis auf Ausnahmen, für die 1945 Fünfzehn- bis Zwanzigjährigen jenseits aller justitiablen, strafrechtlichen Kriterien vollzogen.
Jünger und beweglicher als ihre Erzeuger, konnten die »Eltern« ihre braune Haut äußerlich rascher und leichter abstreifen als ihre Väter und Mütter, deren belastetes und verzerrtes Geschichtsbild viel weiter zurückreichte als bis zum Jahr 1933. Heute kann jedoch festgestellt werden, daß die »Eltern« hinsichtlich ihrer Auseinandersetzungsbereitschaft kein wesentlich anderes Verhalten als das ablehnende der »Großeltern« an den Tag gelegt haben.
Diese Generationen, die heute Fünfzig- bis Sechzigjährigen, sind derzeit in der Bundesrepublik an den Schalthebeln der politischen Macht, und sie werden sie noch bis gegen Ende des Jahrhunderts bedienen.
Aus ihren Reihen kommt, Jahrgang 1930, Helmut Kohl, der Schöpfer des Wortes von der »Gnade der späten Geburt«.
Es ist einer der irreführendsten Begriffe, die je geprägt worden sind. Von seiner innersten Natur her falsch und unaufrichtig, legt er verräterisch die unumkehrbare Fehlentwicklung eines weitverbreiteten Le-

bensgefühls innerhalb der betreffenden Generationen bloß. Dabei steht am Anfang eine beklemmende Unschuld: Keine Jahrgänge waren der nationalsozialistischen Indoktrinierung so wehrlos ausgeliefert wie die der »Pimpfe«, der Hitlerjugend und der »BDM-Maiden« (Bund Deutscher Mädchen) – was nach einer notwendigen Erkenntnisfrist ohne Nachteile hätte bekannt werden können.
Genau das hat das Gros der »Eltern« nicht getan.
Helmut Kohl selbst ist das repräsentative Beispiel für einen vorgegebenen, nicht in der Tiefe der Persönlichkeit wirklich vollzogenen Lernprozeß. Dieser Kanzler, der fortwährend von seiner Unbefangenheit gegenüber dem Nationalsozialismus plaudert, seine Distanz zu ihm beteuert und immer und immer wieder in zweifelhaften Zusammenhängen und Artikulationen auf ihn zurückkommt, demonstriert gerade damit, wie vollständig er in seiner Jugendprägung befangen geblieben ist. Was immer er auch anfaßt, es enthüllt auf fettnäpfchenhafte, tolpatschige und ganz und gar unfreiwillige Weise ein plakatives Verhältnis zum Dritten Reich ohne jede erlittene Trauerarbeit. Nach seinem ganzen inneren Habitus ist der Mann dazu offenbar nicht fähig.
Nach wie vor eng verstrickt in die Prägungen während der ersten dafür so unerhört anfälligen 15 Lebensjahre, gerät gerade der vorgegebenen Unbefangenheit alles schief, verrät sich das schablonenhaft Unverarbeitete in der Unsäglichkeit unhistorischer Vergleiche und Bilder. Wer den Nationalsozialismus relativiert, indem er Michail Gorbatschow mit Joseph Goebbels in einem Atemzug nennt und der DDR der achtziger Jahre Konzentrationslager andichtet, der hat nicht nur seine eigene nationalsozialistische Lebensetappe nicht bewältigt, sondern ihre Verdrängung bis ins sechste Jahrzehnt hinein kultiviert!
Er offenbart, daß er auf einem unreflektierten Niveau der Auseinandersetzung stehengeblieben ist, zu alt für eine Umkehr. So erklären sich: die falsche Geste über Bitburgs Soldatengräbern, der unautorisierte Versöhnungsschmus eines gemeinsamen Totentempels für Täter und Opfer, der Versuch, das Dritte Reich als eine kurzlebige Episode der deutschen Staatsgeschichte möglichst unauffällig in das Riesenfresko eines musealen Historienbildes einzubetten, und die akute Relativierung, Minimalisierung und Bagatellisierung des Nationalsozialismus – die meisten der Akademiker und Publizisten, die sie verfechten, entstammen der kohlschen Generation. Gerade ihre unaufgearbeitete, falsche und selbsterklärte Distanz zu den nationalsozialistischen Beeindruckungen des eigenen Daseins verleitet diese Jahrgänge zu Tönen, die sich ihre politischen Väter wegen ihrer – wenn auch uneingestandenen – Befangenheit nie erlaubt hätten.

Wenn es denn stimmte, daß jedenfalls die jüngeren Jahrgänge der »Eltern« sich im Sinne des Tatgeschehens im Dritten Reich mit Recht ebenfalls zu »schuldlos Beladenen« zählen könnten – glaubhaft würde das erst, wenn sie sich zu dieser schuldlos erworbenen Verstrickung bekennen würden. Das Wort von der »Gnade der späten Geburt« leugnet sie jedoch ausdrücklich.
Mit dieser kohlschen Mentalität kann sich ein Mensch mit meiner Biographie vor und nach 1945 mental nur im Bürgerkriegszustand befinden.
Vor einer anderen jedoch schaudert's mich noch mehr, ja, ich fühle mich durch sie, wenn auch nicht in einer persönlichen, wohl aber in einer politischen Beziehung, tief angetastet. Es ist charakteristisch, daß diese Bedrohung aus den Reihen der voll verantwortlichen »Großeltern«-Generationen kommt.
Es war während der sogenannten »Elefantenrunde« des Deutschen Fernsehens vor der Wahl zum 11. Bundestag am 25. Januar 1987, eine schwergewichtige Männerrunde von Parteivorsitzenden und -sprechern, auch der Opposition, jedoch nur mit einer Frau. Und dann kam sie, die Szene, nur sekundenlang, aber mörderisch genug, um unvergeßlich zu sein.
Franz Josef Strauß, Jahrgang 1915, auf den sich die verbliebene Sehnsucht nach dem starken Mann zwar erfolglos, jedoch entblößend genug konzentriert hat, der mit der »Spiegel«- und anderen Affären (FIBAG, »Onkel Aloys«, Starfighter) bundesdeutsche Politskandalgeschichte gemacht hat, Franz Josef Strauß, der Inbegriff des Zwangsdemokraten, dessen außenpolitisches Sympathisantentum mit Staatsterroristen wie dem chilenischen Diktator Ugarte Pinochet oder dem rassistischen Burenregime Südafrikas gleichzeitig seine wahren innenpolitischen Ambitionen aufdeckt, der Vorsprecher der Atomlobby und Fürsprecher eines hemmungslosen bundesdeutschen Waffenexports, diese Inkarnation des Gegenradikalismus, der die Unverbesserlichen und Unbelehrbaren immer wieder mit jubelnd aufgenommenen Parolen versorgt – »Wir müssen endlich aus dem Schatten Hitlers heraustreten« –, Franz Josef Strauß giftete nun in jener Runde eine junge Frau an, die unbeirrbar, aber diszipliniert ihre von allen anderen abweichende Meinung vertrat, eine vom Alter her klassische Angehörige der Enkel-Generation, die Grüne Jutta Ditfurth:

»*Sie sind die Nazis von heute!*«

Das war der Gipfel der Infamie, und es hat wenig gegeben, was meinen immer wieder im Zaum gehaltenen, jedoch schlaflosen Fluchtinstinkt

nach 1945 so spontan provoziert hat wie diese auf den Kopf gestellte Selbstentblößung eines *hassenden* Franz Josef Strauß.
Das ist die Art und Weise, in der heute belastete Ältere, Träger der ersten und der zweiten Schuld, mit Angehörigen der de jure, de facto, politisch, moralisch, historisch wirklich schuldlosen Generationen umgehen.
Ihnen, diesen Söhnen, Töchtern und Enkeln, ist mein Buch gewidmet.

4.

Aber ein Blankoscheck ist die Widmung nicht.
Denn auch sie tragen Verantwortung, sehr wohl, und sind keineswegs entlassen aus der schicksalhaften Auseinandersetzung mit dem Nationalsozialismus und seinem Erbe. Die Verantwortung der schuldlos Beladenen beginnt bei der Frage, wie sie zur Schuldbelastung ihrer Großeltern und Eltern stehen, zu dem, was diese getan und was sie gelassen haben. Bei der Frage, wie sie zum jüdischen und nichtjüdischen Holocaust stehen und zu seiner Voraussetzung, dem deutschen Angriffskrieg, zur Schuldverdrängung und -verleugnung ihrer Erzeuger und Mütter nach 1945, zum großen Frieden mit den Tätern und dem Verlust der humanen Orientierung – kurz, zur zweiten Schuld, deren Opfer sie selbst sind.
Da beginnt die Verantwortung der schuldlos beladenen Söhne, Töchter und Enkel, und niemand kann sie ihnen abnehmen.
Aber nicht alle von ihnen stellen sich diesen Fragen oder übernehmen gar Verantwortung. In meine Widmung nicht einbegriffen sind die Antisemiten dieser Jahrgänge, auch nicht die Verfechter jenes »neuen« Antisemitismus von links, den Henryk M. Broder so klassisch auseinandergenommen hat. Diese Judenfeindschaft, die in den Tarnmantel des Antizionismus schlüpft, finde ich vielmehr besonders abscheulich, weil sie sich der mörderisch-traditionellen aufpfropft. Unvergessen, seit 1968, die Identifikation dieser Linken mit einer PLO, die die Juden nach wie vor ins Meer treiben will und die die israelische Besatzungspolitik im Vorderen Orient mit der Hitlerdeutschlands im Europa des Zweiten Weltkrieges vergleicht. Mögen Palästinenser das halten, wie sie wollen, mögen *sie* Juden »Nazis« schimpfen – Deutschen, egal, welchen Jahrgangs, verbietet die Erinnerung, in solche töricht-ignoranten Gleichsetzungen einzustimmen. Sie kommt keinem von uns zu.
Kritik an Israel? Jederzeit! Aber für Deutsche, auch für die schuldlos beladenen Söhne, Töchter und Enkel, kann sie nur durch den Filter

jener geschichtlichen Skrupel erfolgen, die jede aufrichtige Beschäftigung mit der Nazizeit unweigerlich hervorrufen muß. Die »Unbefangenheit« des linken Antisemitismus gibt sich nicht weniger verlogen als die elterliche. Jugendstatus und demonstratives Pochen auf Schuldlosigkeit beeindrucken nicht. Unbefangen kann nur der sein, der sich in all diesen Fragen zuvor als befangen erklärt hat.

Nein, ein Blankoscheck ist die Widmung dieses Buches nicht. In sie sind nicht einbegriffen die jugendlichen Zwangsdemokraten und Gegenradikalisten, die es auch unter den Söhnen, Töchtern und Enkeln gibt; auch nicht die Anhänger des perversen Antikommunismus unter ihnen und ebensowenig die des verordneten Antifaschismus und seiner staatlichen Basis, die Restgruppe der unentwegten BRD-Stalinisten, seien sie nun organisiert oder nicht.

Dennoch halte ich die Widmung aufrecht und für berechtigt, und das nicht nur, weil ich Hoffnungen auf die Mehrheit der schuldlos Beladenen setze. Sondern vor allem, weil sie die Opfer eines *gebrochenen Generationenvertrages* sind!

Während einer Diskussion mit Schülerinnen und Schülern der Oberstufe eines Gymnasiums sagt ein Mädchen: »Ich höre, lese und sehe immer so schreckliche Dinge aus der Zeit von damals. Wer hat die eigentlich begangen? Mein Opa und meine Oma – das sind *so liebe Menschen!*« – Daraufhin frage ich: »Haben sie mit Ihnen auch über die Nazizeit gesprochen?« – Das Mädchen, zögernd, nachdenklich: »Nein ...« Da nützt denn auch alle Liebheit nichts, vielmehr schließt sich der Kreis: Die alte Schizophrenie, das Kainszeichen der ersten Schuld, ist auch in der zweiten voll erhalten geblieben – die Spaltung der Persönlichkeit in eine privat humanitäre, politisch jedoch antihumanitäre Hälfte!

Mögen die Eltern und Großeltern ihren Kindern und Kindeskindern alle Liebe gegeben haben, ein Zuhause, Wärme, Geborgenheit, soziale Sicherheit – ihrer politischen Fürsorgepflicht sind sie nicht nachgekommen, jedenfalls ihre Mehrheit nicht. Der Generationenvertrag, das ist ja nicht nur eine Rentenangelegenheit, bei der die Werktätigen für die Ruheständler aufzukommen haben, so, wie diese einst die Pensionen der Vorgeneration gesichert hatten. Der Generationenvertrag bedeutet auch Vorsorge für die Nachkommen, für Zukunft, Glück und freien Lebenslauf – und ihn hat die zweite Schuld gebrochen. Ihre Träger haben ihr eigen Fleisch und Blut um der Unversehrtheit des Selbstbildnisses willen im Stich gelassen. Welche Motive sie immer hatten und noch haben, sich die Maske vors Gesicht zu halten – aus Eigenliebe, Schwäche, Trotz, Scham oder Uneinsichtigkeit: Was sie an Ge-

schichtsbürde nicht abgetragen haben, das haben sie den Söhnen, Töchtern und Enkeln hinterlassen.
Zu der kollektiven Tragödie kommen die individuellen Katastrophen. Ich war nicht fähig, die »Spiegel«-Serie »Ich war's nicht, verdammt noch mal« in einem Zug durchzulesen, dieses Trauerspiel mit dem klärenden Untertitel »Wie Nazikinder mit der Vergangenheit ihrer Eltern leben«, das Peter Sichrovsky in erschütternden Interviews oder, besser, Monologen der Betroffenen aufgenommen hat. Ich war selber Opfer – aber diese sind es auch, auf ihre Weise! Und beide Opfergattungen haben dieselben Verursacher. Hinter diesen Aussagen wurde eine Not sondergleichen sichtbar. Sie hat mich bis in die innere Lähmung hinein getroffen. Mag der Druck, der auf diesen Kindern von Nazis lastet, so konzentriert, so säulenhaft, so individuell auf die Allgemeinheit ihrer Altersgenossen nicht zutreffen, da eben nicht alle Eltern und Großeltern ehemalige KZ-Kommandanten oder sonstige Direkttäter waren: Das Schicksal der übrigen schuldlos beladenen Söhne, Töchter und Enkel unterscheidet sich nicht prinzipiell, sondern nur graduell von dem der interviewten Nazikinder und aller, für die sie stellvertretend gesprochen haben – Hunderttausende, Millionen.
Ihnen, ihnen besonders, ist mein Buch gewidmet.

5.

Ich höre es förmlich, geraunt oder herausgeschrien: »Die zweite Schuld oder Von der Last Deutscher zu sein« sei ein Werk vom Standpunkt des reinen »Anti«, der Nichtzugehörigkeit, des Außerhalbs...
Ach, wäre es das doch nur! Dann könnte ich fliehen, einfach Schluß machen, entscheiden: Jene zwölf Jahre zwischen 1933 und 1945 und dann danach noch einmal die beschriebenen vierzig – das sei genug, übergenug. Aber, leider, ich kann es nicht. Ich bin, ganz im Sinne des Heine-Spruches vorn, angenagelt an dieses Land, ans Deutsche. Es fragt mich nicht, was ich möchte, es hält mich fest, hoffnungslos und ohne jede Aussicht auf Änderung. Es hat mir meine Unlösbarkeit eingerichtet – wo immer ich auch hinginge, sie käme mir überall nach.
Aber ich will, daß meine Probleme in diesem Staat gesehen werden, weil es nicht nur die meinen sind. Die Bundesrepublik Deutschland hat einen Januskopf, ein Doppelantlitz, hat ihn immer gehabt, von Anfang an. Sie ist der freieste Staat in der Geschichte der Deutschen – und doch auch so, wie dieses Buch sie schildert. Weiß die bundesdeutsche Gesellschaft, daß ihr Januskopf den überlebenden Verfolgten immer unheimlich war, ist und so lange bleiben wird, wie er existiert?

Diese Gesellschaft soll wissen, daß unter ihr, immer noch und wohl bis übers Jahrhundertende hinaus, Augenzeugen weilen, die nicht vergessen können und wollen. Sie soll wissen, daß darunter Menschen sind, denen beim unfreiwilligen Einatmen der Auspuffschwaden im Stau des motorisierten Wohlstandsblechs unweigerlich Gedanken an die Gaskammern von Auschwitz, an die Gaswagen von Chelmno kommen. Menschen, die beim Anblick jeder Wunde, jedes Tropfen Bluts an Babi Jar, an Lidice, an Sobibor denken. Menschen, die zusammenzucken, wenn sie das ebenso begrifflos wie inflationär benutzte Wort »Einsatz« vernehmen – nachdem es die Mordkommandos der »Einsatzgruppen« gegeben hat. Sie benutzen auch diese Vokabel der »Lingua Tertii Imperii«, der Sprache des Dritten Reiches, des Unmenschen, nie mehr – es sei denn bei einer notwendigen Demonstration wie dieser.

Die Generationen der zweiten Schuld werden sich eingestehen müssen, daß aus ihren Reihen auch immer *Gegenbeispiele* hervorgebracht worden sind – die eigentlichen Ankläger. Etwa Renate Finckh.

Sie ist das, was eine »einfache Frau und Mutter« genannt zu werden pflegt, Jahrgang 1926. Einst glühende Nationalsozialistin, schrieb sie ein 1978 erschienenes Buch über ihre »Frühverderbnis«, wie sie ihr Leben in der Nazizeit nannte. Es trug den nicht besonders gelungenen Titel »Mit uns zieht die neue Zeit«, ist aber eines der rücksichtslos-ehrlichsten Bekenntnisse, die mir je vor Augen gekommen sind.

Über ihre Motivation dazu schrieb die Autorin:

»Ich habe viele Jahre gebraucht, nachdem der ganze Spuk des Naziregimes längst vorbei war, um nach einer solchen Jugend meine eigene Identität zu finden. Danach drückten mich Schuld und Scham und verschlossen mir lange Zeit den Mund. Doch auf ihre Fragen bekamen meine Kinder nirgends anders Antwort, höchstens von solchen, die es selbst nicht mehr erlebt haben. Da erkannte ich, daß ich mich, wenn ich weiterhin schwiege, aufs neue schuldig machen würde. Deshalb will ich reden.«

So lautet das Gegenprogramm zur zweiten Schuld. Hätten mehr Menschen bei uns den befreienden Mut dieser ehemaligen Nationalsozialistin gehabt, wäre mein Buch überflüssig gewesen und nie geschrieben worden.

Von der Last, Deutscher zu sein.

Anhang

Briefe an den Autor

Ich bin Sohn eines gläubigen Nationalsozialisten, der sich bis zum »Zusammenbruch« nie ernsthaft für Politik interessiert hat und der als Sudetendeutscher eine unrealistische Beziehung zum »Reich« hatte. Auch meine Lehrer waren in den Fünfzigern bestenfalls bereit, bis zu Bismarck zu gehen, und wagten sich an Kaiser, Republik und Reich nur mit sich entlarvenden Bemerkungen.

So blieb es mir selbst überlassen, mir ein Weltbild zu machen. Von meinem Vater habe ich den »Kampf« und den »Mythus des zwanzigsten Jahrhunderts« gelesen. Es stand alles drin. Hitler hat niemanden belogen – er hat alles vorher geschrieben – es gab gar keine Ausrede –, ich war erschüttert, ein Kloß saß mir im Hals, der dort all die Jahre blieb, die ich im Ausland arbeitete. Während dieser Auslandsaufenthalte kam mir als junger Mann in den Sinn, auszuwandern und meinen deutschen Paß abzugeben. Doch sagte ich mir, daß ich mich nicht selbst verleugnen konnte. Ich mußte dazu stehen, mußte die Last tragen, ob ich wollte oder nicht, mußte mir gegenüber ehrlich sein. Vor allem dann, wenn ich im Ausland Deutsche traf, wo es mich zu zerreißen drohte, wenn ich sie hörte. Wußte ich doch die Wahrheit über Kaiserzeit und Naziherrschaft nach dem Lesen unzähliger Bücher. Die Gestrigen in Südamerika und Südafrika, und wenn ich heimkam, war es auch nicht besser. Und es wurde nicht besser.

Im Frühjahr dieses Jahres habe ich zufällig ein Interview mit Ihnen gehört, in dem Sie auf Ihr Buch »Die zweite Schuld« hinwiesen. Ich habe es sofort gelesen, und mir ist dabei zum ersten Mal der Kloß im Hals gelöst worden, und ich konnte sagen: Ja! So ist es! Genau so!

Es war für mich eine regelrechte Befreiung, und ich fühle mich seitdem viel besser. Kann ich doch sagen, da gibt es jemanden, der genau das ausdrückt, was mich bedrückt. Das gibt mir Mut. Und dafür bin ich Ihnen dankbar. Damals, nach dem Buch, habe ich mir gesagt, daß ich Ihnen einmal schreiben müßte, was ich vorher noch niemals getan habe – nicht an Autoren. Aber es ist nicht dazu gekommen. Arbeiten. Reisen. Hotel.

Aber diesmal, nach Korea, habe ich mir Ihr Buch »Die Spur« mitgenommen, und an der Stelle, wo Ihnen der Inder die Chapattis in den Mund stopft, sagte ich mir: Der ist wie ich!

Und deshalb habe ich mich jetzt endlich hingesetzt und habe Ihnen diesen Brief geschrieben. Weil ich die gleichen Eindrücke, Ansichten und Gefühle habe, die Sie in Ihren Büchern artikulieren. Dafür möchte ich Ihnen Dank sagen. Den einzigen Unterschied, den ich feststellen konnte, ist, daß ich kaum eine Hoffnung habe. Weder für die Bewußtseinsbildung der Deutschen noch bei der Lösung des Weltproblems, des Hungers. Doch haben Sie mir Mut gemacht, weiterzumachen. Ich muß meine Kinder zu Offenheit, Ehrlichkeit und zu Wissenden erziehen. Davon darf ich nicht abkommen.

Knut W., Swisttal-Odendorf

Ihr Buch »Von der Last ein Deutscher zu sein« hat mich sehr erschüttert. Ich möchte Ihnen schreiben, daß ich Jahrgang 1924 und in Hamburg geboren bin, wo ich bis vor 30 Jahren gelebt habe. In meiner Jugend war ich überzeugt vom Nationalsozialismus, ich war Jungmädelführerin, und als ich gestern im Vorspann zu Ihrer Sendung die jubelnden Menschen sah, war mir klar, daß auch ich hätte dabeisein können. Ich bin in einem völlig unpolitischen Elternhaus groß geworden, sehr früh starb mein Vater, ich war erst vier Jahre alt. Wir lebten nicht in der Stadt, was vielleicht wichtig zu wissen ist, sondern im Hafen. Wir hatten ein Taucher- und Bergungsgeschäft. Wir besuchten die Privatschule von Fräulein Wirth am Mittelweg. Ich weiß nicht, ob Sie je von der Ria-Wirth-Schule gehört haben? Wir waren 24 Schülerinnen in meiner Klasse, und 13 davon waren jüdische Mädchen. Wenn wir evangelische Religion hatten, gingen die jüdischen Mädchen in die Synagoge in der Oberstraße. Die Freundschaften liefen kreuz und quer durch die Klasse. Natürlich hörte ich, als ich in den Jungmädelbund eingetreten war, von dem »alles verderbenden Weltjudentum«, aber ich brachte das nicht in Zusammenhang mit meinen jüdischen Freundinnen und ihren Eltern. 1937 wurden die Hamburger Privatschulen verboten, und ich kam in die Helene-Lange-Schule an der Bogenstraße, die damals nicht mehr so heißen durfte, damals hieß die Schule Hansa-Schule.
Fräulein Wirth hätte ohnehin nicht mehr die Mittel gehabt, ihre Schule zu behalten, denn bis zu unserer Umschulung waren alle meine jüdischen Klassenkameradinnen ausgewandert. Als letzte von ihnen verließ uns Ilse Lewin, deren Vater Arzt in der Abteistraße war. Ilse war Halbjüdin, und sie war auch noch in der Schule an der Bogenstraße.
Und nun muß ich schreiben, daß ich mich heute noch schämen muß, daß ich nie nach dem »Weshalb« gefragt habe, weshalb diese Menschen Hamburg verließen, wo sie doch seit Generationen ihre Heimat hatten. Immerhin war ich damals 13, fast 14 Jahre alt. Aber nachgedacht habe ich nicht.
Wenn ich nun den von Ihnen so gehaßten Satz schreibe – »ich habe

nichts davon gewußt« –, so stimmt das, aber es befreit mich nicht von der Schuld, daß ich es hätte wissen müssen, was geschah.
Dieser Brief drückt nicht das aus, was ich Ihnen sagen möchte, Herr Giordano, aber seit ich 1945 die entsetzlichen Bilder aus den KZs sah, habe ich nie aufgehört, mich schuldig zu fühlen. Meine Kinder wissen von meinen Schuldgefühlen, und ich hoffe, daß sie jetzt als erwachsene Menschen aufmerksamer und kritischer sind, als ich und meine Generation es waren.

Hannelore R., Jahrgang 1924, Dobel

Als ich mich nach Ihrer Lesung bei Ihnen bedankte, spürten Sie meine Not, schlossen mich in Ihre Arme, und ich konnte getröstet nach Hause gehen. Dank dafür.
Es wäre besser gewesen, an diesem Abend auszusprechen, was ich jetzt schreibe, aber mir fehlten wieder die richtigen Worte zur rechten Zeit. Ich war eine Nazin, hab's nicht geleugnet und mich danach erst damit auseinandergesetzt. Im Mai 1985, im Rahmen eines ökumenischen Gottesdienstes, habe ich es als Zeitzeugin öffentlich ausgesprochen und mich damit von dem größten Teil dieser Last befreit. Doch wenn ich es dann so eindringlich höre, ist die Erschütterung immer noch groß. Da war nur die vom geliebten Vater übernommene Begeisterung für den starken Mann, der Deutschland groß machen würde, die mich die humane Orientierung verlieren ließ, da war keine Fähigkeit, Unrecht als Unrecht zu erkennen. Blieb ich auch davor bewahrt, Unrecht zu tun, so war die Überzeugung schon schlimm genug.
Die Fähigkeit zu trauern danach, die hatte ich dann, doch manchmal ist der eigene Abgrund schon erschreckend.
Ich weiß, Sie werden mich verstehen.

Eva L., Jahrgang 1914, Norderstedt

Im Jahr 1933 geboren, bin ich für meinen bis 1947 anhaltenden Hitlerwahn nicht völlig schuldlos, doch unverhältnismäßig hart getroffen durch die Giftluft in diesem Land, die der Mangel an Mut und Aufrichtigkeit zur Bereinigung der Schuld in den letzten Jahrzehnten und noch immer ausdampft und die Verlogenheit bestehen läßt.

»Das ist nicht mein Land«, heult es in mir, und doch haben sie nicht allein das Recht, es zu besitzen, diese Dickfelligen, diese Monster.
Ihr Buch ist mir wie ein Freund in meiner anhaltenden Depression zur Seite getreten, die wesentlich auf die ersten Litfaßsäulenplakate mit den Abbildungen der Berge von Leichen in den Konzentrationslagern, 1947 in der US-Besatzungszone plakatiert, zurückgeht. Wohl aber auch auf die »vergessenen« Erlebnisse in der Nazi-Zeit und noch mehr auf den versagten Beistand der Älteren (in Form ihrer Schuldanerkenntnis). Als Betroffener kann ich nur sagen: Es ist ein Grauen in diesem Land, das Sie als Opfer von damals nur unvollständig sehen können. Manchmal denke ich, es sind die Flüche, die in den KZs, Gaskammern, Gefangenenlagern gegen uns Mörderkinder ausgestoßen wurden und noch lange wirksam bleiben. Aber warum trifft der Fluch im wesentlichen uns, die wir »sehen«?
In Ihrer Einleitung sehen Sie vieles zu positiv in dieser »Demokratie«. Wenn Sie noch hätten untersuchen können, wohin die Energie, die zum Schuldbekenntnis und zur Bereinigung nötig gewesen wäre, geflossen ist – in Wirtschaftsgigantismus, in Landzerstörung, unausgefüllten Hunger nach kollektiver Bestätigung, in »Tatendrang« eben –, dann würden Sie die neue Freiheit vorsichtiger beurteilen.

Klaus M., Jahrgang 1933, Karlsruhe

Ich habe vor einem Jahr die Fernsehfolgen von »Shoa« gesehen. Es war nicht so, daß ich glaubte, eine Wahl zu haben, ob ich mir das nun anschaue oder nicht, oh, nein. Ich hatte von vornherein eine ganz klare Vorstellung davon, daß ich als Deutsche dies tun müsse. Ich hatte einfach die Pflicht, all den Toten, den Müttern und Vätern und Kindern ein letztes Geleit, »die letzte Ehre« geben zu müssen und all den Überlebenden ein letztes Mal Gehör. Vieles war mir ja bekannt, manches andere weniger (z. B. die Mitwirkung der Reichsbahn), aber fast unerträglich waren die Erzählungen der Überlebenden. Alles Lesen darüber, alle Vorbereitung nutzt ja nichts, wenn da nun plötzlich Menschen sind, die erzählen. Ich kann das Entsetzen gar nicht schildern, das da plötzlich hautnah vor mir stand. Da sind Menschen, Mann und Frau, Eltern und Kinder, Brüder und Schwestern, aus ihrem Leben gerissen worden und umgebracht worden ... Ich habe selbst zwei kleine Mädchen, sieben und vier Jahre alt. Ich stelle mir das immer vor: Wir kommen in so einen Viehwaggon ... es ist einfach schrecklich. Ich könnte immer wieder, immer wieder nur weinen.

Aber dann die Reaktion auf »Shoa« bei meinen Bekannten. Entweder totales Desinteresse oder die Ausreden: Das verkrafte ich nicht, das ist zu schrecklich, ich kann mich damit nicht belasten. Meine Antwort, daß man es aber einfach hören müsse, daß man sich damit (und sei es noch so schrecklich) auseinandersetzen muß, stieß auf heftige, ja heftige Ablehnung. »Die Unfähigkeit zu trauern« – sie stand über allem. Man hätte ja nur zuzuschauen brauchen, keiner verlangte eine Entschuldigung. Aber noch nicht einmal dazu ist man hierzulande bereit, zumindest in großen Teilen der Bevölkerung.
Es schien mir, als würden diese Menschen alle noch einmal, und diesmal von uns, hingemordet. Dies ist neue Schuld. Ich danke Ihnen, daß Sie mit Ihrem Buch vieles klargemacht und erläutert haben. Es hat mir vieles erklärt und vieles bestätigt. Ich danke Ihnen.
Ich kann nur versprechen, daß ich meine Kinder so erziehen werde, daß sie zumindest wissen, worum es geht, und ich hoffe, daß sie dann einmal fähig sein werden, zu trauern, wo es nötig ist, und »nein« zu sagen, wo es nötig sein sollte.

Hannelore W., Jahrgang 1945, Langen

Die Zeit des Nationalsozialismus in Deutschland beschäftigt mich schon sehr lange und dabei besonders die Frage der Mitschuld der vielen kleinen Mitläufer. Leider habe ich dabei zuviel Verständnis für diesen Kreis aufgebracht und mir gesagt, daß diesen Personen keine andere Wahl blieb. Dies mag bei mir aus Schutz geschehen sein, weil man sonst zwangsläufig auch auf Personen stößt, die einem sehr nahestehen und die man nicht als »Täter« sehen möchte. Wie groß ist die Schuld meines Vaters (Jahrgang 1925 und freiwilliges SS-Mitglied), und was hatte er zu verantworten? Ich habe von ihm nie eine Antwort erhalten, muß aber auch gestehen, daß ich auf eine Beantwortung nie insistiert habe. Könnte ich ihn danach noch so unbefangen schätzen und lieben für das, was er für mich getan hat, und für die Entbehrungen, die er und meine Mutter auf sich genommen haben um uns Kinder willen? Sie sehen, ich habe Angst vor der »Sezierung der eigenen Eltern«.

Paul S., Jahrgang 1957, Gottenheim

Ich bin eine 17jährige Schülerin in der 12. Klasse und habe Ihr Buch gelesen. Ich möchte Ihnen gerne über den Eindruck, den es auf mich gemacht hat, berichten.
In dieser Klarheit und systematischen Darstellung war es für mich neu, wie sehr die Zeit des Nationalsozialismus in die Zeit der Bundesrepublik hineingreift. D. h., sämtliche Verhaltensmuster, wie Sie sie schildern, waren mir zwar aus Teilen meiner Familie und von Politikern bekannt, aber ich habe sie nicht durchschaut. So empfand ich in Diskussionen immer ein deutliches Unbehagen gegenüber der Argumentationsweise der »kollektiven Affekte«, aber ich wußte ihnen nur wenig entgegenzusetzen. So dankt Ihnen hiermit eine aus der »Generation der Söhne, Töchter und EnkelInnen« (das vergaßen Sie konsequent) herzlich für diese umfassende Aufklärung.

Stephanie S., Jahrgang 1972, Bonn

Schlimm sei das gewesen, sagten die Eltern, sehr schlimm, aber vieles würde jetzt auch übertrieben. Keiner hätte etwas davon gewußt. Es sei ja Krieg gewesen.
»Kinder, das könnt ihr euch ja gar nicht vorstellen, heute, das hätte ja dem Adolf auch keiner zugetraut. Aber es wird natürlich jetzt alles wahnsinnig übertrieben.« Ich fragte weiter.
Vater wurde zornig und laut. Er verbot mir das Wort. Mutter, die immer beschwichtigte, beschwichtigte auch hier. Ich mußte auf mein Zimmer. Sie kam nach und sagte, ich solle doch nicht den Vater so ärgern. Ich weinte und schämte mich. Ich ging, mich zu entschuldigen.
Mit fünfzehn wanderten die Fragen aus dem Elternhaus in die Schule. Auch da fanden die gefragten Lehrer das alles schlimm, sehr schlimm sogar, und waren froh, daß diese schreckliche Zeit vorbei war. Im Geschichtsunterricht hörten wir beim Ersten Weltkrieg auf und waren gleich wieder bei Hammurabi und seinen steinernen Gesetzestafeln.
Nein, keiner fragte wirklich, ich meine so, wie heute die Kinder fragen können und dürfen: bohrend, hartnäckig, genau. Wir schonten unsere Eltern und Lehrer. (Wir waren ja auch verschont geblieben.) Und doch: Irgendwann muß es doch passiert sein, daß das Tabu undicht wurde. Ich weiß nicht mehr, wann das anfing, wie das geschah. Andere zogen den Tabuschleier von dem Wort »Jude«. Ich kannte auf einmal Menschen, die zu diesem Wort gehörten. Es waren nicht mehr nur viele eines Wortes umgebracht worden, was »schlimm, sehr schlimm«

war, aber sie deshalb noch nicht wirklich für mich zu Menschen gemacht hatte (weil ich damit Vater und Mutter verraten hätte, die ich ja liebte, vor denen ich ja Angst hatte, denen ich ja dankbar sein mußte, weil sie so fleißig waren und alles für uns Kinder opferten, damit wir trotz des verlorenen Krieges wieder in der Welt groß dastehen würden). Nein, es waren wirkliche Menschen gemordet worden, solche wie die, die ich kannte, mit denen ich zum Eisessen ging, mit denen ich Völkerball spielte und für deren blutig geschlagene Knie ich ein Heftpflaster holte. Menschen wie die Eltern, wie die Brüder, Menschen wie ich.

Und mit jedem Gedanken, der sich in mir an der undenkbaren, unmenschlichen Vergangenheit versucht, erfasse ich in allen Dingen die ungeheure Macht und Dichtigkeit des Verschweigens, die über all diesen grauenhaften Geschehnissen lag. Ich kenne keine Mitschülerin, keinen Freund, der gegen dieses Schweigen angetreten wäre. Nicht wirklich. Nicht mit dem Herzen. Nicht, solange wir die Eltern brauchten und darum schonten.

Die Eltern sagten immer: »Solange du die Füße unter unseren Tisch steckst, wird getan, was wir sagen.« *Das* habe ich mir zu Herzen genommen. Und wirklich, erst seit ich meine Füße unter meinen eigenen Tisch stelle, darf ich sehen und hören und denken, was ich sehe und höre und denke (... eine Generation von elternschonenden Spätentwicklern ...).

Wahrheitsliebe und Kritikfähigkeit müssen gelernt und geübt werden wie Schlittschuhlaufen. Wenn man, wie ich, sehr spät auf dem Eis die ersten Schritte macht, wird man vielleicht nie die ganz großen, sicheren Sprünge machen, aber mit jedem Tag und korrigiert durch gelegentliche Stürze wachsen das Vertrauen in die eigene Standfestigkeit und die Bereitschaft, die eigenen Kinder früh auf das Eis ihrer eigenen Gedanken und Gefühle zu lassen. So geht es mir nicht darum, nun herauszufinden, welches denn der Anteil meiner Eltern an den Geschehnissen des Dritten Reiches war, als vielmehr, diese deutsche Wahrheit in mir wahr und schmerzhaft zu halten, daß eben dieses unsere Geschichte ist.

Ulrike D., Jahrgang 1944, München

Eine Lehrerin beklagte sich einmal bitter, die Schüler wollten nichts wissen vom Dritten Reich und den Nazi-Verbrechen. Für diese Kinder habe ich viel Verständnis. Es ist einfach zu furchtbar, sicher für Kinder, nicht für Eltern und Lehrer.

Für meine eigene pädagogische Arbeit habe ich daraus die Konsequenz gezogen, durch Vorleben, Stil, Methode und ständiges Üben demokratisches, humanitäres Verhalten zu lehren, Mut zur Kritik und zur eigenen Meinung zu vermitteln und ein klares Gefühl dafür, daß Verantwortung für die eigene Unwissenheit bei jedem selbst liegt.
Das alles schreibe ich Ihnen schnell, einerseits eben aus Dankbarkeit, andererseits deswegen, weil Sie Jude sind und ich nicht. Damit Sie sehen – auf dieser Seite hier, der Täter, gibt's doch ein paar, die es ins Auge fassen und tragen.

Anna W., Flensburg

Bevor ich anfing, Ihr Buch zu lesen, war ich nahe daran, meiner Oma zu glauben, daß sie »von nichts gewußt« hat. Jetzt sind ihre sämtlichen Versuche, mich doch noch zu überzeugen, hoffnungslos. Darüber hinaus hat mir Ihr Buch die Angst genommen, in manchen Punkten übersensibel zu sein. Es hat mir gezeigt, daß nicht ich übersensibel bin, sondern daß es der Mehrheit der Deutschen an Sensibilität fehlt. Ohne diese Lektüre hätte ich nie den Mut gehabt, gegen die Übersetzung des englischen Worts »mission« (in der Bedeutung von Gruppen von Entwicklungshelfern) mit »Einsatzgruppe« in meinem Englischbuch zu protestieren. Außerdem bot mir Ihr Buch gute Argumente gegen die von Schülern meiner Parallelklasse aufgestellte Behauptung: »Die Russen waren im Zweiten Weltkrieg auch nicht besser als die Deutschen.« Nochmals vielen Dank für dieses Buch.

Sylvia B. (15 Jahre), Bad Berleburg

Mein Vater starb 1976, man könnte sagen, er hatte die Gnade des frühen Todes. Heute würde ich gerne seine Schilderungen hören. Ich werde nie den Schock vergessen, als ich vor vier Jahren seine Kriegstagebücher fand. Vorne: Parteimitgliedsnummer, im Band 1943 ein Katalog von Thesen: »Warum wir den Krieg verlieren werden«, dabei: »Falsche Behandlung der Judenfrage, Massenmorde in ...«, von wegen nichts gewußt! Ich werde nie meine Wut vergessen, jenes ohnmächtige Gefühl, betrogen worden zu sein.

Kornelia K., Frankfurt

In früheren Jahren habe ich oft und leidenschaftlich versucht, meinen Vater aus seinen Verdrängungs- und Verleugnungsstrategien wachzurütteln. Möglicherweise nicht ganz ohne die rechthaberische Attitüde der '68er. Gewiß aber stets mit dem Hinweis auf das durch nichts mehr zu rechtfertigende Versagen nach '45, als alle gezwungen wurden, die Wahrheit zur Kenntnis zu nehmen – und dennoch wieder einmal die Weichen in die falsche Richtung stellten.
Über diese verheerende Entwicklung habe ich einmal ein sehr trauriges Gespräch mit Therese Giehse geführt.
Nun endlich, nach der Lektüre der »Zweiten Schuld« – inzwischen 86 Jahre alt –, ist mein Vater zum erstenmal in seiner Selbstgerechtigkeit erschüttert worden. Zugleich ist ihm ganz klargeworden, daß er in seiner Generation und in seinem Umfeld niemanden (mehr) findet, mit dem er über sein »Leiden unter der Last, zu diesem Volk und seinen Verbrechen zu gehören«, reden könnte. Aber nach langen Jahren ohne Dialog zwischen ihm und mir konnte ich erstmals wieder mit ihm reden. Dafür danke ich Ihnen.
Nicht, daß mein Vater je die Kriegsschuld oder den Genozid geleugnet hätte, aber er fand, wie so viele, immer wieder Relativierungen und weit entfernte Dritte als Verursacher (die Nazis, Hitler, den totalitären Staat usw.). Scham, ja – Schuld, nein! Sie werden es zur Genüge kennen.
Und dies ist nun doch noch neuen Einsichten und schmerzvollen Gefühlen gewichen. Ich hätte dies nicht bewirken können und auch nicht mehr für möglich gehalten.

Helga D., Jahrgang 1941, Frankfurt

Mit großem Interesse und noch größerer Betroffenheit habe ich Ihr Buch »Die zweite Schuld« gelesen. Ich möchte Ihnen dazu gratulieren. Auf so ein Buch habe ich gewartet, so ein Buch, wie es das Ihre ist, habe ich gebraucht, um einige Symptome, Verhaltensweisen dieser Zeit in der BRD mir erklären zu können. Persönlich erschrocken bin ich bei Ihrer Beschreibung der kollektiven Abwehr der Trauer, weil ich darin meinen Pflegevater so gut wiedererkannt habe, der als Angehöriger der Wehrmacht u. a. in der UdSSR war. Die Spaltung in politische und private Bereiche ist bei ihm so offensichtlich. Er hat mir in meinem 24jährigen Leben viel geholfen, und dafür bin ich ihm dankbar, aber wenn er seinen Judenhaß verbalisiert, kann ich es nicht fassen, daß dies ein und derselbe Mensch ist. Ein Mensch, der privat sehr hilfsbereit und herzlich ist, politisch aber ein Nazi, der nichts dazugelernt hat und heute die CDU wählt. Und ich weiß aus Erfahrung, daß ich über diese Zeit nichts von ihm erfahren werde außer den eher lustigen Anekdoten. Ich fühle mich aber zuständig für die Schuld, die Menschen wie mein Pflegevater auf sich geladen haben. Das ist die Bürde, die wir Jüngeren aufgeladen bekommen haben. Aus Gesprächen mit etwa Gleichaltrigen weiß ich, daß ich kein Einzelfall bin.

Markus D., Jahrgang 1963, Frankfurt

Nie werde ich vergessen, wie Tadeusz Schimanski, ehemaliger Insasse des Lagers und später Leiter der »Gedenkstätte Auschwitz«, mir den Arm um die Schultern legte und mit mir scherzend so in den Gemeinschaftsraum einzog, lachte, mit allen Witze machte und in uns eine Hoffnung sah. In uns, wo wir doch bloß Laub harkten und Rasen mähten zwischen Block 16 und 17 des Stammlagers.
Das schlimmste in Auschwitz aber waren nicht die Länderausstellungen, nicht der Raum voller Menschenhaare, nicht die Tausende von Brillen, nicht die Koffer mit den Namen und Adressen, nicht einmal die Rampe in Birkenau. Das schlimmste in Auschwitz war der Sonnenaufgang.
Am zweiten Tag nach der endlosen Bahnfahrt ging die Sonne über Auschwitz auf, sah ich sie aufgehen vom ersten schmalen, violetten Streifen in der fahlen Dämmerung über dunkelrot, hellrot, orange bis zum hellen Tag, und kein Rot habe ich vergessen. Die Vögel schmetterten, sangen aus voller Kehle, bewußtlos für den Ort, an dem sie waren. Da stellte ich mich an die Mauer des Hotels der Gedenkstätte und erbrach mich.
Das war das erste Mal. Das letzte Mal war vor einem dreiviertel Jahr bei einer Drogerie in Frankfurt, die sich einen Gag machen wollte und ihr Schaufenster mit einem riesigen Berg Zahnbürsten gefüllt hatte.
Ich will Wahrheit, Gerechtigkeit! Und ich will all jenen Leuten das Maul stopfen, die wie der Herr Gehlen sagen, wir Menschen seien wie Tiger im Käfig, die sich lauernd umschleichen und dabei Werte vor sich hin stammeln. Werte, die – so würde ich das verstehen – keine Bedeutung haben. Ich will diesen Denkern zeigen, daß es da Leute gibt, die an diese Werte noch glauben, trotz allem, und daß mit diesen Leuten gerechnet werden muß. Ich will nicht, daß Auschwitz deren perfidestes Argument für die durch und durch schlechte Natur des Menschen wird!

Eine andere Sache hätte ich, so absurd es klingen mag, auch noch vorzuweisen, nämlich die Tatsache, daß ich eine Deutsche bin. Als ich im Herbst 1984 in einem kleinen englischen Theater arbeitete, geschah folgendes: Es war kurz vor der Aufführung, für die ich die Requisiten aufzustellen hatte, als Alan, mein besonderer Liebling unter den Schauspielern, hereinkam. Er sang, als er den Raum betrat.
Ich meinte: »Na, du bist ja so fröhlich. Ist was Besonderes los?«
»Morgen«, sagte er, »ist unser höchstes Fest.«
»So? Habt ihr Hochzeitstag?« fragte ich weiter. Seine Frau Zsuzsa war auch bei dem Theater.
»Nein, morgen ist Pessach.«
Damit riß Alan, der Kalifornier ungarischer Abstammung, Alan, der Pantomime, mit dem ich so oft gelacht und gesungen hatte, Alan, der sich eben auch nicht scheute, mir nachts um zwei noch ein Spiegelei mit frischen Kräutern zu machen, einen Graben zwischen ihm und mir auf, dessen Tiefe ich nicht ermessen konnte. Ich wußte nur, der war tief.
»Bist du denn Jude?« fragte ich. Als er bejahte, wich alle meine normale Sicherheit im Umgang aus mir. Ich suchte in mir nach Sachen, die ich gesagt hatte, die er vielleicht falsch hätte auslegen können, anders hätte verstehen können. Hatte ich nicht neulich abends, als ich abschließen wollte, relativ ungehalten »Jetzt aber alles raus!« gerufen? »Alles raus!«, ein Ausruf, der, wie mir erzählt wurde, in einer polnischen Straßenbahn von dem unerfahrenen Leiter einer deutschen Jugendgruppe benutzt, eine stumme Katastrophe bei vielen Bahnbenutzern auslöste.
Das alles schoß mir in Sekunden durch den Kopf. Denn ich bin eine Deutsche. Ich rede diese Sprache, und das läßt sich nicht ändern, solange ich lebe. Ich muß damit leben. Ich kann diese Sprache, dieses Land nicht verlassen, obwohl ich es manchmal gerne täte. Ich werde nicht mehr schweigen.

Constanze B., Hamburg

Eigentlich interessiere ich mich für alle Geschichtsepochen, für die Nazi-Zeit aber ganz besonders, weil man davon relativ wenig von seiner Umgebung erfährt. Mit meiner Oma (80) und meiner Mutter (49) kann man da wenig drüber reden. Sobald man das Dritte Reich erwähnt, geht da irgendwie eine Schranke runter. Wenn ich frag: »Wie war so was möglich? Wie konnte das Volk so was zulassen?«, dann

gibt's ein Geschrei: »Was weißt denn du davon? Gar nichts! Wir konnten gar nichts anderes machen!«
Wenn ich dann sag, daß doch schon vor 1933 jeder gewußt hat von der Gefahr, wenn man sich nur informiert hätte, in »Mein Kampf«, das überall erhältlich war, ist doch alles dringestanden, dann kommt das höhnische Gelächter und Sprüche wie: »Du Gescheiter! Mit zwanzig Jahren! Dir müssen's noch andere sagen!« Aber gerade diese heftigen Reaktionen beweisen, daß ein gewisses Schuldgefühl vorhanden ist, das natürlich um jeden Preis unterdrückt wird. Meine Oma hat mal gesagt: »Also, das mit den KZs und den Juden war ja Blödsinn.« Ich hab gedacht, ich hör nicht recht. Blödsinn? Blödsinn ist, wenn man seinen Schirm irgendwo stehenläßt, wenn man beim Fußball einen Elfmeter übers Tor knallt, aber Blödsinn ist doch nicht der Mord an Abermillionen!
Mein Onkel sieht die Nazi-Verbrechen sehr wohl, hat sich aber auch schriftlich für die Freilassung von Heß eingesetzt, und er ist der klassische »Die anderen haben auch Verbrechen begangen«-Typ. Vielleicht kommt das daher, daß er mit seinen Eltern und Geschwistern nur durch Zufall der fast völligen Zerstörung Würzburgs am 16. 3. 1945 entkommen ist. Natürlich war das ein Verbrechen an der Zivilbevölkerung, aber man muß immer den primären Auslöser und Schuldigen sehen, und das war und bleibt die verbrecherische Nazi-Politik. Daran kommt man nicht vorbei. Auch ich habe alles andere als echte Aufklärung erlebt. Ich glaube, einem Hauptteil meiner Generation bleibt nur, sich selbst zu informieren. Je mehr man weiß, desto größer ist die Chance, jemanden mit Argumenten zum Nachdenken zu bewegen. Nur mit ehrlicher Trauer über die Leichenberge von Auschwitz, Treblinka, Majdanek, Buchenwald oder Mauthausen und in den Trümmern von Lidice, Oradour und Guernica können wir zu einer humanen, verantwortlichen Zukunft kommen. Man kann nur reden, reden und wieder reden oder bei Aktionen gegen Ausländerfeindlichkeit und Rassismus mitmachen. Die Hoffnung, Herr Giordano, die Sie in unsere Generation setzen – ich werde alles tun, sie nicht zu enttäuschen.

Michael S., Jahrgang 1967, Amberg

Durch die Lektüre Ihres Buches bin ich ermutigt worden, gerade mit den heute um die 70jährigen (der Generation meiner Eltern) wieder ins Gespräch zu kommen zum Thema »unserer« (!) deutschen Vergangenheit während des Nationalsozialismus. Zu oft waren diese Gespräche in zurückliegenden Jahren (etwa in der Folgezeit der Studentenbewegung) aus dem Stadium der Schuldzuweisung nicht herausgekommen; zu oft hatte ich diese Gespräche mit der Arroganz des unschuldig Danach-Geborenen geführt; zu oft waren diese Gespräche in der Sackgasse der Beteuerungen der Eltern gelandet: »Aber wir haben doch vieles gar nicht gewußt«, »Wir waren doch politisch nicht so informiert wie heute«, und dann im gleichen Atemzug: »Was hätten wir denn tun sollen, wir lebten doch in einer Diktatur?«

(Es ist übrigens erstaunlich, in welch stereotyper Form die von Ihnen beschriebenen »kollektiven Affekte« tatsächlich fast wortgleich immer wieder vorgebracht werden.)

In den letzten Wochen hat es also wieder vorsichtige Gespräche mit Familienangehörigen zu diesem Thema gegeben, in denen wir – auch anhand der Fakten aus Ihrem Buch – versucht haben herauszufinden, wo Vorgänge, die den meisten Menschen damals bekannt gewesen sein mußten, aus dem Bewußtsein unserer Eltern faktisch verdrängt worden sein mögen.

Ferner haben wir uns gefragt, wo auch heute bei uns Jüngeren sich vergleichbare Prozesse abspielen. So ist mir bewußt geworden, daß trotz genauer Kenntnis von Problemen und Mißständen unserer Zeit bereits Verdrängungsmechanismen einsetzen, die dazu führen, daß wir beispielsweise mit der mörderischen Abschiebepraxis von Asylbewerbern, ihrer Unterwerfung unter besondere, menschenunwürdige Gesetze, mit der Gefahr, die von den bestehenden Atomanlagen ausgeht, oder mit dem Elend der zunehmenden Zahl von Obdachlosen schon verhältnismäßig unbehelligt leben können, da wir diese Probleme aus einer Zone des Bewußtseins verdrängt haben – wer weiß, ob wir in 20 Jahren dann von diesem Elend auch »nichts gewußt haben«?

Ein Teil der Arroganz und Selbstsicherheit, mit der ich bisher eine Verstrickung meiner Generation in ähnliche Schuld wie die der NS-Generation ausschließen zu können glaubte, ist dabei einer gewissen Skepsis und Nachdenklichkeit gewichen.

Eckart F., Jahrgang 1950, Reinbek

Sie beschreiben und erklären mit großer Eindringlichkeit die Situation und Konflikte der Söhne, Töchter und Enkel. Ich bin eine solche Tochter, geboren 1953, Vater 1920 und Mutter 1913. Ich habe mich gründlich gefragt, woher meine Unruhe und Erregtheit kommt, die

mich erfaßt hat, seit ich Ihr Buch gelesen habe. Ich fühle mich auf sonderbare Weise traurig und befreit. Endlich ein Ansprechpartner.
Beim Lesen Ihrer »acht kollektiven Affekte« nahm ich mich als Selbst-Fragende wahr. So vertraut waren Fragen und die stereotypen Antworten. Hier las ich nun scharf und komprimiert gefragt und beantwortet, was mich als Kind schon drängte und drückte. Im Rückblick habe ich es so in Erinnerung, daß mich weniger der Inhalt meiner Fragen bedrängte als die diffusen und ungehaltenen Antworten. Ich litt immer sehr darunter, wenn nach diesen Fragen, diesem Thema überhaupt, die Atmosphäre frostig war. Immer hatte ich das Gefühl, ich sei schuld. Und doch hatte ich mit Wut gespürt, daß dies so nicht stimmte.
Mit 13, 14 Jahren wurde ich provozierender, ja anklagend und beschuldigend in meinen Fragen. Da beide Elternteile nicht in der NSDAP waren, die Mutter mit Stolz nicht im BDM, der Vater als ganz junger Mann schwer verwundet – es gab also aus meiner Sicht überhaupt keinen Grund, nicht nach »der Zeit« zu fragen, gerade weil meine Eltern darauf bestanden, nicht schuldig gewesen zu sein –, waren sie doch der Stromlinienförmigkeit der Massen angepaßt, blieb ihnen doch keine »andere Wahl«.
Die Jahre, in denen ich begann, meine Eltern und Geschwister zu beobachten und dabei festzustellen, was Sie so treffend Verantwortungsabstinenz nennen, waren problematisch. Sie machten mich im Laufe der Jahre aber förmlich neugierig darauf, sie auch im alltäglichen Handeln und Unterlassen zu beobachten. So entdeckte ich auch, daß *das Verhalten* nicht nur auf die Nazi-Zeit mit all ihren Zwängen beschränkt blieb, sondern diese Eltern waren und sind so. Diese Wahrnehmung war manchmal ekelerregend. Es war schwer, diese Verwerflichkeit zu sehen, dabei immer aber zu spüren, das sind meine Eltern und Geschwister, denen ich verbunden und vertraut war. Als Kind und Jugendliche war das für mich ein großer Konflikt.
Mein »gespaltenes« Verhältnis zu meiner Familie hat mir immer ein schlechtes Gewissen gemacht. Auch heute noch mit meinen 34 Jahren ist es eine ambivalente Geschichte geblieben. Die Alternative, mich ganz zu verabschieden, nein, die schaffte ich nicht. Sie schreiben: »Die Betroffenen sind gekennzeichnet durch eine deutliche innere Spaltung, und zwar in eine privat human gebliebene, politisch aber inhumane Hälfte.«
Auch diese Spaltung wird weitergegeben. Mein Konflikt ist doch der, daß ich mich um ein anderes Leben bemühe, meine Überzeugung und meinen Anspruch habe, an dem ich mich immer wieder messe, meinen Mann und meine Freunde auch fordere – und dann eine so verquere

Beziehung, in der ich was akzeptiere, was ich bei mir und meinen Lieben nicht dulden würde. Für diese Spaltung fühle ich mich auch verantwortlich.
Diese Stelle in Ihrem Buch ist eine von jenen, die mich ganz persönlich ansprachen. Ich bin ertappt. Jetzt bin ich nicht mehr so isoliert.

Veronika S., Jahrgang 1953, Köln

Einen einzigen Punkt gibt es, in dem Sie mich nicht überzeugt haben. Das ist Ihre Kritik an dem Heuss'schen Begriff der »Kollektivscham«. Hat der Mann mit diesem Wort nicht »aus gegebenem Anlaß«, nämlich angesichts sehr verbreiteter Ausflüchte, nur darauf hinweisen sollen, daß auch jene, die sich – und sei es mit Recht – darauf berufen, daß sie sich nicht im juristischen Sinne vergangen hätten, nicht deshalb schon frei sind von moralischer Schuld? Ich hatte dies Wort jedenfalls immer in diesem Sinne verstanden (also »Scham« aus Einsicht in die moralische Verstrickung, die ganz unabhängig von der Frage konkreter Mittäterschaft anzuerkennen ist). Ich gebe zu, daß hier ein Mißverständnis möglich ist, bei dem das Wort »Scham« dann das geringere Schuldmaß quasi entlastend von der konkreten »Schuld« abzuheben scheint. Darauf, daß dieses Mißverständnis möglich ist, haben aber Sie mich jetzt erst aufmerksam gemacht. Ich glaube vorerst noch, daß Heuss den Begriff der »Kollektivscham« deshalb in die Diskussion eingeführt hat, weil gegen diese Form der moralischen Haftung auch von dem hartnäckigsten Verdränger keine Ausflüchte mehr vorgebracht werden können.
Schließlich haben Sie selbst mir insbesondere mit der wohlbegründeten Ablehnung jener weitverbreiteten, wenn auch immer nur stillschweigend unterstellten These aus dem Herzen gesprochen, der bei genauerer Betrachtung ja sogar nachträglich noch schuldig machenden These nämlich, daß man auf irgendeine Weise entlastet sei, wenn man »nichts gewußt« habe (womit dann immer nur die Exzesse der Inhumanität gemeint sind, und diese selbst genaugenommen also ausgespart wird). Mit herzlichem Dank für Buch und Widmung sowie sehr herzlichen Grüßen bin ich Ihr

Hoimar v. Ditfurth, Staufen

Was mich beim Lesen mitbeschäftigte, war die Frage: Der Nazistaat ein Verbrecherstaat, gewiß – die Deutschen ein Verbrechervolk? Du schreibst vom »Verlust der humanen Orientierung« als einem einmaligen Defizit, das tief hineinreicht in die deutsche Geschichte. Daß in unserm Land Aufklärung und Humanität jämmerlich dahinvegetierten, hat unbestritten geschichtliche Wurzeln, und Du gehst auch darauf ein. Im Ersten Weltkrieg geboren, gehöre ich zu der Generation, die die kurze Republik nicht mitgeprägt, aber die Zeit damals noch miterlebt hat. Eine stark politisierte Generation.
Was war denn im bürgerlichen Haus unsere Lektüre? Oswald Spengler, Moeller van den Bruck, Langbehn, Ernst Jünger, von Salomon. Da steht mir diese allgemeine Ratlosigkeit vor Augen: der Parteienhader, die Rechtsverdreherei, der Mißbrauch an demokratischen Freiheiten, die bündische jugendbewegte Suche nach der blauen Blume, Massenarbeitslosigkeit, wirtschaftliches Elend, dieses allgemeine Verlangen nach einer anständigen Führung, dieses ganze Geflecht der Emotionen, in das wir als Volk verstrickt waren. Kritische Distanz zum Naziregime wurde mir nicht anerzogen. Was da heraufkam an Brutalität, was da in den Köpfen an Herrentum, Rassenwahn spukte, kam mir erst nach und nach zum Bewußtsein, als mein Leben schon längst nicht mehr bürgerlich reputierlich war. Das ist nicht Dein Thema, ich weiß; es macht nichts an den ungeheuerlichen Verbrechen begreiflich, schon gar nicht *Auschwitz*.
Unsere Gegenwart, da nun auch Historiker das große Reinwaschen versuchen, liefert gute Gründe, sich mit der Schuldfrage gründlich zu beschäftigen. Dein Festhalten an der Kollektivschuld leuchtet mir ein, und ich schließe mich nicht von ihr aus. Daß Du das unsägliche Wort von Heuss, der »Kollektivscham«, nicht gelten lassen willst, wird manchen milden Wohlgesonnenen erschrecken, die meisten empfinden nicht einmal sie. Vielleicht aber werden junge Leser hellhöriger, verstehen besser, warum heute die Friedensbewegung verteufelt, Atomkraftgegner verfolgt, Minderheiten ausgegrenzt werden und und ... wie sich das alles wiederfindet, die alten Muster aus der Nazizeit, das Konservative, Autoritäre, Antiaufklärerische und Inhumane. Den Konservativen und ihresgleichen wird Dein Buch absolut nicht passen. Von der Seite hast Du die heftigste Polemik und Rabulistik zu erwarten. Und was in der bayrischen Staatskanzlei bedacht wird, kann man ahnen ... Es ist eben ein wichtiges Buch vom Anfang, von der Einleitung, bis zum Ende.

Jürgen L., Jahrgang 1917, Heide

Aufgewachsen in einem deutschnational nachhaltig beeinflußten Elternhaus, in dem nach dem Kriege CDU und FDP – in hohem Alter von meiner Großmutter sogar SPD – gewählt wurde, besann man sich nach der »Katastrophe« von 1945 auf den lächerlichen Gefreiten der Weimarer Zeit. Es gab zum Weinen mitreißende Erzählungen meiner Mutter über die Flucht aus Lodz und die erfolgreiche Suche nach meinen verschollenen Brüdern und die Geistesgegenwärtigkeit meines Vaters bei der Flucht von der Ostfront, garniert mit »witzigen« Fronterlebnissen meines Vaters beim Scheißen im Wald und einem menschlichen Partisanen. Dazu gab es dann Erinnerungen an '70/71 oder den 1. Weltkrieg, wenn Weihnachten die Waffen schwiegen. Bei späteren Nachfragen von uns über die Zeit in Lodz reagierte meine Mutter überdreht bis hysterisch. Und genau an dieser Nahtstelle beginnt das, was Sie zweite Schuld nennen, sich auch auf die zu übertragen, die Sie die schuldlos beladenen Söhne, Töchter und Enkel nennen. Es ist die Nahtstelle, wo auch sie schuldlos schuldig werden können. Wo Gefühle zur Realität versagt werden, lernen Kinder etwas sehr Schreckliches: Die richtige Moral im Rücken, haben wir ein Täterspiel begonnen, bei dem sich meine Mutter jedesmal ausweglos verrannte. Damals war mir das nicht bewußt und ebensowenig, daß mir eine wirklich tiefgreifend geäußerte Empörung über das zweite Versagen meiner Mutter nicht gelang. Die hätte nämlich bis zum Bruch gehen müssen, um meine Mutter zur Besinnung zu bringen. Als 13/14jährige hab ich das nicht zustande gebracht.
Und wenn ich mich erinnere, wie meine Mutter uns plötzlich mit der Beschreibung der Gesichter von Juden überfiel und wir uns mit dem Rassismusvorwurf dagegen empörten, bis sie weinend davonlief, dann weiß ich, daß meistens sie die Täterin war. Weil diejenige, von der ich spreche, meine Mutter ist, hat mein moralisches Gewissen auch zwanghafte Anteile genommen, Täteranteile: Überreaktion, insofern sie Aussichtslosigkeit widerspiegelt, an anderen das verändern zu können, was bei der eigenen Mutter nicht gelang. Ich bin Lehrerin von Beruf. In der Auseinandersetzung um Nazi-Parolen und -Symbole mit Schülern, die mich damit provozieren wollten, ist mir meine Überreaktion bewußt geworden. Die Schüler waren in die Rolle meiner Mutter geschlüpft, und so fehlte mir die Ruhe, auf Nichttäter an der ersten Schuld so zu reagieren, daß ich ihrer Provokation gewachsen war. Ich will damit nicht diese Art von Provokation bei Schülern verharmlosen, aber ich muß auch sehen, daß sie mich testen, ob ich die Übertragung von Schuld einfach fortsetze. Und wenn auch nur einzelne Schüler solche Provokationen beginnen, so lernten doch alle an der Überreaktion das Falsche.

Und vielleicht können Sie nun verstehen, warum mir Ihre Ruhe, die Sie zeigten, so viel bedeutet. Sie macht im gegebenen Fall ja auch Zorn möglich, der glaubhaft ist.

Brigitte P., Jahrgang 1947, Hamburg

Der Antisemitismus, die unerschütterliche Konstante deutscher Geschichte vom christlichen Mittelalter über die (erwerbs-)bürgerliche Emanzipation bis zu den Exzessen des Dritten Reiches, existiert heute, nachdem er im engeren Sinne und als inländisches, nationales Phänomen »gegenstandslos« geworden ist, in vielfältigen Variationen: als zeitgemäßer Antizionismus, als retrospektives Ressentiment (»Die Juden haben sich '33 selbst zuzuschreiben, sie haben das alles provoziert«); oder als Ausländerfeindlichkeit und Asylantenhetze.
Die großen Relativierer würden nach dieser Logik den Antisemitismus ebenfalls als Variation, als eine sozialpsychologische Konstellation unter vielen bewerten, wie sie im Verhältnis zu profilierten und exponierten Minderheiten nun einmal jede größere Gemeinschaft kenne. Dem müssen wir drastisch widersprechen: Die Judenverfolgung ist *die* prägende und zählebige Haßideologie im deutschen Kulturraum, und ihre Überwindung, um es noch einmal zu sagen, ist kein Verdienst, das der Einsicht folgt, sondern faktische Zwangsläufigkeit in einem Land, das seine bestgehaßte Minorität fast ausnahmslos vernichtet hat. Die Realität also hat sich verändert, nicht die Deutschen, die damit leben müssen, und die jahrhundertealte Tradition des Antisemitismus jagt durch unsere Gegenwart in einem neuen Gewand.
Trotzdem wehre ich mich dagegen, das Attribut »ewig« auf diese Tradition anzuwenden. Nicht nur, daß es einer Resignation angesichts scheinbar naturgegebener und unabänderlicher Tatsachen gleichkäme, die sich meine Jahrgänge nicht erlauben dürfen, die Ansicht vom »ewigen Antisemitismus« ist vor allem nicht mehr weit entfernt von jener Volksweisheit, die da heißt: »So war es immer schon, so wird es bleiben, solange es Menschen gibt« – und mit der es sich ausgezeichnet leben läßt: Politik im Zeichen des Achselzuckens. Dieser Denkungsart erteile ich eine klare Absage, und ich weiß, daß ich damit nicht allein stehe.

Wolfgang S., Jahrgang 1964, München

Daß die Amtshilfe-bereiten Organisationen der NS-Verbrechen nicht zur Rechenschaft gezogen wurden, ist in der Tat schrecklich. Aber als noch schlimmer empfinde ich die Tatsache, *daß die abertausend biederen Mittäter offenbar unter ihrer Mittäterschaft nicht einmal gelitten haben.* Keiner der selektierenden Ärzte an den KZ-Rampen ist unter der Last seines Gewissens zusammengebrochen. Kein SS-Mann hat seine Schuld herausgeschrien, hat den Himmel und seine Opfer um Vergebung angefleht, erst recht keiner unserer furchtbaren Juristen. Wenn es doch wenigstens ein *verstecktes* Gefühl der Schuld gegeben hätte! Aber nicht einmal das war offenbar der Fall. Denn wenn schon nicht die Gefängnisse – hätten dann nicht wenigstens die psychiatrischen Kliniken unseres Landes gefüllt sein müssen mit Zusammengebrochenen und Schuldbeladenen? Aber nichts dergleichen trat ein. Wenn überhaupt jemand von der Erinnerung an die NS-Verbrechen bis in den Wahnsinn getrieben wurde, dann außer den überlebenden Opfern höchstens einzelne sensible Kinder der beamteten Mörder.
Das Böse dieser Zeit war also nicht nur, wie Hannah Arendt schrieb, banal – es wurde auch, wie sonstige Banalitäten, vergessen. Wohlgemerkt: Es wurde nicht einmal, wie man gerne behauptet, verdrängt, in irgendeinen Winkel, von dem aus es untergründig gequält hätte und von wo aus es eines Tages doch noch die Sonne an den Tag bringen würde. Das ist leider nur unser naives Wunschbild. Die Wirklichkeit ist anders. Das staatlich organisierte Verbrechen wurde – außer von den Opfern und den nachtragenden Medien – wirklich und wahrhaftig vergessen. Daß die staatlich beauftragten Mordgehilfen bis zuletzt *nicht* an Gewissensqualen litten, daß ihr letzter Schlaf *nicht* gestört ist von Alpträumen: Das zu wissen erscheint mir als das eigentliche Schlimme.

Hanjo L., Jahrgang 1946, Berlin

An
Chefredaktion der
»Wochenzeitung für Groß-Oberhausen«
Fr. Karl Straße
und Leitung und Schüler der
Volkshochschule der Stadt Oberhausen

Als unbescholtener Deutscher, Bürger der Stadt Oberhausen und in

zwei Weltkriegen Leidgeprüfter beschwere ich mich hierdurch in aller Intensität, daß Sie diesen intriganten und unser ganzes deutsches Volk mit seinen infamen Büchern schwer beleidigenden Autor Giordano eingeladen haben, in m. E. strafbaren Hetztiraden aus seinen infamen Büchern ein Referat vor Ihnen, den braven Volkshochschülern, zu halten.
Jedes andere Land der Erde hätte diesen den Völkerfrieden bewußt und infam störenden kleinen Gernegroß, der sich anmaßt, sich zum Ankläger und Richter über politische Vorgänge, auch den Ersten und Zweiten infernalischen Weltkrieg betreffend etc., zu ernennen, längst den Stuhl vor die Türe gesetzt und nach dorthin ausgewiesen, wo er eventuell seine »Giftspritzen« noch unbeschadet benutzen darf, also in einem Lande seinesgleichen.

Erich S., Jahrgang 1910, Oberhausen

Für Ihr Buch »Die zweite Schuld« möchte ich Ihnen danken. Als Zeitgenosse und Geschöpf dieser Epoche deutscher Geschichte, die ich sozusagen auf der »anderen Seite« als Sie erlebt habe, finde ich in Ihrem Buch alles ausgesprochen, was ich in den vergangenen über fünfzig Jahren an geistigem Wandel an mir selbst erlebt habe.
Ich würde mir wünschen, daß dieses Buch Pflichtlektüre an den deutschen Schulen wäre, ebenso wie für unsere Politiker.
Hoffnungsvoll stimmt mich die Tatsache, daß die »Enkel« zunehmend bemüht sind, Licht in die Geschichte der Gesellschaft der Deutschen zu bringen, ohne die Wahrheit zu scheuen.

Walter U., Jahrgang 1918, Eigeltingen

Als Hitler »die Macht ergriff«, war ich eben zwölf Jahre alt, politisch indifferent erzogen, ein »tumber Tor«, vollgepfropft mit »wohlmeinendem« Hurranationalismus, mit Heldenverehrung und so weiter. Kleinbürgerliches Milieu, nicht einmal unbedingt duckmäuserisch, weitgehend autoritätsbezogen gestrig, Laisser-faire in der Praxis der Erziehung, kaum gezielter Aufbau für die Zukunft – mein Elternhaus war eine deutsche Durchschnittsfamilie. Nur nicht aus der Reihe tanzen, möglichst nicht auffallen, notfalls »ja« sagen, wenn man »nein« meint –

ein im Grunde täglicher Überlebenskampf. Und dazu das, was die Schule an nationalem Schmus, Heldengedichten et cetera in einen hineinfiltrierte. Welche Wirkungen auch das auf mich hatte – bis heute habe ich es nicht auseinanderklamüsern können. Was ich in der NS-Zeit als unakzeptabel empfand, verdrängte ich (nach meiner unvollständigen Erinnerung), u. a. mit der Hoffnungsthese: »Das sind Übergangserscheinungen einer ›nationalen Revolution‹, die werden sich allmählich abschleifen, normalisieren.« Eben: Verlust bzw. Nichtvorhandensein der humanitären Orientierung plus Feigheit. Das soll, das kann keine Entschuldigung sein. Die Frage ist und bleibt: Wie und wodurch kam es bei mir und in der breiten Mehrheit der Deutschen zu diesem Orientierungsverlust? Auch Ihr Buch kann mir darauf nur eine Teilantwort geben.
Zur Verantwortung aufgerufen kann nur der einzelne sein, der das hier gemeinte »Verbundnetz des Teuflischen« in einer Art religiöser Schizophrenie gefördert, begünstigt, lammfromm erduldet hat. Was habe ich gedacht, gefühlt, getan oder nicht getan in dieser hier angesprochenen Zeit? Habe ich mich damals um Abwägung bemüht zwischen den Ansprüchen meines Ego und dem mich umgebenden Leben? Wenn nein, warum nicht? Wenn ja, mit welchem Resultat und seinen Folgen? Wie hätte ich reagiert, wenn man mich einem Erschießungskommando zugeteilt hätte? Das sind nur einige Fragen, die ich mir immer wieder stelle. Genausowenig, wie ich mich »auf die Gnade der späteren Geburt« berufen kann, kann ich mich auf die Gnade berufen, nicht gefoltert, gemordet zu haben, und mir damit Absolution erteilen. Ich stehe fassungslos neben einem Teil der Vergangenheit meines bisher gelebten Lebens.
Wichtig für mich ist, daß meine damalige politische Indifferenz, die Verdrängung abwegiger Lebensinhalte und Lebensideale zwischen 1933 und 1945 sich in meinen Kindern und Enkeln nicht wiederholen. Wichtig ist, für Kinder und Enkel eine »humane Orientierung« wiedergewinnen zu helfen. Wichtig ist, das »Abenteuer Demokratie« als Zukunftsaspekt auf- und auszubauen. Nicht dumpfer Untertan, sondern denkender und tätiger Mitgestalter einer lebenswerten Zukunft zu sein – das ist die Herausforderung. Nicht die Scheinsicherheit zur Bewältigung des Alltagstrottes mittels staatlich verordneter Gesetzeseinmauerungen zu fordern, sondern den sich stets erneuernden Versuch zu unterstützen, leben zu können – leben! Miterleben zu dürfen, daß meine Kinder nicht bereit sind, sich als eine »No-future-Generation« oder gar restaurativ gefordert empfinden, das gibt mir eine Art von Trost. Von den eigenen Kindern »nacherzogen« zu werden – das zu erken-

nen und anzuerkennen, das gibt mir eine Art von Absolution für die Versäumnisse, Fehler, Sünden der Vergangenheit.

Knudt B., Jahrgang 1920, Hamburg

Literatur

Barbro Eberan, Wer war schuld an Hitler? Die Debatte um die Schuldfrage 1945–1949, München 1985

Jörg Friedrich, Freispruch für die Nazi-Justiz. Die Urteile gegen NS-Richter seit 1948, Reinbek bei Hamburg 1983

Jörg Friedrich, Die kalte Amnestie. NS-Täter in der Bundesrepublik, Frankfurt am Main 1984

Andreas Hillgruber, Die gescheiterte Großmacht. Eine Skizze des Deutschen Reiches 1871–1945, Düsseldorf 1984

Erich Kuby, Als Polen deutsch war – 1939–1945, Ismaning bei München 1986

Alexander und Margarete Mitscherlich, Die Unfähigkeit zu trauern. Grundlagen kollektiven Verhaltens, München 1984

Margarete Mitscherlich, Erinnerungsarbeit. Zur Psychoanalyse der Unfähigkeit zu trauern, Frankfurt am Main 1987

Karl-Klaus Rabe (Hg.), Von Oggersheim bis Oberschlesien. Union und Vertriebenenverbände im ideologischen Gleichklang, Bornheim-Merten 1985

Christian Streit, Keine Kameraden. Die Wehrmacht und die sowjetischen Kriegsgefangenen 1941–1945, Stuttgart 1978

Hans Weigel, Walter Lukan und Max D. Peyfuss (Hg.), Jeder Schuss ein Russ, jeder Stoss ein Franzos …, Wien 1983

Personenverzeichnis

Adenauer, Konrad 88, 98, 106, 108, 119 f., 122, 234, 235, 301
Altmeier, Peter 117
Andreotti, Giulio 286
Augstein, Rudolf 199
Axen, Hermann 214

Baader, Andreas 295
Bahr, Hermann 57
Bauer, Fritz 133
Baumann, Jürgen 134, 141, 257
Becher, Walter 281
Beck, Ludwig 169, 172
Bernadi, Friedrich von 52
Best, Werner 137, 141
Bethmann Hollweg, Theobald von 54
Binding, Rudolf 57
Bismarck, Otto von 49, 51
Bismarck, Philipp von 285
Blobel, Paul 117, 181, 186
Bloch, Ernst 214
Blomberg, Werner von 170
Blücher, Franz 119
Böhme 128
Böll, Heinrich 299
Boenisch, Peter 236
Bogen 131
Bonhoeffer, Dietrich 81
Borm, Kurt 114
Bormann, Martin 116
Bovensiepen, Otto 141
Bradfisch, Otto 139
Brandt, Willy 140, 277, 280, 281 f., 299
Brauchitsch, Walter von 168 f., 172, 174
Braune, Werner 117
Brecht, Bertolt 241, 299
Brennecke 172
Broder, Henryk M. 343
Broszat, Martin 330

Canaris, Wilhelm 81, 169
Chamberlain, Arthur Neville 287
Churchill, Winston 115
Clay, Lucius D. 89, 92 f.
Clemenceau, Georges Benjamin 61
Czaja, Herbert 282, 287 ff.

Dahmer, Helmut 307 ff., 312 f.
Daladier, Édouard 287
Dam, Hendrik G. van 109
Dehler, Thomas 98
Dehmel, Richard 57
Disraeli, Benjamin 51
Ditfurth, Jutta 342
Dönitz, Karl 116
Dörner, Klaus 105
Dohnanyi, Hans von 81 f.
Dorpmüller, Julius 135
Dregger, Alfred 282, 314 f., 319

Eberan, Barbro 253, 259 f.
Eberhard 181
Edel, Peter 214
Eggebrecht, Axel 220
Ehlers, Hermann 117
Eichmann, Adolf 110, 124 f., 275
Ensslin, Gudrun 295
Enzensberger, Hans Magnus 305, 312

Falkenhayn, Erich von 55
Fest, Joachim 327, 329, 332
Finckh, Renate 346
Finke, Thomas 282 f., 285
Fischbach 100
Fischer, Fritz 52 f.
Fischer-Schweder 126, 128
Flick, Friedrich 116
Förster, Friedrich Wilhelm 251 f.
Franco, Francisco 96, 298
Frank, Hans 116, 272 f.
Freisler, Marion 153
Freisler, Roland 86, 107, 148 ff.
Freud, Sigmund 225
Frick, Wilhelm 107, 116
Friedrich, Jörg 81, 86, 92, 102, 124, 138, 140, 146, 152, 163
Fritsch, Werner von 171
Fritsche, Hans 116
Funk, Walther 116

Ganzenmüller, Albert 135 ff.
Gehre 81
Genscher, Dietrich 243
George, Lloyd 61
Gersdorff, Rudolf-Christoph von 186
Globke, Hans 106 ff., 109 f., 111
Goebbels, Joseph 312, 341
Goerdeler, Carl-Friedrich 85, 172
Göring, Hermann 116
Gorbatschow, Michail 200 f., 203, 207, 341
Grass, Günter 299
Greene, Hugh Carleton 301
Groscurth, Helmut 186
Günther 137, 139 f.

Haas, Willy 60
Habermas, Jürgen 327
Halder, Franz 68, 168 f., 172, 179
Harms 128
Hassell, Ulrich von 85, 169, 172 f., 186

Hauptmann, Gerhart 56
Heine, Heinrich 8, 299, 312, 345
Heinemann, Gustav 140
Heß, Rudolf 107, 116, 121
Hesse, Hermann 57
Heusinger, Adolf 168, 179
Heuss, Theodor 81, 120, 256 f.
Heydrich, Reinhard 110, 123, 128 f., 134, 137, 139, 174, 183, 185,
Hilberg, Raul 135
Hillgruber, Andreas 70 f., 187, 334 f.
Himmler, Heinrich 83, 98, 114, 123, 128 f., 134, 136, 139, 183, 248, 259, 271
Hindenburg, Paul von 65
Hitler, Adolf 17, 19 ff., 25, 30, 32, 38 f., 41, 43, 59 f., 63, 65, 67 ff, 74 f., 77 ff., 80, 83, 98 f., 110, 114 f., 123 ff., 128 ff., 134, 138 f., 149, 152, 166, 168 f., 170 f., 173 f., 182 f., 189, 220, 223, 227, 230 f., 255, 277, 287, 290, 312 f., 319, 328 f., 333
Hoffmann, Heinrich 220
Hofler 117
Hofmannsthal, Hugo von 56, 236
Holländer, Werner 154
Hugenberg, Alfred 319
Hupka, Herbert 281 ff.
Huppenkothen, Walter 81 ff., 84 f.

Jäckel, Ernst 330
Jaspers, Karl 123, 125, 133, 265
Jens, Walter 299
Jochmann, Werner 70
Jodl, Alfred 116, 171, 175
Jung, Carl Gustav 265

Kaltenbrunner, Ernst 81, 83, 85, 116
Kantorowicz, Alfred 78, 214
Karl der Große 318
Keitel, Wilhelm 116, 167, 171, 176
Kerr, Alfred 56
Kessler, Edmund 154
Kiesinger, Kurt Georg 140, 240
Kocka, Jürgen 330 f.
Kogon, Eugen 247 ff., 260, 265
Kohl, Helmut 26, 236, 270, 274, 281
Kopelew, Lew 206, 316
Kraus, Karl 57
Krupp, Alfred 116
Kubrick, Stanley 144
Kuby, Erich 267, 271, 280
Küchler, Georg von 168, 173
Lächert, Hildegard 131 f.
Laurich 132
Lehmann, Rudolf 175 f.
Lenz, Siegfried 299
Ley, Robert 116
Liebknecht, Karl 53
Lissauer, Ernst 56
Lösener, Bernhard 110
Ludendorff, Erich von 54 f., 313
Lukan, Walter 59

Mann, Golo 204
Mann, Heinrich 57, 76
Mann, Thomas 20, 56, 297
Mansfeld, Werner 178
Manstein, Erich von 182
Marx, Karl 109
McCloy, John 117 ff.
Menzel, Walter 98
Merkatz, Hans-Joachim von 117
Mertes, Alois 284
Messerschmidt, Manfred 187
Metzger, Max Josef 150 ff.
Mitscherlich, Alexander und Margarete 16, 32, 36, 42 ff., 68, 87, 165, 189, 192, 200, 204, 223 ff., 230 f., 253, 257, 261, 263, 307
Möller, Klaus-Jürgen 187
Mussolini, Benito 96

Nagel 141
Naumann, Erich 117
Neurath, Konstantin von 116, 120
Nolte, Ernst 187, 326 ff., 332
Norden, Albert 214

Ohlendorff, Otto 117 f.
Orlowa-Kopelew, Raissa 199, 206
Orwell, George 161
Oske 149 ff.
Ossietzky, Carl von 312
Oster, Hans 81, 169, 172

Papen, Franz von 116
Passarge, Otto 196
Peter der Große 54
Peyfuss, Max D. 59
Pfeifer, Karl 58
Pilsudski, Józef Klemens 290
Pinochet, Ugarte 298, 342
Pirkl, Fritz 153
Pohl, Oswald 117
Polgar, Alfred 57
Pol Pot 330 f.
Popitz, Johannes 172

Raeder, Erich 116
Rasch, Otto 180
Raspe, Jan-Karl 295
Reagan, Ronald 26, 274, 319, 322
Rehse, Hans-Joachim 148 ff., 154
Reichenau, Walter von 171, 180 ff., 186
Rilke, Rainer Maria 56, 163
Ribbentrop, Joachim von 116
Röhm, Ernst 38
Roosevelt, Theodore 50
Roques, Karl von 186

Rosenberg, Alfred 116
Rundstedt, Gerd von 181
Ryan, Hermine 131

Sacharow, Andrej Dimitrijewitsch 201
Sack 81
Salazar, Antonio de Oliveira 96, 298
Sauckel, Fritz 116
Schacht, Hjalmar 116
Schell, Maximilian 144
Schickele, René 57
Schirach, Baldur von 116
Schmid, Carlo 117
Schmidt, Helmut 234, 242 f., 280
Scholl, Hans 312
Scholl, Sophie 312
Schroeder, Gerhard 195 f.
Schubert, Karl 127, 195 ff.
Schubert, Wilhelm 179
Schulze, Hagen 330
Schumacher, Kurt 97
Seger, Gerhart 251 f.
Seyß-Inquart, Arthur 116
Sichrovsky, Peter 345
Sommer, Martin 127, 338
Sorge, Gustav 127, 195 f., 338
Speer, Albert 116
Stalin, Josef W. 29, 115, 168, 170, 178, 213, 290, 327, 329, 330 f., 335
Stauffenberg, Claus Schenk von 80
Sternheim, Carl 56
Strauß, Franz Josef 234 ff., 241 f., 279, 283, 286, 342 f.
Strauß, Walter 117
Streckenbach, Bruno 137, 141
Streicher, Julius 57, 116
Streit, Christian 178, 184, 188, 200
Stuckart, Wilhelm 110 f.
Stülpnagel, Joachim von 63
Stülpnagel, Karl Friedrich von 185

Taylor, Telford 117
Thälmann, Ernst 288
Thorbeck, Otto 81 ff., 84 f.
Tirpitz, Alfred von 51
Tucholsky, Kurt 64

Ulbricht, Walter 212, 299

Vansittart, Lord Robert 253
Villain 132
Vogel, Hans-Jochen 283

Wagner, Eduard 168, 174
Wallmann, Walter 324
Walser, Martin 245, 262
Warlimont, Walter 174 ff.
Weber, Max 277
Weigel, Hans 59
Weinkauff, Hermann 84 f., 99, 101
Weizsäcker, Ernst von 111 ff.
Weizsäcker, Richard von 111, 193, 288 f., 315
Wetzel, Eberhard 271
Wildgans, Anton 57
Wilhelm II., deutscher Kaiser 310
Wilson, Woodrow 61
Witzleben, Erwin von 85, 309
Wöhler, Otto 185
Wolf, Christa 215
Wolff, Karl 136, 139

Zimmermann, Friedrich 270
Zinn, Georg August 98
Zuckmayer, Carl 56
Zweig, Stefan 57

Ralph Giordano. Erinnerungen eines Davongekommenen.
KiWi 1047

Dass er als Sohn einer jüdischen Mutter davonkommen würde, war unwahrscheinlich. Wie er dennoch davonkam, und das immer wieder, darüber legt der Journalist, Fernsehautor und Schriftsteller Ralph Giordano in der Mitte seines neunten Lebensjahrzehnts nun Zeugnis ab – engagiert und kämpferisch wie eh und je.

»Spannende Lebenserinnerungen eines großen Mahners.«
Arno Lustiger, FAZ

www.kiwi-verlag.de KiWi PAPERBACK

Ralph Giordano. Mein irisches Tagebuch. KiWi 1022

»Mein irisches Tagebuch« – das ist eine poetische Hymne auf eine schöne und gewalttätige, idyllische und zerrissene Insel in Europa. Ralph Giordano hat mit diesem Buch ein Meisterwerk der Reiseliteratur geschaffen.

Ralph Giordano. Ostpreußen ade. Reise durch ein melancholisches Land. KiWi 854

Am Anfang war ein Foto von Masuren. Gut sechs Jahrzehnte später machte Ralph Giordano seinen Traum wahr und reiste durch ein verlorenes Land: Ostpreußen.

»Es gibt viele Bücher über Ostpreußen – keines aber gleicht dem einzigartigen Buch, das Ralph Giordano geschrieben hat.« *Marion Gräfin Dönhoff*

www.kiwi-verlag.de KiWi PAPERBACK